KB130267

비열한 역사와의 결별

징비록

비열한 역사와의 결별 징비록

1판 1쇄 발행 2015년 2월 14일
1판 4쇄 발행 2015년 3월 23일

지은이 배상열
펴낸이 고영수

경영기획 고병욱 **기획·편집** 허태영, 문여울 **디자인** 공희, 진미나
외서기획 우정민 **마케팅** 이원모, 이미미 **제작** 김기창
총무 문준기, 노재경, 송민진 **관리** 주동은, 조재언, 신현민
펴낸곳 추수밭
등록 제2005-000325호
주소 135-816 서울시 강남구 도산대로 38길 11(논현동 63) 청림출판 추수밭
413-120 경기도 파주시 회동길 173(문발동 518-6) 청림아트스페이스
전화 02)546-4341
팩스 02)546-8053

www.chungrim.com
cr2@chungrim.com

ⓒ배상열 2015
ISBN 979-11-5540-031-9 03910

값 16,000원

잘못된 책은 바꿔 드립니다.

비열한 역사와의 결별

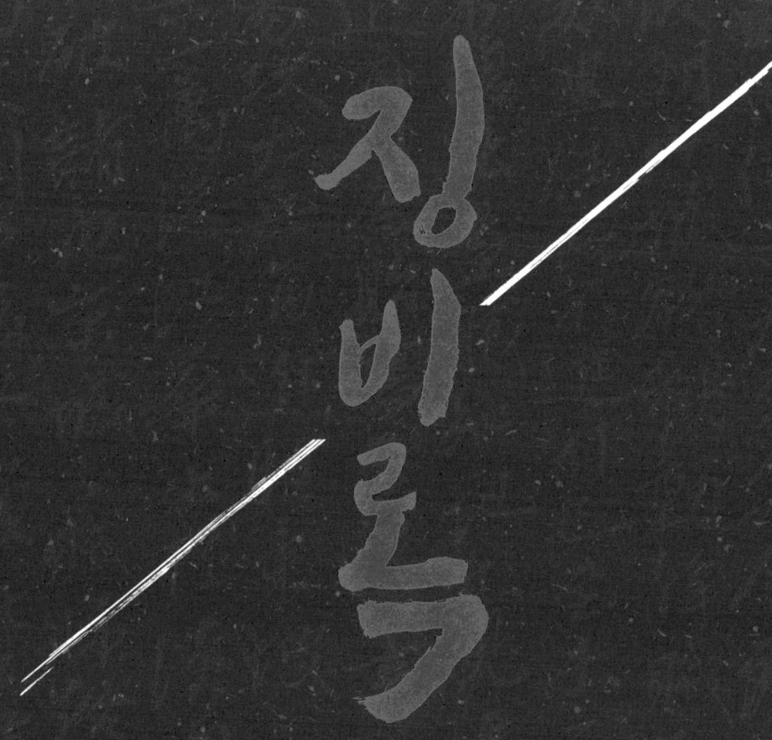

추수밭

우리에게 위기는 위기였을 뿐인가?

2014년 4월 16일은 우리에게 지워지지 않는 문신처럼 새겨졌다.

우리 역사에서 결코 반복되어서는 안 되는 비극이 계속해서 되풀이되고 있다. 가까이 1993년만 해도 서해훼리호가 침몰해 292명의 귀한 생명을 잃었다. 아픔이 아물기도 전인 1994년에는 성수대교가 붕괴되었고, 1995년에는 삼풍백화점이 거짓말처럼 무너져 확인된 사망자만 500명이 넘었다. 그로부터 십 년이 지날 무렵인 2003년에는 대구에서 지하철이 불타 190여 명의 희생자가 생기는 참사가 발생했다. 그리고 다시 십 년이 지난 2014년, 우리는 비극을 또 다시 가슴에 묻어야 했다.

반복되는 사고의 공통분모는 얼마든지 예방 가능했다는 것과, 믿기 어려울 정도로 안전에 무관심했다는 것이다. 특히 세월호 참사는 안일과 무능과 의문 등의 요소들이 상호작용한 사고였다.

인재人災에 가까운 사고들이 계속 반복되는 까닭은 과거를 기억만 할 뿐 그에 대한 진정한 후회와 본질적인 반성을 하지 않았기 때문이다. 위기를 겪고 나면 과거의 경험에서 끝내지 않고 이를 반추하며 한 단계 성숙해지는 기회로 삼기 마련이다. 하지만 우리 역사에서 위기는 그저 위기일 뿐이었다.

시대를 짊어진 자의 혹독한 반성문

일찍이 비극이 되풀이되어서는 안 된다는 마음에서 경계하고 반성하며 해법까지 제시하고자 집필된 책이 있다. 바로 《징비록懲毖錄》이다.

그 책의 저자인 류성룡柳成龍(1542~1607)은 멸망의 낙차가 뒤꿈치에 선뜻했던 위기의 시대에 스스로를 전쟁에 밀어넣었다. 이순신李舜臣(1545~1598) 같은 영웅들이 적과 부딪쳐갈 때 류성룡은 대국을 그려내고 전략을 파종했다. 한손으로 반격의 기틀을 마련하고 분주히 지휘하면서 다른 손으로는 국가의 존속에 필수적인 인력과 군량을 모으고 배분했다. 조선에서 가장 중요하게 여겼던 명明과의 외교에서도 따를 사람이 없었던 그가 아니었다면 전쟁 이후의 조선을 논할 수 없다.

전쟁을 온몸으로 맞받으며 기사회생에 결정적인 공을 세운 위대함은 《징비록》에서 선명하게 드러난다. 류성룡은 《징비록》을 통해 전쟁 이전부터 전쟁의 모든 과정을 두루 기록함은 물론, 씨줄날줄로 얽힌 인과관계를 철저히 밝히고 부검해 후세에 경계가 되도록 했다. 실제로 내용 대부분이 《조선왕조실록》에 실려 전쟁과 역사를 복원하는 데 결정적으로 기여했다. 류성룡이 아니었다면 우리는 그 전쟁을 지금처럼 복기하지 못했을 것이다.

임진전쟁에 대한 기록의 쌍두마차로 평가되는 《난중일기亂中日記》가 전쟁의 판도를 뒤집은 해전 상황을 상세하게 기록했다면, 《징비록》에는 류성룡이 전쟁을 지휘하는 총사령관에 해당하는 도체찰사까지 역임한 모든 상황과 경험이 담겨 있다. 또한 임진전쟁에 대한 다른 사료들이 후대에 작성되고 자료도 변변치 않아 객관성이 부족하고 교차검증이 되지 않지만, 《징비록》은 당대에 전쟁을 관통하고 고급 정보를 취합할 수 있었던 '영의정'에 의해 완성된 사료이다. 임진전쟁과 관련된 다른 대부분의 기록들은 《징비록》의 아류라고 해야 타당하다.

무엇보다 주목되는 점은 일본에서 일찍부터 가치를 인정받았다는 것이다. 비공식적인 경로를 통해 일본으로 유입된 《징비록》이 역사적인 베스트셀러로 추앙받기에는 긴 시간이 필요하지 않았다. 일본에서는 이미 1695년에 국책사업의 성격으로 《징비록》을 출간했다.

정치와 정략이 전쟁을 부르고 전쟁에 의해 새로운 상황과 결과가 확대재생산이 되는 거대한 흐름과, 책임지는 자로서의 의무를 다하기 위해 분투하는 처절한 과정은 그들에게도 충격적이었을 것이다. 한편으로 류성룡에 의해 기록된 역사의 진가가 전쟁을 일으킨 측에 의해 비로소 인정받았다는 것을 알게 된 다음에는 말할 수 없이 부끄러웠다.

위기를 역전시킨 류성룡은 전쟁의 원인과 책임을 명확하게 추출한 다음 다시는 동일한 비극을 당하지 않을 것을 역설했다. 《징비록》에는 지옥을 감내한 그가 절절하게 비판하고 통렬하게 반성한 모든 것이 담겨 있다. 류성룡을 '이순신을 천거한 사람' 정도로 알고 있거나, 《징비록》 또한 '시험에 나오니까 외워둬야 할 책 제목' 정도로 치부되던 이제까지의 풍경은 정정되어야 한다.

역사는 반복되기에 기억으로 끝나서는 안 된다

1592년에 발발한 임진전쟁은 상당 부분 낯이 익다. 불과 60여 년 전인 1950년 발발한 전쟁에서도 온 국토가 외세外勢의 힘이 부딪치는 전쟁터가 되면서 무수한 시민들이 죽어나갔다. 또한 전쟁의 당사자이면서도 '전쟁의 주인'이 되지 못했던 상황과 협상에서 배제되는 과정까지 놀라울 정도로 동일하다.

가장 일치되는 광경은 지도자의 행태다. 한양과 서울을 사수하겠다고 기만한 다음 백성과 시민을 버리고 도주한 그들은 제 위치를 지키라고 방송한 다음 어린 학생들을 버리고 빠져나간 세월호 선장과 조금도 다르지 않았다. 심지어 남은 사람들이 어떻게 되든 적이 따라오지 못하도록 선조宣祖(재위 1567~1608)는 배를 파괴하고 이승만은 다리를 폭파했다. 절대 그 위치에 있어서는 안 되었을 사람이 자신의 자리를 보전하는 데에만 급급해 위기를 극복하는 데 방해가 되었다는 점 역시 대단히 흡사하다.

전쟁의 당사자이면서도 강대국들에게 주권을 넘기고 철저히 배제된 다음 그들의 협상에 의해 일방적으로 전쟁이 끝난 것도, 위기에 대해 가장 크게 책임져야 할 자들이 그대로 자리를 지켰던 상황 역시 조금도 다르지 않다. 임진전쟁 당시 명明이 조선을 '실효지배'하려는 시도가 있었던 것과, 현재 한반도에서 전쟁이 발발하면 중국이 북한을 직접 예속시킬 것이 분명하다는 점 역시 유사한 부분이다. 힘없는 국민들만 병역과 납세의 의무를 이행하는 데다, 군대에 소집된 아들들이 부당한 강압 속에서 심지어 죽기까지 해도 진실조차 알기 힘들다는 점 또한 조선의 어지러웠던 군역과 닮아 있다.

조선은 일본과의 국제전쟁이 끝난 다음에도 전혀 각성하지 못한 채 귀중한 시간을 흘려보내다가 병자호란의 국치를 당했다. 그래서 1953년 휴전이 된 이후 한국의 역사를 돌아보면 기시감과 위기감을 함께 느낀다. 조선이 겪은 임진년의 난과 한국 현대사의 난은 샴쌍둥이만큼이나 닮아 있다.

납득하기 힘든 그때 그 전쟁

오늘날 한국과 유전적으로 동일한 조선은 임진전쟁을 겪으며 기초부터 뒤흔들렸지만, 믿기 어렵게도 그 발생 원인이 명확하게 밝혀져 있지 않다. 7년이나 진행되면서 발생한 직간접 피해와, 전쟁이 끝난 이후 당사자들에게 몰아친 후폭풍이 엄청났음에도 왜 발발했는지에 대해서는 누구도 자신 있게 설명하지 못한다. 특히 일본인들조차도 자신들의 역사에서 첫 번째 침략전쟁이었던 '분로쿠·게이초노에키文祿·慶長の役'(임진전쟁에 대한 일본식 명칭)가 왜 일어났는지 모르고 있다.

발발 원인에 대한 주장과 학설이 없는 것은 아니다. 가해자들에 의해 제법 그럴싸한 주장들도 제기되었지만, 약간만 걷어내면 전혀 받아들일 수 없거나 책임을 전가하는 수준 정도밖에 없었다. 그들에게서도 원인이 밝혀지지 않는 임진전쟁은 범행 동기의 대목이 찢겨져나간 추리소설처럼 납득되지 않는다.

류성룡과 그의 전쟁에서 우리를 확인한다

《비열한 역사와의 결별 징비록》에는 류성룡의 《징비록》을 토대로 그동안 임진년(1592)에 시작된 동아시아 국제전쟁에 대해 추적해 얻었던 모든 결과를 담고자 했다. 즉 류성룡의 회한을 통해 전쟁이 일어나기 이전부터 종전 이후까지 전쟁을 둘러싼 거시적인 정세의 핵심은 물론, 미시적이고 지엽적인 부분까지 아우름으로써 왜 전쟁이 일어났고, 전쟁 이후 조선이 류성룡의 바람처럼 교훈을 제대로 받아들였는지를 제대로 부검하고자 했다.

나아가 이순신의 승리가 처음부터 전체 정황에 영향을 끼친 것은 아니라는 등, 어김없는 사실로 주입되어 믿어 의심치 않았던 사실에 대한 반박들도 포함했다. 실제로 《징비록》에서도 사실과 다르거나 비판되어야 할 대목이 발견된다. 예를 들어 신립은 《징비록》에 나온 평가를 토대로, 그릇된 판단으로 조선을 위기로 몰아넣었다는 비난을 지금까지 받고 있다. 역사에 꼽힐 정도로 용맹한 장수가 역사에 의해 무능하고 용렬하기 짝이 없는 필부로 전락한 것이다. 이 책에서는 단순히 신립이 '죄인'이 아니라는 증거를 제출하는 데에서 나아가, 그에게 책임을 전가한 사람들과 그럴 수밖에 없었던 이유도 탐문했다. 또한 류성룡의 행동 가운데에서도 비판받아야 할 부분은 짚고 넘어가고자 했다.

류성룡의 원작은 번역본을 접해도 지금의 시각에서 이해되기 어려운 대목이 적지 않아 그동안 그의 통렬한 반성을 제대로 소화하기 어려웠다. 이 책에서는 원작에서 불필요한 부분과 잘못된 대목을 제거하고 류성룡이 원작의 행간에 숨긴 정수를 발굴하고자 했다. 이 책을 읽고 나면 류성룡의 시대가 바로 우리가 겪어 온 현대사와 놀랍도록 합치했음을 확인할 수 있을 것이다.

도서출판 추수밭에서 두 번째로 출판하는 《비열한 역사와의 결별 징비록》이 임진전쟁 당시와 닮아 있는 지금 여기 우리에게 새로운 키워드가 될 것을 기원한다.

겨울의 파고가 몰아치는 의정부에서

2015년 2월

배상열

차례

1장

한심한 시절,

전쟁은
이렇게 예정되었다

〈한심한 시절, 전쟁은 이렇게 예정되었다〉의 주요 사건

1517년 - 명에 불랑기포 전래.

1542년 - 일본 다네가시마에 포르투갈 조총 전래.

1543년 - 주세붕, 영주에 백운동서원 설립.

1555년 - 을묘왜변 발생.

1589년
- 정여립 모반 사건으로 기축옥사 발생.
- 소 요시토시 조선 입국.
- 윤근수가 수정된 《대명회전》을 가지고 귀국. 종계변무의 외교상 문제 해결.

1590년
- 도요토미 히데요시, 일본 통일.
- 일본 통신사로 정사 황윤길, 부사 김성일 등을 파견.
- 류성룡, 우의정에 임명.

1591년
- 이순신, 전라좌수사에 임명.
- 일본, 나고야에 조선 침략을 위한 기지 마련.

조선통신사 내조도 가운데 일부

懲毖錄

느닷없는 방문

새롭게 바뀐 동아시아 정세

일본국 사신 소 요시토시가 우리나라에 왔다. 도요토미 히데요시가 이미 다치바나 야스히로를 죽이고 나서 요시토시를 시켜 통신사通信士를 보내주도록 다시 요청했다. 요시토시는 그 나라 군권을 주관하는 주요한 대장 고니시 유키나가의 사위로, 히데요시의 심복이 되었다.

1589년(선조 22) 9월 말, 동평관東平館 내실에 좌정한 소 요시토시宗義智(1568~1615)의 표정은 오늘도 풀릴 줄 몰랐다. 일본 국왕이 직접 파견한 사절단의 대표 자격으로 조선을 방문한 요시토시에게 부여된 임무는 '국교의 성사'였다. 일본에 새로운 지배자가 등극한 만큼 정식의 외교 사절인 통신사를 파견해달라는 요청은 아직도 수락되지 못했다.

전임자인 다치바나 야스히로橘廉廣의 집안까지 몰살당한 참사가 요시토시를 더욱 불안하게 만들었다. 설상가상으로 최근 일단의 왜구들이 전라도를 습격해 막대한 피해를 끼치는 등 악재까지 겹쳤다.

조선에 의지해 그럭저럭 먹고살던 쓰시마對馬島에 풍파를 일으킨 자는

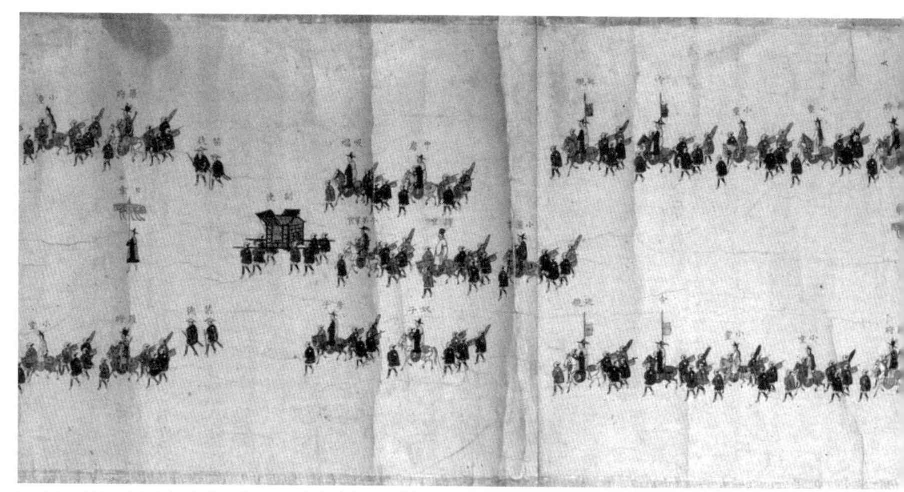

인조십사년통신사입강호성도仁祖十四年通信使入江戶城圖 에도성에 들어가는 조선통신사 행렬도. 조선통신사는 사대교린이라는 동아시아 국제 관계를 상징하는 행사였다. 국립중앙박물관 소장.

바로 도요토미 히데요시豊臣秀吉(1536~1598)였다. 그는 2년 전인 1587년 5월 규슈九州 까지 정복했다. 이미 본토 중앙과 서부 지역은 물론 남부의 거대한 도서島嶼 시코쿠四國까지 복속시켰기 때문에 거칠 것이 없었다.

규슈의 최강자로 군림하던 시마즈 요시히사島津義久(1533~1611)에게 멸망당할 정도로 몰리던 다른 영주들은 히데요시에게 소청을 보냈다. 이에 히데요시는 요시히사에게 "즉시 전투를 중지하고 원래의 상태로 돌아갈 것"을 명령했다. 그러나 요시히사는 들은 척도 하지 않고 더욱 공세를 강화했다. 이를 빌미로 히데요시가 30만에 달하는 대군으로 공격하자 사태는 간단하게 종결되었다. 히데요시는 항복한 요시히사를 죽이지 않고 은퇴할 수 있도록 배려했으며 영토도 본래의 규모를 인정해주었다.

요시히사가 항복하기 이전부터 승부를 직감한 인근의 모든 세력들이

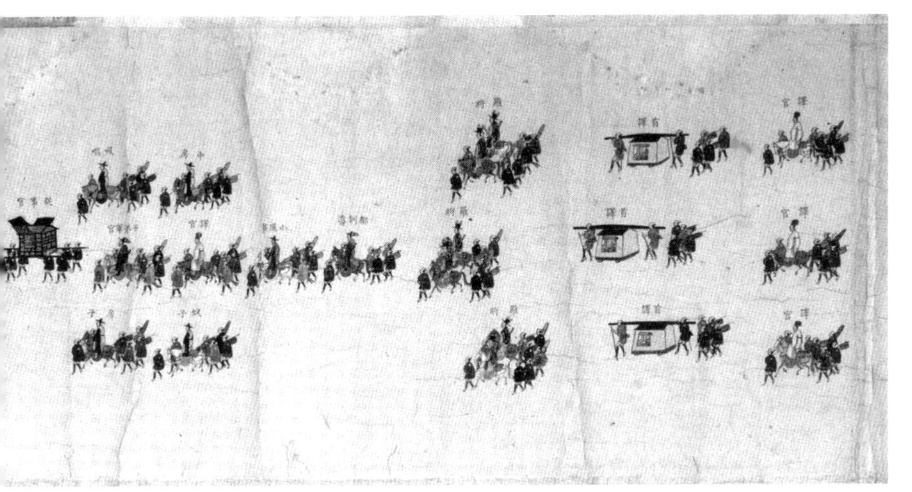

히데요시에게 줄줄이 항복하고 충성을 맹세했다. 쓰시마도 그 대열 가운데 하나였다. 쓰시마는 일본의 중심지인 교토京都에서 가장 멀리 떨어진 오지 가운데서도 오지인 데다, 규모와 경제력 등 모든 면에서 보잘 것 없는 섬이었다. 그러나 히데요시는 일본보다 조선에 가까운 지리적 불리함에 주목했다. 일본 최초로 통일을 노리는 히데요시의 입장에서 쓰시마의 항복은 일본의 서북쪽 끝까지 정복했다는 상징성이 있었다.

쓰시마도 그렇게 이해했기 때문에 항복은 요식행위에 지나지 않을 것이라고 여겼다. 당시 영주였던 소 요시시게宗義調(1532~1589)는 늙고 병들어 요시토시에게 가독을 물려주고 은퇴한 상태였다. 요시시게가 직접 가기 어려운 데다, 열아홉에 불과한 요시토시를 보내기도 곤란했다. 모든 것을 잃을 수 있는 실질적인 항복이 아니었기 때문에 가신 가운데 가장 유능한 야나가와 노리노부柳川調信를 보내기로 했다.

항복을 마친 노리노부는 "모든 것을 이전과 같이 보장할 테니 충성을 다하라"는 배려 대신 꿈에서조차 상상하기 어려운 명령을 가지고 왔다. "너희들이 조선과 오래도록 교류했다고 하니 내가 일본을 통일한 사실을 알리고 그들의 왕으로 하여금 배알할 수 있게 타이르도록 하라"는 히데요시의 명령을 받은 이들은 뭔가 잘못 들은 것이 아닌지 의심했다.

히데요시의 명령을 들은 쓰시마는 악몽에 빠졌다. 요시시게가 늙고 병든 몸으로 요시토시까지 데리고 급히 달려와 무릎을 꿇었지만 명령은 변경되지 않았다. 어쩔 수 없다고 판단한 요시시게는 가신들 가운데 조선에 대해 가장 잘 알고 있는 다치바나 야스히로를 파견했다.

이전부터 조선을 오간 경험이 있고 관리들과도 제법 안면이 있는 야스히로가 '일본국왕사日本國王使'라는 거창한 자격을 달고 문을 두드렸지만 전혀 진전이 없었다. 조선과 일본은 정식의 외교 관계가 전무하다고 해도 과언이 아닌 데다, 히데요시가 보낸 국서國書에도 오만하고 무례한 내용이 포함되어 의도가 관철되기 어려웠다.

또한 야스히로의 행동에도 문제가 많았다. 당시 야스히로는 여진을 비롯한 '변두리' 지역에서 사절이 도착하면 위엄을 보이기 위한 의도로 길가에 도열한 군사들에게 "너희들의 창이 왜 이렇게 짧으냐? 그래가지고 제대로 싸울 수 있겠느냐?"라고 말한 적이 있었다. 일본 왕이 보낸 사절의 대표로서 조선 왕을 배알시키기 위해 허세를 부렸을지도 모르겠지만, 외교 관례에 어긋나고 모욕에 가까운 행동이 좋은 반응을 부를 리 없었다.

한양에 들어와서는 한술 더 떴다. 주무부처인 예조禮曹에서 베푼 연회에 참석한 야스히로가 후추열매(당시 후추는 매우 귀한 향신료였다)를 한줌 뿌리자 악공들과 궁녀들이 서로 줍기 위해 난리법석이 벌어졌다. 그 광경을 보며 야스히로는 "이토록 기강이 해이한 것을 보니 너희 나라는 머지않아 망할 것 같다"며 한탄했는데, 이 또한 부정적인 결과를 낳는 데 일조했다.

아무런 결과도 얻지 못하고 돌아가야 했던 야스히로는 히데요시에게 끌려가 목이 잘렸고, 애꿎은 피붙이들도 함께 몰살당했다. 그것을 목격한 쓰시마는 공포에 질렸다. 요시시게마저 충격을 받은 나머지 세상을 뜨고 말았다.

다시 명령을 받은 요시토시의 심정은 참담했지만, 다행스럽게도 그에게는 든든한 후원자가 있었다. 일본의 유력한 상인 가운데 고니시小西 가문은 일찍부터 쓰시마와 가까웠다. 특히 히데요시의 심복이 되어 쓰시마와 가까운 규슈에 영지를 받고 있던 고니시 유키나가小西行長(1558~1600)가 적극적으로 쓰시마를 도왔다. 이미 선대부터 서로의 이득이 합치된 데다 고니시가 양녀를 요시토시에게 보내 사위로 삼은 것을 비롯해 도와야 할 이유는 충분했다. 고니시는 상인들 가운데 가장 수완이 좋은 시마이 소시쓰島井宗室에게도 협조를 부탁할 정도였다.

요시토시는 학식이 높은 승려 겐소玄蘇와 가장 믿을 수 있는 야나가와 노리노부 등을 대동했지만 이번에도 진전이 없었다. 게다가 히데요시가 성과를 가져와야 할 기한까지 정했기 때문에 요시토시의 속이 새카맣게 그을렸다.

그러나 머지 않은 미래에 닥칠 전쟁에 비하면 아무것도 아니었다.

일본에 대해 관심이 없었던 조선

국교를 성사시키기 위한 노력은 처음부터 사기에 가까웠다. '일본 국왕'의 사신을 자칭한 요시토시 일행에게는 대표성이 전혀 없었다. 그 이전에 히데요시가 스스로를 칭한 '일본 국왕' 역시 기만이었다.

당시 동아시아에서 왕으로 공인받기 위해서는 종주국으로 행세하는 명明의 승인이 필수적이었다. 아시카가 다카우지足利尊氏(1305~1358)가 1336년 교토京都의 무로마치室町에 막부를 창건하고 2년 후에 쇼군將軍에 오른 다음, 무로마치 막부의 3대 쇼군인 아시카가 요시미쓰足利義滿(1358~1408) 대에 이르러 일본은 중국 중심의 국제 체계에 들어서게 된다. 요시미쓰가 명의 황제에게 칭신稱臣해 '일본 국왕'으로 봉해진 데에는 명과의 무역을 독점하기 위한 의도가 있었으며, 명 또한 이를 이용해 해안이 황폐화될 정도로 날뛰던 왜구를 제압하려는 의도가 있었다.

'덴노天皇'로 불리는 공식적인 왕이 있음에도 요시미쓰가 일본 왕으로 임명받을 수 있었던 까닭은 덴노의 세력이 미약했던 데다, 다카우지가 덴노와의 전쟁에서 승리하자 남쪽으로 도주한 덴노가 따로 조정을 세워 '남북조시대'가 개막되는 등 덴노의 권위가 땅에 떨어진 탓이 크다. 후세에 "일본의 자주성을 훼손했다"는 혹독한 비판을 받게 되지만, 덴노를 우습게 여기는 권력자들이 그런 것에 구애받을 리 만무했다.

무로마치 막부는 15대 쇼군 아시카가 요시아키足利義昭(1537~1597)가 1573년 오다 노부나가織田信長(1534~1582)에 의해 막부가 있는 교토에서 추방당하면서 237년 만에 멸망했다. 전국시대 말기에 등장한 노부나가는 거의 일본을 통일할 뻔하며 오늘날에도 일본에서 가장 인기 있는 영웅

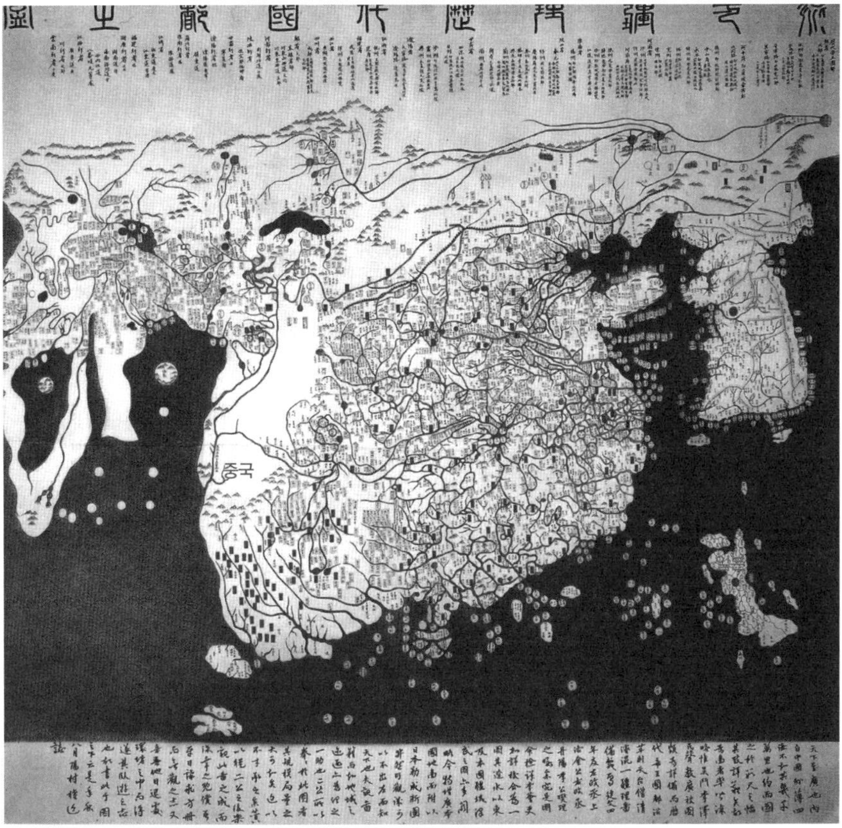

● **혼일강리역대국도지도混一疆理歷代國都之圖** 당대 조선인의 국제 인식이 잘 드러나 있는 세계지도. 중국을 중심에 놓고 조선을 실제보다 크게 그렸다. 일본은 비중이 미미한 데다 실제와 다르게 규슈를 북쪽으로 놓았다. 15세기 후반~16세기 초반 모사.

●● **1910년 한일병탄 기념엽서에 나온 한국과 일본 지도.** 왼쪽에 있는 이는 순종이고 오른쪽은 메이지明治 덴노이다.

으로 회자된다. 그의 심복 가운데 하나가 바로 히데요시다. 오다 노부나가가 1582년 심복의 반역으로 횡사하자 히데요시가 경쟁 관계가 된 가신들과 지방의 강자들까지 차례로 격파한 다음 규슈까지 정복해 일본을 통일했다.

일본 역사 최초로 전국을 통일한 히데요시는 곧 심각한 문제에 봉착했다. 대외적으로 '일본의 왕'을 자칭했지만 명과 조선이 인정한 왕은 아시카가 가문이 배출한 쇼군이었다. 게다가 그는 부모가 노비로 추정될 정도로 신분이 비천했기 때문에 쇼군은 아예 언감생심이었다. 조선의 시각에서 히데요시는 고려시대 무신정권 당시 머슴 출신으로 벼락출세한 인물이거나, 만적이나 망이, 망소이 같은 근본도 없는 도적에 지나지 않았다.

당시 조선은 일본에 대해 놀랍도록 무지했다. 아시카가 가문의 쇼군을 일본 왕으로 인정하는 것이야 명에서 승인했기 때문에 어쩔 수 없다고 해도, 덴노의 존재 자체도 모르고 있었다. 당시 덴노가 107대 고요제이後陽成였던 것도 까맣게 몰랐던 조선은 무로마치 막부를 무너뜨린 자가 히데요시라고 알고 있었을 정도였다. 당시 조선 조정에서는 "원의소(아시카가 요시아키)가 일본의 왕으로서 크게 실정하지 않았음에도 평수길(히데요시)이 몰아낸 것을 보니 불충무도한 자가 틀림없다. 그러니 굳이 통신사를 보내 즉위를 축하할 필요가 없지 않겠느냐"는 여론까지 형성될 정도였다.

146년 만의 갑작스러운 만남

당시 조선의 분위기가 통신사 파견에 시큰둥한 것은 사실이었지만 아주 냉담하지는 않았다. 외교정책의 기본이 "명을 받들어 모시고 이웃과 친하게 지내자"는 '사대교린事大交隣'인 탓에 일본에 새로운 왕조가 들어섰다면 교린의 도리에 따라 통신사를 보내 축하하는 것이 마땅했다. 예법에 죽고사는 당시 사회상에 대입해도 적절하게 예우하는 것이 당연했다. 문제는 일본 왕이 사는 곳까지 가는 과정 자체가 매우 위험하다는 것이었다.

당시 조선이 목숨을 바쳐 사대를 다했던 명과는 정기와 비정기적으로 뻔질나게 사신들을 교환했는데, 오가는 행보가 대단히 고역이었다. 한강에서 출발해 북경 바로 아래의 천진으로 가면 간단할 것 같지만, 항해 기술이 시원치 않았던 당시로서는 육로를 이용할 수밖에 없었다. 도성을 나선 다음 고양－파주－장단－개성－금천－평산－서흥－봉산－황주－중화－평양－순안－숙천－안주－영변－가산－정주－곽산－선천－철산－용천을 거쳐 국경에 면한 의주까지 간 다음 압록강을 건너야 했다.

그래도 숙소를 비롯해 편의가 준비된 조선에서의 행보는 행복한 편이었다. 일단 압록강을 건너 국경을 통과하면 만주의 광막한 벌판을 거쳐야 했다. 여진족이 횡행하는 지역에서 노숙을 해야 하는 데다 맹수까지 무시로 출몰했다. 만리장성의 동쪽 관문인 산해관山海關에 도착해서야 비로소 한숨을 놓을 수 있었는데, 6,000리에 달하는 여정에서 지치거나 병으로 죽는 이들까지 심심치 않게 나타났을 정도였다.

육로로 이어진 명과의 교통이 그럴진대 일본은 말할 것도 없었다. 도성을 나서서 충주－문경－안동－영천－밀양을 거쳐 부산에 닿는 데만 해도 한 달이 훨씬 넘었다.

이후 부산을 출발해 쓰시마와 이키壱岐를 징검다리 밟듯 경유한 다음

사로승구도槎路勝區圖 조선통신사 일행이 에도에 이르는 노정을 담은 그림 가운데 부산과 쓰시마 부분. 국립중앙박물관 소장.

규슈 북단의 아이노시마相島(오늘날 후쿠오카 지역)을 지나 본토의 서쪽 끝 아카가마세키赤間關(시모노세키)에 닿는 것이 일차 행보다. 아카가마세키에서 원기를 회복하고 상황을 정리한 다음 본토와 시코쿠四國 사이의 세토나이카이瀨戶內海로 진입한 다음 여러 지역을 유숙하고 경유하는 것을 반복한 이후에야 비로소 교토가 지척인 사카이堺에 닻을 내릴 수 있는데,

뱃길이 순조로워도 거의 두 달이나 소요되었다.

돌아올 때는 당연히 왔던 행보를 되밟아야 했다. 전체 여정이 극히 위험한 바닷길인 데다, 왜구들까지 날뛰었기 때문에 위험과 난이도가 명으로의 사행使行과 비교할 수 없을 정도로 높았다. 게다가 명에 사신으로 가는 것은 관료 사회에서 반드시 필요한 경력으로, 중견 이상 되는 관리들도 자신의 가치와 비중을 높이기 위해 앞 다퉈 사행을 자칭했다. 사신들을 따라가는 장사치들은 물론 하다못해 말을 돌보는 마의馬醫나 심부름꾼들도 명의 물품을 가져다 팔면 단단히 한몫 잡을 수 있었기 때문에, 어떻게든 따라가기 위해 청탁이 몰리기도 했다.

그러나 일본으로의 사행은 그런 이점이 전혀 없는 데다 돌아오지 못할 위험도 높았기 때문에 애초부터 인기가 없었다. 게다가 일본과의 외교는 여진족과의 관계처럼 그들이 말썽을 피우지 않도록 달래기 위해 관직을 주고 생필품까지 퍼주는 일방적인 형태여서 반감이 더할 수밖에 없었다.

일본과의 외교를 아주 외면할 수는 없었기 때문에 사절을 파견해야 했지만 극히 드물었다. 정식 외교 사절인 통신사가 파견된 가장 최근의 사례가 1443년(세종 25), 요시토시가 조선으로 건너오기 146년 전이었을 정도였다.

당시 아시카가 요시가쓰足利義勝가 7대 쇼군으로 취임하자 조선도 축하하는 의미에서 통신사를 파견했다. 그때 실무를 총괄하는 서장관으로 파견된 사람이 당대는 물론 조선을 통틀어 손꼽히는 신숙주申叔舟(1417~1475)였다. 일본 내부를 정탐할 목적을 가지고 방문했던 신숙주는 '일본 왕실'로 통칭되는 아시카가 가문이 무사 집단의 수장에 지나지 않는다는 것과, 비록 허수아비에 가까울망정 국왕에 해당하는 덴노가 존재

한다는 것을 즉시 간파했다.

일본의 권력 구조와 역학 관계는 물론 각 지역 실력자들의 동향을 세밀하게 파악한 신숙주는 돌아오던 길에 쓰시마와 담판했다. 그 결과 이전부터 이뤄지던 교역 형태와 규모 등을 조선 측의 요구대로 관철함은 물론, 조선이 종주국 지위를 행사하도록 한 〈계해약조癸亥約條〉가 이때 체결되었다.

그러나 이후 막부가 급격히 힘을 잃고 지배력을 상실한 쇼군도 자신들이 무시하고 괄시하던 덴노처럼 전락하자 조선이 그나마 가졌던 일본에 대한 관심도 급격히 사라졌다. 그렇게 거의 150년이나 지난 다음 일본의 국왕이라는 자가 보낸 쓰시마의 인물들이 "일본에 새로운 왕조가 탄생하고 국왕이 즉위했으니 정식으로 사절을 보내 축하해야 하지 않겠느냐"고 말했으니 처음에는 황당하기조차 했을 터였다.

그러나 조선은 교린의 도리를 따를 의무가 있었다. 또한 신숙주가 "일본과의 관계가 끊어져서는 절대 안 된다"며 역설한 점도 걸렸다. 최근 전라도 지역으로 만만치 않은 무력집단이 침공하는 현상 등을 고려해도 통신사 파견이 필요했다. 하지만 사신으로 가는 과정 자체가 문제였다.

갑작스러운 희소식

그러던 와중에 두 가지 사건이 발생한다. 요시토시가 오기 전에 발생한 사건은 조선에 매우 좋았던 반면, 동평관에 들어온 이후에 터진 사건은 극히 좋지 않았다. 전자는 조선이 건국한 이래 최고의 경사라고 해도 과언이 아니었다. '광국光國'으로 명명된 그 사건은 조선의 출발과 더불어 발생한 고질적인 문제가 해결된 것을 자축하는 형태였다.

명이 건국된 이후 태조 주원장朱元璋(재위 1368~1398)이 후손들에게 전하고자 법전 형식으로 저술한 《황명조훈皇命祖訓》의 내용 가운데 '이성계는 이인임의 아들'이라는 대목이 있었다. 그것을 알게 된 태종과 조정은 경악했다. 이성계가 고려 말기에 권력을 농단하던 이인임의 아들이라고 기재된 것은 왕실의 정통성을 짓밟는 극악한 비방이었다. 이성계는 오히려 위화도에서 회군해 주원장을 결정적으로 도운 데다, 국호까지 받는 등 명에 맹목적으로 충성했었다. 조선은 그런 태조를 이인임의 아들로 기록한 명에게 엄중하게 추궁하고 국교 단절과 같은 강경한 조치를 취해야 했다.

그러나 조선은 정상적으로 프로그램된 나라가 아니었다. 조선은 틈만 나면 명에 사신을 보내 잘못된 대목을 바로잡아줄 것을 애걸했다. 그러나 주원장의 엄명에 의해 저술된 《황명조훈》의 교정은 불가능했다. 잘못된 기록에 대한 수정을 청하는 것을 가리켜 '변무辨誣'라고 하며 그럴 목적으로 보내는 비정기적인 사신을 변무사辨誣使라고 한다. 나중에는 변무사가 이성계에 대한 고의성 짙은 오기誤記를 바로잡아줄 것을 청하는 사신으로 불릴 지경이었다.

그러던 가운데 더욱 큰 사단이 보고된다. 명의 기본 법전이자 조선의 법전인 《경국대전經國大典》의 바탕이 되는 《대명회전大明會典》에 "이성계는 고려 왕을 네 명이나 죽이고 즉위한 자"라는 대목이 발견된 것이다. 조선 왕실의 정통성을 짓밟는 기존의 오기가 수정되기는커녕, 조선의 시조가 공민왕까지 시해한 대역무도한 역적으로 규정된 최악의 상황이었다.

그러나 조선이 할 수 있는 행동은 애걸하는 것밖에 없었다. 변무사를 보내 애걸하는 것이 일상화된 가운데 거의 체념할 즈음이었다. 명에 보낸 사신들이 "《대명회전》의 오기를 수정해주겠다는 약조를 받았다"며 급보를 보냈다. 선조는 물론 조선 전국이 미친 듯 날뛰었다. 거의 200년이나 감내해야 했던 입에 담기조차 망극한 수치가 벗겨진 것이다. 이전까지의 조선은 제대로 된 국가일 수가 없었다. 선조는 비로소 광명을 되찾았다고 외쳤으며 건국에 버금가는 위대한 역사라고 찬양하는 일방으로 사건에 관계된 신하들을 광국공신光國功臣에 녹권해 노고를 위로했다.

물론 가장 큰 혜택을 받은 사람은 선조였다. 자신의 대에서 숙원이 해결되었으니 더 이상 기쁠 수 없었을 테지만, 선조가 특히 기뻐하는 까닭은 그의 출신과 무관하지 않다. 본래대로였다면 선조는 왕이 되기 어려

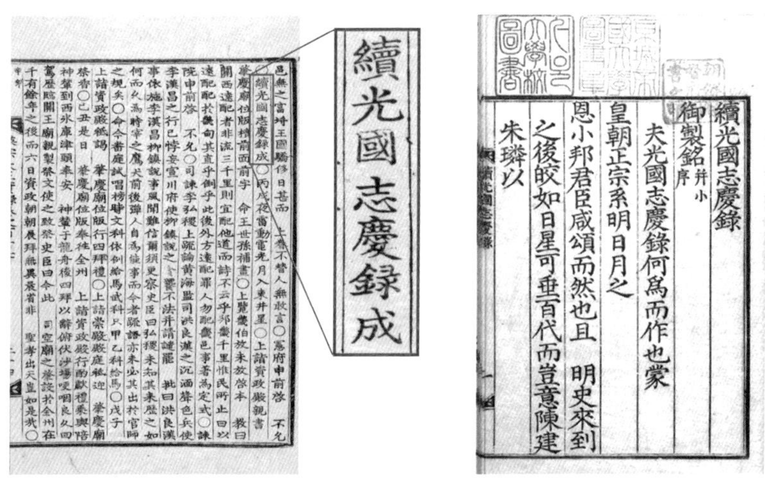

《속광국지경록》(우)과 그 간행을 기록한 《영조실록》 영조 47년 10월 18일 기사(좌). 《속광국지경록》은 선조가 '종계변무' 외교를 기념하기 위해 엮은 《광국지경록》의 증보판이다.

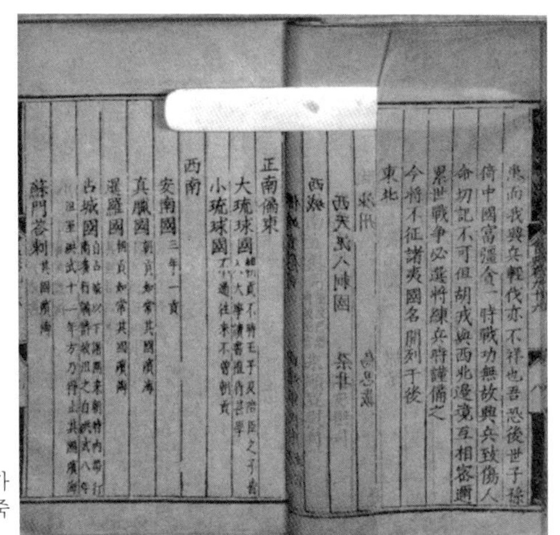
患而我興兵輕伐亦不祥也吾恐後世子孫
倚中國富强貪一時戰功無故興兵致傷人
命切記不可但胡戎與西北邊境互相密邇
累世戰爭必選將練兵時謹備之
今將不征諸夷國名開列于後
東北
正南偏東
大琉球國
小琉球國
西南
安南國 三年一貢
真臘國 朝貢如常其國濱海
暹羅國 朝貢如常其國濱海
占城國
蘇門荅剌 其國濱海

《대명회전》 1509년(중종 4)판 이성계가 이인임의 후손이며 고려 국왕 네 명을 죽였다는 내용이 들어 있다.

운 위치였다. 비록 선조가 중종의 핏줄을 이어받기는 했지만 모친이 정식 왕후가 아니었기 때문이다.

반정을 통해 연산군을 몰아내고 즉위한 중종中宗(재위 1506~1544)은 세 명의 왕비를 맞이한 일 외에도 후궁 일곱에게서 일곱 명의 왕자와 여섯 명의 옹주를 얻었다. 선조의 할머니인 안씨는 영양군과 선조의 부친이 되는 덕흥군德興君의 형제를 낳았음에도 존재감이 미미했다. 선조가 즉위한 이후에도 첩실이라는 이유로 왕실의 사당에 모셔지지 못하다가 십 년이 지나서야 비로소 국왕의 정식 부인인 '빈嬪'으로 추존받을 수 있을 정도였으니, 중종 당시 덕흥군의 존재감 역시 충분히 짐작할 수 있다.

덕흥군의 삼형제 가운데서도 막내인 하성군河城君이 조선의 14대 왕이 될 수 있었던 까닭은 순전히 운수 때문이었다. 중종의 시대에서는 왕자들이 파리 목숨과 진배없었다. 마지막 왕비 문정왕후의 동생으로 외척의 교과서 같은 윤원형尹元衡 등과 결합한 권신들과, 그들에 대항하는 자들이 벌인 암투의 결과 후궁 소생의 왕자들이 씨가 말랐다.

40년이나 재위하면서도 별로 한 일이 없었던 중종이 승하하고 둘째 왕비 소생인 인종仁宗이 즉위해 불과 여덟 달 만에 의문사에 가까운 죽음을 맞은 이후부터 문정왕후의 시대가 되었다. 자신의 아들인 명종이 불과 열두 살의 어린 나이로 즉위하자 수렴청정을 통해 권력을 장악했던 문정왕후는 명종이 성인이 된 다음에도 권력을 돌려주지 않았다.

그러나 문정왕후와 함께 왕을 초월하는 권력을 휘두르던 윤원형과 그의 애첩 정난정의 세상도 영원할 수 없었다. 20년 동안이나 권력을 장악한 문정왕후가 세월의 유통기한을 이기지 못하고 사망하자 윤원형과 정난정을 위시한 이들의 운명도 정해졌다. 왕실과 조정에 해악을 끼치던 존재들이 자연스레 제거되자 오래도록 핍박당했던 정통 관료들이 약진하게 되었다.

세조의 반역과 즉위에 협조해 공신으로 봉해진 훈구파勳舊와 연산군 시대의 간신들은 물론, 사실상 문정왕후의 시대였던 명종明宗(재위 1545~1567)의 시대까지 발호했던 외척과 권신들은 하나같이 정통 관료들을 탄압했다. 사화士禍 같은 사건들이 벌어질 때마다 무수한 관료들이 사라졌어도, 그들의 고향에서는 사재를 털어서까지 인재를 길러내는 노력이 끊이지 않았다.

외척이 타도되고 명종이 친정親政하게 된 것은 관료들에게 분명히 다행이었지만 본질적인 문제가 도사리고 있었다. 명종의 후계자가 즉위하면 새로운 외척의 등장은 기정사실이었다. 그러나 신료들의 우려는 세자의 요절로 깨끗이 해결되었다. 이후 명종이 승하하자 보위가 비게 되었는데, 이때 선택된 자가 바로 선조다.

갑작스럽게 즉위한 선조

선조는 왕이 되기 어려운 자였다. 그때까지 조선의 왕통王統은 정통으로 계승되고 있었다. 태종 이방원이 '왕자의 난'을 통해 보위에 올랐지만 정종正宗과는 친형제였으며, 세조世祖는 단종端宗의 보위를 찬탈했지만 세종 슬하의 대군이자 문종의 바로 아래 친동생이었다. 성종成宗의 경우 예종의 외아들인 제안대군을 제치고 즉위했지만, 부친이 예종의 친형으로서 요절했던 의경세자였던 탓에 정통성에 문제가 없었다. 중종 또한 연산군燕山君을 몰아내고 즉위했어도 연산군의 생모가 폐비되어 사약을 받은 다음 성종이 새롭게 들인 왕비에게서 태어났기 때문에 아무런 결격 사유가 없었다.

이러한 조선 왕통의 역사에 대입하면 하성군에게는 자격이 전혀 없었다. 평상시 같았으면 후궁이 생산한 왕자가 보위에 오르내리는 것으로도 대역죄가 적용되었을 것인데 하물며 손자였다. 그러나 왕자들의 씨가 마른 이상 대역이라도 찾아야 했을 상황이었기 때문에 덕흥군의 삼형제가 주목을 받았다.

하성군이 선택받은 이유는 어렵지 않게 짐작된다. 신하들의 입장에서는 한 살이라도 더 먹어 세상물정을 아는 것도 탐탁지 않겠지만, 이미 혼례를 치러 부인이 있는 상황은 결코 좌시하기 어려웠을 터였다. 외척이라면 이가 갈리는 그들이 새로운 외척을 불러들여 화를 자초할 리가 만무했다. 그런데 하성군은 삼형제 가운데 막내로 나이는 만으로 열다섯에 지나지 않았고 혼례 또한 치르지 않았으니 그 이상 적격일 수 없었다.

그런저런 경위를 거쳐 선조가 조선의 14대 왕이 되었을 때의 분위기는 매우 희망적이었다. 무엇보다도 선조를 보좌할 진용이 조선은 물론 한국사에서 역대 최고라고 해도 과언이 아니었다. 퇴계 이황退溪 李滉(1501~1570)과 율곡 이이栗谷 李珥(1536~1584)로 대변되는 짜임새는 역대 최고의 재상으로 손꼽히는 류성룡이 평범하게 느껴질 정도였다. 게다가 '광국의 영광'까지 수혜받는 등, 선조는 조선 왕들 가운데 가장 좋은 조건에서 출발했다고 할 수 있다.

사림의 분열, 전쟁 전 조선의 정치 상황

선조가 즉위한 다음 조선의 정치 판도는 동인東人과 서인西人으로 구획된다. 동인이 이황의 문하인 류성룡처럼 지방에서 양성된 인재들이 중앙에 진출함에 따라 형성된 정통 관료이자 신진 세력인 데 비해, 서인은 기존의 관료들이 위주였던 탓에 모든 면에서 열세했다. 특히 서인에는 외척에 속하거나 그들과 부합했던 자들까지 포함된 탓에 태생적으로 동인에게 공격당할 빌미를 품고 있는 상태였다.

동인과 서인의 대립이 격화됨에 따라 매우 바람직하지 못한 부작용이 초래되자, 이이는 그것을 막고자 노심초사했다. 사림士林의 분열과 다툼은 아직 완전히 힘을 잃지 않은 구시대의 세력들이 기사회생하고 반격할 여지를 줄 수 있었다. 기반과 조직을 위시한 모든 것이 탄탄한 동인들에게 서인들이 몰리던 탓에 이이가 중간적인 입장을 취하고 대립을 막으려다가 서인으로 몰리는 웃지 못 할 일까지 벌어지기도 했다.

1584년(선조 17), 이이가 49세라는 한참 일할 나이에 세상을 뜨자 누구도 사림의 분열을 중재할 엄두도 내지 못했다. 선조는 동인에 의해 즉위했다고 해도 과언이 아니었으며, 동인의 우세가 분명한 만큼 굳이 중재할 의사가 없었다.

동인에 대해 한 가지 특기할 것은 지역적으로 영남嶺南 위주임에도 이황의 제자들과 조식曹植(1501~1572) 제자들의 성향이 너무도 다르다는 점이다. 류성룡이나 김성일金誠一(1538~1593) 같은 이황의 문하들이 중앙에 진출해 현실에 활발히 참여하는 반면, 조식의 문하들은 대부분 관직에 나서지 않고 지역 사회에 이바지하면서 검소하게 생활했다.

그런 성향은 전쟁이 발발한 다음에도 뚜렷이 구분된다. 류성룡이 최고위 직책을 역임하면서 대국과 전략적인 부문에서 독보적으로 활약한 반면, 곽재우로 대표되는 조식의 제자들은 자신들의 지역에서 의병을 일으켜 큰 공을 세웠다.

되풀이되는 조선과 한국의 출발

명이 고의로 훼손한 기록을 바로 잡아주었다고 '광국의 은혜'라며 미친 듯 기뻐하는 광경이 지금의 시각에서 정상적으로 보이지는 않을 것이다. 조선은 태생적으로 잘못된 나라였다. 건국 직후부터 명을 종주국으로 섬긴 것부터가 자주적이지 못한 데다 국호國號까지 하사받은 사례는 세계 역사에 유래가 없다. 그렇게 지극정성으로 섬긴 대가는 이성계가 이인임의 아들로 기록되는 수모였다.

훗날 한국의 출발도 정상적이고 긍정적인 모습과는 거리가 멀었다. 미국에 의해 독립된 직후 군정軍政에서 "경찰을 포함하는 모든 공직자는 현직을 지키라"는 명령을 내린다. 당시 공무원들은 친일파 가운데서도 엘리트들이었으며 선민의식까지 가진 자들이었다. 그들이 경찰과 행정을 위시한 국정을 다시 도맡게 되었고, 철저한 친미파인 이승만이 대통령이 된 다음 친일파들과 야합해 김구 같은 우국지사들을 탄압했으니 독립국가라고 하기 어렵다.

2차 세계대전 당시 독일에 점령당했던 프랑스가 나라를 되찾은 다음 독일의 앞잡이나 다름없던 비시Vichy 정권은 물론 정권의 하수인 노릇에 충실했던 언론인들까지 모조리 숙청한 역사와 비교된다.

사대 근성이 뼛속까지 도금되어 명에 충성했던 조선의 건국 과정과 친일 근성이 면면하고 미국을 추종했던 한국의 건국 과정은 그리 달라 보이지 않는다.

1945년 9월 9일 중앙청 광장 게양대 일장기가 내려갔지만 곧바로 같은 자리에 성조기가 올라갔다. 해방을 맞았지만 변한 것은 없었다.

선조의 난

조선 사회와 그 적들

> 정언신은 … 인재를 잘 알아서 이순신·신립·김시민·이억기 등이 모두 그 막하에 있었다. 1584년(선조 17)에 우의정이 되었으나 정여립의 옥사에 연좌되어 남해에 유배되고 다시 갑산에 유배되어 그곳에서 죽었다.

요시토시가 동평관에 들어왔을 무렵인 선조 1589년(선조 22) 10월 초순 늦은 밤에 보고된 역모는 조선을 뒤흔들었다. 뛰어난 성적으로 급제한 다음 만만치 않은 관직을 역임하다가 전주로 낙향한 정여립鄭汝立(1529~1589)이 왕이 되기 위해 일을 꾸미고 있다는 급보였다.

가장 경악한 자는 선조였다. 반역이 노리는 목표로 전락한 선조는 펄펄 뛰었다. 정여립의 거주지인 전라도 전주로 금부도사를 급파했지만 정여립은 자결한, 또는 그렇게 보고된 시체로 끌려왔다.

정여립의 심복이었다는 변숭복은 시체로, 정여립의 아들 정옥남과 다른 심복 박연령의 아들 박춘룡은 생포되어 압송되었다. 관군에게 포위된 정여립이 절망한 나머지 먼저 변숭복을 죽인 다음 정옥남과 박춘룡까지 죽이려다 상처만 입히게 되자 스스로 목숨을 끊었다고 했다. 왕이 되기 위해 나라를 뒤엎으려던 반역의 증거치고는 너무나 초라한 데다 언뜻 보기에도 의문점이 많았다.

그러나 가장 중대한 역모가 발생한 이상 철저히 규명해야 했다. 선조는 자타가 공인하는 동인의 영수인 우의정 정언신鄭彦信(1527~1591)에게 책임을 맡겼지만 전혀 진척이 없었다. 그럴 수밖에 없는 것이 증거라고는 급보밖에 없었으며 내용 자체가 허황되고 믿기 어려운 것투성이였다. 정확한 사실관계를 확인하기 위해서는 장본인을 심문해야 했지만, 시체로 압송된 정여립에게서는 아무것도 확인할 수 없었다.

수사가 답보에 빠지자 선조는 "정여립이 동인이기 때문에 감싸는 것 아니냐!"며 펄펄 뛰었다. 선조의 질책에 정언신을 위시한 동인들은 입을 다물었지만 선조의 주장이 반드시 옳다고 할 수는 없었다. 정여립은 본래 서인으로서 율곡에게 배우기도 했다가 동인으로 전향한 인물이다. 능력이 뛰어난 데다 출세지향적인 그가 서인에 있어봤자 별 볼 일 없다고 판단해 동인으로 변신하는 모험을 꾀했을 개연성이 높다.

동인이 된 정여립은 머지않아 역풍을 맞게 된다. 놀랍게도 그는 율곡을 비판하기 시작했다. 기왕 동인이 된 이상 전향을 확실하게 보여줄 필요성을 느껴 그랬는지 모르겠지만, 스승에 대한 비판은 도덕적으로 용납되기 어려웠다. 율곡에게서 배웠던 제자들 가운데 정치적 비중이 높은 자들이 기다렸다는 듯 비판에 나서는 가운데 선조가 결정타를 가했다. 선조가 공개석상에서 정여립을 가리켜 "스승을 배반한 도리를 모르는 자"라고 정면으로 비판하자 정여립은 사직하고 낙향할 수밖에 없었다.

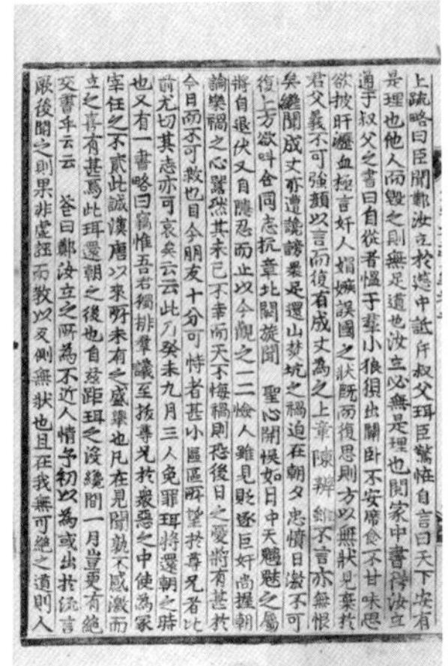
上疏略曰臣聞鄭汝立於筵中詆斥叔父珥臣驚怪自言曰天下安有
是理也他人而毁之則無足道也汝立必無是理也聞家中書得汝立
遺于叔父之書曰自從者惱于群小狼狽出關臥不安席食不甘味思
欲披肝瀝血極言奸人媢嫉誤國之狀既而復思則方以無狀見棄於
君父義不可強顔以言而復有成丈為之上章陳辨雖不言亦無恨
矣繼聞成丈亦遭讒謗衆是還山焚坑之禍迫在朝夕忠憤日激不可
復止方欲叫合同志抗章北闕旋聞 聖心開悟如日中天魑魅之屬
將自退伏又自隱忍而止以今觀之一二憸人雖見貶逐巨奸尚握朝
論樂禍之心囂然其未已不幸而天不悔禍則恐後日之憂將有甚於
今日而不可救也且今朋友十分可恃者甚小區區所望於尊兄者比
前尤切其志亦可哀矣云云此乃癸未九月三人免罪珥將還朝之時
也又有一書略曰竊惟吾君獨排衆議至拔尊兄於衆惡之中使為冢
宰任之不貳此誠漢唐以來所未有之盛擧也凡在見聞孰不感激而
立之喜有甚焉此珥還朝之後也自該距珥之沒纔閒一月豈更有絶
交書乎云云 答曰鄭汝立之所為不近人情予初以為或出於流言
厥後聞之則果非虛誣而敎以反側無狀也且在我無可絶之道則人

《선조실록》 18년 6월 16일 첫 번째 기사 이경진李景震이 경연에서 정여립의 율곡 비판을 문제삼은 일을 기록했다. "정여립이 경연에서 이이를 비방해 배척했다고 하니 놀랍고 괴이해…"

모든 상황과 정황을 보아도 정여립이 반역을 도모했다는 주장은 지극히 상식적이지 못했다. 그러나 선조는 그렇게 여기지 않았다. 정여립을 동인들과 싸잡은 선조는 정언신에게 맡겼던 수사 책임을 박탈한 다음 재야에 있던 정철을 불러들였다. 정철鄭澈(1536~1593)은 역사에 드문 문장과 풍류로 아름다운 이름이 드높지만 정치인으로서는 전혀 그렇지 않았다. 서인의 핵심 정철이 선조의 특명에 의해 우의정에 임명되고 역모의 수사까지 맡게 되자 비로소 반역이 기정사실로 전환된다.

온몸을 지지고 부수는 잔혹한 고문을 이길 사람은 극히 드물다. 설령 그런 정신력을 가졌다고 해도 자신이 말하는 대로 조서가 꾸며질 리가 만무하다. 모든 법률을 초월하는 역모의 수사는 선조가 앞세운 정철에 의해 판이 급격히 커지고 피바람의 강도가 더했다. 게다가 포상을 노린 자들과 이번 기회를 이용해 사적인 원한을 풀려는 자들까지 날뛰자 전국이 공포에 질렸다.

머지않아 선조의 노림수가 드러났다. 어이없게도 정언신이 역모에 가담한 혐의로 체포되었는데, 증거라고는 정여립과 주고받은 서신이 전부였다. 인편을 통한 서신이 통신 수단의 전부인 그 시대에 정여립처럼 잘나가던 인물과 서신을 주고받지 않은 고위층이 얼마나 될까? 게다가 선조는 일기 같은 극히 개인적인 기록까지도 압수했다. 압수한 일기에 정여립에 대해 우호적인 문구가 발견되거나 선조를 비판하는 내용이 적시된 경우에는 바로 역적으로 낙인찍혔다.

그런 수사로 인해 동인은 수뇌급이 거의 붕괴되고 그동안의 우세를 일시에 상실하고 말았다. 그나마 다행스러운 것은 류성룡과 이산해 등의 영수들이 피해를 당하지 않았다는 점이다. 정철은 그들을 가장 먼저 숙청하고 싶었겠지만 선조가 허락하지 않았다. 열세했던 서인들만으로는 국정 운영이 가능하지 않은 데다, 류성룡 같은 인물이 있어야 정철을 견제할 수 있으리라는 계산 때문이었다. 이러한 선조의 계산은 류성룡이 평소에 보여준 능력과 처신이 그만큼 훌륭했다는 방증도 된다.

전쟁의 전초, 기축옥사

'기축옥사己丑獄死'로 명명된 이 사건은 규모와 파괴력의 모든 면에서 기록적이었다. 조작의 냄새를 짙게 풍기는 이 사건에서 특히 주목되는 부분은 처음부터 끝까지 왕에 의해 진행되었다는 점이다. 보위에 앉혀지다시피 하고 제왕에 필요한 교육을 전혀 받지 못했던 선조가 이황과 이이로 대표되는 신하들에게 느꼈을 콤플렉스는 충분히 짐작할 수 있다.

친위 세력의 형성이 원천적으로 차단된 것도 문제였다. 즉위한 지 2년 후에 의인왕후懿仁王后 박씨를 맞이했지만, 외척이라면 치를 떠는 신하들이 외척이 발호할 여지를 허용할 리가 만무했다. 게다가 의인왕후에게서 전혀 아이가 생기지 않는 바람에 '세자를 보위한다'는 명분을 가질 외척의 생성은 더욱 힘들어졌다.

그렇지 않아도 정통과 거리가 먼 방계傍系로 즉위한 콤플렉스가 심각했던 데다, 유능한 신하들에 가려져 '반쪽짜리 왕'에서 벗어나지 못했을 선조가 상황을 역전시킬 방도를 찾았으리라는 것 또한 어렵지 않게 짐작할 수 있다.

그러나 잔혹하고 치졸한 노림수는 치명적인 결과를 초래했다. 목숨을 잃었던 동인의 영수 가운데 정언신은 조선 역사에 드물게 전략과 군사軍事에 뛰어났다. 특히 정언신은 인재를 알아보는 안목이 탁월했다. 이순신을 실질적으로 등용하고 기회를 준 데다, 이순신이 큰 실책을 저질러 처형당할 위기에 처했을 때는 적극적으로 변호해 백의종군으로 감형될 수 있게 힘을 써주었다. 이순신 이외에도 이후의 전쟁에서 활약한 김시민金時敏(1554~1592)과 이억기李億祺(1561~1597)를 위시한 많은 인재들이 정언신의 배려를 받았다.

그런 정언신을 비롯해 전쟁을 이끌 수 있는 능력을 가진 인물들이 기축옥사에 휘말려 목숨을 잃거나 불구가 되었다. '선조의 난'인 이 사건의 결과, 그나마 남아 있던 방어력이 와르르 붕괴되었으며, 공포에 질린 관리들이 극도로 몸을 사리는 바람에 당시로서는 세계에서 가장 뛰어났을 행정망까지 제 기능을 발휘하지 못하는 지경에 이르렀다. 기축옥사는 일본이 할 일을 대신 해주었던 사건이라고 해도 결코 과언이 아니다.

전쟁의 예감

비로소 일본을 바라본 조선

> 어명으로 사신 보낼 만한 사람을 가리게 했는데, 대신들이 첨지 황윤길과 사성 김성일을 추천했으므로 이들을 상사와 부사로 삼고, 전적 허성을 서장관으로 삼아 경인년(1590, 선조 23년) 3월에 마침내 평의지 등과 함께 일본으로 떠나게 했다. 그때 평의지가 공작 두 마리와 조총과 창검 등을 바치자, 임금께서 명하셔서 공작은 남양의 해도에 날려 보내도록 하고 조총은 군기시軍器寺에 두게 했으니 우리나라에서 조총을 가진 것은 이때가 처음이다.

기축옥사가 이듬해에 접어들어 진정되자 조정에서는 일본 사신들의 요구가 다시 현안이 되었다. 결과를 얻기 위해서는 논의가 필요했으며, 요시토시를 위시한 자들이 "통신사가 파견되지 않으면 전쟁이 일어날지도 모른다"는 식으로 은근히 위협한 것도 신경을 쓰이게 만들었다.

그때 류성룡이 '일단 통신사를 파견해야 할 것'으로 의견을 개진했다. 류성룡은 현실에 입각해 냉철하게 판단하는 사람이지만, 선조에 의해 동인이 처절하게 몰락한 당시에는 목소리를 내기 어려운 상황이었다. 자칫 정철 같은 자들이 "야만인들에게 사신을 보냈다가 나라와 전하의 체통이 상하는 날에는 어떻게 책임지겠느냐"고 딴죽을 걸면 경을 치게 될 수도 있었다.

대부분은 그런 우려 때문에 눈치를 보기 십상이지만 류성룡은 개의치 않았다. 그리고 "일본의 상황이 심상치 않은 것은 분명한 사실인 만큼 동태를 파악하기 위해서는 통신사를 파견하는 것이 가장 좋은 방도"라는 류성룡의 현실적인 주장이 대세가 된다.

다만 일본의 요구를 그대로 받아들이는 것은 모양새가 좋지 않기 때문에 적당한 조건을 내걸어야 했다. 조선이 요구한 조건은 "삼 년 전에 전라도를 침범한 왜구들이 잡아간 백성들을 돌려보내고 그때 왜구 두목들을 물론, 조선의 백성으로서 나라를 배반해 왜구에게 협조한 반민叛民들을 체포해 보낼 것" 등이었다.

조선 측이 요구한 조건은 놀라울 정도로 신속하게 받아들여졌다. 고니시 유키나가에게 협조를 부탁받은 시마이 소시쓰가 규슈 인근의 해적들을 협박해 조선인 포로들을 넘겨받고, 사형수들을 왜구 두목으로 꾸미는 일방으로 반민들까지 묶어 보냈다. 그렇게 되자 조선은 더 이상 통신사 파견을 연기할 명분이 없어졌다.

게다가 당시 조선 측이 내건 조건에 의해 송환된 백성들 가운데는 "히데요시라는 자가 수십만이나 되는 군대를 동원해 바다를 건널 것"이라고 말하는 자들이 있었다. 언뜻 이해되지 않았지만 통신사를 보낼 이유로는 충분했다.

조정은 곧 서인인 황윤길黃允吉(1536~?)을 정사로, 동인인 김성일을 부사로 삼고 중도파이되 서인 측에 가까운 허성許筬(1548~1612)을 서장관으로 하는 주요 직책을 비롯해 수백 명에 달하는 수행원과 일꾼들의 선발에 들어갔다.

히데요시의 '원대한 구상'

한편 일본 측의 기록에는 히데요시가 규슈 침공을 전후해 "조선은 물론 명과 인도까지 정복하겠다"고 공언한 것으로 나타난다. 히데요시는 "히데쓰구豊臣秀次(1568~1595, 후계자로 삼은 누나의 아들)를 조선에 보내고 덴노는 명의 남경南京에 모신 다음 나는 인도로 쳐들어가겠다"며 여러 차례나 공언했다. 당시에 갈 수 있는 모든 세계를 정복하겠다는 기염을 토한 것인데, 누구라도 그렇게 떠들면 정신이 온전치 않은 자의 헛소리로 치부될 것이다.

실제로 히데요시가 '원대한 구상'을 밝혔을 때 대놓고 말하지는 못했어도 믿기 어려워하는 반응들이 많았다. 게다가 원정에 필요하다는 이유로 일본과 교역하던 포르투갈 측에게 그들이 운용하던 원양 항해 용도의 거함과 병력을 요구하는 등 야망을 구체화했을 때도 반신반의하는 분위기였다. 너무나 상식적이지 못한 히데요시의 야망은 대부분에게 야망 이상의 의미로 다가가기 어려웠다.

그러나 소문은 빠르게 퍼졌다. 특히 상인들이 히데요시의 말에 예민하게 반응했는데, 그들 가운데는 무역을 위해 규슈 지역을 오가던 명의 상인들도 포함되었다.

명이 풍문이나마 히데요시의 존재와 의도를 접한 데 비해, 침략자의 당사자가 될지도 모르는 조선은 전혀 모르고 있었다. 일본의 동태를 살피기 위해 통신사를 파견하자는 류성룡의 주장이 특히 주목되는 까닭은 이 때문이다.

조총으로 달라진 전쟁의 양상

한 가지 짚고 넘어갈 점은 통신사들이 출발할 무렵 요시토시가 선조에게 바쳤다는 예물 품목이다. 공작새는 충분히 예물이 될 수 있고 창과 검 역시 일본에서 자랑하는 예물 품목이다. 그러나 품목 가운데 조총鳥銃이 포함된 사실은 납득하기 쉽지 않다. 조총은 예물로 바치기는커녕 엄격하게 비밀을 유지해야 할 무기이기 때문이다.

1542년, 규슈 남단의 오지 다네가시마種子島에 닿은 포르투갈 선박에서 전해진 조총은 수천 년간이나 지속된 전쟁의 형태를 일변시켰다. 그 때까지 전쟁의 총아는 철갑기마무사였다. 화살 공격을 막아주는 철갑을 두른 기마무사들이 돌격해 적의 전열을 무너뜨리면 대기하고 있던 보병들이 전진해서 승부를 내는 방식은 일본 뿐 아니라 세계 각지에서 공통적으로 확인되는 전술이었다.

그런데 철갑기마무사의 양성에는 대단히 많은 비용과 시간이 소요되기 때문에 경제력이 충분하지 못한 영주들은 도태되기 마련이었다. 영국에서는 무서운 관통력을 가진 롱보우longbow로 기사들을 상대했는데, 궁병(요맨 Yew man)의 양성과 유지에 들어가는 비용 또한 만만치 않았다.

그러나 일격에 철갑기마무사를 제압할 수 있는 조총은 상대적으로 쉽게 배울 수 있기 때문에 일본의 실력자들은 조총을 보유하는 데 전력을 다했다. 일본의 전쟁을 지배했던 조총이 조선을 침공했을 때도 엄청난 위력을 떨쳤다는 것을 감안하면 요시토시의 입장에서는 절대로 조총을 예물로 바쳐서는 안 되었다.

조선도 당시 최강의 무기로 꼽히던 편전片箭에 대한 기밀을 엄격하게 유지했다. 여진족에게 알려질까 봐 국경지대에서의 사격 훈련을 중지시켰을 정도였다. 그러던 어느 날 왜관 부근에 살던 왜인이 어떻게 알았는지 작은 편전을 만들어서 장난치는 것이 발견되었다. 조정에서는 그 왜인의 출국을 금지시키고 조선에서 혼인하고 살도록 조치를 취했을 정도로 편전에 대해 엄격히 기밀을 유지했다.

하물며 전쟁으로 날을 지새우던 일본에서 중요한 위치에 있는 자가 기밀을 유지하기는커녕 오히려 예물로 바치는 행동을 어떻게 받아들여야 할까? 뭔가 메시지를 전달하려는 태도가 아닌지 추정되는데 문제는 조선이었다. 조총을 예물로 받은 선조가 자세히 살펴보지도 않고 병기의 제작을 담당하던 군기시로 보내라고 명한 이후 조총은 종적이 사라졌다. 그때 뭔가 있다는 것을 눈치 채고 조총을 면밀하게 분석했다면 이후의 전쟁에 큰 도움이 되었을 텐데도 누구도 신경 쓰지 않는 바람에 기회가 사라지고 말았다.

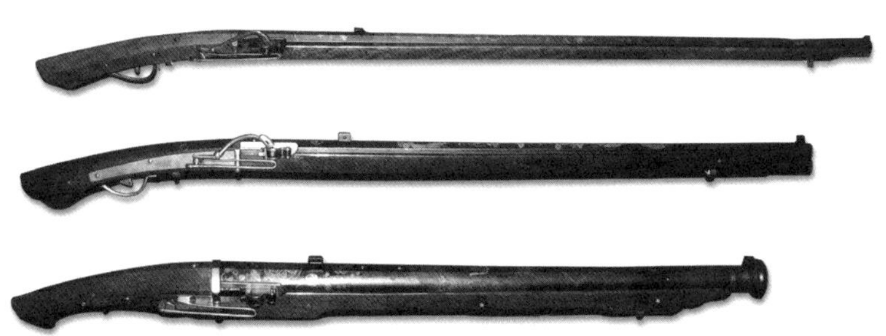

조총鳥銃. 1542년 포르투갈 상인을 통해 일본 규슈 다네가시마種子島에 전래되어 뎃포鐵砲라고 불렸다. 유효사거리는 약 50~80미터이다.

조선은 왜 조총에 큰 피해를 입었을까?

임진전쟁 당시에 조총이 대단한 위력을 떨쳤음은 부인할 수 없는 사실이지만 조선에서도 화약을 이용한 무기가 적지 않았다. 이미 고려시대부터 최무선이 화약을 이용한 무기를 만들었고 세종대왕 재위 당시에도 위력적인 대포인 총통과 신기전神機箭 등의 화약발사체가 일반화되었다. 보병들이 휴대할 수 있는 소형 무기인 승자총통勝字銃筒까지 개발되었을 정도였다. 최근 복원한 승자총통의 위력, 특히 관통력은 현재의 소총에 뒤지지 않을 정도였다. 그런데도 왜 조총에 형편없이 밀렸을까?

조총과 총통이 확실하게 다른 점은 발사의 타이밍에 있다. 총통은 불을 붙인 심지가 완전히 타들어가 화약에 닿아야 비로소 발사되는 구조다. 총통의 사수는 아무리 다급해도 심지가 화약에 닿지 않으면 발사할 수 없는 데다, 조준하고 있는 상황에서 목표물이 갑자기 몸을 숨기면 그 또한 난감해진다.

그러나 조총은 심지가 방아쇠에 연결되어 있어 원하는 타이밍에 언제

승자총통勝字銃筒 조선 명종 당시 김지가 개량한 소형 총통으로 사거리는 600보(750미터)에 달한다. 국립중앙박물관 소장.

든지 발사할 수 있다. 우수한 사수를 이용한 저격이 가능했으며 여럿이 한꺼번에 사격하면 명중률을 훨씬 높일 수 있는 등 유용성이 총통과 비교할 수 없었다. 게다가 일본군은 잦은 내전을 통해 기병의 돌격이나 보병의 방어진에 대응하는 전술을 완성시켰기 때문에 조총을 전혀 몰랐을 조선군에게는 천적과 같았다.

통신사의 방문과 전쟁의 예감

우여곡절 끝에 세 척의 선박에 분승한 통신사가 부산포를 출발해 쓰시마에 닿은 때는 1590년(선조23) 4월 29일이었다. 통신사들은 일본의 내부 정세를 정탐하고 특히 히데요시의 의도를 탐지하기 위한 목적의 첫발을 떼는 것이기 때문에 저마다 막중한 의무감을 느꼈을 터였다.

그런데 쓰시마에 닿은 이후 분위기가 이상하게 돌아갔다. 의례적인 연회가 베풀어졌을 때 요시토시가 나오지 않은 것이다. 외교 관례가 아니더라도 주빈이 먼저 나와 기다리는 태도는 상식이다. 게다가 그토록 통신사를 파견해달라고 애걸함은 물론, 심지어 "당신들이 계속 이렇게 나오면 전쟁이 일어날지도 모른다"며 협박까지 했던 과거를 생각하면 조선 측의 입장에서는 더욱 이해가 가지 않았다.

이윽고 요시토시가 등장했는데 어이없게도 마당까지 가마를 타고 들어오는 것이 아닌가? 연회에 초청받은 모두가 입을 딱 벌리는 가운데 부사 김성일의 눈에서는 불이 튀었다. 김성일은 목에 칼이 들어와도 굽히지 않는 성격이며, 심지어 왕 앞에서도 할 말을 다하는 인물이다. 게다가 조선을 대표하는 통신사들을 이처럼 무례하게 대한다는 것은 결코 묵과할 수 없는 문제였다.

김성일이 불같이 항의하자 요시토시가 "가마꾼들이 실수해서 벌어진 일"이라며 변명하더니 대뜸 가마꾼들의 목을 베라고 소리쳤다. 곧 참수가 집행되면서 가마꾼들의 비명이 낭자한 광경에 통신사들은 다시 한 번 놀라지 않을 수 없었다.

연회에 관련해 벌어진 일련의 사건은 의도된 것이 분명했다. "조선의 왕으로 하여금 직접 건너와 배알하게 하라"는 히데요시의 명령은 어차피 이행될 수 없었다. 어떻게든 통신사를 파견하도록 하는 것이 쓰시마가 할 수 있는 최선이었다. 그런 다음 "조선의 왕이 병이 심해서 직접 건너올 수 없는 관계로 신하들을 대신 보내 항복하는 것"으로 날조하는 것밖에 방도가 없었다.

조선통신사를 요구한 일본

일본의 지배자인 쇼군이 죽고 후임자가 취임할 때마다 조선이 통신사를 보내 축하한 것은 도쿠가와 이에야스에 의해 오늘의 도쿄인 에도江戶에 새로운 막부가 창건된 이후의 일이다. 일본 중부에 위치한 교토로 가는 것도 만만치 않았는데 동쪽 끝인 에도까지 가려면 보통 어려운 일이 아니다.

막부는 무려 2,000명에 달하는 통신사 일행이 방문할 때마다 엄청난 비용을 전액 부담하며 에도에 이르기까지 엄중하게 호위하는 등 성의를 다했다. 그들이 막대한 출혈을 감내하면서까지 통신사를 초대한 까닭은 조선의 우월한 문화를 이용해 막부의 권위를 세우기 위해서였다.

그런데 항복하러 온 자들이 고분고분하지 않아서는 곤란했다. 요시토시가 고의적으로 보인 결례와 통신사들이 보는 앞에서 가마꾼들을 참수한 사건은 그들을 잠잠하게 만들기 위한 의도에서 나온 것이다. 그 광경은 앞으로의 일정이 험난할 것과 함께, 장차 닥칠 전쟁을 예고하는 것이기도 했다.

국서누선도國書樓船圖 가운데 일부 조선통신사 일행이 조선 국왕의 국서를 받들고 오사카 요도가와淀川 강을 지나는 장면을 그린 그림. 막부의 화가가 그린 것으로 추정된다.

懲毖錄

그때 이순신

그를 주목한 류성룡

이순신은 선대부터 강관, 장령 등의 벼슬을 하면서 조정의 기강을 바로잡은 강직 불굴한 가풍이 있었다. 이순신은 젊었을 때부터 영특하고 활달해 어떤 사물에도 구속받지 않았다. 무과로 벼슬길에 나갔으나 권세가에 붙어서 승진하기를 희망하지 않았으며, 정도正道에 어긋나면 직속 상관에게 대항하기도 했다.
말과 웃음이 적고 용모는 단정해 근신하는 선비와 같았으나, 그의 뱃속에는 담기膽氣가 있어 자기 몸을 잊고 국난을 위해 목숨을 바쳤으니, 평소의 수양이 그 바탕이 되었기 때문이다. 재간才幹은 있어도 명운命運이 없어서 가졌던 재간 백 가지 중에 한 가지도 시행하지 못하고 죽었으니, 아아 애석한 일이다.

이순신이 임관한 시기는 1576년(선조 9), 당시 나이가 32세에 이른 데다 4년 전에 무과武科를 치르다가 낙마하는 바람에 낙방한 전력까지 있었다. 급제했을 때 성적도 중하위권 정도였다. 성웅聖雄으로까지 불리는 지금의 평가와 비하면 신통치 않았다.

이순신은 가정 형편이 어려웠다. 훌륭한 조상들이 많았고 어린 시절에는 부촌富村이던 남산 인근에 거주하며 류성룡과도 이웃으로 교분할 수 있었지만, 조부 때부터 과거에 가세가 기울더니 부친의 대에 이르러서는 외가가 있는 아산으로 낙향했다. 이순신은 위로 형이 둘이고 아래로 동생 하나가 있었는데, 본인을 포함한 형제들이 흔히 과거라고 하는 대과大

科에 급제하지 못했다. 급제가 출세의 척도였던 시대에 '뼈대 있는 가문'에서 급제자를 배출하지 못한 것은 심각한 결격이었다. 게다가 가산마저 넉넉지 않았으니 이순신의 부친으로서는 달리 선택의 여지가 없었을 것이다.

외가가 있는 아산에서 성장하던 이순신은 인생의 전환점을 맞았다. 이웃의 유지 가운데 방진方震이 이순신을 주목했다. 무과 출신으로 군수까지 역임한 방진은 한눈에 이순신의 자질을 알아보고 무남독녀를 보내 사위로 삼았다. 자신의 집에 살림을 차려준 방진은 반드시 무과에서 가능성을 찾을 것을 역설한 다음 개인지도는 물론 필요한 모든 것을 아낌없이 지원했다.

이순신은 재수 끝에 무과에 급제했지만 가장 말단인 종9품의 권관權官에서부터 시작한 벼슬길이 순탄하지는 않았다. 무과 본래의 업무는 물론 행정력도 탁월했지만, 지나칠 정도로 결백을 추구하고 병적으로 원칙에 집착해 상관들과의 충돌마저 서슴지 않았다. 대표적인 사건이 임관한 지 3년 만에 벌어진 항명이다.

신념은 지키고, 출세는 포기하고

이순신은 급제한 해에 최전방인 함경도의 동구비보에서 중대장 정도의 임무를 부여받아 충실히 수행하던 중, 오늘날 국방부에 해당하는 병조兵曹 예하의 훈련원에서 인사 등의 업무를 담당하는 장무관에 보임되었다. 그렇게 장무관으로 일하던 어느 날 병조의 실세이던 서익徐益이 이순신에게 연공과 서열을 무시하고 친분이 있는 자를 승진시키라는 명령을 내렸다. 공정하지 않은 명령이기는 해도 드물지 않은 일이었기 때문에 시키는 대로 하면 그만일 터였다.

그런데 이순신은 한마디로 거절했다. 서익은 즉시 이순신을 호출했다. 서익은 성격이 급하고 안하무인일 정도로 오만한 성정을 지닌 인물이었다. 그런 그에게 줄을 세워 놓으면 보이지도 않을 정도로 까마득히 아래에 놓인 부하, 그것도 '하찮은' 무과 출신이 거절한 것이다.

이순신이 병조로 가자마자 날벼락이 떨어졌다. "내가 누군지 알고 그따위로 나오느냐?", "하늘같은 상관이 시키는 대로 할 것이지!" 등 갖은 호통이 떨어졌다. 하지만 이순신은 눈도 깜짝하지 않았다. 서익이 아무리 호통치고 겁을 줘도 이순신은 "원칙에 위배되는 명령은 따를 수 없다"는 말을 돌부처처럼 반복했다. 그런 이순신의 태도에 결국 서익이 물러날 수밖에 없었다.

한번은 국방부 장관에 해당하는 병조판서 김귀영金貴榮이 이순신에게 서녀를 보내 사위로 삼으려던 일이 있었다. 이미 부인이 있었지만, 김귀영 같은 실세 중의 실세의 사위가 되라는 제안은 오히려 처가에서도 기뻐할 일이었다. 그러나 당연히 기쁘게 받아들여야 할 법도 한데 이순신은 "관직에 나선 지 오래되지 않았는데 어찌 권세에 의지해 출세를 도모하겠느냐"며 일언지하에 사양했다.

그러니 이순신의 관직 생활은 순탄할 수 없었다. 제법 좋은 자리가 나왔는가 하면 예전의 일로 인해 보복당하는 바람에 좌천이 거듭되어 급제 동기들보다 형편없이 낮은 직책을 전전하기 일쑤였다.

이순신의 실책

전쟁 이전 이순신의 관직 생활 가운데 최대의 위기가 닥쳤다. 43세가 되던 1587년(선조 20) 하반기에 이순신은 최전방을 지켰다. 당시 병조판서였던 정언신이 함경북도 만호의 직책으로 경흥의 조산보를 방어하던 이순신에게 두만강 하류 지역에 있는 녹둔도를 둔전屯田하라는 명령을 내렸다. 수비 일변도에서 벗어나 두만강 건너까지 영토로 편입하려던 획기적인 시도에 이순신을 책임지운 것은 그만큼 정언신이 그를 신임하는 것과 함께, 출세할 기회를 준 것이었다.

그러나 이순신은 참담하게 실패했다. 《징비록》에는 그리 심각하지 않은 것으로 나오지만 《조선왕조실록》을 위시한 다른 기록들을 살펴보면 전쟁을 제외한 단일 전투로서는 조선 역사에서 보기 드문 참패였다. 게다가 패배의 원인이 '경계의 실패'에 있었기 때문에 변명의 여지도 없었다. 녹둔도에서의 패배는 선조에게도 직접 보고될 정도로 사안이 위중했다. 당시 이순신의 직속상관으로서 함경도를 책임지던 이일李鎰(1538~1601)이 격분한 나머지 참형에 처해질 위기를 맞았다.

다행스럽게도 이순신은 참형을 면했다. 이에 대해 이순신이 이일에게 "병력이 부족하니 증원해 달라"는 공문서를 보내면서 사본을 남겨둔 것이 화를 면하게 된 증거가 되었다는 주장들이 많다. 하지만 조선은 국방력이 충분했던 시대가 없었다. 그리고 만일 이일이 약간이라도 증원해줬다면 그때는 어떻게 변명할 것인가? 참패의 원인이 경계의 실패에 있었기 때문에 이순신은 입이 열이라도 변명의 여지가 없었다.

그럼에도 불구하고 백의종군으로 감형될 수 있었던 까닭은 이순신의

장양정토시전부호도將襄公征討時餞部胡圖 1588년(선조 21) 함경북도 병마절도사 이일이 여진족을 정벌하는 장면을 그렸다. 육군박물관 소장.

배후에 동인이 있었기 때문이다. 녹둔도의 개간은 병조판서 정언신이 직접 구상한 전략인 탓에 이순신을 처벌하면 정언신에게도 책임을 묻지 않을 수 없게 된다. 선조도 정국을 주도하던 동인들의 눈치를 보지 않을 수 없어 가장 가벼운 처벌인 백의종군으로 처리될 수 있었다.

이순신은 여진족의 유력한 추장을 생포하는 등 적지 않은 공을 세우기도 했지만 선조에게 직접 보고될 정도의 패배를 기록하기도 해 전쟁 이전에는 그리 주목받지 못했다. 게다가 걸핏하면 상관들의 개인적인 부탁과 지시를 거부하고 충돌하는 행보를 보여 출세와는 거리가 멀었다.

이순신은 이듬해인 1588년(선조21) 1월 여진족을 정벌하는 대대적인 전투에서 공을 세워 백의종군의 불명예를 씻었다. 다시 1589년(선조22)에는 현재의 관직과 서열을 일체 따지지 않고 인재를 천거하는 '불차채용不次採用'에서 이산해李山海(1539~1609)와 정언신에 의해 복수로 추천된다. 이때 두 번째로 높은 추천을 받은 데다, 실세 가운데서도 실세인 이산해와 정언신에게 추천된 것은 매우 주목할 만한 일이다.

아직은 숨겨진 이순신

순찰사 정언신이 이순신에게 녹둔도의 둔전屯田을 지키도록 했는데, 어느 날 안개가 많이 낀 가운데 군사들이 모두 나가 벼를 거두었고 성채에는 십여 명만 남아 있었다. 그 때 갑자기 오랑캐 기병이 사면에서 모여들었는데 이순신이 성채 문을 닫고 안에서 유엽전柳葉箭으로 적 수십 명을 잇달아 쏘아 말에서 떨어뜨리자 오랑캐가 놀라서 도망쳤다.

이순신이 성채 문을 열고 혼자서 크게 고함치며 뒤쫓아, 오랑캐 무리가 크게 패해 빼앗긴 것을 모두 되찾아서 돌아왔다. 그러나 조정에서 그를 추천해 주는 사람이 없어서, 무과에 오른 지 십여 년이 되도록 벼슬이 승진되지 않다가 비로소 정읍현감이 되었다.

추천받은 해에 전라도를 책임지는 이광李洸의 참모 역할을 수행하던 이순신은 왕의 명령을 출납하는 선전관宣傳官을 겸해 고위직으로의 출세를 바라볼 수 있게 되었다. 그런데 그해 12월에 이순신은 전라도 정읍의 현감으로 발령받는다. 현감은 종6품으로서 품계는 낮지만 외직外職, 쉽게 말해 사또이기 때문에 마음만 먹으면 얼마든지 축재가 가능했다.

북관유적도첩北關遺蹟圖帖 가운데 수책거적도守柵拒敵圖 1587년 정언신이 설치한 둔전에 여진족이 침입하자 당시 조산만호造山萬戶였던 이순신이 이를 방어했다는 기록을 담고 있다. 고려대학교 박물관 소장.

이순신이 그럴 인물은 아니지만 형들이 일찍 세상을 뜨는 바람에 조카들까지 건사해야 하는 입장에서, 생산 높고 기후 좋은 지역으로의 발령(류성룡과 무관하지 않을 것 같다)은 매우 다행스러웠을 것이다. 정읍은 물론 인근 태인의 수령이 공석이 되는 바람에 두 고을을 다스려야 했지만 이순신은 무리 없이 수행했다.

1590년(선조23) 9월, 이순신은 지금의 평안북도 강계 인근인 고사리진의 첨사로 임명된다. 고사리진은 중요도가 높은 지역으로 정3품인 병마절도사(약칭 병사)의 바로 아래인 종3품 병마첨절제사(약칭 첨사)가 임명되어야 한다. 그런데 종6품에 지나지 않는 현감이 무려 여섯 계단이나 승진하는 것은 무리인 데다, 근무 기간을 채워야 승진이 가능하다는 점 등으로 인해 불발되었다.

약 한 달 뒤에 이순신은 만포진이라는 지역의 첨사로 발령받았다. 그 지역의 책임자는 고사리진보다 오히려 직급이 높았다. 그때 역시 반대에 부딪혀 부임하지 못하는데, 누가 보기에도 무리한 승진 시도는 파워게임의 결과일 가능성을 배제하기 어렵다.

기축옥사로 인해 정언신을 위시한 동인의 실세들이 죽거나 실각한 상태에서 자연스레 리더가 되었을 류성룡이 이순신을 내세워 시험했을 가능성이 적지 않다. 비록 서인들이 주도권을 잡았다지만 선조의 노림수로 인해 그렇게 되었을 뿐인 데다, 역량과 정치력의 모든 면에서 충분히 해볼 만한 상태였다. 가장 중요한 것은 선조의 의도였는데 선조는 그에 대해 특별히 관심을 가지지도 않았지만 반대도 하지 않았다. 이순신을 내세운 류성룡의 탐색전은 나름대로 수확을 거둔 것으로 여겨진다. 그때까지의 이순신은 그 정도에 지나지 않았다.

엇갈린 보고

오판에 대한 재구성

> 평수길은 용모가 작고 못생겼으며 낯빛이 검어 남다른 위의는 없었으나, 다만 눈빛이 반짝반짝해 사람을 쏘아보는 것처럼 느껴졌다고 한다. … 잠시 후에 평수길이 갑자기 일어나 안으로 들어갔는데 자리에 있던 사람들은 모두 움직이지 않았다. 조금 있다가 어떤 사람이 평상시에 입는 옷차림으로 안에서 어린애를 안고 나와 당 안을 이리저리 왔다 갔다 하기에 쳐다보니 바로 평수길이었다.
> … 안고 있던 어린애가 옷에 오줌을 싸자 평수길이 웃으면서 시자를 부르자 한 왜인 여자가 그 소리를 듣고 달려 나왔다. 그는 어린애를 주고 다른 옷으로 갈아입었는데 모두 제멋대로이고 매우 자만해 마치 옆에 사람이 없다는 듯한 태도였다.

통신사들이 히데요시를 만난 시기는 1590년(선조23) 11월 7일이다. 조정에서 논의되어 파견이 결정된 때가 3월이고 쓰시마에 닿은 시기는 4월 말임을 감안하면 지나칠 정도로 늦었다. 그렇게 된 데는 일본에서의 내전이 아직 끝나지 않은 상황과 무관하지 않다.

통신사들이 계획된 여정에 따라 교토에 닿은 시기는 7월 21일인데, 이때 히데요시는 교토나 자신의 근거지인 오사카에 있지 않았다. 동부 지역인 간토關東의 강자 호죠北條 가문이 굴복을 거부함에 따라 그가 20만 대군을 이끌고 나간 시기가 3월 초였다. 이후 7월 5일에 호죠가 항복했으니 그 해 여름은 히데요시가 논공행상을 시행하고 호죠로부터 빼앗은 영지를 다시 배분하고 조정하는 전후 처리로 매우 바빴을 시기였다. 이후 히데요시는 거의 통일이 마무리된 전국을 주유하듯 개선한 다음에도 이런저런 핑계를 대면서 통신사를 접견하지 않았다.

아들을 데리고 나온 히데요시

마침내 11월 7일이나 되어서야 접견이 허락되었다. 접견은 교토에 있는 황궁에서 행해지지 않았다. 히데요시가 거처와 정청政廳의 목적으로 오사카에 건설한 쥬라쿠다이聚樂第에서 접견했는데, 온갖 보물과 기이한 화초로 꾸며져 눈이 번쩍 뜨일 정도로 화려했다.

접견은 국서를 바치고 간단한 연회가 베풀어진 다음 통신사들이 대동한 악공들이 연주하는 등, 지금까지의 행로와 기다린 기간이 무색할 정도로 빨리 끝났다. 통신사들이 물러난 다음 히데요시가 통신사 일행 전원에게 푸짐한 은상을 하사했을 때도 얼떨떨했다.

접견 당시 히데요시가 보여준 태도는 상식을 초월했다. 국왕이라는 자가 다른 나라에서 파견한 정식 사신을 맞는 자리에서 어린 자식을 안고 나온 것이다. '조선에서는 필부들도 손님을 맞을 때 그렇게 하지 않거늘, 하물며 왕이라는 자가 어찌 저럴 수 있다는 말인가?' 그러나 놀라기에는 일렀다. 히데요시가 보낸 답서를 받은 통신사들은 기절할 것 같았다.

왜인의 답서答書에,

"일본국 관백關白(히데요시의 관직)은 조선 국왕 합하에게 바칩니다. 보내신 글

도요토미 히데요시 1582년 기요스 회의淸洲會議 당시 오다 노부나가의 적손인 산보시三法師(훗날 오다 히데노부)를 안고 등장한 모습을 기록한 삽화. 그는 아들을 비롯한 아이들을 정치 무대에서 적절하게 이용했다.

은 향불을 피우고 재삼 되풀이해 읽었습니다.

우리나라 60여 주는 근래 제국諸國이 분리되어 나라의 기강을 어지럽히고 대대로 내려오는 예의를 저버리고서 조정의 정사를 따르지 않기 때문에 내가 분격을 견디지 못해 3~4년 사이에 반신叛臣과 적도賊徒를 토벌해 먼 섬들까지 모두 장악했습니다.

삼가 나의 사적事蹟을 살펴보건대 비루한 소신小臣이지만, 일찍이 나를 잉태할 때에 자모慈母가 품속으로 해가 들어오는 꿈을 꾸었는데, 상사相士가 '햇빛은 비치지 않는 데가 없으니 커서 필시 팔방에 어진 명성을 드날리고 사해에 용맹스런 이름을 떨칠 것이 분명하다' 했는데, 이토록 기이한 징조로 인해 나에게 적심敵心을 가진 자는 자연 기세가 꺾여 멸망하는지라, 싸움엔 반드시 이기고 공격하면 반드시 빼앗았습니다.

이제 천하를 평정한 뒤로 백성을 어루만져 기르고 외로운 자들을 불쌍히 여겨 위로해 백성들이 부유하고 재물이 풍족하므로 토공土貢이 전보다 만 배나 늘었으니, 본조本朝가 개벽한 이래로 조정朝政의 성대함과 수도首都의 장관壯觀이 오늘날보다 더한 적이 없었습니다.

사람의 평생이 백 년을 넘지 못하는데 어찌 답답하게 이곳에만 오래도록 있을 수 있겠습니까. 국가가 멀고 산하가 막혀 있음도 관계없이 한 번 뛰어서 곧바로 대명국大明國에 들어가 우리나라의 풍속을 400여 주에 바꿔 놓고 제도帝都의 정화政化를 억만년토록 시행하고자 하는 것이 나의 마음입니다. 귀국이 선구先驅가 되어 입조入朝한다면 원려遠慮가 있음으로 해서 근우近憂가 없게 되는 것이 아니겠습니까. 먼 지방 작은 섬도 늦게 입조하는 무리는 허용하지 않을 것입니다. 내가 대명에 들어가는 날 사졸을 거느리고 군영軍營에 임한다면 더욱 이웃으로서의 맹약盟約을 굳게 할 것입니다.

나의 소원은 삼국三國에 아름다운 명성을 떨치고자 하는 것일 뿐입니다. 방물方物은 목록대로 받았습니다. 그리고 국정國政을 관장하는 무리는 전일의 사람들을 다 바꿨으니 불러서 나누어 주겠습니다. 나머지는 별지에 있습니다. 몸을 진중히 하고 아끼십시오. 이만 줄입니다.

조선의 왕을 전하殿下라고 칭하지 않고 높은 신하를 의미하는 '합하閤下'라고 하거나, 보낸 예물도 제후국이 종주국에게 바치는 '방물方物'이라고 하는 등, 외교적 무례를 한참 초월했다. 게다가 "장차 명에 쳐들어 갈 때 너희 조선이 먼저 항복한 다음 앞장서서 길을 열라"는 문구는 그것을 읽은 조선 통신사 일행들이 기절하지 않는 것이 신기할 정도였다.

격분한 김성일이 겐소에게 "글을 고치지 않으면 우리는 죽음이 있을 뿐, 가져갈 수 없다"고 강력하게 항의했지만 받아들여지지 않았다. 가장 문제가 되는 입조 부분은 "우리가 명에게 입조한다는 의미"라며 변명하고 합하와 방물을 각각 전하와 예물로 고쳤을 뿐 김성일의 항의를 대부분 받아들이지 않았다. 김성일은 이대로는 절대 돌아갈 수 없다고 펄펄 뛰었지만 상대하지 않으니 다른 수가 없었다. 통신사들은 그대로 돌아갈 수밖에 없었다.

통신사들은 1591년(선조24) 1월 28일에 부산포에 닿았다. 황윤길은 부산에 닿은 직후 "반드시 전쟁이 벌어질 것"이라는 내용의 장계를 올렸다.

아들을 이용해 선조가 벌인 판

한편 통신사들이 돌아오기 전, 조선에서는 선조가 새로운 판을 벌였다. 선조에 의해 내세워져 동인을 탄압했던 정철이 선조의 눈 밖에 나고 서인들이 밀려났다. 그 배경에는 황윤길이 올린 장계 등으로 인해 뒤숭숭한 상황에서 세자를 세울 것을 주청하는 건저建儲가 있었다.

의인왕후가 전혀 생산을 하지 못하는 반면 일곱 명이나 되는 후궁들이 열셋이나 되는 왕자를 낳은 상태였다. 선조의 나이가 당시로서는 적지 않은 38세인 데다, 전쟁이 일어날지 모른다는 불안 등으로 흉흉한 분위기였음을 감안하면 후궁들이 생산한 왕자들 가운데서 하나를 후계자로 삼는 것이 타당했다.

대신들이 보기에 가장 적격은 광해군光海君(재위 1608~1623)이었다. 광해군은 선조가 가장 먼저 후궁으로 들인 공빈 김씨가 낳은 형제 가운데 둘째로서, 공빈이 광해군을 생산한 지 얼마 지나지 않아 죽는 바람에 왕비가 친아들처럼 양육했다. 친형 임해군臨海君이 성미가 포악하고 탐욕스러워 민심을 잃은 데 비해, 광해군은 차분하고 의젓했으며 가장 중요한 소양인 학문의 성취도 높아 누가 보기에도 세자로 적격이었다.

그러나 선조는 그렇게 생각하지 않았다. 선조는 두 번째로 들인 후궁 인빈 김씨가 생산한 사형제 가운데 차남인 신성군信城君을 총애했다. 선조는 신성군의 배필로 용명이 쟁쟁한 신립申砬(1546~1592)의 딸을 들였는데, 다른 왕자들 처가의 권세가 그리 높지 않았다는 점과 비교하면 신성군에 대한 선조의 총애가 남달랐음을 알 수 있다.

건저를 가장 먼저 입에 담은 자는 정철이었다. 선조의 신임이 확고하다고 오해한 정철의 입장에서는 충분히 건저를 주청할 만한 상황이었다. 또한 자신이 주도적으로 건저해 책봉된 세자가 즉위하면 선조 이후에도 권력을 계속 장악할 수 있다고 계산했을 터였다. 그러나 그가 막상 건저를 입 밖에 내었을 때 선조의 반응은 싸늘했다. 후계자를 논의하는 자체가 왕의 승하를 전제하는 것이기에 선조로서는 기분이 좋을 수만은 없었겠지만, 자신의 뜻을 헤아려 신성군을 건저하지 않은 것 또한 결코 그냥 넘길 수 없는 문제였다.

'건저 사건'으로 인해 정철을 위시한 서인의 핵심이 밀려나고 동인이 반대급부로 돌아오게 된다. 이 사건의 배후에 류성룡이 깊숙이 개입되었다는 해석이 많지만, 선조의 사람됨으로 보았을 때 어차피 서인들은 오래가기 어려웠다. 기축옥사를 통해 자신의 입맛대로 정치 구도를 좌지우지할 수 있게 된 선조가 도구에 지나지 않는 정철에게 권력이 집중되는

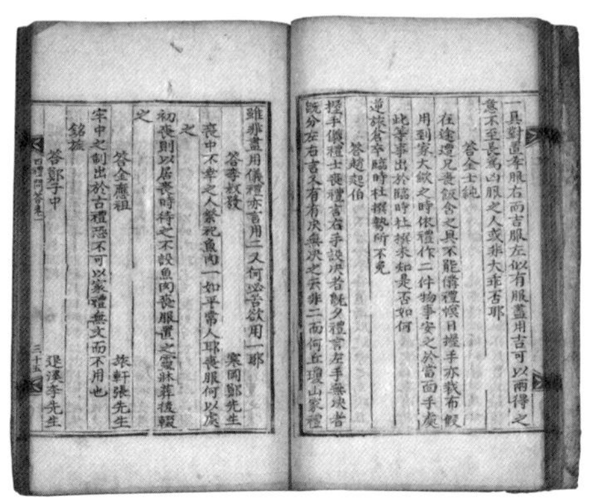

一具對置卒服右而吉服左似有服盡用吉可以兩得之
意不至長爲凶服之人或非大乖否耶
答金士純
在途遭兄喪飯含之具不能備禮幎目握手亦裁布假
用到家大斂之時依禮作二件物事安之於當面手處
此等事出於臨時杜撰未知是否如何
逆旅倉卒臨時杜撰勢所不免
答趙起伯
握手儀禮士喪禮言右手設決者旣夕禮言左手無決者
旣分左右言又有有決無決之云非二而何丘瓊山家禮

雖非盡用儀禮亦言用二又何必言欲用一耶
答李叔發 寒岡鄭先生
喪中不幸之人祭祀魚肉一如平常人耶喪服何以處
之
初喪則以居喪時待之不設魚肉喪服置之靈牀葬後輟
之
答金應祖 旅軒張先生
牢中之制出於古禮恐不可以家禮無文而不用也
銘旌
答鄭子中 退溪李先生
三十五

사례문답四禮問答 관례·혼례·상례·제례에 관한 질문에 이황·정구鄭逑·류성룡·장현광張顯光·김성일 등이 답변하는 형식으로 엮었다. 류성룡의 학통을 짐작할 수 있는 책이다.

것을 용납할 리 만무했기 때문이다.

건저 사건의 결과 가운데는 동인의 분열도 포함된다. 이산해 등은 자신들이 당했던 이상으로 서인에게 보복할 것을 주장한 반면, 류성룡은 "그래서는 제대로 조정을 꾸리기 어려운 만큼 보복의 폭을 최소한으로 할 것"을 주장했다. 그 결과 이산해 등이 북인北人이 되고 류성룡 등이 남인南人으로 분파한다.

류성룡도 인간인 이상 왜 보복하고 싶은 심정이 들지 않았겠는가? 특히 함께 수학하고 국정을 이끌었던 선후배들이 처참하게 죽음을 당하는 비극을 바로 곁에서 목격했을 류성룡의 심정은 이루 말할 수 없었을 것이다. 그러나 감정에 휩쓸려 보복하면 인재들의 씨가 마를 판이었다. 게다가 신성군의 장인이 된 신립이 새로운 외척으로 등장할 위험도 배제하기 어려운 상황이어서 사람들끼리 계속 대립했다가는 생각하기조차 두려운 상황을 맞게 될 수 있었다. 상처를 봉합할 시간조차 부족했을 류성룡에게 보복은 가당치도 않았다. 류성룡의 정치철학은 어떤 상황에서도 현실을 외면하지 않는 것이었다.

통신사의 같은 분석, 다른 보고

황윤길이 부산으로 돌아오자 일본의 정세를 시급히 보고하며 "반드시 병화兵禍가 있을 것입니다"라고 했다. 한양에 와서 이윽고 임금께서 물으시니 황윤길은 그전의 말대로 대답했고, 김성일은 "신은 그러한 정세가 있는 것을 보지 못했습니다"라고 하고는, 이어 "황윤길이 인심을 동요시키는 것은 옳지 못합니다"라고 했다. 이에 의논하는 사람들이 어떤 이는 황윤길의 말에 찬동했고, 어떤 이는 김성일의 말에 찬동했다.

내가 김성일에게 "그대의 말은 황윤길과 같지 않은데 만일에 병화가 있게 되면 장차 어떻게 할 것인가?" 하고 묻자, "저 또한 어찌 왜적이 끝내 동병動兵치 않을 것이라고 단언하겠는가마는, 다만 황윤길의 말이 너무 지나쳐 중앙과 지방의 인심이 놀라 당황할 것이므로 이를 해명했을 뿐입니다"라고 했다.

조정이 재편되고 통신사들이 귀환한 다음 일본의 침공 가능성이 심도 있게 논의되었다. 그러나 정사와 부사의 주장이 정면으로 엇갈렸다. 이럴 경우 서장관으로 갔었던 허성의 의견이 중요했는데, 허성도 전쟁 가능성에 대해 확실한 의견을 내놓지 못했다.

결과적으로 전쟁이 발발하는 바람에 김성일이 역사의 죄인이 되었지만, 황윤길의 주장 또한 명확한 근거에 의해 제시된 것은 아니다. 여기서

간과하지 말아야 할 부분은 통신사들이 정보를 입수할 여지가 거의 없었다는 점이다. 부여받은 임무인 전쟁 가능성을 파악하기 위해서는 첩보와 정보를 입수하기 위한 노력이 필수적이다. 그런데 숙소에서 나가기도 어려웠을 정도로 행동이 극도로 제한되었을 통신사들이 어떻게 정보를 입수해 상황을 파악할 수 있었을까?

황윤길과 김성일은 당파가 다른 데다 일본에서도 사사건건 충돌해 거의 대화도 나누지 않았다는 점을 들어 '반대를 위한 반대'가 아니냐는 분석이 적지 않다. 하지만 그렇게 결론짓기에는 석연치 않은 점이 많다. 먼저 황윤길이 전쟁 가능성을 100% 주장할 수 있었던 근거를 추정해보자.

황윤길이 직접 만나고 필담으로나마 대화가 통할 수 있던 왜인의 대부분은 숙소에 있었다. 일본에서는 조선 통신사들에게 유서 깊은 사찰을 숙소로 제공했다. 글을 아는 사람이 극히 드물었던 그 시대에 학승學僧들이 있는 사찰을 통신사 숙소로 제공하는 조치는 자연스럽다. 승려인 겐소가 사절단에 포함되었던 까닭도 그런 이유에서였다.

황윤길과 김성일, 허성 같은 고위급들은 주지 같은 고승들과 필담을 나눴을 것인데, 이때 전쟁 가능성에 대한 우려가 나타났을 것이다. 통신사들과 동행했던 쓰시마 측의 인물들은 절대 전쟁을 바라지 않았을 것이다. 고승들에게도 전쟁이 벌어져서 좋을 일은 아무것도 없다. 그들의 입장에서 전쟁을 막을 방도는 조선 측이 미리 알고 대비하는 것밖에 없었을 만큼, 고승들을 통해 전쟁 가능성이 조선 통신사 일행에게 반복적으로 주입되었을 것이다. 그들의 의견을 들은 황윤길도 크게 우려한 나머지 전쟁 가능성을 확신하게 되었을 것이고, 실제로 전쟁에 대비해서 나쁠 것은 없다.

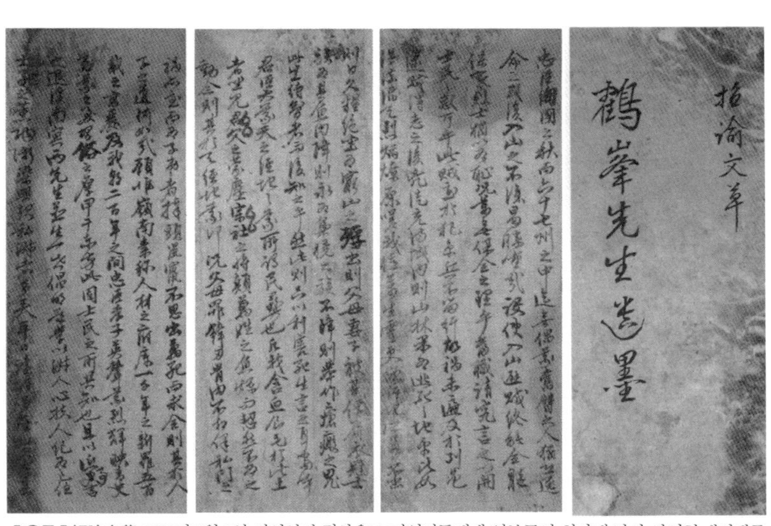

초유문초招諭文草 1592년 5월 7일 김성일이 경상우도 지역민들에게 일본군의 침략에 맞서 의연히 대처해줄 것을 당부하는 내용이 담겨 있다. 학봉종택 소장.

이번에는 김성일의 입장에서 살펴보자. 통신사들이 일본에 닿아 교토까지 도달하는 여정에서 전쟁의 긴박한 분위기는 느껴지지 않았을 것이다. 히데요시는 자신에 의해 통일된 지역에서 반드시 필요한 이상의 병력과 무기를 보유하는 것을 금지시킨 상태였다. 게다가 동부의 호죠를 정벌하기 위해 동원 가능한 모든 병력을 이끌고 나가는 바람에 전쟁을 준비하는 것과는 거리가 먼 광경들이 계속되었을 것이다. 오랜 전국시대가 종식된 시기였기 때문에 자연스럽게 평화 분위기가 조성되었을 상황 또한 김성일에게 주요한 판단 근거가 될 수 있다.

아무리 생각해도 히데요시가 조선을 침공할 이유는 없었다. 통신사들도 일본의 대략적인 상황 정도는 파악했으리라는 추정이 상식적이다. 일단 나라를 통일했으면 안정적으로 경영하는 것이 순서이지 다시 전쟁을 일으킨다는 것은 비상식적인 행보였다.

게다가 조선과 전쟁을 벌이려면 며칠이나 바다를 건너야 하므로 당시의 시각으로 일본이 전쟁을 일으킨다는 주장은 납득하기 어려웠다. 조선을 정복하기는커녕 오히려 자멸할 위험이 훨씬 컸기 때문이다. 히데요시가 일본을 통일한 상황에서 굳이 그럴 위험을 감수할 이유는 없었다. 그리고 전쟁을 하려면 은밀하게 준비해서 벼락 같이 덮칠 일이지, 일찌감치 동네방네 떠든다는 것 또한 이해하기 힘든 광경이었다.

김성일의 시각에서는 아무리 봐도 전쟁이 벌어질 이유가 없었다. 결과적으로는 전쟁이 벌어지지만, 당시 상황에서는 충분히 김성일의 시각과 주장이 더욱 현실적으로 받아들여질 수 있었다.

그러나 조선 조정에서는 전쟁 같은 극히 중대한 사안에 대한 정보를 얻기 위해 적지 않은 비용을 들여 위험을 감수하고 보낸 자들이 이렇게 정반대되는 보고를 가져오리라고는 상상도 하지 못했다. 선조는 물론 신하들도 우왕좌왕하는 등 결과적으로는 차라리 보내지 않는 것이 나았을 상황이 벌어진 셈이었다.

김성일과 황윤길

김성일을 옹호하는 측에서는 황윤길이 매우 소극적이고 겁에 질렸던 데 비해 김성일은 시종일관 의연하고 당당했던 태도를 지적한다. 언어도단의 국서를 받았으면서도 히데요시에게 인질로 잡힐 것을 두려워한 황윤길이 속히 돌아갈 것을 주장한 반면, 김성일은 죽는 한이 있더라도 고칠 것을 요구하는 등 두 사람의 행적은 완전히 상반된다.

김성일이 실제로 담대하고 대단한 인물인 것은 사실이지만 그렇다고 황윤길이 소심하고 겁이 많다는 확증은 없다. 만일 황윤길이 겨우 그런 정도에 지나지 않았다면 책임이 막중한 정사에 임명되지 않았으리라는 추정이 상식적일 것이다. 설령 성격에 대한 추정이 사실이라고 해도, 그것이 전쟁 발발의 확신과 반대의 근거가 되기는 어렵기 때문에 '인물론'으로 접근하는 것은 지양해야 한다.

그리고 《선조수정실록》이 서인 측에 의해 편찬되었다는 사실도 감안될 필요가 있다. 《선조실록》이 전쟁으로 손실된 부분이 많아 새로 편찬되었을 때 참여한 자들의 대부분은 서인이었다. 서인들은 자신들의 선배인 황윤길이 100% 전쟁을 주장했다고 확정적으로 기술했을 개연성이 있다. 이에 대한 근거가 전혀 제시되지 못하는 것으로 보았을 때 "우리가 그렇게 선경지명이 있지 않느냐"는 서인들의 자화자찬일 개연성을 배제하기 어렵다.

문제는 조선

무기력했던 시절

"천리 밖에서 장수 오기를 기다리다가 장수는 제때에 오지 않고 적군의 선봉이 먼저 닥친다면 군사들이 놀라고 두려워할 것이니 이것은 반드시 패전하는 법입니다. 많은 군졸이 한번 무너지면 다시는 수합하기가 어려우니, 이때는 비록 장수가 오더라도 누구와 함께 싸움을 하겠습니까? 다시 조종의 진관의 제도를 수복하는 것이 좋을 듯합니다." … 그러나 이일을 본도(경상도)로 내려 보냈더니 경상감사 김수는 "제승방략은 시행해온 지가 이미 오래되었으니 갑자기 변경할 수가 없습니다"라고 해서 이 의론은 중지되고 말았다.

통신사들이 돌아온 다음 전쟁에 대비해야 하지 않겠느냐는 여론이 형성됨에 따라 여러 가지 대책이 논의되고 시행되었지만 어느 것 하나 제대로 진행되는 것은 없었다. 조선은 시작부터 끝까지 국방력이 제대로 기능하지 못했던 나라였다고 해도 과언이 아니다. 이러한 국방 문제의 본질은 병역과 조세의 모든 부담이 백성들에게 전가되어 있는 데에서 비롯되었다. 양반들은 병역 대상이 아니어도 조세를 내야 했다. 그러나 현직 벼슬아치들은 재직 자체를 납입으로 인정받았고, 그렇지 않은 자들도 이리저리 빠지는 판에서 모든 병역 부담은 백성들에게 전가되었다.

국가에 납입하는 현물과 노력을 제공하는 부역도 등골이 빠질 지경인

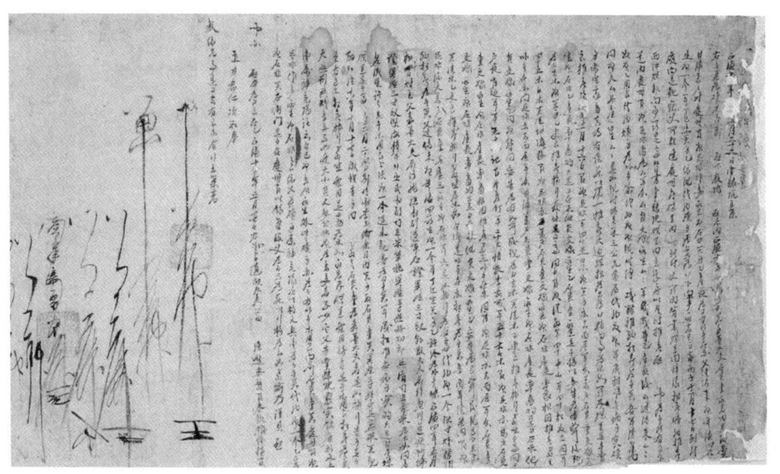

양주석씨속량입안楊州石氏贖良立案 1517년(중종 12) 석귀동의 천첩 소생인 석비를 속신贖身해주면서 발급해 준 입안. 속신은 노비 신분을 양인으로 전환하는 제도로 양반과 천첩 사이의 소생도 군역을 치르면 양인이 될 수 있었다.

데, 16세부터 60세까지의 양민은 군대까지 가야 했다. 그것도 지금처럼 이 년 남짓 복무하는 형태가 아니라 일 년에 수 차례 교대로 복무했는데, 노역과 공사 등에 동원되어 불구가 되거나 죽는 경우도 드물지 않았다.

또한 급식도 시원치 않고 무기와 의복까지 스스로 마련해야 했으며, 특히 일 년에 이교대로 복무하는 수군의 경우는 수형受刑에 가까웠다. 게다가 갖은 방법으로 병역을 면탈하는 자들이 속출했다. 멀쩡한 자들까지 보충역에 해당하는 보인保人으로 빠지면 남은 양민들이 그 부담까지 대신 져야 했다.

그런 세상을 살아가던 백성들이 어떻게든 군대를 가지 않기 위해 애썼을 것은 당연하지만 그러기 위해 지불해야 하는 대가는 매우 비쌌다. 사람을 사서 대신 병역을 이행하게 하는 중앙군의 대립제代立制와 입영 기간보다 빨리 보내주는 대신 대가를 바치는 방군수포제放軍收布制가 대표적인 제도였다.

그러나 이번에도 양반들이 문제였다. 자신은 물론 거느린 노비들까지 군대를 가지 않는 양반들이 병역을 이용해 돈을 벌 목적으로 대립에 개입했다. 양반들이 대립가를 받은 다음 머슴들을 대신 군대에 보내면서 대립의 가격이 상승하자 그것을 단속해야 할 관리들까지 뛰어들면서 군역이 극도로 문란해졌다.

방군수포의 경우 지방군을 지휘하는 병사와 수사 등 고급지휘관들에게 재량이 주어지는 상황이 문제의 본질이었다. 정해진 기간과 액수를 초과하기 일쑤였지만 초과된 금액이 성실하게 국고로 납입되지는 않았다. 대립제와 방군수포제는 백성의 고혈을 짜고 탐관오리들의 배를 불리는 대표적인 악제惡制로 전락했다. 그로 인해 몰락한 백성들이 견디다 못해 도주하거나 세력자의 노비 신세로 전락하면 그들 몫의 병역과 조세가 다른 남은 백성들에게 전가되는 사례가 비일비재했다.

그런 판국에 전쟁에 대비한다면서 성곽을 보수하고 무기를 만들어 바치라는 명령이 떨어졌으니 어떻게 되겠는가? 그렇지 않아도 갖은 고역에 시달리던 백성들을 더욱 피폐하게 내몰면서도 성과를 얻지도 못하는 최악의 결과가 곳곳에서 나타났다.

이때 세상이 태평한 지가 이미 오래 되었으므로, 중앙과 지방이 안일에 젖어 백성들은 노역을 꺼려 원망하는 소리가 길거리에 자자했다. 나의 동년 친구이며 전에 전적 벼슬을 지낸 합천 사람 이로는 내게 서신을 보내 "성을 쌓는 것은 좋은 계책이 아니다"라고 말했다. 그리고 또 "삼가 고을은 정암진이 앞을 막고 있으니 왜적이 어찌 날아서 건너겠는가? 무엇 때문에 공연히 성을 쌓느라고 백성들을 괴롭히는가"라고 했다.

만 리나 되는 바다로도 왜적을 막아내지 못하는데 한 줄기 좁은 강물을 왜적이 쉽게 건너오지 못할 것이라고 단정하다니, 그 사람의 계획이 소루한 것은 물론이지만 그 당시 다른 사람들의 의견도 대체로 이와 같았다.

방어력을 갖추기 위해 성을 쌓고 보수하는 공사가 농번기와 농한기를 가리지 않고 계속되자 원망이 이는 것은 당연하다. 그런데 류성룡과 친분이 있는 이로라는 자가 "자신의 고을에는 낙동강이 있어 왜적이 건너올 방도가 없는데 왜 공사를 해 백성들을 피로하게 하느냐"는 내용의 서신을 보냈던 모양이다. 그에 대해 류성룡은 "왜적이 온다는 것은 바다를 건너온다는 뜻인데 그까짓 강이 대수겠느냐"며 한탄하고 있다.

제승방략과 진관제

나는 또 비변사로 나가 여러 사람들과 의론해 조종 시절 진관의 법을 수복하고자 계청했는데 그 내용은 대략 다음과 같다.

"우리나라 건국 초기에는 각 도의 군병이 모두 진관에 나눠 소속되어서, 사변이 있으면 진관이 소속된 고을을 통솔해 마치 물고기의 비늘처럼 죽 늘어서서 정돈해 주장主將의 호령을 기다리게 되어 있습니다. 경상도는 김해·대구·상주·경주·안동·진주의 여섯 진관으로 되어 있으니, 설사 적병이 쳐들어와서 한 진의 군사가 비록 실패했더라도 다른 진이 차례로 군대를 엄중히

해서 굳게 지켰기 때문에, 한꺼번에 따라 무너지지는 않았습니다. 지난 을묘년 왜변 후에 김수문이 전라도에 있으면서 처음으로 분군법을 개정해 도내의 여러 고을을 나눠, 순변사·방어사·조방장·도원수와 본도의 병사·수사에게 나눠 소속시켰는데, 명칭을 제승방략이라 했습니다.

여러 도에서 모두 이를 본받았는데 이에 진관의 명칭은 비록 있으나 실상은 서로 연결이 잘 되지 않았으므로, 한 번 경보가 있으면 반드시 먼 지방과 가까운 지방이 한꺼번에 움직이게 되고, 장수 없는 군사들은 먼저 들 한가운데 모여 천리 밖에서 장수 오기를 기다리다가 장수는 제때에 오지 않고 적군의 선봉이 먼저 닥친다면 군사들이 놀라고 두려워할 것이니 이것은 반드시 패전하는 법입니다. 많은 군졸이 한번 무너지면 다시는 수합하기가 어려우니, 이때는 비록 장수가 오더라도 누구와 함께 싸움을 하겠습니까? 다시 조종 진관의 제도를 수복하는 것이 좋을 듯합니다. 이 제도는 평상시에는 훈련하기에 편리하고 사변이 있을 때는 병사를 징발, 집합할 수 있을 것이며, 또 전후가 서로 호응하고 안팎이 서로 의지해 갑자기 무너져서 어찌할 도리가 없는 지경이 되지 않을 것이니, 일을 처리하는 데 좋을 것입니다."

이일을 본도(경상도)로 내려 보냈더니 경상 감사 김수는 "제승방략은 시행해 온 지가 이미 오래되었으니 갑자기 변경할 수가 없습니다"라고 해서 이 의론은 마침내 중지되고 말았다.

전쟁이 불과 반년 앞으로 다가왔을 때 재상으로서 비변사를 겸했던 류성룡이 강한 어조로 방어 전략에 변화를 줄 것을 주장했다. 당시 조선의 방어 전략은 '제승방략制勝方略'이었다. 제승방략은 유사시가 닥치면 지방의 병력들이 미리 지정된 지역으로 집결한 다음 중앙에서 파견된 지휘관에게 지휘를 받도록 하는 전략적 제도다.

그러나 류성룡의 지적이 아니더라도 지휘관이 적군보다 늦게 도착하는 것과 같은 사태가 벌어지면 싸우기도 전에 붕괴될 우려가 높았다. 게다가 집결한 병력들이 사용할 시설과 군량이 준비가 되어 있지 않아도 심각한 상황으로 악화될 가능성이 많았다.

조선의 본래 방어 전략은 현지의 지휘관에게 재량이 있는 '진관제鎭管制'였다. 진관제가 제승방략으로 변화된 이유는 1555년(명종 10) 왜구들에 의한 소란 때문이었다. 5월 중순 70척에 나눠 탄 1,500여 명의 왜구에 의해 달량포가 위태로운 지경에 빠졌다. 이에 전라도를 책임지는 전라병사 원적이 달량포를 구원하기 위해 여러 장수들을 이끌고 달려갔다가 원적까지 포위당한 다음 성이 함락당하는 바람에 전사했다.

왜구들의 침입에 의해 병마사가 전사하는 초유의 사태가 벌어지고 지휘 체계가 마비된 전라도가 속수무책으로 당하자 중앙군이 나설 수밖에 없었다. 어찌나 위급했던지 대궐을 지키는 병력까지 동원될 정도였다. 겨우 왜구를 물리친 다음 패인을 분석한 결과 적들이 진관제의 허점을 빤하게 꿰고 있음이 밝혀졌다. 특정한 지역을 공격하는 동시에 매복을 묻어 인근에서 도우러 오는 병력을 기습해 섬멸하는 방식에 꼼짝 못하고 당할 수밖에 없었다. 그것이 확대되어 전라도가 쑥밭이 되고 중앙군마저 출격할 지경에 이르렀던 것이다.

그러나 조선에게 신통한 대책이 있을 리 없었다. 유사시에 지역의 병력이 바로 전투 지역으로 이동하는 것을 막고 한 군데로 집결하게 하는 제승방략으로 전환하는 것이 고작이었다. 고질적인 병력 부족이 원인임에도 해결하려 하지 않고 형식적인 제도를 바꾸는 것으로 그치고 말았다.

비변사를 겸했던 류성룡이 현장 지휘관에게 재량을 부여하는 진관법으로 회귀할 것을 강력하게 주장했지만 간단하게 거부당했다. 당시 경상도를 책임지는 김수金睟(1547~1615)가 "제승방략은 시행해온 지가 이미 오래되었으니 갑자기 변경할 수가 없습니다"라고 반대한 결과 없던 것으로 치부된 것이다.

《징비록》에 소개된 내용 이외에도 당시 국방과 관련된 인식 가운데에는 기가 막힌 것들이 적지 않다. 그 가운데서도 압권은 "왜적이 바다에서는 강하지만 육지에서는 약할 것이므로 일단 상륙하게 만든 다음 상대하자"는 주장이다. 2,000도 못 미치는 왜구들로 전라도가 쑥밭이 되는 판에 10만이 훨씬 넘는 강력한 정규군을 과연 조선 육군이 상대할 수 있었을까? 류성룡은 이러한 주장들이 조정에서 정식으로 논의되는 시대를 책임져야 했다.

쇼군이 되기를 원했던 히데요시

히데요시가 통신사의 파견을 요구한 이유는 그의 출신 성분과 관련이 깊다. 일본의 지배자가 되었다면 막부를 창건해 쇼군이 되는 것이 정해진 수순이지만 히데요시에게는 그것이 가능하지 않았다. 쇼군이 되기 위해서는 유서 깊은 정통 무사 가문 출신으로 덴노의 혈통까지 포함되어야 했는데, 히데요시는 가장 비천한 계급 출신이었다.

쓰시마를 압박해 통신사를 파견하게 한 과정에는 조선의 사절들로 하여금 항복하는 것으로 날조해 부족한 권위와 위엄을 보충하려던 의도가 있었다. 처음에는 왕이 직접 항복하러 오라고 강압했지만 그것이 가능하지 않다는 것은 누구보다도 히데요시 자신이 잘 알았을 것이다.

그리고 접견하는 자리에 히데요시가 안고 나온 아이도 염두에 둘 필요가 있다. 히데요시의 외아들인 쓰루마쓰는 두 살이었는데, 당시 히데요시의 나이가 쉰을 넘었다는 것과 그때까지 본처를 위시한 다른 첩실들이 전혀 생산이 없었다는 것을 감안하면 친아들이기 어렵다.

히데요시의 손녀 뻘인 쓰루마쓰의 생모 요도기미는 오다 노부나가의 조카딸이다. 자신이 보호하고 있던 요도기미가 어쩐 일인지 임신을 하게 되자 히데요시는 묘한 방법을 생각해낸다. 오다 노부나가는 쇼군의 자격이 충분했기 때문에 그의 조카딸과의 사이에서 태어난 아들은 그만큼 혈통이 좋아지는 셈이 된다. 훗날 장성한 쓰루마쓰가 쇼군의 자격이 충분한 가문의 딸이나, 아예 덴노 가문의 딸을 맞이해 낳은 아들은 당당하게 쇼군이 될 수 있다. 그럴 경우 히데요시는 출신을 완전히 세탁하면서 새로운 막부의 창업주가 될 수 있다. 바로 그것이 그의 노림수였다.

그렇게 접근하면 통신사들을 접견하는 자리에 쓰루마쓰를 데리고 나온 것도 충분히 납득할 수 있다. 조선에서 보낸 통신사들을 '항복하기 위해 보낸 사신들'로 선전해 자신이 진정한 지배자라는 것과 함께, 쓰루마쓰가 후계자라는 것을 국제적으로 공인받기 위한 의도는 넘치도록 충족되었다. 그런 목적을 전혀 몰랐던 통신사들은 이용당할 대로 이용당한 다음 상반된 보고를 올리는 바람에 혼란을 초래하기까지 했다.

그때 히데요시가 들인 노력은 몇 마디의 협박 밖에 없었다. 다치바나 야스히로와 그의 일가를 죽였지만 그들은 쓰시마의 가신들이기 때문에 히데요시가 손해볼 것은 전혀 없었다. 히데요시는 몇 마디 협박으로 의도를 충족시켰지만, 그때까지 조선을 침공할 생각 따위는 없었다.

《징비록》에는 통신사들이 쥬라쿠다이이를 방문했을 때 "그들이 우리 사신을 접대할 때 가마를 타고 그들의 궁전으로 들어가는 것을 허락했으며, 날라리와 피리를 불고 앞에서 인도해 당에 올라와서야 예를 행하게 했다"는 대목이 나온다. 사신들로 하여금 가마를 타고 궁궐의 내부까지 들어갈 수 있게 허락하는 것은 항복에 따른 굴욕적인 대우가 아닌 정식의 외교에 의한 예우라고 보아야 한다. 히데요시가 그릇되게 선전을 했더라도 조선 사신을 맞는 태도만큼은 충분히 예에 맞췄다. 그런 점으로 보더라도 굳이 조선과 전쟁을 벌일 의도가 아니었음을 짐작할 수 있다.

그러나 조선은 이를 파악하지 못했다. 통신사는 물론 선조까지 히데요시의 용모와 체격에만 주목하거나, 사신을 맞는 자리에서 자식을 안고 나온 파격에 경악하는 데 그쳤을 따름이다. 정기적인 사신을 파견해 내정을 파악하는 등 기초적인 노력을 아예 등한시한 상황에서 통신사를 한 번 파견해 결정적인 정보를 기대하는 자체가 크게 잘못된 일이다. 그나마 기껏 보낸 통신사들까지도 의견이 정면으로 엇갈렸다.

소 요시토시가 조총을 바쳤을 때에도 무관심했던 조선은 막상 전쟁 가능성이 대두되자 그렇지 않아도 피폐했던 백성들을 혹사시켜 민생을 그르쳤다. 보다 못한 류성룡이 제승방략의 허점을 상세히 지적하고 진관제로 회귀할 것을 주장했을 때에도 간단하게 묵살했다. 김수가 비중이 높았던 것은 사실이겠으나, 정책을 결정하는 위치에 있는 선조를 위시한 모든 위정자들이 안일에 빠지고 나태했기 때문이다.

이후 전쟁이 발발한 다음 류성룡이 지적한 허점을 그대로 찔려 붕괴했을 때 누구도 책임지지 않았으니, 어찌 히데요시만 탓할 수 있겠는가.

제승방략과 사격

중앙에서 모든 것을 통제하는 제승방략은 현재 한국의 군대 개념과 흡사하다. 쿠데타를 통해 집권한 자들은 다른 쿠데타가 발생할 것을 극도로 경계해 사관학교 시절부터 결성된 사조직 출신의 심복들을 곳곳에 배치해 국방력을 사유화했다. 그런 행태 가운데 일부는 아직까지 잔존하고 있다. 그들이 지배했던 군은 특히 실탄 관리에 과민한 반응을 보여 왔다. 그로 인해 사격 훈련 시 장병들이 사격 실력을 향상시키는 것보다는 탄피 회수에 더 신경을 쓰는 부작용이 발생했다. 이처럼 군대에서 가장 중요한 사격 훈련이 제대로 실시되지 못하는 등의 행태는 여전히 시정되지 않고 있다.

예비군 훈련 또한 소집 정도에서 그치는 데다, 교육 환경도 열악하기 짝이 없다. 현역과 예비군을 통틀어 군대가 운용되는 광경을 보면 과연 선진국가의 군대가 맞는지 믿기 어려운 점이 수두룩하다.

懲毖錄

이순신의 등용

그를 천거한 류성룡

이때 왜적이 쳐들어온다는 소식이 나날이 급하게 전해지자, 임금께서 비변사에 명해 제각기 장수가 될 만한 인재를 천거하라고 했다. 내가 이순신을 천거했는데 정읍현감에서 수사水使로 차례를 뛰어넘어 임명되자 사람들은 그의 갑작스런 승진을 의심하기도 했다.

마침내 이순신이 역사의 전면에 등장한다. 이순신이 전라좌수사에 임명된 때는 전쟁이 벌어지기 14개월 전인 1591년(선조 24) 2월 13일이다. 정삼품의 당상관인 전라좌수사는 전국을 통틀어 열 명도 되지 않는 고위직으로, 이순신이 급제한 지 15년 만에 맡은 제대로 된 관직이었다. 이때 그는 이미 47세, 당시에는 노인이 되고도 남는 나이였다.

이순신 개인으로는 영광이겠지만 반발이 없을 수 없었다. 이미 수사보다 한 품계가 낮은 고사리진과 만포진의 첨사로 물망에 올랐을 때 격렬했던 반대가 한층 심해질 것은 당연했다. 그런 것을 예상해 먼저 진도군수로 임명하고 부임하기도 전에 가리포첨사로 전임시킨 다음, 역시 미처 부임하기도 전에 다시 전라좌수사로 임명하는 편법을 사용했지만 반발은 더욱 거세졌다. 당파에 따른 역학 관계도 문제겠으나, 관료 사회에서 그런 파격적인 승진은 용납되기 어렵다. 담당 관청의 관리들이 그에 따른 조항과 사례를 들고 나와 거의 죽일 듯 공박했지만 이순신의 승진은 결국 통과되었다.

한 가지 특기할 것은 당시 류성룡이 군무를 담당하는 좌의정으로서 인사를 담당하는 이조판서까지 겸했다는 점이다. 전라좌수사의 보임은 좌의정이 병조와 협의할 사안인 데다 이조판서의 전결이 있어야 가능하기 때문에, 당시 이순신을 추천하고 밀어준 사람이 류성룡임은 의심의 여지가 없다. 《징비록》에 나타난 "내가 이순신을 천거했는데 정읍현감에서 수사로, 차례를 뛰어넘어 임명되자"의 대목은 어김없는 사실이다.

이때 이순신을 감싸준 사람은 놀랍게도 선조였다. 선조는 빗발처럼 쏟아지는 반대와 반발을 물리치고 "이러한 시기에는 비록 조항과 규정에 어긋나더라도 인재를 등용해야 마땅하다"는 논리로 수차례나 이순신을 감쌌다. 왕이 주인인 나라에서 왕이 그렇게 나오는 데야 당할 도리가 없다. 담당 관리들은 어쩔 수 없이 물러설 수밖에 없었겠지만, 선조의 치적 가운데 거의 유일하게 칭찬받을 사인이라고 해도 과언이 아니다. 경위야 어쨌든 류성룡이 천거한 이순신은 드디어 활약할 기회를 얻게 되었다.

이순신, 전라좌수영으로

이순신이 보임된 전라좌수영은 사령부가 있는 여수를 위시해 일반행

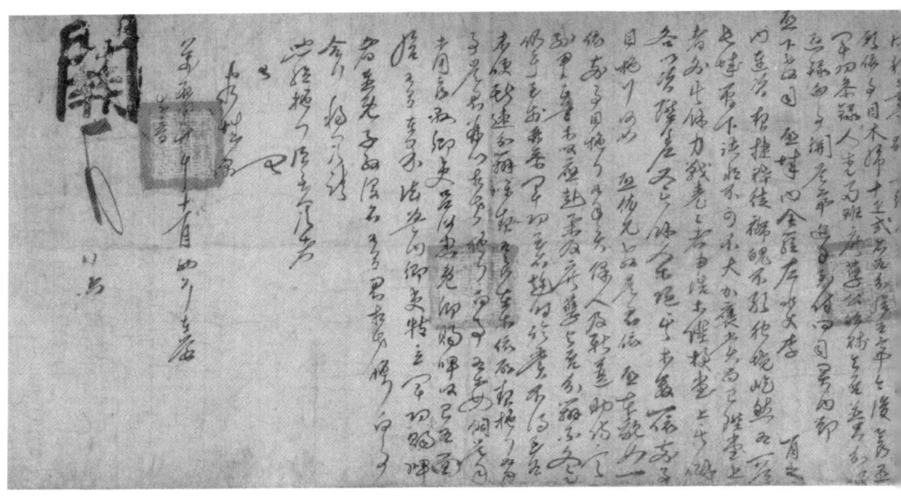

정 구역인 순천과 광양 · 낙안 · 보성 · 흥양의 5관과 군사 구역인 방답 · 사도 · 녹도 · 여도 · 발포의 5포로 구성된다.

순천은 종3품의 권준權俊이 부사를 맡고 역시 같은 종3품인 김완金浣이 사도의 첨사를 맡고 있다. 낙안은 종4품의 신호申浩가 군수를, 녹도는 종4품의 정운鄭運이 만호를, 흥양은 종6품의 배흥립裵興立이 현감을, 광양도 종6품의 어영담魚泳潭이 현감을, 방답은 이순신과 동명이인인 이순신李純信이 종3품의 첨사로 나중에 부임한다. 그들 가운데는 이순신보다 급제가 앞서는 선배거나 나이가 많은 사람들이 많았는데, 다행스럽게도 모두가 유능하고 용맹했다.

이순신은 스스로 모범을 보이면서 철저하게 원칙을 준수하고 부정부패를 일소했다. 전라좌수영을 운영하며 부여된 임무를 제대로 완수한 부하

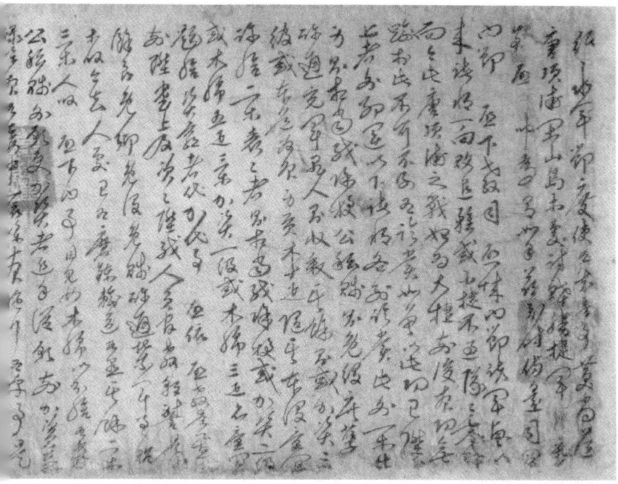

전라좌수사관문 전라좌수사 이순신이 곡성현감에게 보낸 공문서. 한산대첩에서 공을 세운 이여충의 부역과 세금을 감면해줄 것을 협조하는 내용이 담겨 있다. 국립중앙박물관 소장.

와 관리들은 반드시 포상하고 그렇지 못한 자들은 단호한 처벌과 인사상의 불이익이 기다렸다.

무관과 관리들은 물론 백성이라도 의무를 이행하지 않거나 이웃에 피해를 끼치는 자들은 죽을 지경으로 혼이 났다. 원칙에 어긋나거나 목표를 달성하지 못하면 엄격하게 처벌하고 이순신 스스로가 앞장서서 모범을 보였다. 그러다 보니 누구도 감히 법과 명령을 어기고 게으름을 부릴 엄두를 내지 못했다. 이순신이 부임한 다음 불과 일 년 남짓 만에 전라좌수영은 24척의 판옥선板屋船과 그런 규모의 함대를 운용할 수 있는 병력을 보유하게 되었다. 그것만 해도 관포가 두 배를 넘는 인근의 전라우수영이 보유한 전력과 맞먹었다. 이순신이 능력을 펼치는 때는 바야흐로 이제부터 시작이었다.

거북선과 판옥선으로 훈련을 할 때

맑다가 또 바람이 세게 불었다. 동헌에 나가 공무를 봤다. 이날 거북선에 쓸 돛베 스물아홉 필을 받았다.

《난중일기》 1592년(선조 25) 2월 8일

이날 《난중일기》에 거북선에 대한 기록이 처음으로 등장한다. 이순신과 결코 분리될 수 없는 '무적의 철갑 거북선' 신화를 모르는 사람은 없을 것이다. 그러나 거북선은 독창적으로 창조된 전함이 아니라 판옥선에서 파생된 배였으며, 승리에 필수불가결한 용도도 아니었다. 게다가 거북선은 철갑선도 아니었다.

가장 중요했을 첫 전투와 한민족의 역사를 통틀어 가장 위대했던 명량

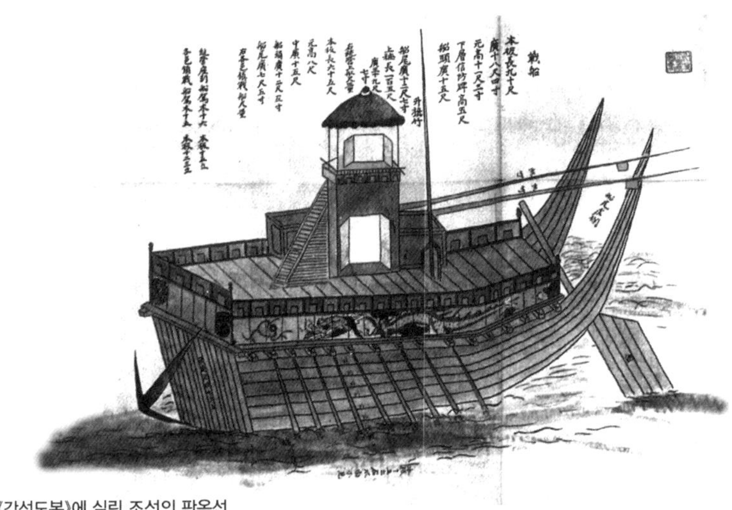

《각선도본》에 실린 조선의 판옥선.

의 해전에서 거북선은 등장하지 않았다. 이순신은 첫 전투와 명량해전은 물론, 대부분의 전투에서 거북선을 출격시키지 않고서도 완벽한 승리를 이끌어냈다. 2014년 개봉되어 공전의 흥행을 기록한 사극 영화에서는 거북선이 완성 직전에 불타며 사라졌지만, 실제로는 명량해전을 앞둔 당시에는 따로 건조되지도 않았다. 설령 거북선이 없었더라도 이순신이 불패의 신화를 세우는 데는 지장이 없었다.

판옥선은 명종明宗(재위 1545~1567) 시기 취역한 획기적인 전함이다. 빠른 기동력을 이용해 '히트앤드런hit&run'을 구사하던 왜구들에 대한 대책 마련에 부심하던 조정에서 격론이 벌어졌다. 작고 빠른 배를 많이 만들자는 측과, 대형의 전함을 건조하자는 의견이 팽팽히 맞선 것이다. 실제로 소형의 경쾌선이 배치되기도 했지만 막상 따라잡은 다음에는 백병전에 특화된 왜구를 공격할 수 없는 어이없는 일이 벌어지곤 했다. 게다가 왜구들의 배는 갈수록 대형화되고 있었다.

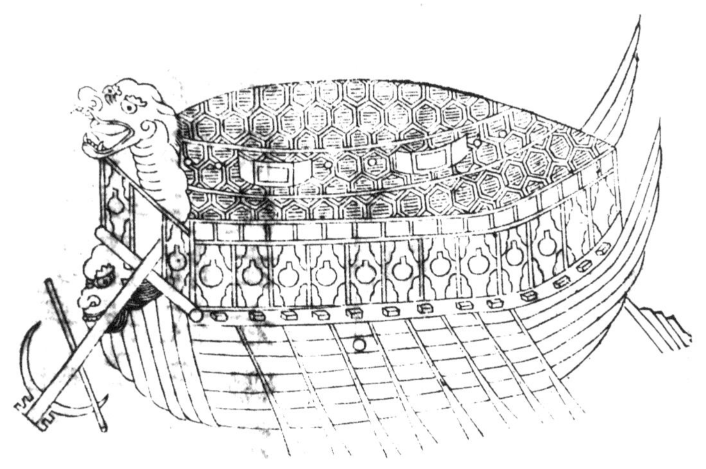

《이충무공전서》에 실린 전라좌수영 거북선.

논의 끝에 백병전으로는 도저히 당할 수 없는 왜구들이 올라올 수 없을 정도로 거대한 크기에 원거리에서의 타격이 가능한 전함을 건조해 배치하기로 결정되었다. 그렇게 취역한 판옥선은 조선과 일본, 명을 통틀어 가장 거대했으며 대포를 많이 싣고 있어 공격력이 막강할 뿐 아니라, 선체가 두껍고 견고해 방어력에서도 적수가 없었다.

이순신은 대부분의 경우 일본 수군의 조총이 닿지 못하는 거리에서 대포로 타격해 적을 무력화시킴으로써 조총은 물론, 일본의 결정적 전술인 백병전으로 승부를 낼 여지 자체를 주지 않았다. 이순신이 판옥선의 함체에 뚜껑을 씌운 형태의 거북선을 건조한 까닭은 조선 수군이 가장 취약한 백병전에서 완전히 안전한 전함을 만들어 돌격의 용도로 활용하려고 했기 때문이다.

전쟁 이전에 나타난 거북선에 대한 마지막 기록은 1592년(선조 25) 4월 12일의 《난중일기》에서다. 그날 이순신은 새로 건조된 거북선이 바다를 달리면서 대포를 발사하는 것을 시험했는데, 공교롭게도 바로 다음날 전쟁이 발발하고 말았다.

전라좌수영의 이순신과 경상우수영의 원균

이순신 이전에 전라좌수사의 물망에 오른 사람은 원균元均(1540~1597)이다. 《난중일기》를 위시한 여러 기록에서 이순신과 정반대의 위치를 점하는 원균은 과연 전라좌수사에 합당한 인물이었을까? 실록에 그 상세한 내용이 나타난다. 사간원에서 "전라좌수사로 보임된 원균이 전임의 근무지에서의 평가가 승진에 따른 규정에 미달했으며 무관으로서 가장 중요한 무략武略이 없다는 등의 이유로 규정을 초월해서 승진할 수 없으니 합당한 인물로 교체할 것"을 주청한 사실이 있다.

이순신의 승진이 반대에 부딪힌 연유는 승진에 따른 내부 규정에 어긋나기 때문이었지 근무 성적과 인사 평가가 좋지 않아서는 아니었다. 그러나 원균은 승진은커녕 무관으로서의 기본 자질조차 의심받고 있었다. 원균에 대한 사간원의 주청을 선조가 받아들인 관계로 원균이 전라좌수사에 부임하지 못하고 이순신에게 기회가 돌아간 조치는 매우 온당하다.

그러나 이후 원균은 수군 가운데 가장 역사가 깊고 규모가 큰 경상우수영의 수사로 발령받는다. 그 또한 선조의 판단과 명에 의한 조치였을 것임은 의심의 여지가 없는데, 무엇 때문에 선조가 완전히 상반된 결정을 내리게 되었는지 쉬 납득되지 않는다.

2장

전쟁의 시작,
동아시아를 집어삼키는 거대한 난

〈전쟁의 시작, 동아시아를 집어삼키는 거대한 난〉의 주요 사건

1592년

- 4월 13일 — 일본군, 부산에 상륙.
- 4월 15일 — 일본군, 동래 함락.
- 4월 18일 — 일본군, 밀양 점령.
- 4월 22일 — 곽재우, 의령에서 의병 거병.
- 4월 25일 — 이일, 상주전투에서 패배.
- 4월 28일 — 신립, 충주 탄금대전투에서 패배하고 자결.
- 4월 30일 — 선조, 한성을 떠나 파천.
- 5월 — 류성룡, 선조의 명 망명을 극력 반대. 파직.
- 5월 3일 — 일본군, 조선의 수도 점령.

부산진순절도釜山鎭殉節圖
변박 작. 보물 제391호. 육군박물관 소장.

전쟁의 민낯

우리는 아무것도 하지 못했다

> 이날(4월 13일) 왜적의 배가 대마도에서 바다를 덮어오는 것을 바라보니 그 끝이 보이지 않았다. 부산첨사 정발이 절영도에 나가서 사냥을 하다가 허둥지둥 성으로 돌아오자 왜병이 뒤따라와서 육지에 올라 사면에서 구름같이 모이니 삽시간에 성이 함락되었다.

전쟁이 벌어지기 이전 일본에서 가장 눈에 띄는 사건은 쓰루마쓰의 사망이다. 히데요시는 계속해서 전쟁을 입에 담았지만 그것이 실현되리라고 믿는 사람은 거의 없었다. 그러던 가운데 쓰루마쓰가 병을 이기지 못하고 1591년 8월 5일 죽고 말았다. 외아들을 잃은 히데요시가 극심한 슬픔에 빠진 나머지 제정신이 아닌 것처럼 보이는 가운데 상황이 비정상적으로 흘러가게 된다.

쓰루마쓰의 장례가 마무리되고 그의 슬픔도 사그라질 무렵인 9월 16일, 히데요시는 전쟁을 발표하면서 실질적인 준비에 들어갈 것을 명령했다. 계속해서 10월 10일에 내린 명령에 의해 이키와 쓰시마를 거쳐 부산

히젠나고야성제후진적도肥前名護屋城諸侯陣跡圖 히젠(오늘날 일본 사가현) 나고야 성에 집결한 일본 다이묘들의 배치도.

으로 직행할 수 있는 위치에 있는 규슈 북단의 나고야名護屋에 일찍이 존재하지 않았던 거대한 기지가 건설되기 시작했다. 히데요시의 심복 가토 기요마사加藤清正(1562~1611)의 지휘 아래 일본의 모든 인력과 자본이 아낌없이 투입된 결과 12월 중순에 이르자 무려 30만을 수용할 수 있는 거대한 도시가 웅자를 드러냈다.

이제는 더 이상 전쟁을 의심할 수 없었다. 일본의 모든 영주들은 배당된 병력과 군량과 무기를 채우느라 안간힘을 썼고, 해안 지방에서는 배까지 건조해서 보내야 했다.

그로 인해 쓰시마가 받은 충격은 엄청났다. 히데요시가 느닷없이 협박하는 바람에 통신사 파견을 놓고 조선과 줄다리기 하던 끝에 겨우 상황이 마무리된 줄 알고 한숨을 돌리는가 싶었는데, 이번에는 전쟁에 앞장세워졌다. 다른 지역은 배당받은 것만 이행하면 되는 데 비해 쓰시마는 전쟁에 소요될 모든 것을 직접 제공해야 했다. 게다가 조선과 가장 가깝다는 이유로 인해 발판으로 기능해야 하는 데다 가장 먼저 건너가야 했다.

불확실한 전쟁 원인, 확실한 전쟁 준비

1592년 1월 5일 종합적인 편제가 재차 발표되고 병력과 병참은 물론 함대와 선단船團까지 집결되기 시작했다. 3월에 이르러서는 전쟁이 피할 수 없는 기정사실이 되고 만다. 먼저 건너갈 1진은 서부와 중부 지역 병력으로 구성된 아홉 개 부대로 15만 8,800명이었다. 여기에 지휘부가 운용하는 병력까지 더해지면 병력은 거의 20만에 이르렀다.

히데요시가 조선 침략에 동원한 30만 병력(하인이나 일꾼 등을 제외)은 당시 일본 인구가 2,200만 명에서 2,500만 명 정도임을 감안하면 총력전 규모라고 할 수 있다.

2진에 해당하는 예비대는 도쿠가와 이에야스德川家康(1543~1616)를 위시한 동부 지역에서 차출된 7만 5,000 명이고 별도로 편성된 수군이 1만 가량이었다. 그것만 해도 거의 30만에 달하는데, 일본에서 주인을 따라 참전하는 하인이나 이름이 기록될 수 있는 최하급 보병을 제외한 인원들은 병력으로 취급하지 않았던 것을 감안하면 실제 규모는 더욱 컸을 것이다.

그런데 일본은 그들 역사 최초의 해외원정이었으며 다른 나라들에 끼친 피해가 막대했음에도 전쟁이 벌어진 원인에 대해서는 명확하게 설명하지 못한다. 게다가 전쟁이 진행된 과정도 매우 납득하기 어렵다. 직접 조선으로 건너가 전쟁에 투입된 병력의 100%가 히데요시의 심복이거나 충성을 맹세한 영주들이라는 사실도 의혹을 더한다. 히데요시는 왜 그들을 전쟁에 투입해 스스로의 팔다리를 자르는 어리석은 짓을 저질렀을까?

모든 것을 얻었던 히데요시가 새로운 전쟁을 벌여 자신과 가문이 파멸된 것은 그의 정신에 문제가 있었던 데 대한 결과라는 주장이 적지 않다. 또한 전쟁의 처음부터 끝까지 자신의 수하들만 참전시켜 일본 내 친위 세력을 약화시킨 것 역시 그러한 문제에 의한 결과로 연관 짓는 경향이 짙다.

물론 그렇게 생각하면 간단히 약분될 수 있겠지만, 당시 히데요시는 지극히 정상적이었다. 게다가 밑바닥에서 정점에 오를 정도의 기량을 가진 히데요시에게 노림수가 없었을 리 없다. 이에 대한 이야기는 전쟁 초기 상황이 어느 정도 마무리된 다음에 계속 하고자 한다.

부산, 전쟁의 시작

이 날(4월 13일) 왜적의 배가 대마도에서 바다를 덮어오는 것을 바라보니 그 끝이 보이지 않았다. 부산 첨사 정발이 절영도에 나가서 사냥을 하다가 허둥지둥 성으로 돌아오자 왜병이 뒤따라와서 육지에 올라 사면에서 구름같이

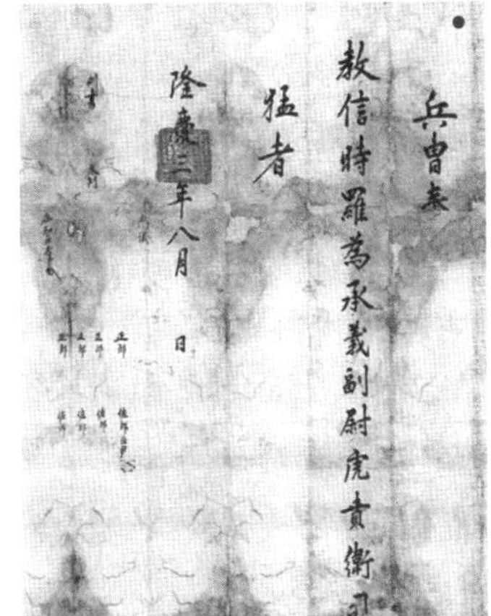
兵曹奉
教 信時羅爲承義副尉虎賁衛司
猛者
隆慶三年八月 日

● **수직 왜인 고신** 1569년(선조 2) 신시라信時羅에게 내린 고신. 신시라에게 승의부위承義副尉 호분위虎賁尉 사맹을 제수한다는 내용이 담겨 있다. '신시라'는 본명이 아니라 조선인이 부르기 쉽게 세 글자로 바꾼 이름이다.

●● **초량왜관** 1783년(정조 7) 변박卞璞이 그린 초량왜관의 전경. 왜관은 상인과 수직, 사신 등 입국 왜인들의 접대 및 교역을 담당하는 목적으로 설치했다. 삼포왜란 후 폐쇄되었다가 임진왜란 뒤에는 부산에만 열었다. 이후 1678년(숙종 4)에는 초량으로 이전한다. 전쟁 당시 정발은 고니시의 선발대를 왜관으로 통교하는 세견선으로 알았다. 국립중앙박물관 소장.

모이니 삽시간에 성이 함락되었다.

1592년(선조 25) 4월 13일 오후 4시경, 부산을 방어하는 책임을 맡은 첨사 정발鄭撥(1553~1592)은 절영도에서 훈련을 진행하고 있었다. 늦은 오후에 접어들 무렵 쓰시마 방면에서 선단 같은 형체가 나타났다. 처음에는 쓰시마에서 보내는 세견선이 아닌가 했지만 시기도 맞지 않거니와 규모 또한 엄청났다. 정발은 급히 부산성으로 돌아갈 것을 명령했다.

이때 정발에게 발견된 선단에는 전쟁의 최선봉으로 내정된 고니시 유키나가가 이끄는 1군 1만 8,700명 가운데 절반이 타고 있었다. 고니시의 영지와 쓰시마를 위시한 조선에 근접한 지역에서 차출된 1군이 아무런 제지도 받지 않고 부산에 상륙할 수 있었던 것은 대단한 행운이었다.

조선이 개국한 이후부터 장사를 목적으로 쓰시마에서 부산까지 무수하게 오간 데다 왜관倭館까지 설치되어 있기 때문에 그 방면의 지리와 지형지물을 환하게 꿰고 있다고 해도, 전쟁이 목적이라면 완전히 다른 상황이 된다. 전쟁에서 가장 중요한 것은 바로 첫 단추를 꿰는 순간인데, 특히 바다를 건널 수밖에 없는 상황에서는 더욱 그렇다. 선발대의 상륙 성공 여부가 전체 전황을 좌우한다고 해도 과언이 아니다. 상륙은 적이 제대로 방비하고 있지 않는 상황에서 기후까지 도와주지 않으면 성공하기 힘들다(실제로 원元의 일본 침공은 일본인들이 가미카제神風라 부르는 폭풍 등 예기치 않은 요소로 인해 실패했다).

매일 같이 주색잡기나 일삼던 상대의 지휘관이 그날따라 눈에 불을 켜고 감시하고 있다거나, 잠잠했던 바다에 갑자기 폭풍우가 치는 등 실패할 수 있는 요인은 너무나 많다. 전혀 예상하지 못했던 돌발 상황으로 인해 고니시의 1군이 성공하지 못한다면 쓰시마에 대기하고 있는 가토 기요마사의 2군은 물론, 이키와 나고야에 대기하고 있는 전체 원정군의 일정이 도미노처럼 줄줄이 차질을 빚게 될 것은 불을 보듯 뻔했다. 그렇게 되면 전쟁 자체에 지극히 부정적인 결과를 불러올 개연성이 대단히 높았다.

놀랍게도 약간의 저항조차 받지 않고 조선 땅에 상륙한 고니시 유키나가는 꿈을 꾸는 것 같은 심정이었다. 당장이라도 부산성을 공격해 거점을 확보하고 싶었지만, 원하는 성과를 거두기 위해서는 확실하게 편제를 갖춰야만 했다. 고니시는 경험 많은 부하들에게 상륙한 제대梯隊들을 가급적 빨리 공격군으로 편성할 것을 명령하고 소 요시토시를 위시한 참모들을 소집하는 등 정신없이 바쁜 와중에 평정을 회복하기 위해 애를 썼다.

다음날 일찍부터 피가 튀었다. "우리들은 명에 가는 것이 목적이기 때문에 굳이 너희들과 싸울 생각이 없으니 길을 열도록 해라"는 상투적 권유가 단호하게 거절당하자 일본군은 기다렸다는 듯 공격해갔다. 정발의 지휘 하에 일천 정도의 병력과 성에 있는 백성들이 일치단결해 싸웠지만, 질과 양 모든 면에서 상대가 되지 않을 정도의 열세를 극복할 수는 없었다. 부산은 그날이 가기도 전에 함락당했다. 정발을 위시한 장병들이 장렬하게 전사한 다음 살아남은 백성들은 포로로 잡혀 끌려나왔다.

동래, 책임지지 않는 자와 책임지는 자

고니시의 1군은 인근의 다대포와 서평포까지 함락시킨 다음 동래를 향해 쇄도했다. 동래를 지키는 책임자는 부사 송상현宋象賢(1551~1592), 그

동래부순절도東萊府殉節圖 변박이 그린 임진왜란 기록화. 1760년 제작. 보물 제392호. 육군박물관 소장.

동래성에서 도망치는 이각.

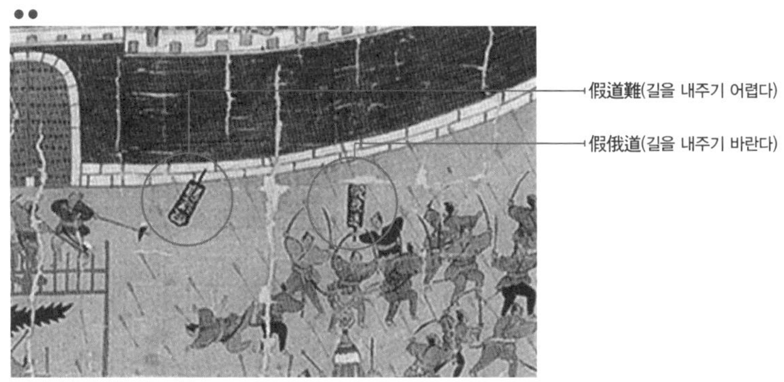
假道難(길을 내주기 어렵다)
假俄道(길을 내주기 바란다)

항복 권유와 그에 대한 거절을 주고받는 조선군과 왜군.

는 정발과는 다르게 압도적인 적의 상륙을 알아 차렸음에도 가족을 피신시키는 등의 조치를 취하지 않았다. 송상현의 각오에 군민이 크게 감동했지만 고위급들은 그렇지 않았다. 경상좌도의 육군을 이끄는 경상좌병사 이각이 동래에 들어왔다가 겁을 먹은 나머지 "밖에서 지원하겠다"는 핑계를 대고 나가버린 데다, 수군을 이끌고 고니시의 배후를 공격해야 할 경상좌수사 박홍朴泓(1534~1593)은 행방조차 묘연했다.

게다가 경상도의 육군과 수군을 총지휘해 반격을 지휘해야 할 경상감사 김수 역시 제 위치에 있지 않았다. 그런 상황에서 송상현을 위시한 양산군수 조영규趙英圭와 울산군수 이언함李彦涵, 조방장 홍윤관洪允寬 등의 무관들이 결사항전의 의지를 다졌다.

이윽고 동래성을 포위한 일본군 가운데서 누군가가 유창한 조선말로 "우리들은 명을 치러 왔으니 굳이 너희들과 싸우고 싶지 않다"며 외친 다음 '전즉전의 부전즉가아도戰則戰矣 不戰則假我道(싸우고 싶거든 싸우고, 싸우지 않으려면 길을 빌려 달라)'라는 글자가 적힌 팻말을 세웠다. 이에 대해 송상현은 널판에 '전사이가도난戰死易假道難(싸우다 죽기는 쉽지만 길을 내주기는 어렵다)'는 글을 써서 던졌다.

이미 피를 맛본 일본군의 공격 앞에 동래성도 오래 버티기 어려웠다. 송상현도 휘하의 장병들과 끝까지 싸운 끝에 깨끗이 전사했다. 이번에도 곳곳에서 학살과 윤간이 벌어지고 포로로 잡힌 백성들이 울부짖으며 끌려나왔다. 굴비처럼 엮여 끌려가는 포로들 가운데는 송상현의 부인과 자식들도 포함되었다. 송상현은 가족을 피신시킬 기회가 있었음에도 단호하게 모범을 보이고 마지막까지 싸우다가 전사했으며, 애첩 또한 절개를 지켜 목숨을 끊었다.

전쟁의 첫단추를 확실하게 끼운 고니시

4월 13일에 상륙하고 이튿날 부산을 함락시킨 고니시의 1군은 그 다음 날인 15일에 동래를 함락시켰다. 계속해서 17일 양산에 이어 18일에는 밀양까지 수중에 넣었다. 1군의 진군은 질풍노도 같았다. 18일에 가토 기요마사의 2군 2만 800명이 상륙하고 19일에는 구로다 나가마사黑田長政(1568~1623)의 1만 2,000명이 후속해 경남 일대를 거의 석권했다. 그로써 히데요시는 전쟁의 첫 단추를 확실하게 끼우고 북상할 채비를 갖출 수 있게 되었다.

4월 13일부터 18일까지 고니시가 거둔 전과는 발군 가운데서도 발군이었다. 고니시가 무사히 부산에 상륙한 다음 신속하게 밀양까지 점령했기 때문에 가토와 구로다를 위시한 후속군이 안전하게 상륙하는 것이 가능했다. 그로 인해 전쟁에 필수적인 거점이 확보되고 20만에 달하는 대군과 물자가 순조롭게 들어올 수 있게 되었다. 또한 도자기 등의 귀한 전리품과 포로 같은 인적 자산들도 신속히 수송할 수 있었다. 히데요시의 입장에서는 고니시를 아무리 칭찬해도 부족하지 않다.

전쟁 직전 명과 조선

훗날 임진전쟁에 참전하는 명은 일본에 대해 조선보다는 나은 수준으로 파악하고 있었다. 일본에 출입하던 명의 상인들이 히데요시의 호언과 태도 등을 알리는 것은 물론, 일본에 포로로 잡혀 있던 명의 백성들이 상인들에게 같은 내용을 전했다. 게다가 일본의 세력권에 포함되어 직접 항복을 요구받은 류큐琉球 왕국(오키나와)이 조선과 명에 급보를 전하는 등, 명이 충분히 자극될 수 있는 상황이었다. 당시 히데요시는 어이없게도 필리핀과 인도에게까지 항복을 요구하기까지 했다.

영은문迎恩門 조선시대 중국 사신을 맞이하는 곳에 세워진 문. 훗날 같은 자리에 독립문이 세워졌다.

그런 상황에서 조선은 통신사를 보낼 때 명에 알리지 않았다. 모든 외교를 명에 보고하게 되어 있기는 해도 굳이 알릴 필요까지는 없다는 판단에 의해 독자적으로 통신사를 보낸 것인데, 이후 전쟁 발발 위험이 있다는 여론이 생성되자 뒤늦게 명에 사신을 보내 해명하게 했다. 하지만 그런 움직임은 명으로 하여금 조선이 일본과 야합해 자신들을 공격할지도 모른다는 오해를 하게 되는 바람직하지 못한 결과를 가져온다.

외면당한 골든타임

전쟁 초기, 호기를 놓치는구나

> 수군에서 좌수사 박홍은 군사를 한 사람도 출동시키지 않았고, 우수사 원균은 비록 수로는 좀 멀지만 거느리고 있던 배가 많았으며, 또 적병이 단 하루 동안에 모두 몰려온 것이 아니므로, 우리 편에서 군대를 있는 대로 다 거느리고 앞으로 진출해 군대의 위세를 보이며 서로 버텨 다행히 한 번만이라도 싸워 이겼더라면 적군은 마땅히 후방을 염려해 갑자기 깊이 쳐들어오지는 못했을 텐데, 우리 편에서는 적군을 바라만 보고 멀리 피해가서 한 번도 서로 싸우려 들지 않았다.

류성룡은 전쟁 초반에 조선이 형편없이 패배한 원인을 정확하게 지적했다. 경상도의 방어력은 동래의 경상좌수영과 울산의 경상좌병영과 함께, 거제도 가배량의 경상우수영과 창원의 경상우병영으로 구성되어 있었다. 육군의 경우 성에 들어가 방어하는 전술적 행동 이외에는 선택의 여지가 거의 없었다. 그런 제한적 전술은 전황에 영향을 미치기 어려웠으며 경상좌병사 이각 같은 경우는 그나마 동래를 방어하기는커녕 도주하고 말았다. 경상우병사 조대곤曺大坤 또한 늙고 병들어 교대하는 등, 도움이 안 되기는 마찬가지였다.

그런 상황에서 믿을 수 있는 병력은 수군밖에 없다. 수군은 전략적 행동이 가능한 데다, 특히 적이 바다를 통해 건너왔기 때문에 후속하는 적을 차단하는 등으로 전황에 직접 영향을 미칠 수 있는 기회를 잡은 셈이었다. 그러나 적이 상륙한 지역의 방어를 책임지는 박홍은 기가 막히게도 출격조차 하지 못했다.

박홍 말고도 휘하의 장수들조차 출격하지 못한 까닭은 조선 특유의 시스템 때문이었다. 당시 각각의 지역을 지키는 조선의 무관들은 지휘 체계에 의한 명령 없이는 독단적으로 움직이지 못하게 되어 있었다. 반역을 통해 보위를 찬탈한 세조 이후 조선은 지방 병력이 임의로 이동하는 것을 극도로 경계했다. 연산군을 몰아내고 즉위한 중종 역시 그러했다.

따라서 조정에서 보낸 문관이 각 지방의 병권兵權을 장악한 다음 병사와 수사를 지휘하게 했는데 중앙에서 파견되는 지휘관이 상황이 발생한 지역의 병력을 지휘하게 하는 제승방략도 그런 의도와 무관하지 않았다. 당시 경상좌수영이 전혀 출격하지 못한 원인은 지휘 체계로부터 명령이 하달되지 못한 데 있었다. 따라서 경상도를 책임지는 김수에게 그 책임을 묻지 않을 수 없다.

한편 적이 코앞에 닥치는 바람에 그대로 붕괴한 경상좌수영에 비해 거제도에 수영水營을 두고 있던 경상우수사 원균은 상대적으로 출격할 수 있는 여지가 충분했다. 게다가 경상우수영은 당시 전국 최강이었다. 적의 규모가 20만에 달하는 대군이라지만 최초에 접근한 고니시는 1군의 절반을 이끌고 왔을 뿐이어서 초계와 순찰을 강화했다면 상륙하기 전에 얼마든지 저지할 수 있었다. 상륙을 허용한다고 해도 정박한 선단을 공격하고 후속하는 선단의 접근을 저지한다면 전쟁의 향방이 크게 바뀌었을 수도 있었다.

그렇기 때문에 류성룡도 "우수사 원균은 비록 수로는 좀 멀지만 거느리고 있던 배가 많았으며, 또 적병이 단 하루 동안에 모두 몰려온 것이 아니므로, 우리 편에서 군대를 있는 대로 다 거느리고 앞으로 진출해 군대의 위세를 보이며"라고 말한 것이다.

이순신 역시 생각이 같았다. 이순신의 장계에 "상황이 이렇게까지 된 것은 적을 바다에서 막아내지 못하고 마음대로 상륙하게 놔둔 것에 있다. 부산과 동래를 위시한 여러 지역을 지키는 장수들이 평소에 수군과 배를 잘 정비해 출격한 다음 적을 격퇴하고 더 이상 상륙할 여지를 주지 않았다면 어찌 그런 수치를 당할 수 있겠는가"라는 대목이 있다. 류성룡과 이순신이 아니라도 정상적인 지휘관이라면 응당 그렇게 해야 마땅하다. 그러나 원균은 그렇지 않았다.

무수히 반복된 우리 역사의 '원균'

> 처음에 적병이 이미 육지에 오르자, 원균은 적의 형세가 큰 것을 보고 감히 나가 치지 못하고 전선 백여 척과 화포, 병기 등을 모조리 바다 속에 가라앉힌 다음, 수하의 비장 이영남과 이운룡 등만 데리고 배 네 척에 나눠 타고 달아나 곤양 바다 어귀에 이르러 뭍으로 올라 적군을 피하고자 하니, 이에 그가 거느린 수군 만여 명은 모두 무너지게 되었다.

원균은 전황을 반전시키기는커녕 오히려 휘하의 수군을 몰락시켰다. 《징비록》을 믿지 못하겠다면 실록의 기록을 보자.

원균은 수군 대장으로서 여러 장수들을 거느리고 내지內地로 피하고, 우후虞候 우응신禹應辰을 시켜 관고官庫를 불태우게 해 200년간 저축한 물건들이 하루아침에 없어져버리게 했습니다.

《선조실록》 25년(1592 임진년) 6월 28일 여섯 번째 기사

경상도감사 김수가 조정에 보고한 내용 가운데 일부다. 《징비록》과 실록에 나타난 원균은 싸울 생각이 전혀 없었다. 게다가 일만이나 되는 수군을 해산하고 백 척이나 되는 전함과 물자를 침몰시킨 데다 창고까지 불 지르는 바람에 200년이나 저축된 군비軍備가 단번에 없어졌다.

원균이 백 척이나 되는 예하의 판옥선 가운데 열 척이라도 급파해 상륙한 선단의 배후를 공격했다면 전황이 크게 변했을 것이다. 하다못해 통로를 지키는 모습만이라도 보였다면 후속하는 선단이 쉽게 접근하지 못하게 되면서 전쟁의 '골든타임'을 놓치지 않았을 것이다. 그러나 원균은 그토록 막강한 함대를 침몰시키고 수군마저 해산해 적을 결정적으로 도왔다. 전쟁에서 가장 결정적인 순간을 놓치고 만 것이다.

원균이 골든타임을 놓치는 광경도 낯설지 않다. 2014년 4월 16일 출동한 해경 또한 골든타임을 외면한 결과 가족들이 보는 앞에서 300여 명이 산 채로 수장당하고 말았다.

원균이 저버린 골든타임은 어떤 참사와도 비교할 수 없을 정도로 엄청난 참극을 초래했다. 나아가 하마터면 나라를 멸망의 위기로까지 몰아넣었다. 그러고도 원균은 이순신과 함께 전쟁에서 공을 세운 일등공신의 위치에까지 올랐다. 그런 광경 또한 우리가 그동안 뉴스에서 무수히 봐왔던 익숙한 모습들과 겹쳐진다.

원균을 위한 변명은 유효한가?

원균을 옹호하는 측에서는 당시 원균이 부임한 지 두 달 밖에 되지 않았으며, 김수가 수군에게 육지로 올라와 싸우라는 명령을 내린 상황 등을 지적하고 있다. 그러나 부임한 지 오래 지나지 않아 좋은 성과를 거둔 사례 또한 적지 않다. 원균이 무관으로서의 소양과 의무를 충실히 이행하려는 책임감과 짧은 부임 기간은 별다른 연관이 없다.

김수가 내린 명령 역시 변명이 되기 어렵다. 그런 명령이 닿았더라도 최종적인 판단은 현장 지휘관의 몫이다. 실제로 전쟁 초기에 조정은 이순신에게 "조정의 명령에 구애받지 말고 임의로 판단해 싸우라"는 지시를 내렸으며, 전쟁 말기 절망적인 상황에서 이순신은 "차라리 수군을 폐지하고 육지로 올라와 싸우라"는 조정의 명령을 단호하게 거부했다. "신에게는 아직도 열두 척이 남아 있습니다"는 명언을 남긴 이순신이 어떤 공을 세웠는지는 상세히 말하지 않겠다.

일만의 수군과 백 척이나 되는 판옥선을 가졌을 당시의 원균은 전쟁 말기의 이순신과 비교조차 할 수 없다. 당시 원균은 공을 세울 수 있는 절호의 기회를 잡은 것과 다름없었다. 그러나 출격하기는커녕 수군을 해산하고 판옥선과 무기들을 침몰시켰으며, 관고를 불 질러 군비를 모조리 없애버렸다. 그런 원균은 어떤 변명도 할 자격이 없다.

懲毖錄

신립을 위한 변명

탄금대전투의 책임은 바로 우리일세

신립이 떠나려 하자 임금께서 불러 보시고 보검寶劍을 주면서 이렇게 이르셨다. "이일 이하의 장수들 가운데 그대의 명령을 따르지 않는 사람은 이 칼로 목을 베어라." 신립이 하직하고 물러나와 다시 빈청으로 와서 대신을 뵙고 막 섬돌을 내려설 무렵, 머리에 쓴 사모가 갑자기 땅에 떨어지자 보는 사람들이 놀라서 낯빛이 변했으며, 신립이 용인에 이르러 임금에게 올리는 글에 자기의 이름을 쓰지 않자 사람들은 혹시 그의 마음이 산란한 것이 아닌지 의심했다.

조정에 전쟁의 발발이 보고된 것은 4월 17일이다. 박홍이 보낸 급보가 연속되어 부산이 함락당한 사실도 알게 되지만 본격적인 전쟁인지에 대한 확신은 없었다.

경상우병마사 김성일에게서 공문이 왔다. "왜적이 부산을 함락시킨 뒤에 그대로 머물면서 물러가지 않는다"고 한다.

《난중일기》 1592년 4월 17일

이순신에게 전쟁의 발발을 알린 김성일의 공문에도 "부산을 함락시킨

적이 머물면서 물러가지 않는다"는 대목이 있음을 볼 때, 당시 조선 조정을 위시한 각 지역에서도 전쟁 상황이라는 인식이 부족했던 분위기가 읽힌다. 조선은 건국 이후 각지의 요새가 차례로 격파당하고 수도가 직접 위협당하는 수준의 전쟁다운 전쟁을 겪은 경험이 없었다. 비록 일본에 의한 전쟁 가능성이 대두되었다고 해도 국지적인 침략을 일삼는 왜구에 지나지 않는다는 뿌리 깊은 선입견을 떨쳐버리기는 어려웠다.

류성룡을 위시한 조정은 매우 당혹스러웠다. 아직 본격적인 전쟁을 인지하지는 못했어도 당면한 상황이 예전과 전혀 달랐다. 그동안은 왜관을 위시한 지역에서 거주하던 왜인들이 일본의 본거지에 있는 병력을 불러들여 소란을 피우거나, 왜구들이 상륙해 약탈하는 형태였다. 1510년(중종 5) 발생한 삼포왜란三浦倭亂이 전자였고 1555년(명종 10)에 전라도를 휩쓸었던 을묘왜변乙卯倭變이 후자였다.

그러나 이번에는 달랐다. 일본군이 상륙하기 직전에 부산 왜관에 있던 왜인들이 철수하는 등의 조짐이 있었지만 내부에서 침공을 유도하거나 호응하지는 않았던 데다, 약탈을 목적으로 했던 그동안의 양상과도 맞지 않았다. 정면으로 상륙한 병력도 이전까지 없었던 대규모였고 상륙 이후 부산과 동래를 위시한 인근 지역은 물론 밀양까지 점령한 것은 북상을 위한 포석으로 보였다. 만일 일본군이 실제로 밀양을 거쳐 북상한다면 본격적인 전쟁 상황으로 파악할 수밖에 없었다.

일본군이 우려했던 방향으로 움직였다. 선조는 류성룡을 도체찰사都體察使에 겸임시키라는 이산해의 추천을 받아들였다. 체찰사는 비상시에 지역의 사령관 역할을 맡는 임시직으로, 도체찰사는 모든 지역을 통괄하는 막중한 직책이다. 류성룡은 즉시 상황을 장악하고 명령을 내렸다.

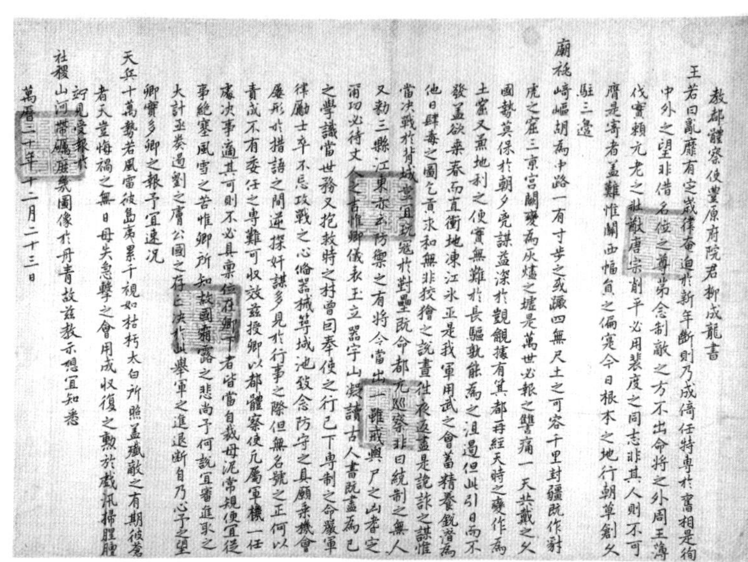
教都體察使豐原府院君柳成龍書
王若曰亂靡有定歲律奄迫於新年斷則乃成倚任特專於賓相是徇
中外之望非借名位之尊第念制敵之方不出命將之外周王薄
伐實賴元老之壯猷唐宗削平必用裴度之同志非其人則不可
膺是寄者蓋難惟關西幅員之偏寔今日根本之地行朝草創久
駐三邊
廟祧崎嶇胡爲中路一有寸步之或蹶四無尺土之可容千里封疆旣作豺
虎之窟三京宮闕變爲灰燼之墟是萬世必報之讐痛一天共戴之父
國勢莫保於朝夕兇謀益深於覬覦據有箕都再經天時之變作爲
土窟又兼地利之便實無難於長驅孰能爲之沮遏但此引日而不
發蓋欲乘春而直衝地凍江氷亟是我軍用武之會蓄精養銳潛爲
他日肆毒之圖乞貢求和無非狡獪之說晝往夜返盡是詭詐之謀惟
當決戰於背城豈宜玩寇於對壘旣命都元帥察非曰統制之無人
又勅三縣江東亦云防禦之有將令當出一號戒與尸之山者定
爾功必待丈人之吉惟卿儀表玉立器宇山凝讀古人書旣盡爲己
之學識當世務又抱救時之材曾回奉使之行已下專制之命嚴軍
律勵士卒不忘攻戰之心備器械築城池致念防守之具顧乘機會
屢形於措語之間逆探奸謀多見於行事之際但無名號之正何以
責成不有委任之專難可收效玆授卿以都體察使凡屬軍機一任
處決事適其可則不必具稟任在卿下者皆當自裁毋泥常規便宜從
事絶塞風雪之苦惟卿所知故國霜露之悲尙予何說宜審進取之
大計亟奏過劉之膚公國之存亡決於此擧軍之進退斷自乃心予之望
卿實多卿之報予宜速況
天兵十萬勢若風雷彼島夷累千視如枯朽太白所照蓋殲敵之有期彼蒼
者天豈悔禍之無日毋失急擊之會用成收復之勳於戲汛掃腥膻
紓見受報於
社稷山河帶礪庶幾圖像於丹靑故玆敎示想宜知悉
萬曆二十年十二月二十三日

도체찰사 교서. 1592년 12월 23일 선조가 류성룡에게 "국토를 수복하는 공훈을 이룩하라"고 내린 교서. 보물 제 460호. 충효당 소장.

17일 이른 아침에 변방의 보고가 처음 조정에 도착했으니 이것은 바로 좌수사 박홍의 장계였다. 대신들과 비변사에서는 빈청賓廳에 모여 임금에게 뵙기를 청했으나 허락되지 않았으므로, 곧바로 주청해 이일을 순변사로 삼아 중로로 내려 보내고, 성응길을 좌방어사로 삼아 좌도로 내려 보내고, 조경을 우방어사로 삼아 서로로 내려 보내고, 유극량을 조방장으로 삼아 죽령을 지키게 하고, 변기를 조방장으로 삼아 조령을 지키게 하며 … 잠시 후에 부산이 함락되었다는 보고가 또 이르렀다. 이때 부산은 적에게 포위되어 사람들이 통행할 수도 없었는데, 박홍이 올린 장계에는 "높은 곳에 올라가 바라보니 붉은 깃발이 성안에 가득하므로 이것을 보고 성이 함락된 줄 알았습니다"라고만 되어 있었다.

당시 상황에서는 대구가 전략적으로 가장 중요했다. 대구는 제승방략에 의해 인근 지역의 병력이 집결한 상태였다. 류성룡을 중심으로 하는 조정에서는 이일을 지휘관으로 임명해 파견하기로 결정했지만 대동할 병력이 마땅치 않았다. 이일은 어쩔 수 없이 단출하게 출발해 문경을 거쳐 새재를 넘은 다음 상주에 닿았다. 하지만 병력이 없기는 상주도 마찬가지였다. 상주는 물론 인근의 병력들이 제승방략에 의거해 집결지로 이동했기 때문이었다. 이일은 관청에 보관된 곡식을 풀어 나눠주는 방식으로 농부 수백 명을 모은 다음 그들을 훈련시켰다.

한심한 장수들, 흩어진 병사들

처음에 경상도 순찰사 김수가 적변이 일어난 소식을 듣고 제승방략의 분군법에 의거해 여러 고을에 공문을 보내서 각기 소속 군사를 거느리고 약속한 곳에 모여 주둔하고서 서울에서 오는 장수가 도착하기를 기다리게 했다. 문경 이남의 고을 수령들은 모두 자기 소속의 군사를 거느리고 대구로 나아가서 냇가에서 노숙하며 순변사가 오기를 기다렸는데 며칠이 지나도 순변사는 오지 않고 적군은 점점 가까워지므로 여러 군사들이 저절로 서로 놀라 동요하게 되었다. 때마침 큰 비가 와서 옷이 젖고 양식까지 떨어지자 밤중에 모두 흩어져 달아났으며 수령들도 모두 단기單騎로 도망쳐버렸다.

류성룡이 가장 우려하던 사태가 벌어졌다. 제승방략에 의거해 모든 고을의 수령들이 병력을 이끌고 대구에 집결했지만 주둔할 수 있는 여건이 전혀 갖춰지지 않았다. "냇가에서 노숙하며", "큰 비가 와서 옷이 젖고", "양식까지 떨어지자" 등의 대목은 가장 기본적인 숙소와 군량이 미비하다는 뜻이다. 대체 김수는 무엇을 했기에 주둔지가 저 지경이 되도록 방치했을까?

게다가 "며칠이 지나도 순변사는 오지 않고 적군은 점점 가까워지므로"는 류성룡이 직접 지적했던 약점이다. 그런데도 김수가 "제승방략이 적용된 지 오래이므로 쉽게 바꿀 수 없다"며 반대하는 바람에 제대로 논의조차 되지 못하고 묵살되었다. 결국 그로 인해 기껏 집결한 병력이 흩어지고 대구마저 허무하게 함락되고 말았다.

더욱 한심하게도 이일은 대구가 떨어진 사실도 모르고 있었다. 척후조차 배치하지 않은 이일이 불과 천 명에도 미치지 못하는 농민들을 훈련시키고 있을 때 대구를 함락시킨 일본군이 빠르게 접근했다.

> 이때 적군은 이미 선산에 이르렀는데 저녁 무렵에 개령현 사람이 와서 적군이 가까이 왔다고 보고했다. 이일은 여러 사람의 마음을 의혹시킨다 해서 목을 베려고 했는데 그 사람이 외쳐 말하기를 "원컨대 잠시 동안 나를 가둬 두었다가 내일 아침에 적군이 오지 않거든 나를 죽여도 늦지 않을 것입니다" 했다.
>
> 이날 밤에 적군이 장천에 와서 진을 치고 있었으니 상주와의 거리가 불과 20리임에도 이일의 군중에는 척후병이 없었으므로 적군이 오는 것을 알지 못한 것이다. 이튿날 아침 이일은 그래도 적군이 오지 않는다고 말하고 개령 사람을 옥에서 끌어내 목을 베어 여러 사람 앞에 돌려 보였다.

가장 기본적인 척후조차 배치하지 않은 채 적이 접근했다는 중요한 정보를 알린 백성을 죽인 이일이 제정신으로 여겨지지 않는다. 약간의 농민들을 데리고 병정놀이 같은 훈련을 하고 있던 이일은 승승장구해 기세가 오를 대로 오른 고니시의 선봉이 덮치자 여지없이 참패했다. 넋이 나간 이일은 새재를 넘어 도주해 겨우 목숨을 건졌다.

거의 피 흘리지 않고 상주까지 손에 놓은 고니시는 전쟁의 기로에 서 있었다. 새재를 넘으면 조선의 도성까지 줄달음칠 수 있었지만, 조선이 미치지 않은 다음에야 새재를 방어하지 않을 리가 만무했다. '새도 넘기 어렵다'는 의미의 새재는 한 사람이 지키면 만인萬人을 막을 수 있는 천험의 요새였다.

여기에서 막히는 날에는 그동안 거둔 승리가 무의미했다. 중앙 방면의 새재 이외에도 3군의 구로다 나가마사黑田長政(1568~1623)가 좌측의 추풍령으로 가고 2군의 가토 기요마사가 우측의 죽령으로 향하는 상태였기 때문에 돌파구가 열릴 수 있을 터였다. 그렇게 되면 지금까지 세운 공이 무산되는 데다 이후의 입지도 좁아들 우려가 높았다. 그러나 고니시의 걱정과는 다르게 새재는 텅 빈 상태였다.

조선도 당연히 대책을 세웠다. 《징비록》에 나타난 것처럼 류성룡이 급히 새재와 죽령과 추풍령을 방어할 무관들을 파견해, 변기邊璣가 조방장에 임명되어 새재를 방어할 임무를 맡게 되었다. 그러나 병력이 얼마 되지 않는 데다, 참패한 이일이 단신으로 도주하자 함께 도주하고 말았다. 이런 사실을 전혀 알 수 없었던 고니시는 척후를 파견해(당시 경주를 함락한 가토 기요마사가 방향을 틀어 고니시의 뒤를 밟고 있었다)면밀히 경계하면서 지극히 조심스럽게 전진할 것을 명했다.

이제 신립만 남았다

이제 조선이 믿을 사람은 신립밖에 없었다. 총사령관에 해당하는 도순변사에 임명된 신립은 명령에 따르지 않으면 이일 이하 누구라도 즉결처분할 수 있는 권한까지 부여받았다. 게다가 선조가 직접 보검을 하사하며 격려하는 등 그 이상 영예로울 수 없었지만 현실은 그렇지 못했다. 병력은 물론 사령부를 구성한 장교들조차 모자라는 바람에 류성룡이 이리저리 뛰어다니면서 충원하는 형편이었다.

> 상번上番(지방의 군사가 도성에 올라가 근무하는 것) 군사들도 비록 병조에 소속되어 있었지만, 이들도 하리와 더불어 서로 결탁, 농간해 뇌물을 받고 사사로이 놓아 보내는 군사들이 매우 많았고, 관원들 역시 군사들이 가는지 남아 있는지를 묻지도 않았으므로, 급한 일에 다다라서는 모두가 쓸 데 없게 되었으니, 군정의 해이함이 이 지경에 이르렀다.

당연히 있어야 할 상번의 병력조차 저 지경이어서 병력을 충원하기도 어려웠거니와, 상황이 급박한 나머지 출발이 시급했다. 류성룡과 비변사는 긴급명령을 내려 충청도와 인근에서 동원할 수 있는 병력을 전부 동원해 신립에게 보냈다. 신립 역시 동원권이 있었기 때문에 충주에 닿았을 때는 적어도 일만에 달하는 부대를 지휘할 수 있었다. 신립은 자신만만하게 자신의 장기를 전개했다. 하지만 전투의 결과는 그의 구상과 달랐다.

탄금대전투의 진실

적병이 충주에 침입하니 신립이 맞아 싸우다 패전해 죽고, 우리 군사들은 크게 무너졌다. 신립이 충주에 이르니 충청도의 여러 고을에서 군사들이 모여들어 팔천여 명이나 되었다. 신립이 조령을 지키려고 했으나, 이일이 패전했다는 말을 듣고는 그만 간담이 떨어져서 충주로 돌아왔다. 또 이일, 변기 등을 불러 모두 충주로 오도록 했는데, 험준한 곳을 버리고서 지키지 않았으며 호령이 번거롭고 소란스러우니, 보는 사람들은 그가 반드시 패전할 거라 생각했다.

그와 친근한 군관 한 사람이 와서 적군이 벌써 조령을 넘었다고 은밀히 보고했는데, 이때가 27일 초저녁이었다. 이 말을 듣고 신립이 갑자기 성 밖으로 뛰어나가자 군중이 매우 요란해졌으며, 신립이 어디 있는지 알 수가 없었는데 밤이 깊은 뒤에야 몰래 객사로 돌아왔다. 이튿날 아침에 군관이 거짓말을 했다 해서 끌어내어 목을 베고 임금께 올리기를 "적군이 상주를 떠나지 않았습니다"라고 했으나 적병이 이미 십 리 안에 와 있는 것을 알지 못했다.

이내 군사를 거느리고 탄금대 앞 두 강물 사이에 나가 진을 쳤는데, 이곳은 왼쪽에 논이 있고 물과 풀이 서로 얽히어 말과 사람이 달리기에 불편한 곳이었다. 조금 후에 적군이 단월역에서부터 길을 나누어 쳐들어오는데 그 기세가 마치 비바람이 몰아치는 것과 같았다. 한 길로는 산을 따라 동쪽으로 나오고, 또 한 길은 강을 따라 내려오니 총소리는 땅을 진동시키고 먼지가 하늘에 가득했다. 신립은 어쩔 줄 모르고 말을 채찍질해서 몸소 적진에 돌진하고자 두 번이나 시도했으나, 쳐들어가지 못하고 되돌아와 강물에 뛰어들어 죽었으며, 여러 군사들도 모두 강물에 뛰어들어 시체가 강물을 덮고 떠내려갔다. 김여물도 혼란한 군사 속에서 죽었으나, 이일은 동쪽 산골짜기에서 빠져나와 도주했다.

1592년(선조25) 4월 28일, '탄금대전투' 당시 신립은 상식적으로 납득되지 않는 행동을 잇달아 벌였다. 반드시 지켜야 할 새재를 포기하고 주력인 기병騎兵을 활용하기 곤란한 곳에 진을 치는 등 결정적인 패착을 연달아 반복했다. 보좌관으로 참전한 김여물金汝岉(1548~1592)이 계속 조언하고 주장해도 전혀 받아들이지 않은 데다, 막상 전투에 이르러서는 최강의 용장다운 면모를 조금도 보여주지 못했다.

그 결과 애써 집결한 소중한 기병 부대와 인근에서 달려온 보병들까지 전멸당하는 역사에 보기 드문 패배를 당했다. 신립이 전황을 결정적으로 그르치는 바람에 도성으로 가는 길이 훤하게 열렸으니 비판을 받는 것은 당연하다. 당시에 대해 약간이라도 아는 사람들도 신립이 저지른 실책을 호되게 비판하며 역사 교과서에도 이와 비슷한 비판이 나올 정도다.

그러나 신립에게는 죄가 없다. 새재를 지키지 않아 고니시 유키나가가 무사히 넘어오게 만든 것은 크나큰 실책 같지만, 이미 조정에서 변기를 보냈기 때문에 병력이 부족한 신립으로서는 굳이 그쪽으로 증파할 이유가 없었다. 게다가 적이 죽령과 추풍령 방면으로도 진격하는 상황이었다. 새재를 지키고 있다가 죽령과 추풍령 양쪽 가운데 한 군데라도 뚫리는 날에는 그대로 포위당해 전멸을 면치 못할 것은 불을 보듯 뻔하다. 또한 신립은 다른 곳으로 보내진 병력들이 제대로 지키지 못할 것과, 자신 역시 훈련과 보급이 부족한 병력을 가지고 새재를 방어하기 어렵다는 사실을 잘 알고 있었다.

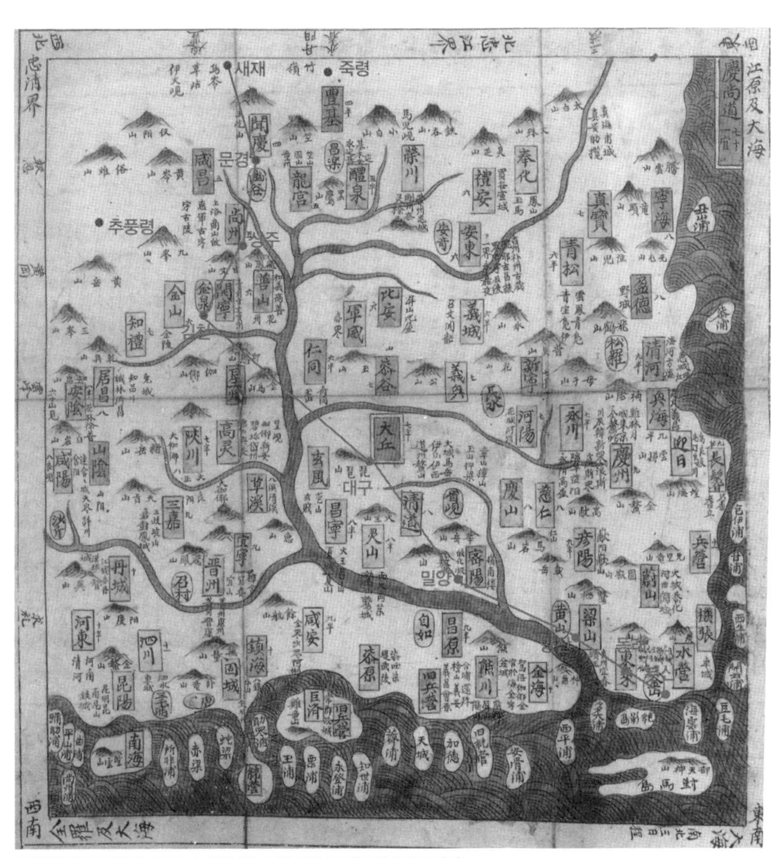

충주에 이르기까지 고니시 군의 이동 경로와 조선군의 주요 거점.

그런 상황을 타개할 수 있는 방도는 각개격파밖에 없다. 새재를 통과한 고니시를 격파한 다음 죽령이나 추풍령으로 이동해 다시 적을 격파하면 전세를 뒤집을 수 있었다. 기병 전투의 달인인 신립은 집결한 기병 부대를 그렇게 활용할 수밖에 없었다. 그런 상황에서 가장 먼저 고니시가 정면으로 진출했으니 신립이 결정적으로 오판한 것이 아니라 오히려 그의 의도가 맞아 떨어진 상황이었다.

《징비록》뿐 아니라 당시를 다룬 모든 사료에서도 신립이 기병을 운용하기에 불리한 지형에 포진한 결정을 참패의 원인으로 기록했다. 게다가 막상 전투가 벌어지자 신립은 공포에 질리는 것 같은 모습마저 보인다. 그러나 상식적으로 생각해도 당시 조선에서 가장 기병 전투에 능하고 실전 경험이 풍부한 신립이 그런 지형에 포진할 리가 만무하다.

문제는 조총이다. 전쟁에 총기가 등장한 나라에서는 예외 없이 보병에게 기병이 학살당하는 사태가 벌어졌다. 조총으로 인해 기병 부대가 전멸당하고 전쟁의 판도가 뒤바뀌는 경우를 이미 경험했던 일본의 지휘관들은 조총을 운용하는 전술에 익숙했다. 그러나 조선은 전혀 조총을 알지 못했다. 개인화기로 승자총통이 개발되기는 했지만 가장 중요한 발사에 따른 구조가 조총과 판이하게 달랐다. 또한 승자총통의 폭음과 섬광은 화약무기에 익숙하지 않은 여진족들에게나 효과가 있었다.

적들이 기병에게 천적과 같은 조총으로 무장하고 있다는 것을 전혀 알지 못했던 신립이 휘하의 기병들에게 일제돌격을 명령했다. 조선군들이 집단자살이라도 하는 것처럼 정면으로 달려들자 기회를 잡은 고니시는 일제사격을 명령했다. 그 결과 애써 집결된 전력이 그대로 붕괴되고 신립마저 전사하게 되었을 것인데, 애초부터 상대가 되지 않는 상황에서 벌어진 결과를 신립에게만 전가하기 어렵다. 1차 세계대전에 사용된 복엽기複葉機와 2차 세계대전에서 활약한 전투기가 맞붙은 결과에 대해 복엽기의 조종사에게 책임을 묻고 비판하는 것과 다를 것이 없다.

《징비록》을 위한 변명

임금께 복명한 후인 4월 초하루 신립이 나를 찾아왔기에 내가 그에게 "머지않아 변고가 있으면 공이 마땅히 이 일을 맡아야 할 텐데, 공의 생각에는 오늘날 적의 형세로 보아 그 방비의 어렵고 쉬움이 어떠하겠소" 하고 묻자, 신립은 대단히 가볍게 여겨 "그것은 걱정할 것이 없습니다"라고 했다.
내가 "그렇지 않소. 그전에는 왜적이 다만 칼·창만 믿고 있었지만 지금은 조총과 같은 장기까지도 있으니 가벼이 볼 수는 없을 것이오" 하자, 신립은 "비록 조총이 있다고 하더라도 어찌 쏠 때마다 다 맞힐 수가 있겠습니까?"라고 했다.
나는 "나라가 태평한 지가 이미 오래되었으므로, 사졸들은 겁이 많고 나약해졌으니 과연 급변이 생긴다면 이것을 항거하기가 매우 어려울 것이오. 내 생각으로는 몇 해 뒤에 사람들이 자못 군사 일에 익숙해진다면, 난亂을 수습할 수 있을지 알 수 없으나 지금으로서는 매우 걱정이 되오"라고 했으나, 신립은 도무지 반성하거나 깨닫지 않고 가버렸다.

《징비록》에 의하면 신립은 전쟁이 발발하기 이전부터 패배할 수 있는 모든 여건을 갖춘 것으로 보인다. 그러나 신립이 그렇게 무능하고 모자

북관유적도첩 가운데 일전해위도一箭解圍圖 신립이 화살 한 발로 여진족을 물리친 무공을 그렸다. 고려대학교 박물관 소장.

란 인물이었을까? 겨우 그 정도 인물에 지나지 않았다면 선조가 신립을 사돈으로 삼았을 리가 없다. 신성군이 광해군과 같은 왕자들을 제치고 세자에 오르기 위해서는 능력이 있는 조력자가 필요하고, 즉위한 이후에는 더욱 필요하다. 신립이 《징비록》을 위시한 다른 기록에 공통적으로 나타나는 모습처럼 무능하고 아집이 강하며 경솔하기까지 했다면 선조가 총애하는 왕자의 장인은 다른 사람이 되었을 것이다.

더욱 이상한 것은 《징비록》의 기록이다. 《징비록》에는 전쟁이 발발하기 이전에 이미 류성룡이 조총에 대해 알고 있었으며 위험까지 경고한 것으로 나타난다. 그러나 조선에서 가장 실전 경험이 풍부한 무인인 신립조차 모르고 있는 조총의 위험성을 류성룡이 어떻게 알고 있었을까? 소 요시토시가 예물로 바친 조총이 자세히 연구되기는커녕 군기시로 사라진 다음 잊혔는데 류성룡은 어떻게 조총의 위험을 신립에게 경고할 수 있었을까? 게다가 아직 전쟁이 벌어지기도 전에 조언한다는 것 또한 상식적으로 납득하기 어렵다.

《징비록》은 전쟁이 끝난 다음에 집필되었다. 류성룡은 신립이 어떻게 패배했는지를 잘 알고 있었을 것이다. 따지고 보면 신립이 패배하게 된 본질적인 이유는 정치인들에게 있다. 세종대왕 이후 여진족과 왜구들에게 계속 당하면서도 전력이 증강되지 못한 책임은 위정자들이 져야 마땅하다. 신립을 위시한 지휘관들이 충분한 병력과 보급을 지원받지 못하고 기본적인 전투 정보조차 갖추지 못한 것 역시 당시 위정자들에게 원인이 있다. 류성룡이나 정언신 같은 인물들이 없었던 것은 아니지만 그들만으로는 역부족이었다.

하마터면 나라가 망할 뻔 했을 정도로 위태롭게 만든 실패에 대한 책임 소재는 반드시 가려야 하겠지만, 정치인들이 스스로 책임을 지는 경우는 극히 드물다. 류성룡 또한 당시 가장 높은 위치에 있었던 정치인이며 나라를 위해 분골쇄신한 공로가 크다. 그러나 바로 그렇기 때문에 조선의 위기 상황에 대한 도의적인 책임에서까지 자유롭기는 어렵다. 한편으로는 자신이 속했던 당파와 최종적으로 책임을 져야 할 선조를 보호할 의무를 외면하기도 어려웠을 것이다. 이러한 상황으로 인해 류성룡마저 신립에게 책임을 전가하는 모양새가 되지 않았을까? 그렇더라도 신립의 억울함은 반드시 밝혀져야 할 것이다.

김성일의 분투

한편 4월 17일 경상우병사의 명의로 이순신에게 공문을 발송한 김성일은 바로 통신사로 갔었던 그 김성일이다. 문관인 김성일 같은 인물이 무관직인 병사兵使에 보임되는 인사는 극히 이례적인 조치이다. 관찰사가 지역사령관에 해당하는 병사와 수사를 지휘하기 마련이고, 그들의 자리가 비었을 때 관찰사가 임시로 직무를 대행하기는 해도 문관을 직접 병사에 보임하는 상황은 관례가 드물었다.

그렇게 된 데에는 선조의 특지가 있었다. 경상우병사 조대곤曺大坤이 늙고 병들어 임무 수행이 곤란하다는 논의가 있자 선조가 김성일을 조대곤의 후임으로 보낼 것을 명한다. 비변사에서 당연히 반대해도 선조가 뜻을 굽히지 않았는데, '보복성 인사'의 성격이 짙다.

김성일이 임지로 향하던 도중에 전쟁이 터지자 선조가 당장 잡아들이라고 펄펄 뛰는 것을 류성룡 등이 겨우 만류했었다. 김성일이 잘못된 보고를 하는 바람에 물의를 일으키고 혼란이 발생하게 되었지만, 앞서 말한 것처럼 문제의 본질은 조선이 인근 국가가 돌아가는 상황에 대해 너무나 무관심했던 데 있었다.

이보다 전에 김성일이 상주에 이르러, 적군이 이미 국경을 침범했다는 말을 듣고 밤낮으로 달려서 본영으로 오던 중, 조대곤을 중로에서 만나 일절一節(조정에서 지방관에게 주는 인장과 병부)을 교환했다. 이때 적군은 벌써 김해를 함락시키고 우도의 여러 고을을 나눠 노략하고 있었는데, 김성일이 나아가서 적군과 만나니 부하인 장수와 병졸들이 달아나려고 하므로 김성일이 말에서 내려 호상胡床에 걸터앉아 꼼짝도 않고 군관 이종인을 불러 "너는 용사이니 적을 보고 먼저 물러서서는 안 될 것이다" 했다. 이때 적군 한 명이 금가면(쇠로 만든 탈)을 쓰고 칼을 휘두르면서 뛰어나오자 이종인이 말을 달려 나가서 화살 하나로 이를 쏘아 죽이니 여러 적들이 뒤로 물러나 달아나고 감히 앞으로 나오지 못했다.

《징비록》에 나타나듯 김성일은 어지간한 장수 못지않게 대담하고 상황 판단이 정확했다. 또한 설령 왕의 앞이라고 해도 서슴없이 의견을 피력하는 몇 되지 않는 인물이다. 급히 현장으로 내려간 김성일은 상황을 수습하는 임시 관직인 초유사招諭使로 임명된 다음 눈부시게 활약했다. 김성일은 가장 높은 김수부터 우왕좌왕하는 바람에 극도로 어지러웠던 경상도를 수습하는 데 전력을 다했다. 불안에 떠는 백성들을 안정시키고 흩어진 병력을 모으며 배치하는 한편으로, 의병들을 격려하고 사기를 띄웠다. 이러한 김성일의 노력 덕택에 조선은 절망적인 초기의 전황에서 반격의 기틀을 마련할 수 있었다.

懲毖錄

함락된 도성

스무 날 만에 치욕을 맞는구나

장령 권협이 임금에게 뵙기를 청해 임금의 무릎 앞까지 가까이 다가가서 큰 소리로 부르짖으며 서울을 굳게 지키기를 청하니 그 말이 매우 떠들썩했다. 내가 그에게 이르기를 "비록 위급하고 혼란한 때일지라도 군신의 예의는 이럴 수가 없으니 조금 물러나서 장계로써 아뢰시오" 하자, 권협은 연거푸 부르짖기를 "좌상(류성룡)께서도 그런 말씀을 하십니까? 그러면 서울은 버려야 한다는 말입니까?" 했다.
나는 임금께 아뢰기를 "권협의 말은 매우 충성스럽지만 다만 사세가 그렇게 하지 않을 수 없게 되었습니다" 하고서, 이내 왕자를 여러 도로 나누어 보내서 근왕병을 모집하도록 하고, 세자는 대가大駕(선조의 가마)를 수행하도록 청해 그렇게 하기로 의론이 정해졌다.

역사적인 참패는 즉각적인 반응을 불렀다. 충주에서 도성까지는 도보로 불과 며칠 거리였다. 제승방략에 의거해 집결시킨 병력을 일시에 상실하는 바람에 적을 저지할 방도도 없었다. 어떻게든 도성을 지켜야 한다는 원론적인 주장으로 인해 도성 인근의 백성들을 불러들였지만 제대로 방어할 수 있을 리가 없었다. 백성들을 불러들인 조치는 오히려 혼란과 공포를 가중시켰다.

충주에서의 패전 보고가 이르자 상이 대신과 대간을 불러 입대入對케 하고 비로소 파천播遷에 대한 말을 발의했다. 대신 이하 모두가 눈물을 흘리면서

부당함을 극언했다.

영중추부사 김귀영이 아뢰기를 "종묘와 원릉園陵이 모두 이곳에 계시는데 어디로 가시겠다는 것입니까? 경성京城을 고수해 외부의 원군을 기다리는 것이 마땅합니다" 하고,

우승지 신잡이 아뢰기를 "전하께서 만일 신의 말을 따르지 않으시고 끝내 파천하신다면 신의 집엔 여든 노모가 계시니 신은 종묘의 내문 밖에서 스스로 자결할지언정 감히 전하의 뒤를 따르지 못하겠습니다" 하고,

수찬 박동현은 아뢰기를 "전하께서 일단 도성을 나가신다면 인심은 보장할 수 없습니다. 전하의 연輦을 멘 인부도 길모퉁이에 연을 버려둔 채 달아날 것입니다" 하면서 목을 놓아 통곡하니 상이 얼굴빛이 변한 채 내전으로 들어갔다.

《선조실록》 25년(1592 임진년) 4월 28일 첫 번째 기사

가장 절박한 사람은 선조였다. 당장이라도 적이 들이닥칠 것만 같은 공포에 질린 선조는 어서 빨리 피난하기를 원했다. 그런 상황에서 도성을 떠나 피난해야 한다는 결정이 내려지기까지 긴 시간이 필요하지 않았다. 신하들이 강하게 반대했지만, 포로로 전락해 이제까지 누리던 모든 것을 상실하고 싶지 않기는 그들 역시 마찬가지였다.

종친들이 합문 밖에 모여들어 통곡하면서 "도성을 버리지 마십시오" 하고 애원했으며, 영중추부사 김귀영은 더욱 분개해 여러 대신들과 함께 궁중으로 들어가 임금을 뵙고 경성을 굳게 지키자고 청하고, 또 "도성을 버리자는 의론을 주장하는 자는 곧 소인小人이다"라고 했다. 임금께서 교지를 내리시

기를 "종묘와 사직이 이곳에 있는데 내가 장차 어디로 간단 말이냐?" 했으므로, 여러 사람들이 마침내 물러 나갔으나 사세는 어찌할 수가 없게 되었다.

《징비록》에는 선조가 종친들을 기만하는 모습까지 나타난다. 그들까지 속인 다음에는 약간의 절차가 필요했다. 전례가 없던 위기 상황인 만큼 후사가 요구되었다. 시급히 세자가 결정되어야 했지만 이번에는 누구도 입을 열지 않았다. 건저를 주청했다가 유배까지 당한 정철의 선례가 있었기 때문이다. 신하들이 주저하자 선조가 직접 광해군을 언급했다. 선조가 보기에도 광해군이 적격이었다. 대부분의 신하들도 내심으로는 광해군을 지지했으며, 워낙 상황이 급박했기 때문에 즉시 광해군이 세자로 결정되었다.

당시 광해군은 17세, 비록 세자로 책봉되기는 했으나 평화로운 시대의 세자와는 너무나도 달랐다. 하기야 그런 시대였다면 신성군이 세자가 된 다음 광해군을 위시해서 신성군보다 먼저 태어난 왕자들은 천수를 누리기 어려웠을지도 모른다.

선조가 광해군을 세자로 삼은 다음 김명원金命元(1534~1602)을 총사령관으로, 신각申恪을 부사령관으로 임명해 한강을 방어하게 하고 이양원李陽元으로 하여금 도성을 지키게 하는 후속조치가 결정되었다. 엄중한 보안이 유지되는 가운데 짚신을 비롯해 피난에 필요한 도구들이 준비되었다.

마침내 선조와 조정이 도성을 버리고 피난에 나선 때는 4월 30일 새벽, 하늘도 분노하는지 굵은 빗줄기가 퍼붓는 가운데 궁궐의 문이 열렸다.

선조의 무책임한 파천

> 저녁에 임진강 나루에 닿아 배에 올랐다. 상이 시신侍臣들을 보고 엎드려 통곡하니 좌우가 눈물을 흘리면서 감히 쳐다보지 못했다. 밤은 칠흑같이 어두운데 한 개의 등촉燈燭도 없었다. 밤이 깊어진 다음 겨우 동파東坡까지 닿았다. 상이 배를 가라앉히고 나루를 끊고 가까운 곳의 인가人家도 철거시키도록 명했다. 적병이 그것을 뗏목으로 이용할까봐 염려했기 때문이었다. 백관들은 굶주리고 지쳐 촌가에 흩어져 잤는데 강을 건너지 못한 사람이 반이 넘었다.
>
> 《선조실록》 25년(1592 임진년) 4월 30일 세 번째 기사

실록에는 그날 저녁 선조가 임진강을 건넜다고 기록되어 있다. 선조는 한숨 돌렸을지 모르지만 도성에는 아비규환이 벌어졌다. 특히 도성 밖에 거주했던 백성들의 분노가 극에 달했다. 도성을 방어한다는 구실로 자신들을 불러들이고 나가지도 못하게 만든 다음 왕과 조정이 도주하고 말았으니 어느 누가 분노하지 않겠는가? 경복궁을 위시한 궁궐들이 불타오르고 형벌이 시행되던 형조와 노비문서가 보관되어 있던 장례원掌隷院도 같은 꼴을 당했다.

방금이라도 왜적이 들이닥칠 것 같은 공포에 전염된 백성들이 앞 다퉈 도성을 탈출했다. 밧줄에 의지해 성벽을 내려가는 자들이 줄을 잇는 가운데 그들을 노리는 도적들이 곳곳에서 강탈하고 겁탈했다. 백성들이 지르는 비명과 헤어진 가족을 찾는 외침이 낭자하고 공포와 절망이 어지러이 교차하는 도성과 인근에 멸망의 그림자가 짙게 드리웠다.

한양에 입성한 일본군

일본군이 한양에 입성한 때는 5월 3일, 한강 방어의 책임을 맡은 김명원이 총소리 몇 번에 도주했고 이양원 역시 다르지 않았다. 고니시 유키나가와 가토 기요마사는 거의 동시에 각각 남대문과 동대문에 접근했는데, 전혀 방어가 준비되지 않고 너무나 조용해 기만이 아닌가 의심했다.

그러나 수도에 가장 먼저 입성하는 영예를 놓칠 수 없었다. 게다가 고니시 유키나가는 조선에 첫 번째로 상륙한 다음 이제까지의 전투까지 도맡았다. 그런 상황에서 가토 기요마사가 먼저 입성한다면 죽 쒀서 개 주는 격이 된다. 가토가 명령받은 경로로 가지 않고 고니시를 따라온 까닭은 바로 한양에 먼저 입성하기 위해서였다. 다급해진 고니시는 눈을 질끈 감고 입성했다.

고니시가 먼저 입성한 다음 가토도 뒤를 따랐다. 이후 구로다 나가마사를 위시한 제대들과 총대장 우키다 히데이에宇喜多秀家, 작전과 행정을 담당하는 이시다 미쓰나리石田三成 등 지휘부까지 순차적으로 입성했다. 특히 가장 먼저 상륙한 다음 전투를 도맡으면서 20일 만에 조선의 수도에 입성한 고니시 유키나가의 1군은 극도로 피로했겠지만 결정적인 공을 세운 만큼 그동안의 고생이 상쇄되고도 남았을 것이다.

> 총대장 우키다 히데이에는 당시 겨우 열아홉 살에 지나지 않았다. 당시 일본에서는 경험 많은 가신들이 실무를 수행하고 후계자나 신분이 높은 자들을 형식적인 지휘자로 내세우는 경우가 많았다. 히데요시는 우키다를 양자로 삼고 이름도 '히데秀'를 주는 등 총애했다.

모든 일본군은 전쟁이 끝났다고 확신했다. 조각조각 갈라져 사방이 온통 적으로 둘러싸인 상태에서 살아왔던 그들에게 적의 수도를 함락시키는 것은 곧 승전을 의미했다. 수도를 함락당한 영주는 다른 곳으로 달아날 수 없었기 때문에 할복으로 최후를 마칠 수밖에 없었다. 패배한 나라의 백성들은 이긴 자가 파견한 새로운 영주를 주인으로 섬기고 세금을 바치면서 살아가면 그만이었다. 그런 관념이 각인된 일본군들은 지위고하를 막론하고 전쟁이 끝났다고 확신했다. 그런데 어떻게 된 일인지 조선에서는 스스로 할복해야 할 왕이 나라와 백성을 버리고 도주하는 것이었다. 그들로서는 도무지 이해되지 않았지만, 도성을 함락시킨 이상 더 이상의 전쟁은 없으리라 믿었다.

일본에서도 패배한 영주가 도주하는 사례가 없지는 않았다. 그러나 그럴 경우 배반한 가신이나 상금을 노린 백성들에 의해 목이 잘리기 십상이었다. 일본군은 여기서도 머지않아 그렇게 되리라 여기고 전리품 챙기기에 바빴다. 전리품 가운데는 단연 도자기가 최고였다. 당시 일본의 백성들은 나무그릇에 밥을 담아 먹었으며, 다도茶道 같은 교양을 누릴 수 있는 극소수의 계층이나 도자기를 가질 수 있었다. 일본에서 도자기는 쓰이는 전부가 외국에서 수입되었으며 부르는 게 값일 정도로 귀한 사치품이었다. 그런데 조선에서는 백성들의 부엌에서도 쏟아지는 것이 아닌가! 일본군에게 빈 집은 보물창고와 다름없었다.

조선의 백성들을 잘 대하라

한편 히데요시는 부하들에게 점령지의 백성들을 잘 대할 것을 엄명했다. 대부분의 지휘관들도 이를 충실히 이행했기 때문에 도성의 백성들은

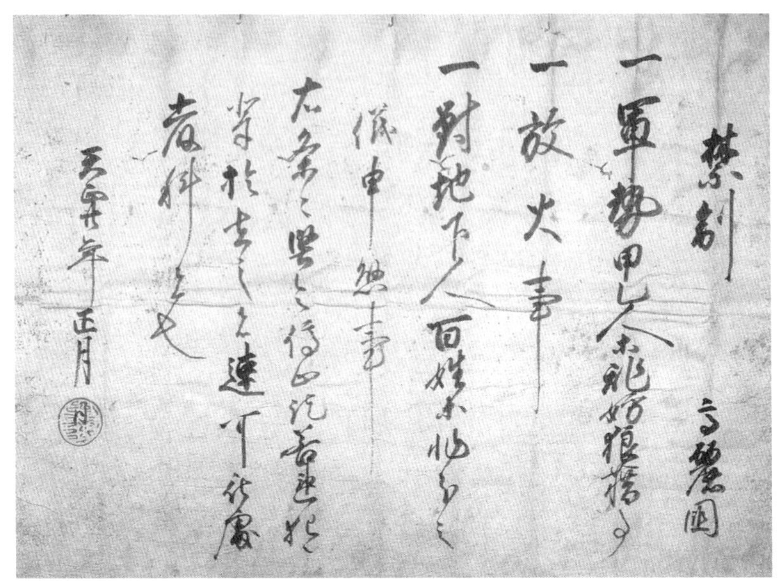

고려국금제高麗國禁制 1592년 군대에 의한 약탈이나 난폭 행위, 방화, 백성에 대한 무리한 불법을 금하라는 도요토미 히데요시의 명령서.

의외로 평안하고 안전했다. 시간이 흐르자 피난했던 백성들도 돌아오고 시장도 열려 오히려 전쟁 이전보다 생계가 좋아졌을 정도였다. 어차피 왕이 자신들을 버리고 도주한 이상 새로운 세상을 받아들일 수밖에 없는 상황에서 일본군이 예전보다 훨씬 좋게 대해주자 빠르게 안정되었다.

히데요시가 그렇게 엄명한 까닭은 반드시 조선을 점령할 것을 확신했기 때문이 아니다. 그렇게 해야 세금을 잘 걷을 수 있다는 그동안의 경험에 의한 결정이었다. 일본에서는 점령지의 백성들을 무시하고 가혹하게 세금을 걷는 일이 적지 않았는데, 그로 인한 반발로 내전 상황에 돌입하는 사례까지 있었다. 반면에 히데요시는 점령한 지역의 백성들을 너그럽게 대하고 세금도 가혹하게 받지 않았는데, 그런 정책이 점령에 따른 비용도 줄이면서 수입을 증대시키는 효과를 가져왔다. '조선의 백성들을 잘 대하라'는 히데요시의 명령은 입버릇과 같다고 할 수 있다.

물론 일본군이 항상 너그럽지는 않았다. 일본군은 전리품을 담당하는 부대를 별도로 운영했는데, 포로와 가축, 도자기 등 여섯 분야로 세분되었다. 전리품이 수집되는 과정에서 폭압과 강탈이 수반되는 것은 당연했는데, 그들의 배후에는 상인들이 있었다. 전쟁의 모든 과정에 개입하는 상인들이야말로 전쟁의 주역이라고 해도 과언이 아니다. 그런 시각으로 접근해 임진전쟁이 약탈을 목적으로 하는 전쟁이었다고 주장하는 사례도 왕왕 있지만, 정상적인 방향으로 접근해서는 실상을 파악하기 어렵다.

선조는 왜 류성룡에게 한양을 떠나지 말라고 명령했을까?

선조가 한양을 떠나는 일련의 과정은 1950년 서울에서 그대로 재연된다. 당시 이승만 정권은 '반드시 서울을 사수할 것'이라고 발표한 다음 몰래 탈출한 것도 모자라 한강철교까지 폭파하는 바람에 수많은 시민들이 공산군 치하에서 고난을 당했다.

선조가 도성을 버릴 즈음 류성룡으로 하여금 도성을 지킬 책임을 지게 한다. 일본군이 곧 쳐들어올 도성을 지키라는 명령은 죽으라는 것과 다를 바 없었다. 선조는 왜 그런 명령을 내렸을까?

선조는 이미 그때부터 나라와 백성을 버릴 조짐을 보였다. 그것을 간파한 류성룡이 "절대 나라를 떠나서는 안 된다, 그러면 나라가 망할 것이다"라며 강하게 반대하자 앙심을 품은 선조가 도성을 지키라는 명령을 내린 것이다.

실록에 의하면 실제로 찬성한 사람은 북인으로 당시 영의정이던 이산해 하나밖에 없었다. 그것도 "이런 경우에 왕이 피난한 사례가 있다"며 존재하지도 않는 사례를 들자마자 선조가 얼른 받아들인 것으로 나타난다.

그런 상황에서 신하들 가운데 가장 비중과 영향력이 큰 류성룡이 반대하자 선조는 흙빛으로 질렸다. 이후 선조가 보복하기 위해 그에게 도성 방어의 책임을 맡기자 이항복을 위시한 대신들이 "이런 시기에 류성룡이 없으면 절대 안 된다"며 부당함을 간하는 바람에 다른 사람으로 변경되었지만, 선조의 인물됨이 드러나는 대목이다.

전쟁의 원인

히데요시가 난을 일으킨 연유는 무엇인가?

사람의 평생이 백 년을 넘지 못하는데 어찌 답답하게 이곳에만 오래도록 있을 수 있겠습니까. 국가가 멀고 산하가 막혀 있음도 관계없이 한 번 뛰어서 곧바로 대명국大明國에 들어가 우리나라의 풍속을 400여 주에 바꿔 놓고 제도帝都의 정화政化를 억만년토록 시행하고자 하는 것이 나의 마음입니다.
귀국이 선구先驅가 되어 입조入朝한다면 원려遠慮가 있음으로 해서 근우近憂가 없게 되는 것이 아니겠습니까. 먼 지방 작은 섬도 늦게 입조하는 무리는 허용하지 않을 것입니다. 내가 대명에 들어가는 날 사졸을 거느리고 군영軍營에 임한다면 더욱 이웃으로서의 맹약盟約을 굳게 할 것입니다.

이제 본질적인 문제를 짚어보자. 불과 20일이라는 기록적인 짧은 기간에 승전을 거두었지만 히데요시에게 과연 전쟁이 필요했을까? 히데요시가 계속해서 전쟁을 호언했을 때도 현실로 이루어지리라 믿는 사람은 거의 없었다. 후세의 기록들도 마찬가지이고 심지어 정신 이상으로 분석했던 기록까지 드물지 않다. 일본에서조차 지금까지도 전쟁의 당위성을 전혀 찾지 못하고 있다.

그러나 전쟁은 벌어졌다. 그때까지의 과정으로 보았을 때 "조선은 물론 명도 정복하고 인도까지 진격하겠다"는 히데요시의 호언은 상당 부분 현실로 구현될 가능성이 높았다. 당시 일본에는 실전 경험이 풍부한 30

만 이상의 군대가 있고 그들을 지원할 병참이 부족하지 않았다. 무기 또한 최신 화기까지 갖추는 등 질과 양 모든 면에서 여력이 충분했다.

그에 비해서 조선은 상대가 되지 않을 정도로 허약했으며 명의 국력도 바닥을 치는 상황이었다. 당시 명은 제국을 유지하는 자체가 버거울 지경으로 망가져 있었다. 그들은 자신들의 안전을 위해 조선에 파견한 5만 남짓한 병력을 구성하는 것도 힘겨웠을 정도였다. 그런 상태에서 20만 이상의 강력한 일본군과 조선에서 차출된 병력의 공격을 받게 되면 조선 이상으로 허물어질 개연성이 높았다.

게다가 히데요시가 조선에서 손에 넣은 최강의 판옥선으로 이루어진 함대까지 출격시키고, 만리장성 밖에 있는 이민족들이 쳐들어오면 상황은 더욱 명에게 절망적으로 치달을 수 있다. 그렇게 되면 히데요시는 조선에 이어 명까지 지배할 것이기 때문에 "조선은 물론 명도 정복하고 인도까지 진격하겠다"는 그의 호언은 호언만으로 끝나지 않을 수 있다.

그러나 정작 히데요시는 국제 정세에 관심이 없었으며, 명에 대한 침공 또한 생각 자체가 없었다. 히데요시의 의도는 늘 호언했듯이 조선 정복, 나아가 명 정복이 아니라 '제한적인 소모전'일 개연성이 있다. 비록 히데요시가 일본을 통일하고 지배자의 반열에 오르기는 했지만 쇼군이 될 수 있는 자격을 갖추지 못한 것은 굉장히 심각한 문제였다.

히데요시가 쓰루마쓰를 이용해서 신분을 세탁하고 장차 새로운 막부의 창시자가 될 계획을 세웠지만, 쓰루마쓰가 죽었으니 본래의 후계 구도로 돌아갈 수밖에 없었다. 누이의 아들인 히데쓰쿠는 쓰루마쓰 사망 당시 23세로, 히데요시를 전혀 닮지 않아 기량이 평범했으며 본래 신분이 히데요시와 다를 바 없었기 때문에 막부를 창시할 히데요시의 목적에 부합하지 않았다.

설령 쓰루마쓰가 죽지 않았더라도 반드시 해결해야만 하는 과제가 있었다. 히데요시가 워낙 신분이 천했던 관계로 그가 죽은 다음에는 소란이 일어날 개연성이 높았다. 지금이야 히데요시가 두려운 나머지 시키는 대로 군말 없이 따르겠지만 히데요시가 죽고 나면 칼을 뽑고도 남을 자들이 한둘이 아니었다.

밖으로 나가 안의 독을 다스려라

그들 가운데 가장 두려운 존재는 도쿠가와 이에야스였다. 상대적으로 젊고 건강도 좋아서 누가 봐도 히데요시보다 오래 살 것이 분명한 데다, 아들들까지 많아 기회가 오면 결코 가만있을 인물이 아니었다. 히데요시도 이에야스를 경계한 나머지 동쪽의 호죠를 멸망시킨 다음 중앙 지역에 있던 이에야스에게 영지를 늘려준다는 구실로 호죠의 영지로 이전하게 하는 조치를 취했다. 그것으로도 안심이 되지 않은 나머지 믿을 수 있는 심복들을 가까이 배치시켜 견제하게 할 정도였다. 그러나 히데요시가 죽은 다음에는 이에야스를 제압할 수 있는 인물이 없었다.

자신의 성취가 시대를 이어 내려가고 가문이 안전하기 위해서는 살아 있을 동안 어떻게든 이에야스를 제거해야만 했다. 그러나 여느 방법으로는 가능하지 않은 데다 자칫 잘못 건드렸다가 반격이라도 당하는 날에는 치명적인 결과가 생길 수 있었다. 그렇기 때문에 그때까지 이에야스를 제거하지 못하던 히데요시는 발상을 전환했다.

● 도쿠가와 이에야스와 ●● 도요토미 히데요시

외부와의 전쟁이 벌어지면 영주들은 누구나 히데요시의 명령에 따라 자금과 병참을 마련해야 함은 물론 참전까지 각오해야 한다. 이에 따라 조선과 전쟁을 벌이면 이에야스를 투입시킬 명분도 생기면서 이에야스를 전쟁의 수렁으로 몰아넣을 수 있게 된다. 설령 전쟁에서 살아 돌아온다고 해도 세력에 크게 손실을 입었을 것이기 때문에 제거하기 쉬워질 것이다.

이미 몇 차례나 전쟁을 호언했기 때문에 실제로 전쟁을 벌여도 이상하지 않았다. 이때 가장 중요한 것은 이에야스를 전쟁에 투입하는 시기였다. 개전 때부터 참전하라고 명했다가는 이에야스가 극단적으로 나올 수도 있었다. 여기에 이에야스에게 동조하는(정확히는 천한 출신인 주제에 지배자로 등극한 히데요시에게 반감을 가진) 자들이 힘을 보태면 상황이 심각할 수 있다. 그런 위험을 원천적으로 배제하기 위해서는 자신의 심복들부터 투입해야 했을 것이다.

당시 조선도 200년을 이어온 국가인 만큼 그 힘이 만만치 않을 것이라고 여기는 것이 상식이다. 앞장서서 투입된 심복들이 고전을 면치 못하면서 소모전의 양상으로 접어들 때가 바로 이에야스를 투입할 알맞은 시기이다. 그때 이에야스에게 참전을 명령하면 이에야스에게는 거부할 명분이 없다. 만일 항명한다면 그것은 그것대로 제거의 명분이 된다. 그런 만큼 조선과의 제한적인 전쟁은 이에야스를 위시해서 장래 위협으로 작용할 내부의 적들을 합법적으로 정리하는 가장 좋은 수단이 된다.

그런데 전쟁이 벌어지자 히데요시가 전혀 예상하지 못한 상황이 벌어진다. 일본군의 침공을 어느 정도 방어하면서 전쟁을 소모전으로 만들어야 할 조선이 어떻게 된 것인지 와르르 무너지는 것이 아닌가? 게다가 믿기 어렵게도 겨우 20일 만에 수도를 점령했다는 보고에는 그조차 어안이 벙벙할 지경이었다. 비록 역사적인 승리를 거두기는 했지만 너무나 빨리 진격을 거듭하는 바람에 도쿠가와 이에야스를 투입할 시기를 잡지 못하면서, 그를 제거하려던 애초의 전략은 시도조차 못하게 되었다.

히데요시에게 독이 된 승리

이상으로 전쟁의 원인을 재구성해보았다. 히데요시와 같은 인물이 아니라도 장차 치명적인 적이 될 수 있는 존재를 제거할 수 있다면 심복 두엇과 그들의 병력쯤은 주저 없이 희생시킬 것이다. 이에야스가 꺾인 다음에는 전쟁을 멈추고 조선과 화해하면 그만이다. 이에야스 같은 자들에게 책임을 전가하고 승전했다고 떠들면서 한바탕 잔치를 베풀면 어리석은 백성들은 그렇게 믿기 마련이고, 세월이 흐르면 '조선과 전쟁을 벌여 승리한 위대한 역사'로 포장될 수 있다.

그러나 전쟁은 그의 바람과는 다른 방향으로 흘렀다. 히데요시는 그동안 반복한 호언을 현실에 구현하고 일본 최초로 해외에 제국을 건설하는 초유의 영웅으로 등극할 수 있는 기회를 잡았지만, 예상하지 못한 상황이 또 있었다. 그로 인해 결과적으로 자신이 그토록 지키고자 했던 가문이 멸망하게 되지만 한치 앞도 모르는 것이 인간이다. 당시의 히데요시는 쏟아지는 찬사를 만끽하기에 바빴다.

히데요시와 일본군이 조선의 정서가 자신들과는 판이하게 다르다는 것을 전혀 몰랐음은 결코 '정서의 차이'에 따른 헤프닝 정도로 넘길 일이 아니다. 적어도 조선을 점령할 목적에서 전쟁을 일으킬 의도가 있었다면 왕이 도주해도 항복하지 않는다는 조선의 특성에 대해서는 파악했어야 했다. 이에 대해 파악하는 것은 그리 어려운 일도 아니니까 그에 맞게 전략을 세웠어야 했다.

실제로 일본에서 두각을 나타내고 통일에 이르기까지 모든 전투에서 히데요시는 철저히 상대방을 연구해 반드시 이길 수 있는 작전을 세웠었다. 그런 사람이 가문의 미래가 걸린 중요한 전쟁에서 가장 기초적인 것조차 챙기지 않았다는 상황은 쉽게 납득이 되지 않는다.

전쟁 발발의 가설: 무역의 독점

히데요시가 전쟁을 벌인 이유로 가장 많이 제기되는 주장은 '무역의 독점'이다. 명이 일본과의 공식적인 무역을 금함에 따라 규슈와 서부 지역의 영주들이 개별적으로 교역에 나서고, 포르투갈과의 무역 등으로 크게 돈을 벌자 그것을 독점하기 위해 전쟁을 벌였다는 것이 주장의 요점이다.

물론 전혀 합당하지 않다. 히데요시가 엄청난 사치로 자금이 많이 필요했던 것은 사실이다. 그러나 명과 무역을 재개하고 싶으면 정식 외교를 통해 시도하면 될 일이고, 실제로 그런 전례가 있다. 일반적이고 상식적인 방도를 통해 시도하면 일본을 주시하던 명도 외교를 통해 안전을 확보하는 방도를 취할 가능성이 적지 않다.

그럼에도 천문학적인 자금이 투입되는 데다 원하는 결과가 도출되지 못하면 파멸할 수밖에 없는 전쟁이라는 극단적인 선택을 취했다는 것은 이해되기 어렵다. 게다가 포르투갈과의 교역은 이미 히데요시가 장악한 상태로서 '무역을 독점하기 위해 전쟁을 선택했다'는 주장은 설득력이 없다.

전쟁 발발의 가설: 조선에 대한 배신감

최근에 임진전쟁에 대한 토론을 위해 공영방송에서 초청한 일본 유명 대학의 사학과 교수가 견해를 밝힌 바 있다. 그때 그는 가장 중요한 전쟁 발발의 원인에 대해서는 확실한 근거를 제시하지 못하는 대신 엉뚱하게도 일본군이 자행한 학살에 대해 변명하는 것으로 일관했다. 그 학자는 "조선이 항복한 줄로 알고 있었는데 막상 상륙하자 대항하는 바람에 배신감을 느낀 나머지 징벌 차원에서 그런 일이 벌어지게 되었다"고 주장했다.

정말 조선이 항복한 줄 알고 있었다면 히데요시를 위시한 당시 일본의 전부가 제정신일 수 없다. 설령 백보를 양보해 그렇게 알고 있었다면, 그래서 명을 공격할 때 긴밀하게 협조할 줄 알고 있었다면 먼저 사신을 보내 의사를 알리고 명령하는 것이 순서이다. 그것이 상식임에도 이미 항복을 받은 나라가 무엇이 두렵다고 20만이나 되는 대군을 보내 기습한다는 말인가?

그리고 전쟁 이전에 통신사가 히데요시를 방문했을 때 가마를 타고 궁성으로 들어온 것을 다시 한 번 상기해볼 필요가 있다. 통신사가 쓰시마에 도착해 연회가 베풀어질 때 늦게 도착한 요시토시가 가마를 타고 마당에까지 들어오자 격분한 김성일이 격하게 항의했다. 조선에게 신하를 칭하지 않으면 먹고 살기 어려운 속국이나 마찬가지인 쓰시마의 영주(조선에서는 도주島主로 임명했다)가 감히 결례했기 때문에 따끔하게 본때를 보인 것이다.

그런 사례를 감안하면 히데요시가 조선이 항복한 것으로 알고 있었다면 통신사들이 가마를 타고 궁으로 들어올 것을 허락하기는커녕 목을 자르고도 남았을 것이다. 상식과 정황의 모든 것을 보더라도 조선이 일본에게 항복한다는 것은 꿈에서조차 생각하기 어렵다.

전쟁의 원인: 히데요시의 신분과 내부의 적

조선이나 명 같았으면 히데요시는 새로운 왕조를 창건하고 태조太祖로 즉위했을 것이다. 나라를 세우는 데 능력이 중요하지 신분이 무슨 상관이겠는가. 실제로 명을 건국한 주원장도 너무 가난한 나머지 걸식을 하거나 공양밥이라도 먹기 위해 승려가 된 적도 있었으며, 세상이 혼란해지자 도적질까지 했을 정도였다.

조선의 태조인 이성계 역시 고려를 배반하고 원元으로 건너갔던 이안사李安社의 후손으로, 그의 집안은 조선에게 오랑캐였던 여진족과도 매우 가까웠다. 그러나 왕이 되면 과거의 신분을 따지지 않는다. 오히려 '역경을 이겨내고 대업을 성취한 위대한 영웅'으로 칭송받고 역사에도 그렇게 기록되기 마련이다.

그러나 일본에서는 개국開國이 원천적으로 불가능했다. 하늘에서 내려온 신의 후손이라는 덴노가 존재했기 때문에, 덴노가 아무리 바보 같고 허수아비 같더라도 인간의 후손이 덴노를 제치고 왕이 되는 것은 결코 있을 수 없다. 그렇기 때문에 막부와 쇼군에 의한 통치가 발생한 것인데, 히데요시는 그런 일본에 태어난 것이 문제였다.

오직 실력이 통용되던 전국시대戰國時代에서는 그리 문제가 되지 않던 신분이 전국시대를 종식시킨 다음에는 아이러니하게도 결정적인 결격 사유가 되는바, 그것이 모든 문제의 근원이었다.

히데요시와 이에야스

일본의 사학자들은 당시 히데요시가 이에야스에게 전쟁에 필요한 병력과 병참을 요구했을 때 "새롭게 하사받은 영지를 제대로 모르고 이제 막 개발하기 시작한 상태여서 요구를 들어드리기 어렵습니다"라고 거절했다고 주장하는 경향이 있다. 이전의 영지에서 호죠의 영지로 이전함에 따라 경영과 수확이 곤란한 시기였다는 것은 당연하다.

그러나 그런 이유로 히데요시의 요구를 거절한다는 것은 제거당할 명분을 스스로 제공하는 지극히 어리석은 짓이다. 그런 주장들이 통용될 수 있는 까닭은 이에야스가 최후의 승자로 등극했기 때문이다.

3장

일어나는 백성, 도망가는 왕

〈일어나는 백성, 도망가는 왕〉의 주요 사건

1592년

- 5월 7일 — 이순신, 옥포해전 승리.
- 5월 18일 — 조선군, 임진강전투에서 패퇴.
- 6월 — 이덕형, 원군 요청을 위해 명으로 파견.
- 6월 1일 — 류성룡, 복직.
- 6월 5일 — 이순신, 당항포해전 승리.
- 6월 10일 — 류성룡, 선조에게 평양을 지킬 것을 건의.
- 6월 15일 — 일본군, 평양 점령.
- 6월 22일 — 선조, 의주 도착. 광해군 분조分朝.
- 7월 6일 — 류성룡, 명 원군에 대비해 병참 보급 준비.

위기의 책임자

나라의 주인은 누구인가?

> 이순신이 거북선을 창조했는데, 목판으로 배 위를 덮으니 그 형상이 가운데가 높아 마치 거북과 같았으며, 싸우는 군사와 노 젓는 사람들은 모두 배 안에 있고, 좌우와 전후에 화포를 많이 싣고 이리저리 마음대로 드나들기를 마치 베 짜는 북과 같이 행동했다. 적의 배를 만나면 잇달아 대포로 쏘아 부수고, 여러 배가 일시에 합세해 쳐부수니 연기와 불꽃이 하늘에까지 가득했고 적의 배가 수없이 불타버렸다.

> 유숭인은 … 임진전쟁 때 함안군수로서 곽재우의 의병에게 진로를 차단당한 일본군을 추격해 진해에 이르러 수군의 이순신과 합세해 이를 크게 무찔렀다.

전쟁이 벌어지자 히데요시가 전혀 예상하지 못했던 무서운 괴물들이 뛰쳐나왔다. 이순신의 활약은 새삼 상세히 소개하지 않겠지만, 등장 초기 이순신이 세운 공이 양적으로 대단한 데 비해 질적으로는 그렇지 못하다는 것 정도는 언급하고자 한다. 그 이유는 당시 일본군의 작전에서 수군이 차지하는 비중이 적었던 데 있다. 처음에는 히데요시도 '수륙병진책水陸竝進策'이라고 해서 육군이 진격할 때 수군도 함께 움직여 보급을 담당하면서 마주치는 조선의 수군을 섬멸하는 구상을 세웠다. 지극히 당연한 전략이지만, 육군의 너무 빠른 진격 속도가 문제였다.

적의 수도를 함락시키는 것을 최종적 승리로 인식하던 육군이 거의 달리다시피 다리에 쥐가 날 정도로 빠르게 진격하자 수륙병진책은 자연스레 폐기된다. 애초부터 조선 수군을 찾아볼 수 없던 데다, 육군이 도성을 점령하자 수군은 개점휴업 상태가 되었다. 육군처럼 제각각의 지방으로 편성된 탓에 통일된 지휘 체계가 없었고, 전쟁이 끝난 상황에서 무료한 나머지 약탈이라도 할 목적으로 나왔던 일부 함대가 이순신에게 걸려들어 전멸당하는 것이 반복되었다.

이순신이 초기에 거둔 승리는 적의 보급을 차단하고 수송을 가로막아 육군들까지 굶주리게 만드는 전략적 승리가 아니었다. 그렇다고 해도 먼저 움직여 적을 발견하고 원거리에서 타격해 불구로 만든 다음 불화살을 퍼부어 깨끗이 전멸시키는 전매특허의 전술이 확고하게 체득되고, 연이은 승리와 전리품 획득으로 전투력과 사기가 최고로 유지되는 효과를 톡톡히 누릴 수 있었던 시기였다.

물론 이순신의 역량과 거북선까지 건조하는 등 만반의 대비를 갖춘 것이 승리의 요인이다. 그러나 일본군의 안이함 또한 이순신에게 결정적으로 유리하게 작용했다. 이순신이 처음 출격한 때가 1592년 5월 5일이고 첫 전투인 옥포해전이 벌어진 때는 5월 7일이다. 이때는 이미 도성이 함락당한 다음인데, 일본 수군은 전혀 움직임이 없었다.

앞서 말한 것처럼 육군의 너무 빠른 진격이 원인인데, 만일 어느 정도라도 저항이 있었다면 반드시 수륙병진책이 적용되었을 것이다. 그랬을 경우 이순신은 24척의 판옥선이 각 지역에 분산되어 정박한 상태에서 먼저 적에게 발견당할 수도 있었다. 물론 철저히 이순신이 순찰하고 봉수대도 적절히 운영했겠지만, 먼저 출격하지 않은 상태에서 적과 접촉하게 되면 매우 불리한 상황에 놓일 개연성이 적지 않다.

또한 일본 수군의 지휘관 가운데 누군가가 정찰대를 파견하는 경우도 상정할 수 있다. 그럴 경우 역시 이순신에게 유리할 것이 없다. 이순신이 계속 승리할 수 있었던 요인 가운데는 적이 전혀 이순신의 존재를 몰랐던 상황도 포함되는데, 일단 위치와 규모가 적에게 노출된다면 불리한 상황과 마주하기 쉽다. 이순신이 준비를 갖추고 출격할 때까지 일본군이 시간을 벌어주었다고 해도 과언이 아닌데, 육군의 승리가 오히려 최악 이상의 악재로 작용하는 아이러니가 발생한 셈이다.

이후로도 일본 수군은 상당 기간을 이순신의 존재를 전혀 모르고 나왔다가 전멸당하거나, 어렴풋이 알게 된 이후에도 조선 수군처럼 한꺼번에 나서지 않고 끼리끼리 다니다가 전멸당하는 것을 반복하게 된다.

국난을 짊어진 백성들

히데요시가 전혀 예상하지 못했던 두 번째 괴물은 '의병義兵'이다. 일본군이 부산에 상륙한 다음 경상도 내륙으로 진격하기 시작하자 조선 특유의 면역 체계가 즉각적으로 반응했다.

> 곽재우는 곽월의 아들이다. 자못 재략才略이 있었는데, 여러 번 적군과 싸워 이겨서 적군이 두려워했다. 사람들은 정암 나루를 굳게 지켜 적군을 의령 지경에 들어오지 못하게 한 것은 곽재우의 공이라 했다.
>
> 김면은 이미 세상을 떠난 무장 김세문의 아들이다. 적군을 거창 우척현에서 막아 여러 번 적군을 물리쳤다. 이 사실이 조정에 알려져서 우병사로 승진되

었으나 병으로 군중에서 죽었다.

유종개는 군사를 일으킨 지 얼마 안 되어 적군을 만나 전사했는데, 조정에서 그 뜻을 가상히 여겨 예조참의를 증직했다.

장사진은 전후에 적병을 많이 쏘아 죽였으므로, 적군은 그를 장 장군이라 부르면서 감히 군위 지경에 들어오지 못했다. 어느 날 적군이 복병을 배치하고 유인했는데, 장사진은 끝까지 추격하다가 복병 속에 빠졌으나 오히려 크게 외치며 힘껏 싸웠다. 화살이 다 떨어지자 적병이 장사진의 한쪽 팔을 쳐서 잘라 버렸는데도, 장사진은 남은 한쪽 팔로 분전을 멈추지 않았으나 마침내 죽고 말았다. 이 사실이 알려져 조정에서 수군절도사를 증직했다.

또 충청도에 살던 사람으로는 중 영규, 전 제독관 조헌, 전 청주목사 김홍민, 서얼 이산겸, 사인 박춘무, 충주 사람 조덕공, 내금위 조웅, 청주 사람 이봉 등이 있다.

'천강홍의장군天降紅衣將軍'을 자칭하며 의병의 대명사가 된 곽재우郭再祐(1552~1617)는 대부분의 경상도 의병처럼 조식曺植(1501~1572)의 제자였다. 현풍에 있던 곽재우는 전쟁을 알자마자 의병을 일으켰다. 처음에는 열세했기 때문에 게릴라전을 수행했는데, 그런 상황에서도 곡창지대인 전라도로 넘어가는 통로인 정암진에서 매복기습작전으로 적을 저지하는 전략적 승리를 거두었다.

이후 급격히 세력이 불어나고 소속을 잃은 지방 병력들까지 합세하자 곽재우는 고기가 물을 만난 것처럼 활약했다. 자신의 고을을 든든히 지키는 것은 물론이고 이웃의 여러 고을들까지 거침없이 공격해 적을 몰아낸 다음, 보복하기 위해 몰려온 적을 다시 격파했다.

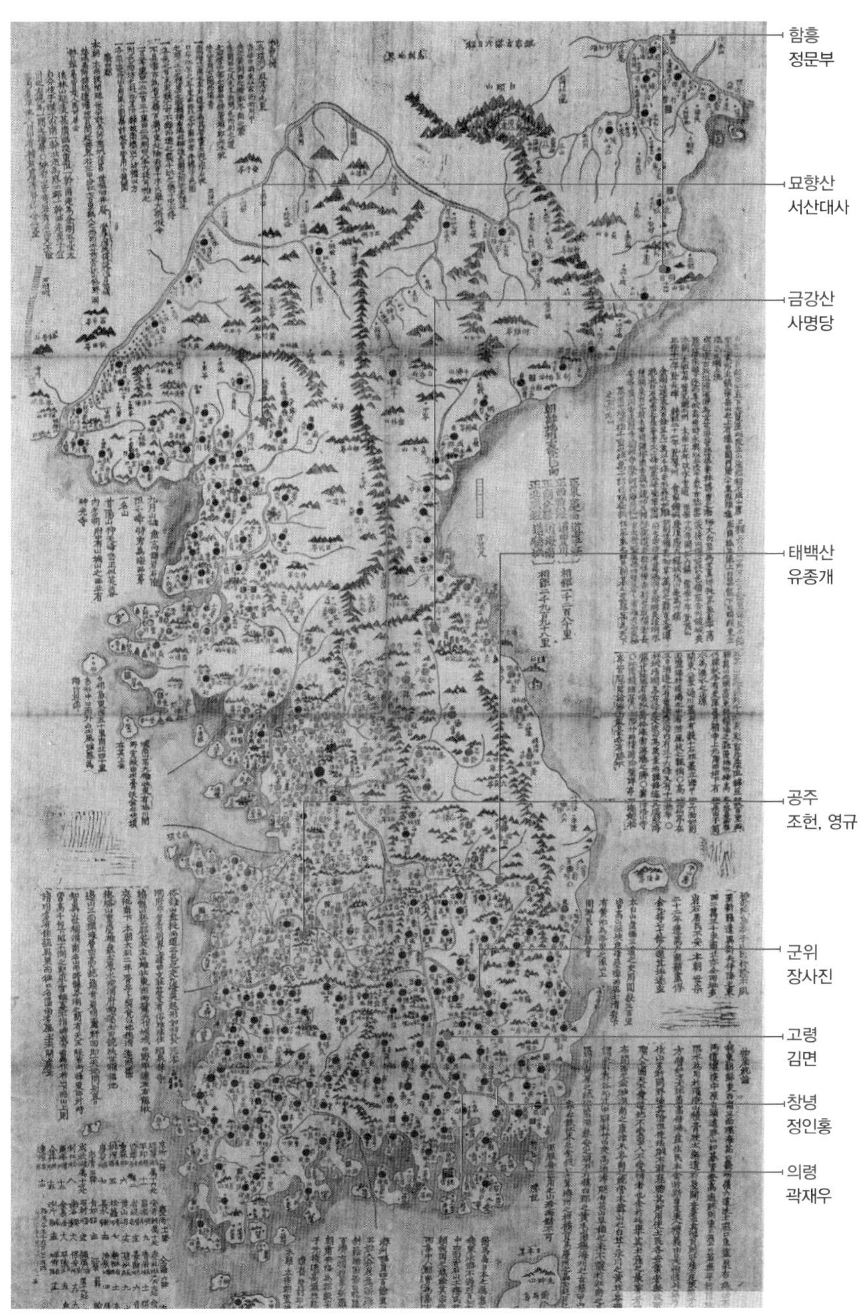

주요 의병 활동 지역 지도는 18세기 제작된 아국지도.

곽재우의 동상(대구광역시).

같은 문하인 김면金沔(1541~1593) 역시 가산을 털어 궐기했다. 김면의 부대도 수천을 헤아리는 규모로 성장한 다음 정규군이 무색할 정도로 잘 싸웠다. 천석꾼으로 불릴 정도로 부유했던 그는 의병들을 먹이고 입히는 바람에 정작 가족들은 구걸로 겨우 생계를 유지했을 정도였다. 모든 것을 바쳐 노심초사했지만 병에 걸려 목숨을 잃고 마니 주변에서 그렇게 비통해할 수 없었다.

두 사람 이외에도 일일이 거명조차 하기 어려운 지도층들이 곳곳에서 떨치고 일어났다. 의병들은 수시로 보급을 기습해 병참을 곤란하게 하는 한편으로 후방을 위협당한 적들로 하여금 병력을 분산하게 하는 데다, 근거지를 지켜 적의 세력이 확대되지 못하는 등으로 크게 활약했다. 초반기 전황의 상당 부분은 의병에 의한 것이라고 할 수 있다.

히데요시는 물론 일본군에게는 의병이라는 개념 자체가 없었다. 일본에서의 전쟁은 무사 계급의 영역으로서 백성들은 그리 관계가 없었다. 농민들은 보병으로 훈련받고 참전해야 했지만 항복하면 그쪽의 보병이 되어야 했기 때문에 패배한 영주에게 계속 충성을 바칠 이유가 없었다. 그런 일본인들에게 조선의 의병은 이해할 수 있는 범주에 있지 않았다. 이순신이야 조선에도 수군이 있을 것이기 때문에 구체적으로 인식할 수 없는 정도였지만, 의병들은 상상조차 하지 못한 존재였다. 의병들의 기습은 진정한 의미에서의 기습으로 작용했다.

의병을 탄압하는 조정

한참 활약하던 곽재우가 조정에 역적으로 보고되는 어이없는 사건이 발생했다. 게다가 그런 보고를 올린 자가 바로 김수였다. 제대로 지휘하지 못하는 바람에 초기 전황을 결정적으로 그르친 그가 자신을 역적으로 보고하자 기가 막힌 곽재우도 자신의 입장을 보고한다. 그러나 조정에서는 전혀 알지 못하는 곽재우보다는 중책을 맡은 김수의 보고를 믿

곽재우가 사용했던 사자철인.

을 수밖에 없었다. 그러자 격분한 곽재우가 김수를 공격하려는 움직임을 보였다.

경상도에서 내전이 벌어지기 직전 김성일의 보고가 조정에 닿았다. 초유사로서 곳곳을 발로 뛰며 전쟁을 지휘하던 김성일의 보고를 받은 다음에야 진상이 알려졌지만 김수는 아무런 처벌도 받지 않았다. 오히려 조정에서는 김수에게 중앙의 관직을 주는 방식으로 소환해 곽재우에게서 벗어날 수 있게 해주었다.

그런 말도 안 되는 조치는 거의 일상적이었다. 김수는 물론 박홍과 원균도 처벌받지 않았으며, 한강 방어의 책임을 맡았다가 도주한 김명원 같은 자들 역시 최소한의 책임조차 추궁당하지 않았다. 오히려 더욱 좋은 자리가 주어지고 관직이 높아지는 등, 정상적으로는 납득하기 어려운 조치가 줄을 이었다.

반면에 의병들은 철저하게 외면당했다. 전쟁이 끝난 다음 행해진 논공행상에서 곽재우조차 포상받지 못했으니 다른 의병들은 말할 것도 없었다. 심지어 역모의 혐의를 걸어 죽여 버리는 것조차 서슴지 않았다. 친일파와 그들의 후손들은 떵떵거리는 반면 나라를 위해 모든 것을 희생한 애국지사들은 이름조차 알려지지 못하고 심지어 후손들마저 어렵게 생활하는 최근의 광경과 많이 닮아 있다.

이순신 보다 전공이 많았던 원균

이순신의 존재가 빛을 발할수록 좋지 않은 그림자가 따라다닌다. 원균은 이순신이 처음 출격할 때 겨우 네 척의 판옥선을 대동하고 합류했지만 전공의 척도인 적의 수급과 조총 등의 전리품은 언제나 이순신보다 훨씬 많았다. 이순신이 자신이 지휘하는 군에 전투에 집중할 것과 수급 같은 것에 곁눈질 하지 말 것을 명령한 반면 원균은 물에 빠져 죽은 적의 목을 베기에 바빴던 결과였다. 원균은 항상 이순신의 덕택에 공을 얻으면서도 오히려 시기하고 모함했다.

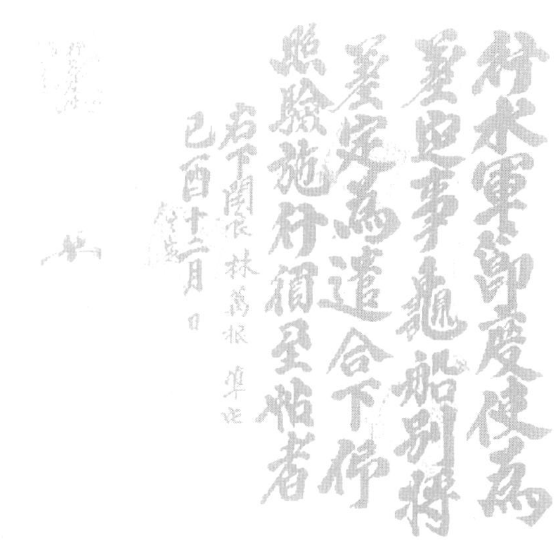

반복되는 패배

아무도 책임지지 않는 한심한 시절이구나

우리 군사가 이미 험난한 곳으로 들어가자, 적은 과연 날쌘 군사를 산 뒤에 매복해 두었다가 한꺼번에 함께 일어나니 우리의 여러 군대는 모두 패전해 달아났다. 유극량은 말에서 내려 땅바닥에 앉으면서 "여기가 내가 죽을 곳이다" 하고 활을 당겨 적군 몇을 쏘아 죽인 다음 적병에게 살해되었으며, 신할 또한 전사했다.

군사들은 달아나 강 언덕까지 왔으나 건너지는 못하고 바위 위에서 스스로 몸을 던져 강물에 뛰어드니 마치 바람 속에 어지럽게 떨어지는 잎사귀와 같았다. 미처 강에 몸을 던지지 못한 군사는 적군이 뒤에서 쫓아와 긴 칼로 내리찍으니 모두 엎드려 칼만 받을 뿐이었고 감히 저항하지 못했다.

이날(3일) 임금께서 개성을 떠나 금교역으로 행차하셨다. 나는 비록 파직당한 몸이지만 감히 뒤떨어질 수 없어서 함께 따라갔다.

4일, 임금께서 홍의·금암·평산부를 지나 보산역에 머물렀다. 처음 개성을 떠날 때 급작스러워서 종묘의 신주를 목청전(개성에 있는 태조 이성계의 옛집)에 두고 떠나왔는데, 종실 한 사람이 울면서 아뢰기를 "신주를 적지에 버릴 수는 없습니다" 해서 밤을 새워 개성으로 달려가 신주를 모시고 돌아왔다 한다.

5일에 임금께서 안성·용천·검수역을 지나 봉산군에 다다랐다. 6일에 나아가 황주에 머물고, 7일에는 중화군을 지나 평양으로 들어갔다.

당시 류성룡은 이산해와 함께 파직된 상태였다. 각각 남인과 북인의 영수였던 두 사람이 파직당하고 유배갔던 정철이 다시 기용된 것은 패전에 따른 문책성 인사였다. 반대파들은 류성룡과 이산해에게 책임을 물어 죽이라고 외쳤지만 선조가 허락하지 않았다. 선조도 류성룡을 죽이고 싶었겠지만 현실적으로 가능하지 않았으며, 이산해는 모두가 도성을 버리고 피난하는 것을 반대할 때 유일하게 찬성한 공이 있었다. 이산해는 파직으로 그치고 함께 파직된 류성룡은 도체찰사에서도 해임되었다. 이후에도 류성룡은 계속 조정을 따라다니며 할 수 있는 모든 노력을 다했다.

선조를 쫓지 않은 일본군

일본군이 전쟁을 완전히 끝낼 수 있는 기회를 잡았음에도 움직이지 않은 것은 앞서 말한 것처럼 선조가 도주할 줄을 전혀 예상하지 못했기 때문이다. 처음에는 배신한 자들이나 상금을 노린 자들이 선조의 목을 가져올 줄 알았지만 전혀 그런 기미가 없었다.

애초의 전략에 대대적인 수정이 이루어져야 했지만 조선에 있는 일본군 누구도 그것이 가능하지 않았다. 나고야에 있는 히데요시에게 보고해 새로운 전략이 보내져야 했는데, 오가는 기간에 히데요시가 상황을 파악해 다시 전략을 완성하는 시간까지 감안하면 상당한 시일이 필요했다. 게다가 그들이 가진 전투 정보는 부산에서 도성까지의 도로와 지형에 대한 것이 전부였다. 새로운 전략이 하달될 때까지 기다리는 수밖에 다른 방도가 없었다.

그러한 가운데 수뇌부에서 잡음이 발생했다. 고니시 유키나가와 가토 기요마사 사이에 심상치 않은 기류가 일었다. 고니시는 외부에서 유입된 자였고 가토는 히데요시 처의 친척으로 흔치 않은 인척 출신이었다. 게다가 고니시가 차분하고 사려 깊은 성격으로 히데요시의 신임을 받고 있는 데 비해 가토는 전공을 세워 인정을 받았다. 정통 무사를 자부하는 가토는 상인 가문에서 영입된 고니시를 '장사치'라며 경멸했는데, 문제는 히데요시가 고니시 같은 자를 필요로 한다는 점이었다.

일본에서의 전쟁이 끝나면 가토 같은 자들보다는 계산이 빠르고 행정력이 뛰어난 고니시 같은 자들이 등용될 개연성이 높았다. 실제로 히데요시는 행정관 이시다 미쓰나리는 물론 고니시 유키나가를 신임했는데, 가토 같은 무인들에게는 천만다행으로 히데요시가 새로운 전쟁을 일으킨 것이다. 공을 세울 기회를 맞은 가토는 뛸 듯이 기뻤겠지만 모든 공을 고니시가 세운 셈이어서 입이 쑥 들어가고 말았다.

그러던 차에 전쟁이 예상 외로 길어지는 조짐을 보이자 가토가 다시 흥분하기 시작했다. 한편 고니시의 입장은 이번에도 가토와 반대였다. 게다가 고니시와 뜻이 잘 맞는 이시다도 신중한 태도를 견지했다. 가토는 이러한 상황이 도무지 마음에 들지 않았다. 그렇지 않아도 극도로 사이가 나쁜 데다 다시 의견이 충돌되자 험악한 분위기가 조성되었을 텐데, 총대장이라고 하지만 어리고 경험도 부족한 우키다 히데이에가 나서서 해결될 일이 아니었다.

천금 같은 기회를 놓치고 있는 일본군은 답답하기 짝이 없었겠지만 그런 기회를 활용하지 못하는 조선은 한심하다는 표현도 모자랐다.

표류하는 조선군

(임진강에서) 대치한 지 십여 일이 지나도록 적군이 강을 건너지 못하고 있었는데, 어느 날 적군이 강가에 있는 여막廬幕(천막)을 불사르고 장막을 걷으며 군기를 거둬 수레에 실은 다음 물러가는 시늉을 해 우리 군사를 유인했다. 신할은 본시 날쌨지만 꾀가 없었으므로 적군이 정말로 물러가는 것이라 생각하고서 강을 건너 적군의 뒤를 쫓으려 했다. 그리고 경기감사 권징이 신할과 합세하니 김명원은 이를 금지하지 못했다.

이날 한응인도 임진강에 도착해 군사 전원을 거느리고 적군을 쫓으려 했는데, 한응인이 거느린 군사들은 모두 강변의 장사들이며 북쪽 오랑캐와 가까이 있어서 전진戰陣의 형세를 잘 아는 터라 한응인에게 "군사가 먼 곳에서 오느라 피로하고 아직껏 밥도 먹지 못했으며, 병기도 정비되지 않았고 후군後軍 또한 일제히 도착하지 않았습니다. 그리고 적군이 물러가는 것이 진실인지 거짓인지 알 수 없사오니, 원컨대 조금 쉬었다가 내일 적군의 형세를 살핀 다음 나가 싸우도록 하십시다" 했다.

그러자 한응인은 군사들이 머뭇거리며 나아가지 않는다고 여겨 서너 사람을 목 베었다. 김명원은 한응인이 새로 조정에서 파견되어 왔으며 또한 자신의 지휘를 받지 말도록 했으므로 비록 하는 일이 옳지 않은 줄 알면서도 감히 말하지 못했다. 별장 유극량은 나이가 많으며 싸움에 익숙한 터라 경솔히 나아가지 말도록 힘써 진언하니, 신할이 그의 목을 베려고 했다.

그러자 유극량이 "내가 성년 시절부터 군인이 되었는데 어찌 죽기를 피하려고 하겠습니까마는, 그토록 말씀드리는 것은 나라 일을 그르칠까 두려워한 따름입니다" 하고 분개하면서 뛰쳐나가 자기에게 소속된 군사를 거느리고 먼저 강을 건넜다. 우리 군사가 이미 험난한 곳으로 들어가자, 적은 과연 날쌘 군사를 산 뒤에 매복해 두었다가 한꺼번에 함께 일어나니 우리의 여러 군대는 모두 패전해 달아났다. 유극량은 말에서 내려 땅바닥에 앉으면서 "여기가 내가 죽을 곳이다" 하고 활을 당겨 적군 몇 사람을 쏘아 죽인 다음 적병에게 살해되었으며, 신할 또한 전사했다.

군사들은 달아나 강 언덕까지 왔으나 건너지는 못하고 바위 위에서 스스로 몸을 던져 강물에 뛰어드니 마치 바람 속에 어지럽게 떨어지는 잎사귀와 같았다. 미처 강에 몸을 던지지 못한 군사는 적군이 뒤에서 쫓아와 긴 칼로 내리찍으니 모두 엎드려 칼만 받을 뿐이었고 감히 저항하지 못했다.

김명원과 한응인은 강 북쪽에 있다가 이 모양을 바라보고 그만 기가 꺾였다. 상산군 박충간이 때마침 군중에 있다가 말을 타고 먼저 달아나니, 군사들은 그를 바라보고 김명원으로 여겨 모두 외치기를 "원수가 달아났다"고 했다. 이에 여울을 지키던 군사들이 그 소리에 호응해서 모두 흩어져버렸다. 김명원과 한응인이 행재소에 돌아왔으나 조정에서는 이 일을 문책하지도 않았다.

경기감사 권징은 가평군에 들어가 난을 피했고, 적군은 이긴 기세를 타고 서쪽으로 내려오니 다시는 방어할 수가 없게 되었다.

마침내 일본군이 행동에 나섰다. 조선군이 다시 치명적인 패배를 당한 시기는 5월 17일이다. 가토 기요마사를 위시한 적장들이 추격에 나섰을 때는 이미 선조가 평양으로 들어간 다음이었다. 강 건너에는 신할申硈(1548~1592)과 유극량劉克良 같은 장수들이 지키고 있었는데, 이때도 김명원이 지휘를 맡은 상태였다. 선조도 김명원을 믿기 어려웠던지 한응인韓應寅(1554~1614)에게 평안도 정예군 3,000을 준 다음 별도로 움직이도록 했는데, 그는 정여립의 역모를 보고해 신임이 두터운 자였다.

한응인은 전형적인 문관으로 작전에 대해서 전혀 몰랐으며《징비록》에 나타나듯 휴식을 요청하는 군사들을 사형에 처하는 등 매우 좋지 않은 방법으로 지휘했다. 한응인이 그렇게 나온 까닭은 선조의 명령을 받았기 때문이다. 선조는 조선의 최고책임자로서 상황을 오판한 최종적인 책임이 있는 데다, 백성을 버리고 피난하는 등 고개를 들고 다니기 어려울 지경이었다. 선조가 한응인을 보낸 까닭은 반드시 승리해 땅에 떨어진 체통을 만회하기 위함이겠지만, 선조는 이번에도 오판을 반복했다.

한편 며칠이나 지나도 강을 건너기 어렵게 된 가토가 짐짓 퇴각하는 것처럼 유인하자 한응인이 대뜸 미끼를 물었다. 이때 동조한 신할은 신립의 동생으로서 오직 복수할 마음밖에 없었다. 경험 많고 노련한 유극량은 적의 계략임을 간파하고 신중하게 행동할 것을 주장했지만, 신할이 노해 유극량의 목을 베려고 하자 모든 것이 끝났다.

강을 건넜다가 매복에 걸려든 무수한 군사들이 임진강에 몸을 던지거나 무의미하게 전사했다. 유극량과 신할을 위시한 지휘관들까지 전사하는 참패를 당했지만, 패배의 원인을 제공하고 앞장서서 도주한 김명원과 한응인은 이번에도 처벌당하지 않았다.

이와 같이 억울한 사건은 또 있었다. 신각申恪이 도성 북방의 해유령에 매복하고 있다가 약탈을 마치고 돌아가던 적을 기습해 수십 명을 베었는데, 비록 규모가 작기는 해도 육전에서 최초로 거둔 승리였기 때문에 모두가 기뻐했다. 그런데 신각이 받은 것은 포상이 아니라 사형이었다.

한강을 지키던 신각은 김명원이 도주하는 바람에 어쩔 수 없이 퇴각했는데, 처벌이 두려웠던 김명원이 모든 죄를 신각에게 덮어 씌웠다. 그것을 믿은 조정에서 관리를 보내 신각을 처형했다. 훗날 신각의 공이 보고되고 한강이 무너진 진실이 밝혀졌지만 김명원에게는 약간의 추궁조차 없었다. 제정신으로는 믿기 어려운 시절이었다.

류성룡의 복귀

6월의 사건과 전황을 살피면 가장 먼저 류성룡의 복직이 눈에 들어온다.

> 요동도사(요동 지방을 방어하는 사령부)가 진무 임세록을 왜적의 실정을 탐지하기 위해 우리나라로 보냈는데, 임금께서는 대동관에서 불러 보셨다. 나는 5월에 관직을 파면당했다가 6월 초하루에 복직이 되었는데, 이날 임금의 명령을 받아 명의 장수를 접대하게 되었다.

그동안 백의白衣로 선조를 따라다니던 류성룡이 다시 중책을 맡게 된다. 선조는 류성룡을 복직시켰을 뿐 아니라 이전에 내렸던 부원군府院君의 군호를 다시 부여해 명에서 파견한 무관을 접대하게 했다. 조선은 전통적으로 명과의 외교를 가장 중요시했으며, 전쟁을 당해 구원을 요청해야 하는 절박한 처지였기 때문에 더욱 그들을 접대하는 것이 중요했다. 그런 접대를 류성룡에게 맡겼다는 것은 외교에서도 따를 자가 없다는 방증이다.

임세록林世祿은 명에서 처음 조선으로 파견한 인물이지만 조정이 아닌 요동의 사령부에서 나왔고 직책도 낮았기 때문에 당장 성과를 기대하기

류성룡이 명의 장수들을 접대하는 모습을 묘사한 삽화 《에혼 다이코기繪本太閤記》 중에서.

어려웠다. 게다가 명이 임세록을 조선으로 파견한 까닭은 조선을 지원하기 위해서라기보다는 조선과 일본이 야합한 상황으로 의심했기 때문에 사실 여부를 조사하는 데 있었다. 일본에 통신사를 보낼 때 조선이 통보하지 않은 데다, 불과 20일 만에 도성이 함락되는 등 의심받을 여지는 충분했다.

> 이때 요동에서는 왜적이 우리나라를 침범했다는 말을 들은 것이 얼마 되지 않았는데, 도성이 함락되고 임금께서 서쪽으로 파천했다는 소문이 들리더니, 또 왜병이 이미 평양까지 이르렀다는 말을 듣고는 매우 의심스러워했다. 왜적의 변고가 비록 급하더라도 이렇듯 빠를 수는 없을 것이라 여겼고, 어떤 사람은 우리나라가 왜적의 앞잡이가 되었다고 하기도 했다.

조선에서는 설마 명이 그렇게 생각할 줄 몰랐겠지만, 류성룡은 뛰어난 관찰력을 가진 데다, 의심을 감추려 하지 않는 임세록의 태도를 보았을 때 뭔가 심상치 않다는 것을 직감했을 터였다. 지원을 받기는커녕 외면을 당할 판국일수록 류성룡의 능력이 절실했다.

되풀이되는 졸전

6월 4일에 전라우수사 이억기李億祺가 25척을 거느리고 이순신에게 합류했다. 전라좌우수사와 경상우수사가 연합한 함대가 2차 출격에 나섰다. 이순신에게 지휘받는다고 해도 과언이 아닌 연합함대가 6월 5일 당항포에서 마주친 일본 수군을 격멸할 때, 뭍에서는 참패가 반복되었다.

> 삼도 순찰사의 군사들이 용인에서 패전했다. 처음에 전라도순찰사 이광이 본도 군사를 거느리고 서울에 들어와 도우려 했으나, 임금께서 서쪽으로 피난하시고 서울이 이미 함락되었다는 소식을 듣고는 군사를 거두어 전주로 돌아오니, 도내 사람들은 이광이 싸우지도 않고 돌아왔음을 탓하며 분개하고 불평하는 사람이 많았다.
> 이광은 마음이 편안할 수 없어서 다시 군사를 징발해 충청도순찰사 윤선각과 군사를 합쳐 앞으로 나아갔다. 경상도순찰사 김수도 그의 도에서 군관 수십여 명을 거느리고 와서 합치니 군사의 수효가 모두 5만이 넘었다.
> 용인에 이르러 북두문 산 위를 바라보자 적군의 작은 진루가 보였다. 이광은 이것을 깔보고 먼저 용사 백광언과 이시례 등을 시켜 적군을 시험해보게 했

다. 백광언 등이 선봉대를 거느리고 산에 올라 적의 진루 십여 보 밖에 가서 말에서 내려 활을 쏘았으나 적군은 나오지 않았다.

적군은 해가 저문 후에 백광언 등이 조금 해이해진 것을 보고 칼을 빼들고 크게 소리지르면서 뛰어나왔고, 이에 백광언 등이 매우 당황해 말을 찾아 달아나려고 했으나 달아나지 못하고 모두 적에게 살해되었는데, 여러 군사들이 이 말을 듣고 놀라고 두려워했다.

도성을 탈환하기 위해 진격하던 근왕군이 크게 패배해 퇴각한 다음 이튿날 아침밥을 지어 먹으려는데 적이 다시 돌격하는 바람에 완전히 무너졌다. 5만이나 되는 근왕군을 용인에서 격파한 적은 겨우 1,500에 지나지 않은 데다, 장수도 육군이 아니라 수군 소속이었다.

대부분이 농민으로 구성된 탓에 훈련이 부족하고 지휘관들도 시원치 않았던 근왕군이 전투 경험이 풍부하고 용맹한 무사집단의 돌격에 대패한 것은 당연한 결과였다. 조선이 얼마나 한심했는지 극단적으로 드러나는 사건이라 하겠는데, 그로 인해 인적 자원이 고갈되는 바람에 병력 조달에 더욱 어려움을 겪게 되었다.

수군 장수 가운데서도 비중이 적지 않은 와키자카 야스하루가 당시 도성에 있었다. 그만큼 수군이 일거리가 없었던 데다, 히데요시의 직속 가신으로 단독 행동이 가능했기 때문이다.

6월 15일에는 고니시 유키나가에게 평양마저 함락당했다. 조선군도 대동강을 방어선으로 삼아 용맹하게 싸웠지만 선조는 물론 대부분의 신하들은 어서 평양을 떠나기를 바랐다. 그러나 류성룡은 그렇지 않았다. 류성룡은 "평양은 도성과는 달리 대동강으로 잘 방어되고 민심도 안정되어 있는 데다, 명과 가까우니 며칠만 더 굳게 지키면 구원군이 당도해 적을 물리칠 수 있을 것이다. 그러나 만일 평양을 떠난다면 국경인 의주까지 마땅히 방어할 만한 곳이 없는 만큼 반드시 나라가 망하게 되는 지경에까지 이르게 될 것"이라고 주장했다. 그러나 좌의정 윤두수尹斗壽(1533~1601) 외에는 누구도 동조하지 않았다.

평양성을 버린 선조

누구보다도 평양을 떠나고 싶어 하는 사람은 이번에도 선조였다. 선조가 6월 10일에 평양을 떠나려 하자 이번에는 백성들이 가만히 있지 않았다.

> 연광정에서 임금 계신 곳으로 달려가면서 살펴보니, 길 위에 모인 부녀와 어린 아이들이 모두 성이 나서 머리털을 곤두세우고 서로 외치기를 "이미 성을 버리고 도망치려고 하는데, 무슨 까닭으로 우리들을 속여 성안으로 불러 들여다가 우리들만 왜적의 손에 어육魚肉이 되게 한단 말인가" 했다.
>
> 궁문에 이르니 난민이 거리에 가득한데, 모두 팔뚝을 걷어붙이고 칼이나 몽둥이를 가지고서 사람을 만나는 대로 후려치니 매우 소란스럽고 북적거려서 제지할 수가 없었다. 문 안의 조정에 있던 여러 재신들은 모두 얼굴빛이 변해 뜰 가운데 서 있었다.
>
> 나는 난민들이 궁문에 들어올까 걱정되어 문 밖 층계 위로 나서서 그중에 나이 많고 수염이 많은 사람을 손짓해 불렀다. 그 사람이 곧바로 다가왔는

데, 바로 그 지방의 관리였다. 나는 그에게 타이르기를 "너희들이 힘을 다해 이 성을 지키며 임금께서 성 밖으로 나가지 않으시기를 원하고 있으니 나라를 위하는 충성은 지극하다. 그런데 다만 이 일로 인해 난을 일으켜 궁문을 소란하게까지 하니 대단히 놀랄 만한 일이다. 또한 조정에서도 지금 이곳을 굳게 지키기를 계청해 임금께서 이미 허락하셨는데, 너희들은 무슨 까닭으로 이렇게 야난스러운가? 네 모양을 보건대 식견이 있는 사람 같으니 모름지기 이 뜻으로 여러 사람들을 타일러 물러가게 하라. 그렇지 않으면 너희들은 장차 중한 죄를 범하게 될 것이니 그때는 용서받지 못할 것이다"라고 했다. 그러자 그 사람은 곧바로 몽둥이를 버리고 두 손을 마주잡고 "소민小民들은 나라에서 이 성을 버리고자 한다는 말만 듣고 분개한 기운을 견디지 못하여 이렇듯 망동한 것인데, 지금 이런 말씀을 듣자오니 소인이 비록 우매하고 용렬하오나 가슴속이 곧 시원해집니다"라고 말하고는 마침내 그 무리들을 손을 휘둘러 헤쳤다.

선조가 도성과 개성은 물론 자신들까지 버리려 한다는 것을 알게 된 평양 백성들은 무섭게 분노했다. 조선이 건국될 때부터 차별 정책이 시행되고 다른 지역의 어린 것들에게까지 '서북놈'으로 멸시를 받았지만, 평안도의 백성들이 처음부터 그렇지는 않았다. 류성룡이 평양에서 방어해야 하는 이유 가운데 하나로 '민심이 안정된 곳'이라고 말할 정도였음을 생각해보면 더욱 그렇다. 선조가 함께한다면 얼마든지 충성을 바칠 수 있던 그들은 자신들을 버리고 도주하는 것까지는 용납하지 않았다.

마침내 반란에 가까운 급박한 상황이 벌어지는 지경에까지 이르렀다. 극도로 흥분한 백성들이 선조가 있는 곳에 침입하는 날에는 일본군이 올

것도 없이 망할 판이었다. 모두가 어쩔 줄 모르고 공포에 질려 있을 때 류성룡이 나섰다. 류성룡 덕택에 위기를 모면한 선조는 다음날 무사히 평양을 벗어날 수 있었다. 그러나 류성룡의 주장처럼 평양을 버린 다음에는 결정적인 위기를 맞게 될 위험성이 높았다. 고니시 유키나가가 추격하는 날에는 어떻게 할 것인가? 임무 때문에 평양에 남은 류성룡의 가슴은 한없이 무거웠다.

선조가 나간 다음 평양은 오래 버티지 못했다. 14일 밤에 야습에 나섰다가 퇴각하던 조선군이 다급한 나머지 대동강의 얕은 여울을 그대로 건너는 바람에 쉽게 건널 수 있는 길이 노출되고 말았다. 이튿날 일본군이 조선군이 건넜던 여울을 이용하자 평양성의 방어력이 급격히 무너졌다.

> 임금께서 윤두수의 장계를 손에 들고 나에게 보이면서 "어제 벌써 늙은이와 어린이들을 성 밖으로 내보냈다고 하니 민심이 반드시 동요했을 텐데, 어떻게 능히 지킬 수 있겠는가" 하고 말씀하시므로, 나는 대답하기를 "진실로 성상께서 걱정하시는 것과 같습니다. 신이 그곳에 있을 때는 이러한 일은 보지 못했사오나, 대개 그곳의 지세를 보건대, 적병이 반드시 얕은 여울로 건너올 것이니 마름쇠를 물속에 많이 깔아서 방비해야 될 것입니다"라고 했다.
> 임금께서 이 고을에 마름쇠가 있는지 물어보도록 했는데 "수천 개가 있습니다"라고 대답하자, 임금께서는 "급히 사람을 시켜 평양으로 보내도록 하라"라고 하셨다.

류성룡은 이번에도 약점을 미리 파악하고 대책까지 마련한 상태였다. 도하가 가능한 지점에 날카로운 가시가 돌출된 마름쇠를 깔아둘 것을 주청했지만 제대로 실행되지 못했다. 그것이 함락당하는 이유 가운데 하나가 되었으니 류성룡이 얼마나 통분했을지는 충분히 체감된다.

한편 평양성까지 함락시켜 다시 한 차례의 대공大功을 세운 고니시 유키나가는 조선군이 미처 불태우지 못한 십만 석에 달하는 군량까지 손에 넣었다. 평양에 그렇게 많은 군량이 있었던 까닭은 전시에 수도로 기능할 것에 대비해 전국에서 걷은 세미稅米를 집적했기 때문인데, 오히려 적군만 먹여 살린 셈이 되었다. 불이라도 질렀으면 좋으련만, 저마다 도주하기에 바빴던 결과는 머지않아 확실하게 돌아온다.

> 이보다 앞서 적의 장수 평행장(고니시)이 평양에 이르러 글을 보내 "일본 수군 십여만 명이 또 서쪽 바다로 오게 되니 대왕의 행차는 이곳에서 어디로 가시렵니까?"라고 했다.

고니시가 선조에게 보낸 서신에는 자신감이 넘친다. 이번에도 선조가 빠져 나갔지만 수군까지 합세하면 항복하지 않을 수 없다. 조선의 수군은 없는 것이나 마찬가지였기 때문에 일본 수군이 북상하면 확실하게 승리할 수 있다는 계산이 어렵지 않게 나왔을 것이다.

조선 수군의 분전과 일본군의 분산

선조가 도주하고 새로운 전략이 하달되었을 때부터 일본군도 수군의 중요성에 눈을 돌렸을 것이다. 조선의 조운漕運이 서해를 통한다는 것쯤은 일본군도 알고 있을 것이기 때문에, 수군이 서해를 북상하면 도성과 평양 등지에 주둔한 육군에게 보급을 할 수 있을 뿐 아니라, 조선의 생명선을 끊어 명실상부한 승리를 거둘 수 있다. 게다가 경상도에서 봉기한 의병들로 인해 부산에서 도성으로 추진되는 보급로가 위협당하는 만큼 서해를 북상해 육군에 호응하는 기존의 전략이 더욱 주목받았다.

그러나 이순신이 등장한 다음부터 상황이 급변하기 시작했다. 6월에 2차 출격한 이순신에 의해 수군이 모조리 박멸당하는 바람에 일본군은 서해를 북상하기는커녕 남해조차 얼씬거리지도 못하는 형편이었다. 그 결과 고니시는 평양에서 발이 묶인다. 조선군이 실수로 두고 간 막대한 군량이 아니었다면 고니시와 1군은 곱다시 굶어 죽고도 남았을 것이다.

그런 현상은 도성에서도 동일했다. 이순신에게 가로막혀 서해를 통한 보급이 추진되지 못하고 육로를 통하는 기존의 보급도 갈수록 어려워지자 일본군은 점령지의 백성들에게 계속 잘 대해주기가 어려웠다. 어쩔 수 없이 강제적으로 징발하게 되고 그것이 약탈로 발전하자 민심이 급격히 돌아서기 시작했다. 게다가 지방에서는 의병과 백성의 구분이 불가능한 바람에 탄압이 가중되는 등, 민심의 이반이 더욱 가중되었다.

일본군이 초반의 압도적인 우위를 상실하게 된 까닭은 전략이 바뀌었기 때문이다. 일본군은 조선의 도성을 함락시키는 데 전력했다. 그러나 그들이 믿어왔던 것처럼 수도의 함락이 승전으로 연결되지 않자 매우 당황하고 혼란스러워했으며, 히데요시도 전략을 수정할 수밖에 없었다. 히데요시가 어쩔 수 없이 모든 지방을 점령하라는 전략을 하달한 다음부터 일본군은 수렁으로 빠져들었다.

각 지역을 점령하기 위해서 곳곳에 병력을 파견하게 되면 그동안의 우세를 유지하기 어렵게 된다. 20만에 가까운 병력이라고 해도 부산과 도성을 위시한 곳곳의 주요 지역을 계속 확보하고 보급로를 지키기 위해 상당한 병력을 남겨야 하기 때문에 각 지역에 파견되는 병력은 그리 많지 못했다. 게다가 지형과 지리에 익숙하고 진지까지 구축한 조선군을 상대해야 하는 데다, 풍토와 수질 등 모든 것이 다른 적지에서 장기적인 작전을 펴게 되면 목표했던 전과를 달성하기 어려워진다.

예컨대 함경도로 진격했던 가토 기요마사는 반역한 백성들의 도움 덕택에 주요한 고을들을 점령하는 데에는 성공했지만, 여름 복장으로 일본에서는 상상하지도 못했던 혹독한 겨울을 맞아 추위에 익숙한 의병들에게 엄청난 피해를 입었다. 전혀 예상하지도 못했던 수렁에 빠지는 시기가 바로 지금부터인 데다, 역시 전혀 예상하지 못한 이순신의 등장으로 인해 일본군은 결정타를 맞게 된다.

고니시와 이덕형

대동강에서 본격적인 전투가 벌어지기 전에 고니시가 조선에 회담을 요청한 사실이 있다. 이때 고니시는 이덕형李德馨(1561~1613)을 지목했고 일본군 측에서는 겐소와 야나가와 노리노부柳川調信를 위시한 자들이 참석했다. 이때 이덕형이 아무런 잘못도 없는 조선을 침공한 데 대해 추궁하자 겐소가 "우리는 명에 조공을 바치기를 원하는데 조선이 중간에서 길을 막고 방해하기 때문"이라고 변명했다. "명을 칠 것이니 길을 내달라"는 초기의 '가도입명'이 그렇게 바뀌었지만 회담은 결렬되고 만다.

실록에는 다르게 나타난다. 이덕형의 추궁에 대해 겐소가 가도입명의 자세를 견지하자 이덕형이 "명을 치겠다면 바다를 통해 직접 명으로 가면 될 것이지 무엇 때문에 조선을 거치려는 것이냐"며 힐난한다. 명에 조공을 바칠 목적이나 공격할 목적이나 조선을 경유할 이유가 전혀 없다는 생각이 상식적인데, 그렇게 대입해도 히데요시의 의도가 제한적인 전쟁 수행에 있다는 추정에 힘이 실리게 된다.

어차피 결렬될 회담에 있어 한 가지 덧붙일 것은 고니시가 이전에도 회담할 목적으로 두 차례나 이덕형을 지목했다는 점이다. 이런저런 이유로 인해 성사되지 못하고 그것이 대동강에서의 회담이 결렬되는 이유로 작용하지만, 이후 본격적으로 진행되는 실질적인 회담에서 고니시가 일본의 대표 자격을 갖추는 전조가 된다.

이덕형 전쟁을 맞아 류성룡, 이항복 등과 함께 국가적 위기를 극복하기 위해 노력했다.

자격이 없는 군주

왕이 나라와 백성을 버리는구나

> 이때에 이르러 사신을 잇달아 보내 요동으로 가서 위급함을 알리고 구원병을 청했으며, 또 중국에 귀부歸附(망명)하기를 간청했다. 적군이 이미 평양을 함락하자 그 형세가 마치 높은 곳에서 병을 세워 물을 쏟아 붓는 것과 같아서, 아침이 아니면 저녁에 압록강까지 쳐들어올 것이라 여겨졌기에 일이 이같이 위급하므로 중국에 귀부하고자 한 것이다.

예상 밖의 상황들이 연속되는 가운데 다시 예상 밖의 일이 벌어졌다. 선조가 6월 22일 국경 의주義州에 닿았는데, 놀랍게도 훨씬 이전부터 명으로 망명할 결심을 밝혔다. 신하들은 경악했다. '왕이 국가'인 당시에서 왕이 나라를 떠나는 것은 국가의 멸망과 다르지 않았다. 신하들이 당파를 초월해 반대했지만 선조의 결심은 갈수록 굳어갔다. 애걸하고 타이르던 신하들이 군주에게 차마 입에 담기 어려울 정도의 수위로 강하게 반대해도 선조는 요지부동이었다.

처음에는 "죽을 각오로 명에 건너가 구원을 청하겠다"라고 말하던 선조는 이내 본색을 드러냈다. "어떤 경우라도 국경을 넘어서는 안 된다"는 강경한 반대에 부딪히자 "반드시 압록강을 건널 것이다", "죽어도 명에 가서 죽을 것이다", "본래부터 명에 들어가는 것이 목적이었다"는 등의 주장이 부끄러움 없이 나왔다.

매일 같이 명으로 들어갈 방도를 논의하라고 성화를 부리던 선조는 심지어 광해군에게 보위를 물려주려고까지 했다. 선조에게 광해군은 자신을 대신해 곤룡포를 입고 있다가 왜적에게 죽어주면서 조선의 마지막 왕으로 기록되는 배역에 지나지 않았다.

> 그때 뜻밖에 본도의 도사 최철견의 첩정이 도착해 비로소 임금께서 평안도로 옮겨 가셨다는 기별을 들었다. 놀라움과 분함이 극도에 달해 하루 내내 서로 붙들고 오장이 찢어지듯 통곡했다. 어쩔 수 없이 각자 배를 돌렸다.

이순신이 전쟁 상황을 보고한 장계에 의하면 1차 출격을 완벽한 대승리로 장식한 직후 전라좌도의 행정관 최철견崔鐵堅(1548~1618)이 당도해 선조가 피난한 사실을 알려왔다. 그 순간 승리의 감격이 사라지고 이순신을 위시한 모든 장병들이 서로를 끌어안고 하루 종일 통곡하는 상황이 벌어졌다. 나라가 망하기라도 한 것 같은 광경이었다. 가장 잘 싸운다는 평가를 넘어 구국의 행보에 나선 이순신의 함대조차 이렇게 사기가 떨어졌다면 다른 부대나 의병들은 말할 것도 없었다.

정규군과 의병을 가리지 않고 목숨을 아끼지 않고 적과 싸우는 것은 오직 군부君父에 충성하라는 성현의 가르침이 유전자에 각인된 탓이다. 그런데 왕이 자신들을 버렸다면 충성할 이유 자체가 없어지게 된다.

만일 정발鄭撥(1553~1592)이나 송상현이 성을 지키는 상태에서 선조가 자신들을 버리고 도주했다는 것이 알려지면 과연 그때도 목숨까지 버려 가면서 싸웠을까? 곽재우도 칼을 버리고 의병을 해산한 다음 은거했을 것이다. 심지어 도성의 수비를 맡았다가 퇴각한 이양원李陽元(1533~1592)이 선조가 망명했다는 와전된 소문에 충격을 받은 나머지 단식하다가 끝내 목숨을 잃었다는 소문까지 나돌 지경이었다.

어떻게든 명으로 망명하겠다는 선조의 결심은 자신이 다스리던 나라와 백성을 통째로 일본에 바치겠다는 것과 하나도 다르지 않았다. 나라가 망하고 백성들이 왜구들의 노예로 전락하든 말든 자신만 살면 그만이라는 사람이 바로 당시 조선의 왕이었다. 사람은 위기에 처해야 본성이 나오는 법이다. 자신들이 섬겼던 왕이 어떤 인물인지 비로소 알게 된 신하들은 할 말을 잃고 하늘만 바라볼 따름이었다.

좌절된 선조의 망명

그토록 망명을 원했던 선조는 안타깝게도 계속 조선의 왕으로 남아야 했다. 선조가 잇달아 사신을 보내 망명을 애걸했지만 명의 반응은 싸늘했다. 조선을 믿지 못하던 명은 선조도 불신했다. 심지어 선조의 얼굴을 아는 자를 사신으로 보내 정말 선조가 맞는지 확인할 정도였다.

선조가 가짜가 아니라는 것은 확인되었지만 그렇다고 해서 망명을 받아줄 생각은 추호도 없었다. 선조가 망명하면 일본군이 추격하기 위해 압록강을 넘을 것은 불을 보듯 뻔했다. 명이 재난의 불씨가 될 선조의 망명을 받아주지 않을 것은 당연했다.

그래도 선조가 계속 사신을 보내 애걸하자 조건을 보내왔다. 명은 선조를 관전보寬奠堡로 들어가라고 했는데, 실록에 의하면 관전보는 "중국이 의주로부터 20리 떨어진 강상江上에 설치한 관아"였다. 여진족을 방어하기 위한 용도로 설치한 관전보에 입주하라는 것은 극도로 위험한 지역에 방치하겠다는 뜻이었다. 게다가 인원도 매우 적게 제한하는 등, 바보가 아니라면 명의 의도를 쉽게 알 수 있었다.

그제야 선조는 망명을 단념했다. 조선이야 망하든 말든 백성들이야 노예로 전락하든 말든 아들인 광해군이야 죽든 말든, 북경에 들어가 행복하게 여생을 보내려던 계획이 좌절당하는 바람에 선조는 코가 쑥 빠졌고, 이를 바라보던 신하들은 다시 한숨을 쉬었다.

신하들이 망명을 강하게 반대한 이유 가운데는 명이 절대 허락하지 않을 것이라는 예측도 포함되었다. 그것은 깊이 생각하고 자시고 할 필요도 없었다. 그럼에도 망명이 받아들여져 북경에 들어갈 수 있다고 확신하는 선조의 사고 방식은 예상 밖이다. 앞서 선조가 광해군에게 신하 일부를 떼어주고 조정으로 기능할 수 있는 분조分朝를 마련해 분리하는 조치를 취한 적이 있다. 망명에 대비한 조치였으며, 나중에는 보위까지 넘기려고 했다. 선조는 자신이 망명하면 벌어질 사태에 대해서 충분히 인식하고 있었음에도 그렇게 행동했다.

역사는 반복된다

김수영 이승만의 말을 믿고 서울에 남았다가 북한군에게 끌려갔다. 이후 서울에 돌아온 그는 국군에게 체포되어 거제도 포로수용소로 끌려갔다.

선조의 망명 시도는 350여 년 후 반복된다. 6·25전쟁 당시 정부가 부산까지 피난하자 이승만은 망명 가능성을 타신한다. 당연히 미국에 의해 거부되었지만 상황이 약간만 더 악화되었다면 이승만은 주저 없이 한국을 버렸을 것이다. 이후 전황이 좋아지자 아무 일 없었던 것처럼 다시 돌아와 예전의 지위를 누리는 등, 시대만 달랐을 뿐 조선의 선조와 한국의 이승만, 두 지도자의 위기 대처 모습은 굉장히 흡사했다.

그럼에도 선조는 '백성들의 반역'을 계속 입에 담았다. 부산과 대구가 함락당했을 때부터 시작해 도성을 버린 다음에는 도성의 백성들이 반역하지 않았느냐고 말했으며, 개성을 떠난 다음에도 개성의 백성들이 반역했다고 말했다. 평양을 떠난 다음에도 그랬고 나중에는 적을 막아낸 지역의 백성들까지도 반역하지 않았느냐고 말할 정도였다. 심지어 도성이 수복된 다음에는 적에게 부역한 백성들에 대한 처벌을 입에 담기까지 했다.

6·25전쟁 때도 흡사한 광경이 벌어졌다. 이승만이 한강철교를 폭파하고 도망가는 바람에 미처 피난을 가지 못하고 공산군의 치하에서 숨죽이며 살아남았던 시민들 가운데 국군이 돌아온 다음 적에게 협조했다는 죄목으로 처벌당하는 경우가 비일비재했다. 그런 일이 다시 반복되지 않는다고 어떻게 장담할 수 있을까.

모두가 인간

어떤 상황에서도 백성을 사랑하라

나는 난리 때의 백성은 급하게 사역使役해서는 안 된다고 여겨서 오로지 성심껏 타이르며 한 사람도 매질하지 않았다.

임금의 행차가 의주에 도착했다. 명의 참장 대모와 유격장군 사유가 각각 한 부대의 군사를 거느리고 평양으로 향하던 중, 임반역에 이르러 평양이 이미 함락되었다는 말을 듣고 되돌아와서 의주에 머물러 있었다. 명 조정에서는 군사에게 나누어줄 은 2만 냥을 보냈는데 명의 관원이 가지고 의주에 도착했다.
이보다 먼저 요동에서는 우리나라에 적변이 있다는 소문을 듣고 곧 명 조정에 알렸는데, 명 조정의 논의가 한결같지 않았으며 심하게는 우리가 적군을 인도하고 있다고 의심하기도 했으나, 오직 병부상서 석성石星만은 우리나라를 구원하자고 강력하게 주장했다.

선조가 의주에 닿았을 때 천 명 가량의 명군明軍이 도착해 있었다. 요동에서 차출된 소규모 부대는 순망치한脣亡齒寒의 논리에 따라 보낸 선발대의 용도였다. 비록 얼마 되지 않더라도 명군이 건너오자 보급이 가장 중요한 현안으로 떠올랐다. 명은 군량을 위시한 기본 보급을 현지에서 조달받는 것을 원칙으로 했기 때문에 장차 본격적으로 파병될 때를 대비해 필요한 물량이 확보되어야만 했다. 그러나 상황이 매우 좋지 않았다. 평양을 위시한 각지에 애써 모아 놓은 군량은 적에게 빼앗기거나 굶주린 백성들에게 약탈당했다. 류성룡도 의주로 가는 과정에서 관고官庫가 약탈당하는 것을 목격하고 저지했을 정도였다. 그렇게 정신없이 뛰어다녔지만 평상시에도 만만치 않은 군량의 확보는 전시 상황에서는 더욱 어려울 수밖에 없었다.

류성룡은 세수稅收가 평시의 4분의 1 이하로 격감하는 상황에서 군량을 마련해야 했다. 류성룡은 전쟁 기간 내내 명군의 군량 확보로 고민했다고 해도 과언이 아니다. 비상시국인 만큼 특단의 대책이 요구되고 류성룡의 위치에서는 얼마든지 강제적인 수단을 동원할 수 있었지만, 그는 백성들을 쥐어짜지 않았다. 숨겨진 곡식을 찾고 약탈을 막는 한편으로 자발적으로 참여하도록 유도했다.

정주에 도착하니 홍종록이 귀성 사람들을 모두 동원해 말먹이 콩과 좁쌀을 운반해서 정주·가산으로 옮겨놓은 양이 이미 2,000여 석이나 되었다. 나는 여전히 안주에 구원병이 도착한 이후에 먹일 양식을 걱정하고 있었는데, 때마침 충청도 아산 창고에 있는 세미稅米 합계 1,200석이 배에 실려 장차 행재소로 가려고 정주 입암에 이르러 정박 중이었다.

나는 매우 기뻐서 곧바로 임금께 아뢰기를 "먼 곳에 있는 곡식이 때마침 약속한 듯이 도착되었으니 이것은 하늘이 나라의 중흥할 운수를 도와주신 듯합니다. 청컨대 이 곡식도 모두 가져다 군량미에 보충하도록 해주시옵소서"라고 한 후에, 수문장 강사웅에게 입암으로 달려가서 쌀 200석은 정주로, 200석은 가산으로, 800석은 안주로 나눠 운반하도록 했는데, 안주만은 적군 있는 곳과 가까워서 잠시 배를 물 가운데 정박시켜 기다리게 했다.

언뜻 보기에는 관리로서 당연히 해야 할 업무 같지만, 당면한 상황을 정확히 판단하고 제대로 된 명령을 내릴 수 있는 능력이 있어야 가능한 일이다. 교통 정리를 해줄 사람이 존재하지 않으면 물량의 집적은 물론 필요한 곳으로 분배되는 과정에서 혼란이 생길 뿐만 아니라, 감독 소홀을 틈타 횡령과 착복이 활개를 치는 등 매우 부정적인 결과가 나타나게 된다. 적절하게 지휘해 확보된 물량을 필요한 곳으로 옮기게 하는 류성룡의 활약은 군계일학이었다.

풍원 부원군 류성룡이 아뢰기를 "연도沿道 각 고을에 저장된 현재의 군량은, 의주가 가장 넉넉하고 정주는 이름은 큰 고을이나 현재 200여 석이 있을 뿐입니다. 구성의 곡식을 날짜에 맞춰 실어온다면 군량을 댈 수 있을 듯합니다. 신의 생각에는 명군이 출발할 때 의주에서 삼 일 동안 먹을 양식을 싸가지고 첫날은 양책良策에서 유숙하는데 용천龍川에서 하루의 양식을 더 지급하면 삼 일 먹을 양식이 그대로 남아 있을 것입니다.

제2일에는 임반林畔에서 유숙하는데 선천宣川에서도 양책에서처럼 하루의 양식을 더 지급하면 삼 일 먹을 양식이 그대로 남아 있을 것입니다. 정주·가산嘉山에서도 그렇게 하고 안주安州에서는 배를 가지고 용강龍岡·삼현三縣의 곡식 500~600석을 운반해 노강老江 하류에 대어 놓았다가 명군이 도착할 때 또 안주에서 지급하게 하면, 이 연도에는 의주에서 안주까지 모두 그 지방의 곡식을 지급하게 되어 의주에서 싸가지고 온 사흘치의 양식은 처음 그대로 남아 있게 되므로 평양에까지 충분히 도착할 수 있을 것입니다. … 명의 장수에게 자세하고 분명하게 말하면 따르지 않을 리가 없을 것입니다. 다만 말먹이는 가지고 가기에 무거울 것 같으니 각참各站에서 대비하게 하는 것이 합당합니다. 이 뜻으로 의논해 조처하게 하는 것이 어떻겠습니까? 전일 강사옹康士雍이 갈 적에 신이 삼현의 백미白米 600석을 배로 운반해 정주에 도착하도록 즉시 명령했습니다.

정주에 이미 구성의 곡식을 운반했다면 삼현의 곡식이 아니더라도 지급할 수 있을 것이니, 삼현의 곡식을 우선 안주 근처로 옮겨서 기다리게 하는 것이 매우 온편합니다. 대신과 의논했더니 그들의 뜻도 그러했습니다. 하지만 반드시 선전관宣傳官 같은 사람을 따로 파견해 전장專掌하게 한 뒤라야 시기를 맞출 수가 있을 것입니다. 신이 병이 덜하면 스스로 돌아다니면서 직접 검찰하고 단속하겠으나 …

《선조실록》 25년(1592 임진년) 7월 6일 여덟 번째 기사

명이 군대를 파견할 것에 대비해 병참과 보급을 준비하고 이동하는 데 있어 조금도 거침이 없다. 지극히 상세하고 효율적이라 실행에 어려움이 없었으며 보급선을 관리하기에도 간편하다. 뿐만 아니라 류성룡은 가능한 모든 방법으로 군량을 확보하기 위해 군량을 마련하는 데도 최선을 다했다.

윤두수가 아뢰기를 "군사 5,000이라면 군량을 공급할 수 있습니다. 들으니, 류성룡이 남쪽 군사에게 납미納米를 모집해 용천龍川 등의 지역에 납입케 하고 추동秋冬의 부방赴防을 면제해 준 까닭에 양식이 조금 넉넉하다 합니다. 또 올 곡식이 벌써 익었으므로 역시 먹일 수 있습니다" 했다.

상이 이르기를 "왜적의 뜻을 살펴보면 팔도를 점거하려는 것이다" 하니,

두수가 아뢰기를 "전라도는 이순신李舜臣을 힘입어 온전합니다" 했다.

상이 이르기를 "적병이 벌써 전라도를 침범했다" 하니,

정철이 아뢰기를 "듣건대 고경명高敬命이 그의 아들 고종후高從厚에게 군사

를 나눠 방어하는데 적세가 호대浩大하다 합니다. 전하께서는 압록강을 건넌다는 말씀을 입 밖에 내지 않아야 할 뿐만 아니라 마음속에서도 영원히 끊어버리시기 바랍니다" 했다.

상이 두수를 돌아보면서 이르기를 "이 말이 어떤가?" 하니,

두수가 아뢰기를 "요사이 자문咨文을 보건대 요동遼東으로 들어가는 것은 온당치 않을 듯합니다. 더구나 압록강을 건너면 회복할 희망이 영원히 끊어질 것입니다" 했다.

《선조실록》 25년(1592 임진년) 7월 29일 세 번째 기사

이날의 실록은 주목할 만하다. 류성룡이 임기응변을 발휘해 납미를 모집하는 대신 가을과 겨울의 혹독한 부역을 면제받도록 해 양측 모두 좋은 결과를 얻었다. 모든 상황에 맞는 대책을 내놓고 실행하는 재상은 역사를 통틀어도 흔하지 않다.

앞서 말한 것처럼 당시 류성룡이 주력했던 부분 가운데 하나는 '약탈방지'였다. 류성룡이 가는 곳마다 약탈을 막고 필요한 곳으로 보내는 가운데 놀라운 광경이 목격된다.

저녁 무렵에 남문을 바라보니 몽둥이를 가진 사람들이 밖에서 잇달아 들어와 왼쪽을 향해 가고 있었다. 군관을 시켜 가보게 했더니 창고 아래 모여든 사람들이 벌써 수백 명이나 되었다. 생각해보니 내가 거느린 군사는 수효가 적고 약한데 만약 난민이 더욱 많아져서 그들과 서로 싸우게 되면 제어하기가 어렵겠으므로, 먼저 약한 사람들을 쳐서 놀라 흩어지게 하는 것만 못할 것이라 여겨졌다.

이에 성문을 보니 또 십여 명이 잇달아 모여들고 있었다. 나는 급히 군관을 불러 군사 열아홉을 딸려 보내 달려가 잡아오게 했다. 그들은 이 모양을 바라보고 도주했으나 뒤쫓아 아홉 명을 잡아왔다. 곧 이들의 머리털을 풀어 흩뜨리고 두 손을 뒤로 돌려 합쳐 묶고 벌거벗긴 다음 창고 옆 길가에 조리돌려 보이며 십여 명의 군사가 그 뒤를 따르면서 "창고를 약탈하는 도적은 사로잡아 죽여서 목을 매어달겠다"라고 큰 소리로 외쳤다.

성 안 사람들이 이것을 보았으며, 그제야 이미 창고 아래 모여 있던 사람들도 이를 바라보고는 놀라서 모두 서문으로 흩어져 나가버렸다. 이로 인해 정주의 창고 곡식은 가까스로 보전되었으며, 용천·선천·철산 등 고을에도 창고를 약탈하는 사람들이 없어졌다.

선조가 정주를 떠난 다음 정주에 남아 있으라는 명을 받은 류성룡은 불과 십여 명밖에 되지 않는 군사를 이용해 약탈을 막았다. 십여 명을 거느리고 정주는 물론 용천을 위시한 여러 고을도 급격히 안정시켜 약탈을 모면할 수 있게 만든 류성룡의 능력에 찬탄하지 않을 수 없다.

나는 인심을 능히 수습할 수 있음을 알고 곧바로 여러 곳에 공문을 전해, 이와 같은 방법으로 고공책考功冊(공로를 기록하는 책자)을 비치하고 공로가 많고 적은 것을 기록해 서로 알려 시행토록 했다. 그랬더니 그제야 이 영슈을 들은 사람들이 다투어 나와 시초도 운반하고 집도 건설하며 솥과 가마도 걸어서 며칠 동안에 모든 일이 점차 이루어졌다. 나는 난리 때의 백성은 급하게 사역使役해서는 안 된다고 여겨 오로지 성심껏 타이르며 한 사람도 매질하지 않았다.

확보된 군량의 운반도 대단히 중요했지만 백성들은 조정과 관리를 두려워해 숨거나 피하기 일쑤였다. 이때 류성룡은 강제로 끌어오지 않고 고공책을 보여줬다. 그것을 본 백성들이 사방에서 몰려들어 군량을 운반했는데, 그들은 자신의 수고가 공으로 기록되어 보답받을 수 있다는 기대와 함께 류성룡의 인간됨을 믿었을 것이다.

백성을 존중하고 시절을 책임지다

이때의 《징비록》에는 놀라운 대목이 있다. "난리 때의 백성을 급하게 사역使役해서는 안 된다고 여겨서 오로지 성심껏 타이르며 한 사람도 매질하지 않았다"는 내용이다. 인권이라는 것이 아예 존재하지 않았던 그 시대에는 피로한 병졸들이 잠시 쉴 것을 요청하자 오히려 목을 베는 한응인 같은 자들이 드물지 않았다. 류성룡은 백성을 강압으로 다스리는 것이 너무나 당연시되던 시대에 전쟁을 당한 급박한 상황에서도 한 사람도 매질하지 않았다. 그러한 류성룡에게서 '민본民本'의 원류가 어른거린다.

서구에서 복지의 개념이 태동된 시기는 18세기 후반에 발생한 산업혁명 이후다. 도시의 빈민과 도시로 유입되어 빈민으로 전락한 농민들의 삶은 비참하기 짝이 없었다. 기계의 동력을 넣거나 기계가 생산된 물품을 옮기던 빈민들은 심각한 부상을 당하기 일쑤였고, 부상을 당하는 날은 바로 직장에서 쫓겨나는 날이었다. 노동력을 상실한 가장이 실직당하면 가족들까지 굶어죽는 악순환이 매일같이 곳곳에서 반복되는 서구에서는 자본가를 제외한 누구도 희망을 가질 수 없었다.

자본가들 가운데 일부가 노동자를 짐승 이상으로 혹사하고 부속품처럼 교체하는 것이 이익에 도움이 되지 않는다는 사실을 깨닫게 되기까지 적지 않은 시일이 필요했다. 아울러 그런 가혹한 노동 방식이 국력의 저하를 초래한다는 것을 인식한 국가에서도 대책을 마련하기 시작했다. 최저 임금과 연금 적립 등 기초적인 복지 정책이 정립된 것은 노동력을 제공하는 계층의 멸종을 막기 위해서라고 해도 과언이 아니다.

그러나 류성룡은 백성을 사랑하는 마음에서 출발했다. 류성룡도 분명한 목적이 있었고 가급적 시급하게 해결해야 하는 입장이었지만, 어디까지나 그들의 눈높이에서 바라보고 가장 좋은 방안을 제시했다. 철저히 현실을 직시하고 통찰해 원인과 대책을 수립하면서, 어떤 상황에 처해도 백성들을 아끼고 사랑하는 것이 류성룡이 추구하는 본질이었다.

도체찰사 풍원 부원군 류성룡이 치계했다.

"왜적의 변란이 있은 두어 달이 지나자 차츰차츰 성 안에 들어간 자가 많았는데, 적이 평양에서 패배해 도망친 뒤로 앙심을 품고 독을 부려 정월 24일 밤 동시에 성안에서 분탕질해, 이루 셀 수 없이 많은 백성들이 도살되었습니다. 창칼을 요행히 도망쳐 중흥中興과 소천小川 등지에 흩어져 숨어 있는 자들도 매우 많은데, 굶주림과 헐벗음마저 겹쳐 죽는 자가 서로 쌓이니 참혹함을 차마 볼 수 없었습니다.

신의 군관 곽호가 강화로 구출해 진구한 것이 남녀노약 아울러 900여 명이고, 이빈의 군관 우림위 성남이 전후로 구출해낸 것이 2,000여 명이며, 그밖에 여러 진영에서 구출해 내는 것도 끊이지 않는데 혹 기진해 쓰러져 죽는 자도 많습니다. 그런데 경기 수백 리 안에는 다시 남은 비축이 없으니, 민생

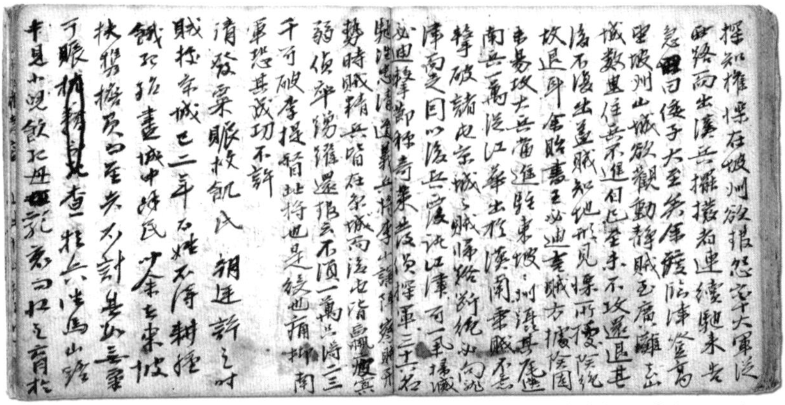

《징비록》에 기록된 류성룡의 구휼 "남은 군량을 보내 백성들을 구제하고 임금께 청하고… 백성들은 굶어 죽는 자가 부지기수였다. …나도 모르는 사이에 눈물이 흘러내렸다."

이 마치 길바닥의 고인 물에 모인 물고기 같아서 날을 세며 죽기만을 기다립니다. 구제를 하자니 곡식이 없고 구제하지 않자니 차마 못할 일입니다. 각 고을에서 실어온 황정조荒正租(도정하지 않은 겉벼) 이천여 석이 또한 배 위에 있는데 이를 말먹이 콩 대신으로 주고자 했으나 명의 장수가 받으려 하지 않고 가버려서 달리 쓸 곳이 없습니다. 때문에 신이 눈앞의 참혹한 광경을 차마 보지 못해 형편에 따라 천 석을 덜어내 파주·개성부·장단·적성·마전·고양·삭녕·풍덕 등지의 굶주린 백성 및 서울 유민으로서 온 자들을 골고루 진구賑救했습니다."

《선조실록》 26년(1593 계사년) 3월 4일 여섯 번째 기사

류성룡이 말을 먹일 용도로 확보한 겉벼를 명군에 전달했을 때 콩이 아니라는 이유로 인수를 거부당했다. 이때 류성룡은 낙담하지 않고 그것으로 굶주린 백성들을 구했다.

굶주리는 백성들을 구휼하며 눈물을 흘리고 있는 류성룡 《에혼 다이코기》 중에서.

고니시가 평양을 함락한 다음 비교적 잘 대해주자 백성들이 차츰 평양으로 들어가게 된다. 그러다 보급이 떨어지고 혹한에 시달리는 상황에서 명이 파견한 이여송이 공격을 시작해 일본군이 평양을 포기하게 되었을 무렵 많은 백성들이 죽임을 당했다. 고니시는 그들의 수급으로 이여송과 거래했을 것이며, 고니시와 야합한 이여송 역시 평양의 백성들을 닥치는 대로 죽이고 얻은 수급을 공으로 보고했을 것이다.

류성룡은 평양과 인근에 있던 백성들 가운데 구사일생으로 목숨을 건져 달아난 자들은 물론, 강화까지 군관을 보내 백성들을 데려오도록 했다. 너무나 굶주린 나머지 류성룡도 "민생이 마치 길바닥의 고인 물에 모인 물고기 같아서 날을 세며 죽기만을 기다립니다"라며 탄식했다. 그러나 류성룡은 탄식하는 데에서 그치지 않았다. 류성룡은 명군에게 퇴짜를 맞은 겉벼 가운데 절반을 풀어 기아에 허덕이는 백성들을 구했는데, 극도로 경직되고 융통성이 부족한 관료들은 꿈에서조차 행할 수 없는 일이었다.

전장의 주인은 상인

류성룡을 위시한 조정이 최선을 다해 군량과 말에게 먹일 마초馬草를 확보했지만 넉넉하지 못했다. 그런 점은 누구나 예상할 수 있고 조선군에게 보내는 군량을 제한하는 등으로 지시했을 것 역시 충분히 예상할 수 있다. 군대를 보낸 명도 공짜로 받지 않고 어느 수준의 대가를 지불했지만 피차간에 예상하지 못했던 점이 있었다.

명 조정에서 군자금으로 사용하기 위해 보낸 막대한 은銀 가운데 상당 부분이 급여로 지급되었다. 예나 지금이나 개인적인 자유가 억제된 병사들은 먹고 마시면서 스트레스를 풀기 마련이다. 그러나 물물교환이 위주였던 조선에서는 은이 소용되지 않았다. 급여를 받은 명의 병사들이 술이나 음식을 사먹으려 해도 은을 받는 백성이 없는 탓에 기본적인 거래조차 이루어지지 않았다.

그렇지 않아도 조선을 우습게 여기던 그들이 그대로 돌아갈 리가 만무했다. 강탈과 폭행이 끊이지 않는 가운데 군대를 따라온 상인들이 나섰다. 상인들은 조선 백성들이 귀하게 여기는 푸른 비단 같은 것을 주고(조선에서 무명과 삼베로 짠 옷감이 주요 결제수단이었다) 교환한 술과 음식을 팔아 떼돈을 벌었다. 게다가 부패한 지휘관들과 결탁해 군자금을 빼돌리는 등, 그로 인한 피해와 폐단이 고스란히 전가되는 바람에 조선은 형언하기 어려운 곤경에 처하게 된다.

4장

임진전쟁의 끝,

전쟁의 주인과
전쟁의 당사자

懲毖錄

〈임진전쟁의 끝, 전쟁의 주인과 전쟁의 당사자〉의 주요 사건

1592년

- 6월 27일 — 의병장 고경명, 금산에서 전사.
- 7월 7일 — 웅치전투. 조선 관군과 의병 전원 전사.
- 7월 8일 — 권율, 이치전투에서 승리. 일본군의 전라도 진격 방어.
- 7월 8일 — 이순신, 한산도해전 승리. 제해권 장악.
- 7월 16일 — 조승훈 외 조명연합군, 평양성전투에서 패배.
- 8월 1일 — 조선군과 의병, 평양성 공략에 실패하고 퇴각.
- 9월 1일 — 심유경, 일방적으로 왜군과 휴전 합의.
- 9월 2일 — 이정암 외 의병, 연안성전투에서 승리.
- 10월 11일 — 조선군, 진주성전투에서 승리. 18일 김시민, 전사.
- 12월 25일 — 류성룡, 명의 원군을 안주에서 맞이함.

1593년

- 1월 9일 — 조명연합군, 평양 수복.
- 1월 27일 — 이여송, 벽제관전투에서 대패.
- 2월 12일 — 권율, 행주산성에서 왜군 격퇴.
- 4월 — 김성일, 진주공관에서 졸.
- 4월 20일 — 류성룡, 일방적인 화친 협상에 반대하며 명의 기패에 고두례 거부.
- 6월 29일 — 일본군, 진주성 함락.
- 8월 — 이순신, 삼군수군통제사에 임명.
- 8월 30일 — 선조, 광해군에게로 선위 발표.
- 10월 1일 — 선조, 환궁.

뒤늦은 각성

조선은 아직 끝나지 않았다

적군은 본시 수군과 육군이 합세해 서쪽으로 쳐오려 했는데, 이순신의 한산도 전투에 힘입어 마침내 적군의 한쪽 세력을 꺾었기 때문에 소서행장은 비록 평양을 점거했지만, 형세가 후원이 없어 더 전진하지 못했고, 우리나라에서는 전라도·충청도와 황해도·평안도 연해 지역의 전부를 보전해, 군량을 전선에 보급시키고, 조정의 명령을 각 지방에 전달해, 나라의 중흥을 이루게 된 것이다.

또 중국에서도 요동의 여러 지방이 동요되지 않았기 때문에 명 군대가 육로로 나와서 적군을 물리치게 된 것이다. 이 모두가 한산도 싸움에서 이겼기 때문이다.

7월의 전황은 초반과 사뭇 달랐다. 일본군이 점령 작전으로 전환한 다음 곳곳에서 처절한 공방전이 벌어지는 가운데 이순신이 3차로 출격했다. 한편 전라도 점령을 맡은 일본군의 맹장 고바야카와 다카가게小早川隆景는 휘하의 6군을 이끌고 진격했다. 경상도에서 전라도로 넘어가는 통로가 곽재우에게 막혔기 때문에 그는 금산에 기지를 두고 충청도를 경유하는 통로를 택했다.

일본군은 두 군데 통로인 웅치와 이치를 향해 진격했다. 한 군데라도 뚫리는 날에는 전라도 전체가 위험했다. 일본군의 의도가 성공하면 조선은 곡창지대를 상실하는 동시에 이순신의 근거지인 여수의 전라좌수영까지 위협받게 된다. 게다가 왕실의 고향인 전주를 잃으면 정신적인 충격도 엄청날 것이 분명했다.

마침내 7월 7일, 웅치에서 불꽃이 튀었다. 2,000명 정도가 지키고 있는 웅치에 만 명에 달하는 일본군이 육박해왔다. 숫자로는 상대가 되지 않았지만 미리 구축한 진지에 의지한 조선군은 결사의 사기가 충천했다. 이튿날까지 계속된 혈전 끝에 관군과 의병이 연합한 병졸 대부분은 물론 지휘관들마저 장렬하게 전사했다. 일본군의 피해도 상당했지만 웅치를 격파한 그들은 서둘러 목표인 전주로 향했다.

7월 8일에는 이치에서 전투가 벌어졌다. 이치를 지키는 지휘관은 광주목사 권율權慄(1537~1599), 근왕에 나섰다가 다행히 손실을 당하지 않고 돌아온 권율은 절치부심하며 명예회복을 다짐했다. 병력은 1,500 정도에 지나지 않았지만 훈련도와 사기가 높은 데다 예하에 있는 동복현감 황진도 충분히 믿을 만했다.

웅치에서처럼 견고하게 진지를 구축하고 기다리던 조선군에게 일본군이 덤벼들었다. 권율과 황진은 하루 종일 혈투를 전개했다. 위험한 고비를 계속 넘기며 선방했지만 웅치가 뚫린 이상 희망적이지 못했다. 웅치를 넘어간 일본군이 병력이 얼마 되지도 않는 전주를 함락시키는 날에는 이치가 고립당할 것이 뻔했다. 게다가 계속 줄어드는 병력으로는 탈출하기조차 어려웠다.

전주는 거의 희망이 없었다. 전라도를 책임지는 이광李洸(1541~1607)은 "외부에서 응원하겠다"라는 핑계로 전주에 들어가지 않았다. 관직을 지내다 낙향한 이정란이 백성들에게 호소해 성벽에 허수아비와 깃발을 늘어세우는 등의 방법으로 세력을 부풀렸지만 일본군이 공격을 시도하는 즉시 탄로날 것이 뻔했다.

위기에 빠진 전라도를 구한 존재는 의병이었다. 명망 높은 고경명이 담양에서 거병해 총수로 추대된 다음 일부 관군들까지 합세해 6,000명이 넘는 부대가 편성되었다. 근왕의 목적으로 북상하던 고경명이 길목에 있던 금산에 출현하자 고바야카와가 크게 당황했다. 의병의 규모가 상당한 데다 그들에게 금산을 빼앗기는 날에는 도리어 일본군이 고립당할 판이었다. 웅치를 넘은 부대는 물론 이치에서 싸우던 부대까지 급히 금산으로 돌아왔을 때는 이미 고경명이 전사한 다음이었다.

이후 고바야카와가 보낸 별동대가 김면의 의병에게 전멸을 당하는 사태가 벌어진 데다, 고경명과의 약속을 지키지 못한 것을 통한하게 여기던 조헌과 청주를 탈환하는 등으로 공이 높던 승장僧將 영규靈圭가 금산으로 진격했다. 그들이 마지막 한 사람이 전사할 때까지 싸우자 맹장 고바야카와도 물러날 수밖에 없었다.

한산도에서의 대승

웅치가 함락당하고 이치에서 혈투가 벌어지던 7월 8일, 바다에서도 피바람이 몰아치기 시작했다. 판옥선 56척에 거북선 세 척이 증강된 연합함대가 여덟 번째 제물을 찾아 나섰다. 이순신은 거의 죽을 지경으로 달려온 백성 김천손의 제보에 의해 적의 위치와 규모까지 파악한 상태였다. 70척이 넘는 적은 이제까지 물리친 적들 가운데 최대 규모인 데다, 분명한 목적이 있는 것이 확실했다.

와키자카 야스하루脇坂安治(1554~1626)도 필승을 다짐했다. 본래 육군을 맡았던 와키자카가 이번 전쟁에서 수군이 된 조치에 상당히 불만을 가졌지만, 용인에서의 대승리가 반전을 가져왔다. 히데요시가 구키 요시타카九鬼嘉隆(1542~1600) 같은 해적 출신의 전문 지휘관을 제치고 와키자카에게 반드시 이순신을 잡으라는 명령을 내린 것은 그만큼 신임한다는 의미였다. 와키자카가 이번에도 승리를 거두면 확고하게 신임받을 것은 의심의 여지가 없었다. 와키자카는 최초의 '조선총독'이 될 수 있는 기회를 잡았다.

비록 수렁에 빠졌지만 히데요시는 충분히 낙관적이었다. 이순신이라는 놈과 그놈이 이끄는 조선 수군을 없앤 다음 서해로 진입하면 승리가 분명했다. 이제까지 수군이 패배한 것은 소규모로 분산되어 독단적으로 움직인 것과 함께, 확고한 목표가 없었던 탓이었다. 그러나 와키자카에게 확실하게 이길 수 있는 함대와 목표를 부여한 이상 이순신도 끝장일 터였다. 이순신을 제거하면 이상하게 전개된 전쟁에서 완승을 거둘 수 있었다.

견내량의 지형이 매우 좁고, 또 암초가 많아 판옥선은 서로 부딪히게 될 것 같아서 싸움하기가 곤란했다. 그리고 왜적은 만약 형세가 불리하게 되면 기슭을 타고 뭍으로 올라갈 것이므로 한산도 바다 가운데로 유인해 모조리 잡아버릴 계획을 세웠다. 한산도는 사방으로 헤엄쳐 나갈 길이 없고, 적이 비록 뭍으로 오르더라도 틀림없이 굶어 죽게 될 것이므로 먼저 판옥선 대여섯 척으로 먼저 나온 적을 뒤쫓아서 엄습할 기세를 보이게 하니, 적선들이 일시에 돛을 올려서 쫓아 나오므로 우리 배는 거짓으로 물러나면서 돌아나오자, 왜적들도 따라나왔다.

그때야 여러 장수들에게 명령해 '학익진'을 펼쳐 일시에 진격해 각각 지자·현자·승자 등의 총통을 쏘아서 먼저 두세 척을 깨뜨리자, 여러 배의 왜적들은 사기가 꺾여 물러나므로 여러 장수와 군사와 관리들이 승리한 기세로 흥분하며, 앞 다투어 돌진하면서 화살과 화전을 잇달아 쏘아대니, 그 형세가 마치 바람 같고 우레 같아, 적의 배를 불태우고 적을 사살하기를 일시에 다 해치워 버렸다.

《난중일기》 1592년 7월 8일

역사에 쟁쟁한 '한산도해전'은 이전까지와는 다른 형태로 진행되었다. 이제까지의 승리가 대부분 포구에 정박한 적을 꼼짝 못하게 가둬 놓고 섬멸하는 형태였던 데 비해, 한산도에서는 넓은 지역으로 유인한 다음 그 유명한 학익진을 펼쳐 정면으로 격파했다. 접근전에서 당할 자가 없는 거북선도 맹위를 떨쳐 와키자카의 함대를 일시에 궤멸시켰다. 이때 후미에 있던 적들이 황급하게 도주하고 격파된 전함에서 바다에 뛰어든 400명 정도가 무인도에 올라 겨우 목숨을 부지했다.

대승리를 거둔 이순신은 연합함대를 안전한 곳으로 이동해 정박하고 휴식을 취하게 했다. 이튿날 엄밀하게 수색한 결과 적의 흔적을 발견했지만 역풍 때문에 진격하기 어려웠다. 7월 10일에 안골포에서 40척이 넘는 적이 발견되었는데, 적들은 놀랍게도 당황하거나 두려워하지 않았다. 한산도에서처럼 몇 척을 보내 유인해도 걸려들지 않는 적은 일본 수군의 최고봉을 자랑하는 구키 요시타카 휘하의 전문 수군들이었다.

판옥선과 거의 대등한 체격의 아다케부네安宅船 몇 척을 늘어세워 조

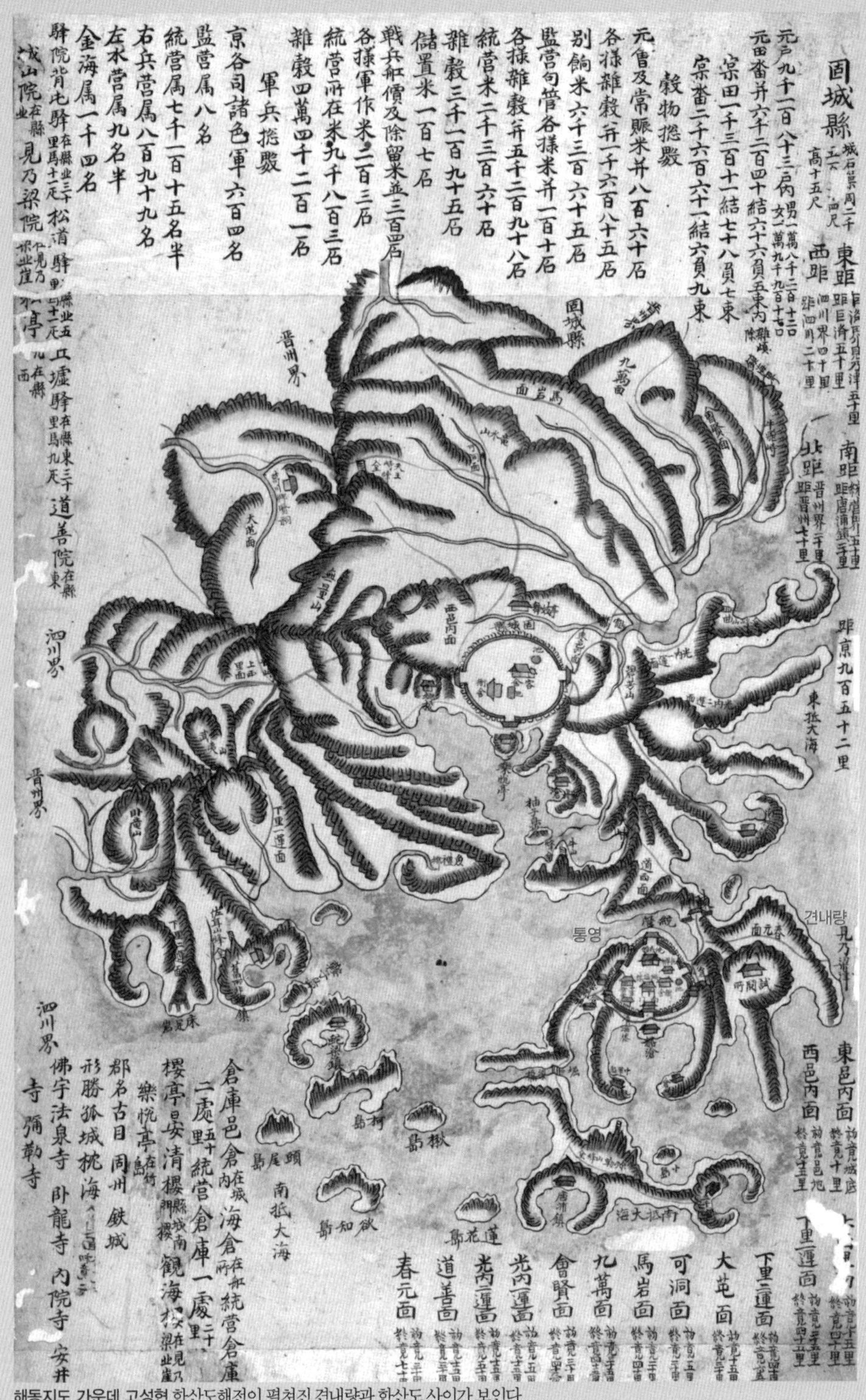

해동지도 가운데 고성현 한산도해전이 펼쳐진 견내량과 한산도 사이가 보인다.

선 수군의 접근을 차단한 다음 무서운 포격을 무릅쓰고 반격하는 구키의 수군은 강했다. 계속 죽어나가면서도 작은 배로 시체를 후송하고 새로운 인원을 보충하면서 악착 같이 저항하는 데는 용맹한 조선 수군도 질릴 지경이었다. 결국 거북선이 격돌해서 무차별로 가격한 다음에야 기세가 꺾이기 시작했다.

늦은 오후에 이순신은 함대를 외곽으로 물러나게 했다. 어둡기도 하거니와 적들이 육지로 도주하면 백성들이 피해를 당할 것이 우려되어 일단 함대를 물린 것이었다. 날이 밝으면 남아 있는 배를 타고 도주하는 적들을 바다에서 붙잡아 완전히 끝장낼 심산이었는데, 놀랍게도 구키가 20척 정도를 이끌고 빠져나갔다. 설마 야밤에 도주하겠느냐는 심리를 역으로 찔러 상당수의 부하를 살려낸 것이다. 구키는 비록 적이지만 감탄하지 않을 수 없었다. 그런 시각에서 보았을 때 안골포에서 마주친 구키 요시타카가 일본 수군이 주력이라고 해야 타당하며, 결과가 마찬가지였을지언정 히데요시는 구키에게 지휘를 맡겼어야 했다.

새벽에 다시 돌아와 포위해 보았으나, 왜적들이 허둥지둥 당황해 닻줄을 끊고 밤을 틈타 도망갔으므로 전날 싸움하던 곳을 탐색해보니, 전사한 왜적들을 열두 곳에 모아 놓고 불태웠는데, 거의 타다 남은 뼈다귀와 손발들이 흩어져 있고, 그 포구 안팎에는 흘린 피가 땅바닥에 그득해 곳곳이 붉은 빛인 것으로 보아도 알 수 있듯이 도적들의 사상자를 이루 헤아릴 수가 없었다.

《난중일기》 1592년 7월 11일

구키는 그 와중에서도 조선 수군이 부하들의 수급을 취하지 못하도록 시체를 불태웠다. 타다 남은 팔다리와 뼈가 여기저기 흩어지고 피가 개울처럼 흐르는 광경에 치를 떨지 않는 자가 없었다. 생각 같아서는 부산으로 진격하고 싶었지만(구키가 결사적으로 항전한 까닭은 본거지인 부산을 보호하기 위해서였다) 여력이 부족했다. 게다가 부산 방면에서 관찰된 백 척 가량의 전함과 퇴각한 적들에게 앞뒤로 포위당할 우려가 없지 않은 관계로 일단 함대를 철수시켰다. 마치 부산을 향해 진격하는 것처럼 무서운 위용을 보인 다음 당당하게 귀환했다.

3차 출격에서 일본 수군의 주력을 완전히 격파한 승리는 전세에 결정적인 큰 영향을 끼쳤다. 남해의 제해권을 장악하는 동시에 서해로 북상하려는 히데요시의 의도는 완전히 좌절되었다. 보급을 제대로 받지 못하게 된 적들이 제대로 싸우기가 곤란해졌으며, 그동안의 온건한 정책을 유지하기도 어려워졌다. 반면에 조선군의 사기가 급등하고 서해를 통한 조운漕運이 안전하게 확보됨에 따라 부족하나마 나라의 살림을 유지할 수 있었으니, 한산도 인근에서 거둔 대첩은 전쟁을 구획하는 진정한 의미에서의 전략적 승리였다.

적군은 본시 수군과 육군이 합세해 서쪽으로 쳐오려 했는데, 이순신의 한산도전투에 힘입어 마침내 적군의 한쪽 세력을 꺾었기 때문에 고니시는 비록 평양을 점거했지만, 형세가 후원이 없어 더 전진하지 못했고, 우리나라에서는 전라도·충청도와 황해도·평안도 연해 지역의 전부를 보전해, 군량을 전선에 보급시키고, 조정의 명령을 각 지방에 전달해, 나라의 중흥을 이루게 된 것이다.

또 중국에서도 요동의 여러 지방이 동요되지 않았기 때문에 명 군대가 육로로 나와서 적군을 물리치게 된 것이다. 이 모두가 한산도 싸움에서 이겼기 때문이다.

류성룡은 이순신이 거둔 승리의 효과를 정확하게 평가하고 있다. 게다가 이순신의 승리로 명까지 보호된다는 것을 지적하고 있는데, 대단히 적확한 평가라고 할 수 있다. 이순신이 아니었다면 일본 수군이 히데요시의 전략에 따라 거침없이 서해를 북상했을 것이며, 조선이 질식당하는 것은 물론 명까지 위험했을 것이다.

특히 "우리 수군이 당도하면 어디로 가려고 그러시느냐"며 선조를 조롱하기까지 했던 고니시가 더 이상 움직이지 못하고 평양에 못 박히기까지 했으니 실로 장쾌한 승리가 아닐 수 없다. 히데요시가 할 수 있는 조치는 "절대 이순신과 싸우지 말라"는 엄명을 내리는 것밖에 없었는데, 류성룡의 기록도 살피도록 하자.

얼마 후 이순신은 판옥선 40척을 거느리고 이억기와 약속해 함께 거제로 나와 원균과 군사를 합쳐 나아가 적의 전선과 견내량에서 만나게 되었다. 이순신이 말하기를 "이곳은 바다가 좁고 물이 얕아서 배를 돌리기가 어렵겠으나 우리가 거짓으로 물러가는 체해 적병을 유인하고, 바다가 넓은 곳으로 나가서 싸우는 것이 좋을 듯합니다" 하자, 원균은 분함을 견디지 못해 바로 나가서 맞닥뜨려 싸우고자 했다. 이에 이순신은 "공은 병법을 알지 못하니 이같이 하면 반드시 패전할 것이오"라고 말하고, 마침내 깃발로써 배를 지휘해 물러갔다.

그러자 적병은 크게 기뻐하며 앞 다퉈 따라왔는데, 이미 좁은 곳을 다 나온

후 이순신이 북소리를 한 번 울리자 여러 배들이 일제히 노를 돌려 바다 가운데 열을 지어 벌려 서서 정면으로 적의 배와 맞부딪치니, 서로 거리가 수십 보밖에 떨어지지 않았다.

이보다 앞서 이순신이 거북선을 창조했는데, 목판으로 배 위를 덮으니 그 형상이 가운데가 높아 마치 거북과 같았으며, 싸우는 군사와 노 젓는 사람들은 모두 배 안에 있고, 좌우와 앞뒤에 화포를 많이 싣고 이리저리 마음대로 드나들기를 마치 베 짜는 북과 같이 행동했다. 적의 배를 만나면 잇달아 대포로 쏘아 부수고, 여러 배가 일시에 합세해 쳐부수니 연기와 불꽃이 하늘에까지 가득했고 적의 배가 수없이 불타버렸다.

적의 장수가 누선樓船에 탔는데, 그 배는 높이가 서너 길이나 되고 배 위에 망루가 있으며, 붉은 비단과 채색 담요로 그 곁을 둘렀다. 이것 또한 대포에 맞아 부서지고 적병은 모두 물에 빠져 죽었다. 그 후에도 적군은 잇달아 싸웠으나 모두 패전해 드디어 부산과 거제로 도망쳐 들어간 후 다시는 나오지 못했다.

어느 날 한창 싸움을 독려하던 중, 날아오는 탄환이 이순신의 왼편 어깨에 맞아 피가 발꿈치까지 흘렀으나 이순신은 말하지 않고 있다가 싸움이 끝난 후에야 비로소 칼로 살을 베고 탄환을 뽑아냈다. 그 깊이가 서너 치나 들어가서 보는 사람들은 얼굴빛이 변했으나, 이순신은 웃으며 이야기하는 것이 평상시와 같이 태연했다.

먼저 소개한 이순신의 기록이 정확하겠지만 류성룡의 기록도 충분히 참고할 만하다. 그리고 한 가지 말하고 싶은 것은 일본인에 의해 이순신의 전술이 밝혀졌다는 점이다. 구키 가문에 전해지는 대장군전大將軍箭을

천자총통(좌)과 지자총통(우) 보물 제647호. 국립중앙박물관 소장.

보면 단단한 참나무를 재질로 길이가 2미터에 두께가 한 뼘에 달하는 데다 무게가 거의 쌀 반 가마니나 된다. 천자총통天字銃筒에서 발사한 대장군전이 가볍고 얇은 삼나무 재질의 일본 함선을 강타하면 어떻게 될까? 일본 측의 기록에 "조선 수군의 대형화살에 맞아 배의 망대와 갑판, 방패가 모조리 부서졌다"는 기록이 남아 있다.

안골포에서 크게 당한 구키 요시타카가 기념으로 가져온 다음 가보처럼 전해지던 대장군전은 후손들이 지역 박물관에 기증한다. 이후 그 지역을 여행하던 한국의 일간지 기자가 우연히 들른 박물관에서 대장군전을 발견함으로써 비로소 이순신 전술의 실체가 드러났다.

《난중일기》를 위시한 기록을 번역하던 해방 이후 한학자漢學者들이 전쟁과 무기에 대한 지식이 없었던 탓에 잘못 알려지거나, 아예 인식하지 못했던 사실들이 밝혀지게 된다. 그런 점에 대해서는 구키에

가까스로 살아남은 400명 가운데는 와키자카 야스하루도 있었다. 이순신이 본 그들은 굶주림으로 제대로 움직이지도 못할 정도였다. 와키자카는 생미역을 뜯어먹으면서 겨우 탈출해 "십사十死에 일생一生"이라는 기록을 남겼다. 이후 와키자카 가문에서는 그 무렵이 되면 생미역을 먹는 풍습이 전해졌다.

게 감사드리지 않을 수 없다.

명의 참전

조선군이 정규군과 의병을 가리지 않고 용맹하게 싸워 전라도를 지키고 이순신이 제해권을 완전히 장악한 7월부터는 전황이 바뀌는 조짐이 역력했다. 그런 상황에서 명이 본격적인 전투부대를 파견했다. 전쟁에 영향을 끼칠 정도의 규모는 아니었지만, 조선은 명이 직접 움직였다는 자체에 주목했다. 게다가 기병 편제였기 때문에 머릿수 이상의 박력이 있었다.

> 7월에 요동의 부총병 조승훈이 군사 5,000명을 거느리고 와서 구원했다. 이 기별이 군대보다 먼저 이르렀는데, 이때 나는 치질을 앓아 고통이 심해 누워서 일어나지 못하고 있었다. 임금께서 좌의정(윤두수)에게 구원병이 오는 길에 나가서 군량을 준비하도록 하셨으므로, 나는 종사관 신경진을 시켜 임금께 글을 올려 아뢰기를 "임금 계신 곳에 현직 대신으로서는 다만 윤두수 한 사람만이 있을 뿐이오니 그를 내보낼 수는 없습니다. 신이 이미 명 장수를 접대하는 명령을 받았사오니 비록 병든 몸이오나 제 스스로 힘써 나가보겠습니다" 했더니 임금께서 허락하셨다.

이미 쉰에 이른 데다 치질까지 앓는 상태였지만 류성룡은 쉴 수 있는 처지가 아니었다. 게다가 계속 요청한 구원군이 도착했는데도 막상 보급이 제대로 이루어지지 않는다면 대단히 곤란했다.

> 초 7일에 병든 몸을 억지로 견디어 임금 계신 곳에 나아가서 하직하니, 임금께서 불러 보시므로 엉금엉금 기어들어가서 아뢰기를 "명의 군사가 지나는 길에서, 소곶所串에서부터 남쪽으로 정주·가산에 이르기까지는 5,000명이 지날 동안에 하루나 이틀 먹을 것은 준비될 수 있으나, 안주·숙천·순안 세 고을에는 양식이 전혀 없으니 명군이 이곳을 지날 때는 먼저 사흘 동안 먹을 양식을 가지고서 안주 이남의 식량에 대비해야 합니다.
> 군사가 평양에 이르러서 곧바로 수복하게 되면 성 안에 곡식이 많으므로 능히 보급될 수 있을 것이며, 비록 성을 포위한 것이 여러 날이 되더라도 평양 서쪽 세 고을(강서·용강·함종)의 곡식을 힘을 다해 운반해 전선前線에 수송하게 되면 부족하지 않을 것입니다. 이와 같은 자세한 사정은 이곳에 있는 여러 신하들에게 명의 장수와 서로 의논해 융통성 있게 계획하고 편의한 대로 일을 시행하도록 하시옵소서" 하니, 임금께서 그렇게 하라고 하셨다.

그런 몸으로 군량을 충당하는 실무는 물론 외교까지 담당하려니 보통 일이 아니겠지만 고난은 이제부터였다. 류성룡은 최선을 다해 조승훈祖承訓을 접대하고 그를 따라온 부대가 불편하지 않도록 배려했는데도 결과가 너무나 실망스러웠다. 조승훈은 의주에 닿았을 때부터 난폭하게 행동하고 피해를 끼치는 바람에 열렬히 환영했던 백성들이 집을 버리고 흩어질 지경이었다. 류성룡을 위시한 조정 대신들도 크게 실망했지만 그토록 섬기는 천조天朝에서 보낸 장수이다 보니 어쩔 도리가 없었다.

천병天兵으로까지 떠받든 조승훈은 어이없게 참패했다. 단독으로 평양을 공격했던 조승훈은 고니시 유키나가의 유인전술에 걸려들었다. 고니시가 일부러 성문을 열어주자 얼씨구나 하고 돌입했던 기병들에게 매복했던 조총의 일제사격이 퍼부어졌다. 부관 급의 장수를 여럿이나 잃고 상당수의 병력을 상실한 조승훈은 "조선군의 일부가 적과 내통했다"며 책임을 전가한 다음 요동으로 돌아가 버렸다.

다시 한 번 대승을 기록했지만 고니시의 표정은 밝지 못했다. 이번에 물리친 적은 조선군이 아니었다. 수군이 서해를 통해 보급을 가지고 오기는커녕 남해조차 얼씬하지도 못하는 상황에서 명이 참전한다면 심각한 상황에 봉착할 우려가 높았다. 명이 참전해 역전되기 이전에 뭔가 계기가 마련되어야 했다.

1592년 평양, 1950년 오산

평양에서 명과 일본군이 처음 부딪친 상황은 6·25전쟁 당시 미군과 북한군이 처음 교전한 상황과 상당히 흡사하다. 북한의 침공을 알게 된 미군은 한반도에서 가장 가까운 지역에 주둔하고 있던 부대를 출동시키려고 했다. 당시 규슈에 파견되어 있던 24사단이 적격이었다. 8군사령부는 24사단 가운데서 가장 준비가 잘 되어 있고 전투력이 강하다고 판단되는 부대를 먼저 파견하도록 명령한 결과, 21연대 1대대가 선택되었다.

포병을 위시한 지원 병력이 증강되고 대대장의 이름을 따 '스미스 특수임무부대'로 이름 지어진 대대가 부산에 상륙하자 북한군을 물리칠 것으로 믿은 시민들이 열광적으로 환영했다. 스미스대대도 2차 세계대전을 승리로 이끈 자부심이 넘치는 만큼 자신만만하게 전투에 나섰다. 그러나 스미스대대는 북한군과 마주치자마자 처참하게 패배했다.

1950년 7월 5일 아침에 벌어진 전투에서 스미스대대는 북한군의 T-34 탱크와 전투 경험이 풍부한 보병을 당하지 못했다. 불과 반나절 만에 440명 가운데 150여 명이 전사하거나 행방불명되었고 포병도 야포를 비롯한 중화기를 잃었다. 세계 최강을 자부하다 단번에 참패하고 황급하게 퇴각하던 미군들의 모습은 임진전쟁 당시 명 부대의 재연이었다.

그들을 거의 구세주로 떠받들던 정치인들도 한심하기는 마찬가지였다. 조승훈이 독자적으로 평양을 공격한 것도 음미할 대목이다. 조선이 먼저 구원을 청했기 때문에 당연하게 비칠 수 있겠지만, 조선의 영토에서 행해지는 작전에 조선을 배제하는 것이 매우 좋아 보이지 않기 때문이다. 조선군이 일부 협조하기는 했지만 명령권이 조승훈에게 있던 데다, 패배의 책임을 조선에게 떠넘기는 등 개운하지 못한 전투였다.

함경도의 함락

한편 가토 기요마사가 함경도로 진격한 것은 6월 초순, 모든 것이 낯선 조선에서도 가장 험하고 척박한 함경도를 배정받은 가토는 울화통이 터졌다. 풍요롭고 싸우기 좋은 지역도 많은데 왜 하필 함경도일까? 아무래도 이시다 미쓰나리의 농간이 분명했다. 조선에서의 상황을 히데요시에게 보고하고 하달받은 명령을 전달하는 역할을 맡는 이시다는 자신이 사령관이라도 된 것 같았다. 고니시와 아주 사이가 좋은 반면 가토와는 전혀 그렇지 않은 이시다가 가토를 골탕 먹일 목적으로 함경도를 배정한 것은 의심의 여지가 없었다.

그러나 히데요시의 명령이 빙자된 데다, 어떻게든 전공을 세우기에 급급했던 가토는 함경도로 들어가지 않을 수 없었다. 6월 12일 철령에서 일단의 조선군을 격파한 가토는 7월 18일에 마천령을 넘어 지금의 함경북도 상진으로 추정되는 해정창으로 진출했다. 해정창에는 함경도 북부 지역을 책임지는 한극함韓克諴이 기다리고 있었다. 그가 이끄는 기병과 보병은 최북방의 국경에서 여진족과 싸우던 사실상 조선 최강의 전력이었다. 가토 기요마사가 이끄는 2군 역시 용맹에서 빠지지 않는 만큼 전투 결과에 귀추가 주목되었다.

가등청정(기토 기요마사)은 곡산에서부터 노리현을 넘어 철령 북쪽으로 나와 하루에 수백 리 길을 달리는데, 그 형세가 비바람이 몰아치는 것과 같았다. 북도병사 한극함은 육진六鎭의 군사를 거느리고 해정창에서 적군과 만났는데, 북도 군사들은 말타기와 활쏘기를 잘하며 마침 땅이 평탄하고 넓어서 왼쪽과 오른쪽에서 번갈아 나와 말을 달리면서 활을 쏘아대니 적군이 지탱하지 못하고 창고 속으로 쫓겨 들어갔다.

이때 이미 해가 저물었으므로 군사들은 조금 쉬었다가 적군이 나오는 것을 기다려 내일 다시 싸우고자 했으나, 한극함은 듣지 않고 군사를 지휘해 적군을 포위했다. 이에 적군은 창고 속에서 곡식가마니를 꺼내어 늘어놓아 성처럼 만들고 우리 군사의 화살과 돌을 피하면서 그 속에서 조총을 수없이 쏘니, 우리 군사는 빗살과 같이 죽 늘어서서 나뭇단처럼 겹겹이 서 있었으므로 맞으면 반드시 관통했고 간혹 총탄 한 알에 서너 명이 쓰러지기도 해 마침내 우리 군사는 무너지고 말았다.

한극함은 남은 군사를 거두어 고개 위에 진을 치고 날이 밝기를 기다려 다시 싸우고자 했는데, 밤중에 적군이 몰래 나와서 우리 군사를 둘러싸고 풀 속에 흩어져 매복해 있었다. 자욱한 아침 안개 속에서 우리 군사는 아직도 적군이 산 밑에 있다고 생각했지만 갑자기 한 방 총소리가 나더니 사면에서 고함을 치면서 뛰어오는데 모두 적이었다. 우리 군사는 드디어 놀라서 무너졌는데, 장수와 군사들이 적군이 없는 곳을 찾아 도망치느라고 모두 진흙 속에 빠진 것을 적군이 쫓아와서 칼로 베니 죽은 사람이 수없이 많았으며, 한극함은 도망쳐 경성으로 들어갔다가 적에게 사로잡혔다.

이번에도 지휘관이 문제였다. 가토 기요마사가 위급한 상황에서도 임기응변을 발휘한 반면, 한극함은 승기를 잡고도 제대로 지휘하지 못하는 바람에 패배하고 말았다. 게다가 경계에도 실패해 기습까지 당하는 등, 최강의 병력을 너무나 어이없게 상실했다. 함경도는 접근하기 힘든 지역이 많았으며 조선 초기에 설치된 종성·온성·회령·경원·경흥·부령 등 북방 육진은 여진족과의 무수한 전투로 단련되어 만만한 곳이 하나도 없었다. 그럼에도 불구하고 함경도는 너무나 쉽게 무너졌다. 게다가 무너진 원인은 일본군 때문이 아니었다.

선조가 근왕과 만일의 대비를 이유로 해서 인빈 소생을 제외한 왕자들을 각지로 보낼 때 임해군은 함경도로 가고 순화군順和君은 강원도로 갔다. 가토 기요마사가 강원도와의 접경을 통해 침입하자 순화군은 회령에 있는 임해군에게 찾아갔다. 그런데 회령에 아전으로 있던 국경인鞠景仁이라는 자가 반역해 왕자들과 부인들은 물론 수행하던 신하들까지 체포해 가토에게 넘겼다. 반역이 급격히 확대되어 한극함을 위시한 고위직 관리들이 살해되거나 적에게 넘겨지는 바람에 함경도가 순식간에 가토에게 넘어가고 말았다.

전쟁 당시 점령을 맡은 지역을 단기간에 접수한 자는 가토가 유일했지만, 북방 지역의 반감이 뿌리 깊었던 탓이었다. 북방은 지역적 특수성으로 인해 국방에 대한 세금과 부역이 고되었던 데다 관직의 등용에 제한을 받는 등, 차별적인 정책이 적용되었기 때문에 예로부터 피해 의식과 불만이 많았다.

또한 자체적인 교육 기관과 인적 자원이 충분하지 못해 유배된 자들 가운데 하급 실무직을 맡기는 경우가 많았다. 그들이 조정에 불만을 가지지 않을 수 없었는데, 실제로 반역을 일으킨 국경인도 전주에서 살다가 죄를 짓게 되어 회령으로 유배된 자였다.

한심한 왕자들

그러한 특성과 왕자들의 처신도 원인으로 지목된다. 특히 임해군은 도성에 있을 때부터 포악한 행동거지로 백성들의 재물을 강탈했으며, 심지어 노비들까지도 백성들에게 피해를 입히는 등 원성이 높았다. 선조가 도성을 빠져 나갔을 때 분노한 백성들이 임해군의 사저에 불을 질렀을 정도였다. 집에서 새는 바가지는 밖에서도 새기 마련이다. 도성에서 일상적이었던 포악과 탐욕이 함경도에서도 반복되자 그렇지 않아도 불만이 크던 함경도의 백성들이 폭발했을 것은 어렵지 않게 짐작 가능하다.

가토 기요마사가 함경도를 거저로 먹을 수 있었던 요인이 반란이었음을 감안할 때, 반란의 원인은 선조에게서 찾아야 한다. 선조가 도성을 버린 다음 망명까지 시도하자 전국이 극도로 혼란스러워졌다. 그런 소문이 함경도에까지 퍼졌다면 반역이 일어나지 않는 것이 오히려 이상했다. 선조가 있었던 평양에서도 반란이 일어날 뻔했음을 감안하면 함경도에서 일어난 반역은 전혀 이상하지 않다.

경위야 어쨌든 가토 기요마사는 누구도 예상하지 못한 단기간에 함경도를 점령했다. 게다가 조선의 왕자를 둘이나, 그것도 장남을 포함해서 생포했으니 비로소 체면을 세울 수 있었다. 또한 반역자들을 각 고을의 사또로 임명했기 때문에 통치도 다른 지역에 비해 상대적으로 수월한 편이었다.

한편 가토는 두만강을 넘어 여진족의 지역에까지 출격했는데, 전혀 성과가 없었지만 일본에서는 이를 나름대로 중요하게 여기는 편이다. 가토는 근대 일본이 만주를 침략하기 이전까지 '가장 멀리까지 진출한 영웅'으로 기록될 수 있었다.

8월의 출발은 지극히 한심했다. 조승훈이 패배한 이후 자력으로 평양성을 공격하려다가 오히려 크게 패배했기 때문이다. 고니시가 조승훈을 패배시킨 다음에도 추격할 기미가 없고 계속 평양에 웅거하자 혹시나 해서 만 명이 훨씬 넘는 육군과 별도로 수군까지 동원해서 대동강 입구에 대기시켰다. 이후 눈치만 보다가 적을 몇 명 죽이지도 못한 반면, 막상 고니시가 보낸 주력

신빙성이 높지는 않지만 일본 사료에 의하면 당시 고니시와 가토가 제비를 뽑아 진격할 지역을 정했다고 한다. 만일 가토가 고니시처럼 평양에 눌러 있지 않고 마구잡이로 진격했다면 어떻게 되었을까? 공포에 질린 선조가 압록강을 건넜을 것은 자명하다.

이 나타나자 혼비백산해 도주하다가 적지 않은 피해를 당했으니 차라리 시작하지 않은 것만 못했다.

연안성전투의 승리

일본군은 황해도를 반드시 점령해야 했다. 전라도와 함께 조선의 곡창 지대인 황해도를 함락시키기 위해 구로다 나가마사의 3군이 연안성으로 진격해왔다. 이때가 8월 28일이었는데, 이정암李廷馣(1541~1600)을 중심으로 하는 1,500명 가량의 의병이 연안성에 들어가 있었다. 광해군에게 초토사의 직함을 받은 이정암은 반드시 성을 지킬 것을 다짐했다.

광해군은 선조에게 조정의 기능을 수행할 것을 당부받아 분조를 이끌었다. 선조는 국정 운영의 경험이 많은 중신들 가운데 선조의 눈 밖에 난 일부를 보내 광해군을 돕도록 했다. 광해군도 선조의 내심을 모르지 않았겠지만 선조와는 전혀 다르게 행동했다. 광해군은 곳곳을 발로 뛰었다. 심지어 적들이 가까이 있는 지역까지 위험을 무릅쓰고 직접 찾아가 백성들을 어루만지고 격려했다.

조정의 존재가 사라지고 선조까지 망명하려는 극도로 흉흉한 세상에서 어찌할 바를 모르고 두려움에 떨던 백성들에게 광해군은 희망이 되었다. 광해군이 가는 곳마다 백성들이 구름처럼 모여들었다. 광해군은 그들 가운데 이정암처럼 유능하고 관직의 경험을 갖춘 자들에게 임시로 직책을 내리고 나라를 위해 싸울 것을 명했다.

8월 28일에 포진한 일본군은 이튿날부터 공격을 개시했다. 구로다 나가마사의 3군도 최정예였지만 의병들은 이정암의 지휘 아래 일치단결해 싸웠다. 9월 2일까지 계속된 전투에서 마침내 구로다가 포위를 풀고 물러가니 불과 2,000도 되지 않는 의병들이 황해도를 지켜내는 대승을 거뒀다. 연안성이 방어될 수 있는 요인 가운데는 가장 중요한 성벽을 위시해서 방어에 필요한 시설이 잘 갖춰졌다는 것도 포함된다. 그렇지 않았다면 이정암도 지켜내기 어려웠을 것인데, 전임의 연안부사가 바로 신각이었다.

이순신의 네 번째 출격

이순신도 네 번째 출격에 나섰다. 8월 29일에 장림포에 있던 소규모의 일본 수군을 때려잡은 연합함대는 판옥선 74척과 소형의 협선 92척, 수효로 보면 대단했지만 실제 주력인 판옥선은 70척을 약간 넘기는 정도였다. 이순신의 이번 목적이 적의 본거지를 때려 부수는 데 있음을 감안하면 그리 충분하지 않았다. 9월 1일에 화준구미와 다대포·서평포·절영도·초량목을 차례로 짓밟으며 진격하던 연합함대가 마침내 부산포에 닿았다.

부산포에는 무려 일본 군함이 470척이나 정박해 있었지만 감히 이순신과 싸울 엄두를 내지 못했다. 일본군은 이순신이 쳐들어온다는 경보를 받고 전부 상륙해 높은 곳에 구축한 요새에 틀어박혀 있었다. 이순신이 함대를 돌진시켜 반나절 정도 싸운 결과 100척 이상을 격파하는 대전과를 올렸다. 그때까지 겪었던 단일 전투로는 단연 최대의 전과였으며, 부산포까지 공격당한 충격도 엄청났다. 게다가 헤아릴 수 없는 적을 살상한 데 비해 아군의 사상자는 불과 30명 정도밖에 되지 않았다.

극히 일부를 차지한 전사자 가운데는 녹도만호 정운도 포함되었다. 정운은 포로가 된 아군의 포수가 발사한 것으로 추정되는 포탄이 머리에 적중하는 바람에 최후를 맞았다.

> 녹도만호 정운은 맡은 직책에 정성을 다했고, 담략이 있어서 서로 의논할 만한 사람이다. 사변이 일어난 이래 의기를 격발해 나라를 위해서 제 몸을 잊은 채 조금도 마음을 놓지 않고 변방을 지키는 일에 힘쓰기를 오히려 전보다 더욱 더 하므로 믿을 사람은 오직 정운 등 두세 사람이다.
>
> 세 번 승첩을 했을 때 언제나 선봉에 섰고, 이번에 부산포해전에서도 몸을 던져 죽음을 잊고 먼저 적의 소굴에 돌입했으며, 하루 종일 교전하면서도 어찌나 힘을 다해 쏘았던지 적들이 감히 움직이지 못하였는바 이는 정운의 힘이 컸다. 그날 돌아올 무렵에 철환을 맞아 전사했지만, 그 늠름한 기운과 맑은 혼령이 쓸쓸히 아주 없어져서 후세에 알려지지 못할까 애통하다. 이대원의 사당이 아직도 그 포구에 있으므로 같은 제단에 초혼해 함께 제사를 지내어 한편으로는 의로운 혼령을 위로하고 …
>
> 《난중일기》 1592년 9월 15일

이순신은 전쟁이 발발했을 때부터 앞장서서 싸웠던 정운을 잃은 것을 애통해 했다. 그러나 전쟁터에 나온 이상 안전한 사람은 아무도 없다. 이순신은 정운의 혼령을 인근에 있던 '이대원의 사당'에 함께 초혼하기로 했는데, 이대원李大源(1566~1587)은 왜구들이 손죽도를 침범했을 때 전라좌수영 소속으로 용맹하게 싸우다가 전사한 지휘관이다.

그런데 실질적으로 이대원을 죽인 자는 어이없게도 직속상관이었다. 당시 전라좌수사인 심암은 이대원을 시기한 나머지 이대원의 전함이 왜구들에게 포위당한 상황을 보고도 구원하지 않았다. 그 바람에 이대원을 위시한 장병들이 전사하거나 포로가 되고 말았다. 나중에 그런 사실이 밝혀져 심암은 처형을 당하게 된다.

심암 이외의 전라좌수사들도 문제를 일으켰다가 파직당한 사례가 있는 데다, 유극량에서 원균으로 바뀌었다가 원균이 부임하기도 전에 다시 이순신으로 바뀌는 등 전라좌수영은 '관심지역'이었다. 그런 곳에 부임해 최강으로 탈바꿈시킨 이순신이 어찌 대단하지 않겠는가.

이어지는 승전보

9월에는 승전보가 계속 이어졌다. 전쟁 초기에 밀양을 지키다가 실패한 이후 여러 차례나 좌절을 반복하던 박진朴晉(1560~1597)이 경주성을 탈환했다. 경주 같은 큰 고을을 공격해 적을 몰아내는 것은 쉽지 않은 일인데, 신무기의 덕택이 컸다.

> 박진은 경상좌도 군사 만여 명을 거느리고 경주성 아래까지 밀어닥쳤으나, 적군이 몰래 북문으로 나와 우리 군사의 후면을 엄습하자 달아나 안강으로 돌아왔다. 밤중에 또 군사를 성 밑에 잠복시켰다가 비격진천뢰를 쏘게 해 성 안 객사 뜰 가운데 떨어지자, 적병은 그 제작법을 알지 못해 다투어 모여들

비격진천뢰飛擊震天雷와 중완구中碗口 감겨진 도화선의 숫자에 따라 폭발 시간이 좌우된다. 심지에 불을 붙인 다음 성벽 위에서 직접 손으로 던지거나 굴리며, 완구류를 이용해 발사하기도 한다.

어 구경하며 서로 굴려보기도 하고 들여다보기도 했다. 조금 있다가 포가 그 속에서 폭발해 그 소리가 천지를 진동시키고 쇳조각이 별처럼 무수히 부서져 흩어졌다.

맞아서 곧바로 죽은 적병이 30여 명이나 되고 맞지 않은 적병 또한 쓰러졌다가 한참 만에 일어나자, 놀라고 두려워하지 않은 적병이 없었으나 그 제작법을 알지 못해 모두 신神이 하는 일이라 여겼다. 이튿날 마침내 적군 전 부대가 성을 버리고 서생포로 도망쳐 돌아가자, 박진은 경주로 들어가서 적이 남긴 곡식 만여 석을 얻게 되었다.

《징비록》에 나타난 비격진천뢰飛擊震天雷는 군기시에 소속된 화포장 이장손李長孫이 개발한 일종의 시한폭탄으로 곡사포인 대완구大碗口에 넣어 발사한다. 둥근 폭탄의 내부에 날카로운 파편이 들어 있고 심지의 길이를 조절해 감는 것으로 폭발하는 시간을 맞추게 되어 있다. 대완구에서 발사된 비격진천뢰는 성벽을 넘어 떨어진 다음 폭발해 무서운 위력을 보였다.

또한 박진은 승자총통을 연사할 수 있는 화차火車까지 동원해 일본군의 조총에 대응하기까지 했다. 그로 인해 견디지 못한 적들이 도주했으며, 만 석이나 되는 군량까지 얻는 전과를 거두었다.

경주성의 수복은 야전과 백병전에서의 열세를 신무기로 충당하는 기술적 전술에 의한 승리였다. 그 결과 아군의 영역과 보급로가 그만큼 확대되는 반면 적들에게는 정반대의 영향을 끼치게 된다. 초기의 충격에서 벗어나 정신을 차린 조선이 본격적으로 반격하는 시기가 온 것이다.

당사자가 소외된 전쟁

'갑'의 전쟁에서 우리는 을이구나

> 심유경은 본디 절강성 사람인데, 명의 병부상서 석성이 왜국의 정세를 잘 안다고 여겨 그에게 유격장군이란 칭호를 주어 내보낸 것이다. … 왜적과 약속하기를 "내가 돌아가 우리 황제에게 보고하면 당연히 무슨 처분이 있을 것이니, 50일 동안을 기한으로 해 왜병은 평양 서북쪽 10리 밖으로 나가서 약탈하지 말아야 하고, 조선 군사도 10리 안으로 들어가서 왜적과 싸우지 말아야 할 것이다" 하고, 이에 땅 경계선에 나무를 세워 금지하는 표지를 만들고 떠났으나, 우리나라 사람들은 모두 그 까닭을 알 수가 없었다.

박진이 경주를 탈환한 이후 김면과 정인홍鄭仁弘(1535~1623)을 위시한 경상도의 의병들이 성주를 공격했다가 실패했지만, 함경도에서 거병한 정문부鄭文孚(1565~1624)가 경성을 탈환하는 등 일진일퇴가 거듭되었다. 게다가 이순신이 제해권을 완전히 장악한 상황에서 명의 참전은 가장 중요한 이슈였다.

그런데 명의 병부상서 석성石星(1538~1599)이 보낸 심유경沈惟敬(?~1597)이라는 자가 고니시 유키나가와 회담한 결과 믿기 어렵게도 휴전이 발표되었다. 평양 수복은 조선에게 가장 시급한 과제로서 명이 참전하면 첫 번째로 공격할 목표인데도 오히려 석성이 파견한 심유경에 의해 50일 동안이나 아예 접근하지도 말라는 명령이 내려졌다. 《징비록》에도 "우리나라 사람들은 모두 그 까닭을 알 수가 없었다"는 내용이 기록되어 있을 정도다.

석성 휴전 협상에 실패한 뒤 관직을 삭탈당했다. 국립중앙박물관 소장.

그렇게 된 까닭은 명의 내부 사정 때문이다. 당시 명은 쓰러지기 일보 직전이었다. 20년 전만 해도 풍요롭기가 역사를 통틀어 손꼽을 정도였던 나라를 그 지경으로 만든 자는 어이없게도 황제였다. 13대(또는 14대) 황제 만력제萬曆帝(재위 1573~1620)는 나라를 망친 암군暗君 가운데서도 독보적인 군주였다.

만력제가 10세의 어린 나이에 보위에 오른 무렵 명은 제대로 운영되고 있었다. 명재상으로 역사를 통틀어 손가락에 꼽히는 장거정張居正(1525~1582)이 뛰어난 정치를 편 덕택이었는데, 장거정은 만력제의 사부도 겸했다. 권력을 장악한 장거정은 만력제를 엄격하게 교육시키고 약간의 사치와 낭비도 용납하지 않았다.

게다가 환관들의 수장 풍보馮保가 장거정와 협력해 만력제의 동태를 감시하고 보고했다. 만력제의 생모인 태후까지도 풍보의 보고를 받은 다음 마음에 들지 않으면 "동생으로 하여금 황제를 대신하게 하겠다"며 심하게 꾸짖는 바람에 만력제는 숨조차 마음 놓고 쉬기 어려웠다. 장거정의 눈부신 활약으로 명의 재정은 역대 중국사에서도 손에 꼽을 정도로 부강해졌다. 또한 척계광戚繼光(1528~1588)과 같은 유능한 장군들이 등용되어 국방도 튼튼해졌다.

그러나 장거정이 죽고 만력제가 나선 다음부터 명은 급격하게 피폐해졌다. 장거정이 이룩한 눈부신 성과를 블랙홀처럼 집어삼키던 만력제는 자신이 죽은 다음 입주할 궁을 역사상 가장 화려하게 지을 것과, 그곳을 장식할 갖은 보물을 구입하는 등으로 국가를 빠르고 확실하게 말아먹었다.

게다가 만력제는 조정에 나가는 것 자체를 싫어했다. 무능하고 게으른 차원을 초월해 황제로서의 의무에 관심이 없었던 만력제는 태업도 서슴지 않았다. 만력제도 선조처럼 황후가 태자를 생산하지 못한 대신 후궁들이 아들들을 낳아 주었다. 만력제는 왕씨가 낳은 장남 주상락을 거들떠보지도 않고 대신 정씨가 낳은 셋째 주상순을 총애했다. 만력제가 주상순을 태자로 삼으려 하자 당연히 대신들이 반대했다. 그러자 만력제는 이를 빌미로 조정에 나오지 않았다.

간단하고 요식적인 사안이라도 황제가 옥새를 찍어줘야 비로소 시행되는 것인데, 하물며 국가 예산이나 국방 정책 등의 중대한 사안은 오죽하겠는가? 게다가 고위직 가운데는 황제가 직접 임명하거나 최소한 동의를 해야 하는 직책들이 적지 않음에도 황제는 나타나지도 않았다.

파병이 곧 총력전이나 마찬가지였던 명

그런 상황에서 일본이 조선을 침공하자 명은 종주국으로서 위기에 빠진 번국蕃國을 구하는 행동을 취하는 것이 당연한 데다, 자신들의 안전을 위해서라도 참전할 수밖에 없었다. 그러나 워낙 피폐하다보니 5만 남짓한 규모의 원군을 구성하는 것도 만만치 않았다. 겨우 북경 북부 선부宣府 지역의 부총병이던 이여송을 사령관으로 하는 부대가 편성되었는데, 이번에는 북방에서 반란이 일어났다. 더욱 어이없는 상황은 반란을 일으킨 '발배哱拜'라는 자가 명의 부총병이라는 점이었다.

이민족 출신으로 명에 귀순한 발배는 부총병에 제수되어 임무에 충실하던 사람이다. 그러던 가운데 다른 지역에서 반란이 일어나자 명령에 따라 나가 싸워 진압했는데, 그 과정에서 잔혹한 학살이 동반되었다. 당시 전쟁이 그러했던 데다 특히 반란의 진압은 인정사정 볼 필요가 없었지만, 문제는 발배가 이민족 출신이라는 점이었다.

그를 시기하던 자들이 "발배가 무고한 중국인들을 저렇게 학살하는 것은 좋지 않은 마음을 먹고 있기 때문"이라며 모함하자 발배가 장차 반역할 것이라는 소문이 나돌게 되었다. 소문이 증폭되면서 재생산되자 발배는 결국 반란을 일으킬 수밖에 없었다.

발등에 불이 떨어진 병부상서 석성을 위시한 지휘부는 부랴부랴 이여송을 반란 진압에 투입했다. 만일 이여송이 패배하는 날에는 일본군이 쳐들어오기도 전에 나라가 망할 판이었다. 그렇다고 해서 파병이 늦어지는 이유를 조선에 알릴 수도 없는 노릇이라 시간을 벌 필요가 절실했던 석성은 편법을 짜냈다. 석성은 대담하고 상황판단능력은 물론 변설辨說까지 능한 심유경에게 유격장군의 직책을 내리고 조선으로 파견했다. 심유경이 평양으로 가서 '강화가 전제된 회담'을 제의하자 석성만큼이나 시간을 벌 필요가 절실했던 고니시 유키나가가 얼른 받아들였다. 그것이 휴전이 성립된 배경이다.

요동의 공백과 건주여진의 궐기

명의 파병이 늦어진 원인 가운데는 요동에서 발생한 공백도 포함된다. 만리장성 바깥의 요동은 거의 독립된 지역으로 이여송의 아버지인 이성량이 책임지고 있었다. 요동총병遼東總兵으로 일대의 여진족과 몽골족을 제어하던 이성량은 만만치 않거나 마음에 들지 않는 부족들은 직접 공격해 말살하기를 서슴지 않았다. 1570년에 요동총병으로 부임한 이성량은 20년이 넘도록 요동을 실질적으로 지배했다.

그러던 이성량이 파면당해 북경으로 소환되는 사건이 벌어졌다. 그동안 보고되었던 승전 가운데 사실과 다르거나 심지어 출격조차 하지 않았던 것들과, 뇌물을 받고 승진시키는 등의 비리가 발각되었기 때문이었다. 그동안의 공이 참작되어 파면으로 그쳤지만 이성량이 떠난 공백은 쉽게 메워지지 않았다.

게다가 여진족의 동태도 심상치 않았다. 유력한 여진족 일파인 건주여진建州女眞을 통일한 누르하치努爾哈赤(1559~1626)가 급격히 세력을 확장했다. 누르하치는 다른 여진족들을 통합하고 막강한 몽골족까지 격파하면서 요동도사의 지배력이 미치지 않는 대부분의 지역을 장악한 상태였다. 스스로를 왕으로 칭하는 것을 서슴지 않는 누르하치는 석성을 위시한 명 조정에 적지 않은 위협이었으니, 그렇지 않아도 국력이 바닥을 치던 당시의 명은 그야말로 죽을 노릇이었다.

참고로 임진전쟁 당시 누르하치는 조선에 지원군을 보내겠다는 의사를 밝혔다. 누르하치가 보유한 기병과 보병은 당시 아시아 최강이었으며 규모 역시 전쟁에 영향을 미칠 수 있는 수준이었다. 전쟁을 수행할 여력이

해동지도海東地圖 가운데 조선여진분계도朝鮮女眞分界圖 조선과 여진과의 접경 지역을 기록했다. 1750년(영조 26) 제작.

모자랐던 명은 이러한 누르하치의 제안에 매우 솔깃했지만 류성룡은 단호하게 반대했다.

아무리 다급해도 그들을 조선에 들였다가 주요 도로 같은 기밀이 새어나가 후환이 생길 것을 우려했기 때문이었다. 뿐만 아니라 명군 외에 그들에게도 군량 등을 지원해야 할 것까지 고려하면 류성룡의 반대는 충분히 타당했다.

어지러운 명의 내부

중국은 역사적으로 환관의 발호로 인해 제국이 위태로운 사례가 적지 않았는데 명도 예외가 아니었다. 명의 경우 6대 황제 정통제正統帝(재위 1435~1449, 복위 1457~1464)가 태자였을 때 양육하고 교육했던 환관 왕진이 정통제가 즉위한 이후 권력을 잡게 된다.

오이라트의 지배자 에센과의 갈등이 심해지고 에센이 자주 국경을 침범하자 왕진은 정통제에게 직접 나서 에센을 공격할 것을 주장하고 자신도 참전했다. 정통제는 1449년 50만 대군을 이끌고 나갔지만 작전을 전혀 모르는 왕진이 시키는 대로 하다가 대패하고 에센에게 포로로 잡히는 초유의 사태가 발생했다.

황제가 포로가 되고 나라가 망할 지경에 이르렀지만, 병부시랑 우겸于謙이 수도를 이전하자는 대세에 따르지 않고 굳건히 방어했다. 환관들을 일소한 우겸이 중심이 되어 결사적으로 방어하자 에센도 어쩔 수 없이 물러갈 수밖에 없었다. 이후 명의 대신들이 정통제의 이복동생을 즉위시키니 그가 7대 경태제景泰帝다.

에센은 포로로 잡은 정통제의 이용 가치가 없어지자 그를 조건 없이 송환했다. 북경으로 돌아온 정통제는 상황上皇으로 유폐되었지만, 1457년 정통제를 지지하는 세력이 반역을 일으켜 경태제를 폐위시키고 정통제를 옹립한다. 정통제는 천순제天順帝가 되는바, 두 황제는 같은 인물이다. 그런 관계로 만력제가 13대가 될 수도 있고 14대가 될 수도 있는 것인데, 만력제의 시대에 다시 발호한 환관들이 명의 멸망에 크게 일조한다.

진주성전투의 승리

평양은 조용했지만 남부 지역은 그렇지 않았다. 일본군이 경상우도의 핵심인 진주성으로 진격함에 따라 조선군도 대응에 부심했다. 함안군수였다가 공을 세워 경상우병사로 승진한 유숭인이 수천의 병력을 이끌고 창원에서 적과 부딪친 것이 9월 27일인데, 압도적으로 우세한 적을 당하지 못한 유숭인은 일단 퇴각했다.

이때 진주는 판관이었다가 목사로 승진한 김시민이 지키고 있었다. 유능한 무관으로 일찍부터 정언신과 류성룡 등에게 추천된 김시민은 기대에 어긋나지 않았다. 방어에 따른 준비를 완벽하게 갖춘 다음 3,800명의 병력과 함께 필승을 다짐했다.

10월 5일 2,000 정도의 기병을 이끈 유숭인이 나타났을 때 김시민은 성문을 열어주지 않았다. 유숭인이 들어오면 병력이 늘어나겠지만 경상우도를 책임지는 그가 지휘권을 장악하게 될 것이기 때문에 지금까지 자

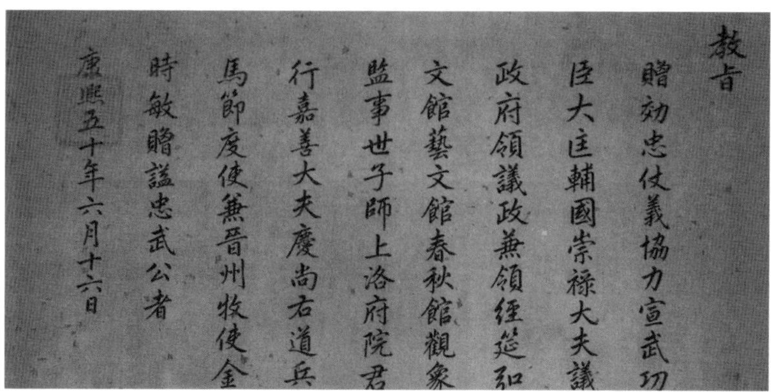
教旨
贈効忠仗義協力宣武功
臣大匡輔國崇祿大夫議
政府領議政兼領經筵弘
文館藝文館春秋館觀象
監事世子師上洛府院君
行嘉善大夫慶尚右道兵
馬節度使兼晋州牧使金
時敏贈謚忠武公者
康熙五十年六月十六日

김시민사시교지金時敏賜謚敎旨 제1차 진주성 전투를 이끈 김시민을 1711년(숙종 37) 영의정으로 추증하며 내린 교지. 시호는 충무忠武.

신에 의해 이루어진 훈련과 대비가 흔들릴 것을 우려한 조치였다. 당연히 열릴 줄 알았던 성문이 열리지 않고 "인근에서 지원해주시면 감사하겠다"며 거절당하자 유숭인은 크게 당혹했을 터였다. 그러나 유숭인은 비겁하지 않았다. 유숭인은 휘하를 이끌고 진주성을 향해 진격하는 압도적인 적과 싸운 끝에 장렬하게 전사했다.

유숭인의 부대를 전멸시킨 적의 대군이 진주에 닿자 처절한 혈투가 벌어졌다. 승부의 결과는 조선군의 승리였다. 미리부터 철저히 대비하고 강훈련을 실시한 데다, 상황에 따라 적절하게 지휘한 김시민의 공이 절대적이었다. 곽재우를 위시한 의병들도 일본군의 배후를 기습하고 밤이면 인근의 산에 올라 횃불을 흔들면서 위협하는 등 크게 활약했다.

그러나 대승을 거둔 김시민은 전사했다. 마지막 고비를 맞아 더욱 가열차게 지휘하던 김시민은 시체 사이에 숨어 있던 적이 발사한 조총에 이마를 맞고 쓰러졌다. 옆에 있던 곤양군수 이광악李光岳(1557~1608)이 대신 지휘를 맡아 고비를 넘겼지만 김시민은 일어나지 못했다.

진주에서 거둔 승리는 조선에게 의의가 컸다. 만일 진주를 잃는다면 일본군에게 전라도로 가는 통로를 내주게 된다. 그렇게 되면 곡창지대는 물론, 전라도의 수군, 특히 이순신까지 기지를 잃게 될 것이 분명하다. 진주성에서 참패해 병력을 거의 50%나 상실한 일본군은 황급히 퇴각한 다음 당분간 작전에 나서지 못했을 정도였다.

음력 9월에 접어들면서 보급이 시원치 않은 데다 추위까지 겪어야 하는 일본군은 더욱 괴로워졌다. 대부분이 따뜻한 지역 출신이던 일본군은 혹한에 대한 대비가 전혀 없었기 때문에 더욱 위축되었다. 특히 이미 겨울에 접어든 함경도에서는 정문부가 이끄는 의병들이 본격적으로 활동하기 시작했다.

적보다 무서운 원군

12월 4일에 류성룡이 다시 도체찰사를 겸하게 되었다. 당시 안주에 있었던 류성룡은 외교와 보급에 대한 총책임을 맡고 있었는데, 병조兵曹 등과 업무가 겹쳤으며 명예직에 해당하는 풍원부원군으로 활동하다 보니 아무래도 매끄럽지 못한 점이 많았다. 이에 비변사가 선조에게 류성룡을 도체찰사로 임명할 것을 건의하자 어렵지 않게 받아들여졌다. 이는 류성룡이 할 일과 의무가 더욱 많아졌다는 것을 의미했다.

12월 25일, 명군의 주력이 마침내 얼어붙은 압록강을 건넜다. 선조는 지옥에서 부처님을 만나기라도 한 것처럼 기뻐했지만 류성룡처럼 실무를 담당하는 사람들은 속으로 한숨을 쉬었다. 당시 조선이 확보한 세미稅

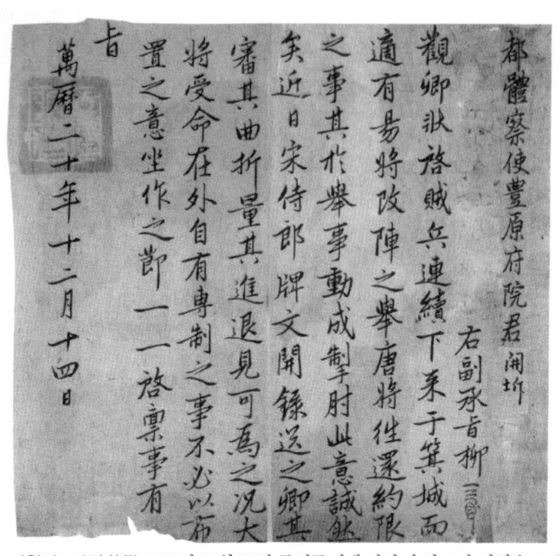
都體察使豊原府院君開坼
右副承旨柳
觀卿狀啓賊兵連續下來于箕城面
適有易將改陣之舉唐將往還約限
之事其於舉事動成掣肘此意誠然
矣近日宋侍郎牌文開錄送之卿其
審其曲折量其進退見可爲之況大
將受命在外自有專制之事不必以布
置之意坐作之節一一啓禀事有
旨
萬曆二十年十二月十四日

정원전교政院傳敎 1592년 12월 14일 류성룡에게 하달된 선조의 명령을 모은 문서. 보물 제160-2호. 충효당 소장. "경(류성룡)의 장계를 보니 적병이 계속 평양으로 내려오는데… 세세한 사항을 계품할 필요는 없다."

米의 대부분이 명군에게 배당되어야 했던 탓이다. 그들에게 제공한 나머지를 가지고 조정과 국정이 유지되는 것은 불가능에 가깝다. 게다가 말에게 먹일 사료와 취사에 필요한 연료 같은 부수적인 것까지 생각하면 도무지 답이 나오지 않았다.

그뿐 아니라 술까지 필요했다. 명의 사신들이 오갈 때마다 연회에 필요한 술을 담가야 함은 물론 조승훈이 왔을 때도 대놓고 술을 요구했었다. 조정에서는 전주국典酒局이라는 관청을 신설해 술을 만들게 했는데, 거기에 들어가는 곡식도 적지 않았다.

'돈 먹는 하마' 명군은 행패까지 극심했다. 본래 '갑'의 위치인 데다 '을'인 조선이 워낙 알아서 기다 보니 제대로 대우받지도 못했지만, 이런 상황에까지 오다 보니 명군은 더욱 안하무인이 되었다. 조승훈의 경우 백성들을 구타하고 강간하기 일쑤였어도 누구도 감히 만류하지도 못할 정도였다. 하물며 5만이나 되는 명군이 들어오면 어떤 일이 벌어질지 상상하기조차 두려웠다. 원군인 명군이 조선에 입힌 피해는 침략자인 일본군을 능가했다. 밀양부사였다가 경주를 탈환하는 공을 세워 경상좌병사로까지 승진했던 박진이 명군의 하급 장교에게 당한 구타가 원인이 되어 목숨을 잃었을 정도였다. 박진 같은 인물이 그렇게 죽어나가는 판에 일반 백성의 처지는 말할 것도 없었다. 그렇다고 해서 명군이 전투를 잘하는 것도 아니었다. 밥만 축내고 제대로 싸우지도 못하는 주제에 어떻게 막을 도리가 없는 명군에 의한 피해는 전쟁 내내 심각한 문제를 야기했다.

하루라도 빨리 전쟁을 끝내는 것밖에 다른 방법이 없었다. 하루라도 더 있으면 그만큼의 피해가 되는 것은 명군이나 일본군이나 하등 다를 것이 없었다. 류성룡의 의무에는 먹을 것까지 대줘야 하는 명군이 하루라도 빨리 돌아가게 만드는 것도 포함되었다.

적은 내부에서도 생기고

명이 참전하고 본격적인 전투가 벌어지기 전에 눈에 띄는 사건이 있다.

> 적군의 간첩 김순량을 사로잡았다. 내가 안주에서 군관 성남을 시켜 전령을 가지고 수군장 김억추에게 가서 적군을 공격할 일을 비밀리에 약속하도록 했는데 그때가 12월 초이틀이었다. 내가 경계하기를 "6일 안으로 전령을 돌려보내도록 하라"라고 했는데 기일이 지나도 돌려보내지 않아서, 이에 성남

에게 힐문하니 그는 "벌써 강서 군인 김순량을 시켜 돌려드리도록 했습니다" 라고 했다.

나는 김순량을 잡아와서 전령이 어디 있느냐고 물었더니, 그는 일부러 전혀 모른다는 시늉을 하면서 이리저리 말을 꾸며댔다. 성남이 말하기를 "김순량이 전령을 가지고 나간 지 며칠 뒤에 군중으로 돌아왔는데, 소 한 마리를 끌고 와서 제 무리들과 함께 잡아먹기에 사람들이 이 소를 어디서 끌고 왔느냐고 물었더니, 김순량은 '내 소인데 친족 집에 맡겨둔 것을 도로 찾아온 것이다'라고 했는데 지금 그의 말을 듣고 보니 종적이 의심스럽습니다" 했다.

나는 그제야 김순량을 매질해 엄중하게 국문하도록 했더니 이에 사실대로 고백하기를 "소인은 적군의 간첩 노릇을 했습니다. 그날 성남에게 전령과 비밀 공문을 받아서, 바로 평양으로 들어가 적에게 보였더니, 적의 장수가 전령은 책상 위에 두고, 비밀 공문은 보고 나자 곧바로 찢어 없애고서, 소 한 마리를 상으로 주었으며, 같이 간첩이 된 서한룡에게는 명주 다섯 필을 상으로 주었는데, 다시 다른 비밀을 탐지해 보름 안으로 보고하기를 약속하고 나왔습니다" 했다.

내가 "간첩 노릇 한 사람이 너 한 사람뿐인가, 또는 몇 명이나 더 있는가" 하고 물었더니, 김순량은 "대개 40여 명이나 되는데, 매양 순안, 강서 등 여러 진陣에 흩어져 있으며, 숙천, 안주, 의주에 이르기까지 뚫고 들어가지 않는 곳이 없고, 일이 있기만 하면 곧바로 보고하도록 되어 있습니다"라고 대답했다.

류성룡에게 적발된 간첩조직의 배후에는 당연히 고니시 유키나가가 있었을 터였다. 현역 군인들이 포섭당해 곳곳에서 암약하는 데다, 40명이나 될 정도로 조직이 방대한 것을 보면 미리 적발한 것이 크게 다행이었다.

류성룡에 의해 간첩조직이 일망타진되자 고니시 유키나가는 이여송의 접근을 알 수 없었다. 그러나 장차 명이 참전하고 전투가 벌어질 것은 분명히 인식하고 있었을 터였다. 비록 심유경과 '강화가 전제된 회담'을 통해 휴전하는 성과가 있기도 했지만, 그것이 실제 강화로 이어지기 어렵다는 것은 누구나 예상하는 것이었다.

동아시아 삼국이 충돌한 평양성전투

11월에 돌아온 심유경이 휴전 연장을 요청했다. 이여송이 아직 발배의 반란을 진압하지 못했기 때문이었다. 고니시가 그런 것까지 알 수 없었겠지만 회담을 믿는 것은 너무나 위험했다. 고니시는 "내년 정월에는 압록강까지 진출할 것" 등으로 기만하는 한편 경계를 늦추지 않고 언제라도 전투가 벌어질 것에 대비했는데 그대로 적중했다.

1593년(선조 26) 1월 1일, 심유경이 새해 첫날에 회담을 요청하자 고니시가 부하 20여 명을 보내 맞이하게 했다. 그런데 느닷없이 나타난 명군이 그들을 기습해 베어버렸다. 이여송이 온 것을 알지 못하게 만들 의도였지만 세 명이 탈출하는 바람에 기밀이 새나가고 말았다. 1월 5일에 평양에 닿은 이여송은 이튿날 새벽부터 공격에 나섰다.

> 이튿날 아침에 나아가 평양을 포위하고 보통문과 칠성문을 치자, 적병은 성 위에 올라 붉은 깃발과 흰 깃발을 세우고 막아 싸웠다. 명군은 대포와 화전

●

화포를 앞세워 성을 공략하는 명군.

●●

조총으로 기병들을 저격하고 있는 왜군.

임란전승평양입성도병壬亂戰勝平壤入城圖屛 1593년 1월 조명연합군이 평양성을 탈환했던 당시의 전투를 묘사했다. 평양성은 조선의 땅에서 명의 불랑기포와 왜의 조총 등 동아시아 최신 화력이 충돌했던 극적인 장소였다. 고려대학교 박물관 소장.

火箭으로 이를 공격했는데, 대포 소리는 땅을 진동시켜 수십 리 사이의 크고 작은 산들이 모두 요동했고, 화전은 공중에서 베 짜는 올처럼 펼쳐져서 연기가 하늘을 가리고 화살이 성 안으로 떨어져 곳곳에서 불이 일어나 수목이 모두 타버렸다.

낙상지와 오유충 등은 자기 부하들을 거느리고 개미처럼 성에 붙어 올랐는데, 앞선 군사가 떨어지면 뒤따르는 군사가 또 올라 물러나는 군사가 없었다. 적병의 칼과 창이 고슴도치 털처럼 성가퀴에서 아래로 드리워져 있었으나, 명군은 더욱 힘차게 싸웠기 때문에 적병이 능히 지탱하지 못하고 내성內城으로 물러났는데, 칼날에 베이고 불에 타서 죽은 군사가 매우 많았다.

명군이 성 안으로 들어가 내성을 공격했다. 적병은 성 위에 토벽을 쌓고 구멍을 많이 뚫었는데, 바라보니 마치 벌집 같았으며 구멍 틈으로 총탄을 함부로 쏘아서 명군이 많이 상했다. 제독은 궁지에 빠진 적병이 죽을힘을 다 내지 않을까 염려해, 군사를 거두어 성 밖으로 나가서 적군이 달아날 길을 열어 주었다. 그러자 적군은 그날 밤에 얼음을 타고 대동강을 건너서 도주했다.

이여송이 평양에 입성한 때는 1월 9일, 과연 명이 파견한 최고의 용장은 기대에 어긋나지 않았다. 실록의 기록을 보면 "이번에 명군이 전투에서 참획斬獲한 수가 1,285급이며, 사로잡은 자가 두 명이고, 아울러 절강인浙江人 장대선을 사로잡았고 빼앗은 말이 2,985필이고, 사로잡혔던 본국의 남녀를 구출한 수가 1,225명이었다"라고 나와 있다.

그런데 같은 실록의 뒤에는 "산동도어사山東都御史 주유한과 이과급사중吏科給事中 양정란 등이 올린 주본奏本에 이여송이 평양성전투에서 벤 수급 가운데 절반이 조선 백성이며, 불에 타 죽거나 물에 빠져 죽은 만여 명도 모두 조선 백성이라고 했다. 명 조정에서는 포정布政 한취선과 순안巡按 주유한 등으로 하여금 직접 평양에 가서 진위를 조사하게 하고"라고 이어진다.

이여송은 고니시의 반격에 사상자가 속출하자 생각이 바뀌었다. 고니시 역시 혹한에서 계속 싸우다가는 평양을 무덤으로 삼을 수밖에 없었기 때문에 양측의 언어를 잘 아는 '절강인 장대선'이라는 자를 이용해 손을 내밀었을 것이다. 거래 조건은 "공을 세운 가장 확실한 증거인 수급을 만족스럽게 줄 테니 무사히 나갈 수 있게 해 달라"는 것이었으며, 이여송은 그에 응했다. 그 결과 막대한 수급을 얻고 평양을 탈환하는 공을 세울 수 있었겠지만, 이여송이 얻은 수급이 일본군일 리가 만무했다. 명이 관리들을 파견해 조사하게 한 것은 그들이 보기에도 충분히 이상했던 탓이다.

이여송을 조사한 어사들은 어렵지 않게 진상을 파악했겠지만 그렇다고 해서 처벌할 리가 없었다. 당사자인 조선도 제 목소리를 낼 수 없다 보니 평양에서 벌어진 사태는 유야무야 넘어갔다.

최신 화력의 시험무대가 된 평양

전투 상황만을 놓고 보면 평양성전투는 흥미로운 부분이 많다. 일본군을 공격하던 명군은 화포를 사용했는데, 주요 화포 가운데 불랑기佛狼機도 포함된다. 불랑기는 포르투갈이 일본에 조총이 전하기 이전인 1517년경 역시 포르투갈에 의해 명에 전해졌다. 불랑기는 포신인 모포母砲에 탄창 구실을 하는 자포子砲를 결합시켜 발사하는 구조다. 자포 여럿에 미리 화약을 잼다가 발사하면서 교체하기 때문에 다른 화포들에 비해 발사속도가 월등히 빠르다.

당시 명군은 불랑기 등의 화포로 무장한 보병인 남병南兵과 기병 위주의 북병北兵으로 편성되었는데, 북병보다는 화포의 전문성을 갖추고 비교적 군기가 엄정한 남병이 최정예라고 할 수 있었다. 척계광에 의해 양성되고 포병 전력까지 갖춘 남병과, 조총으로 무장하고 무수한 실전 경험을 갖춘 일본군은 당시 전쟁의 총아들이었다. 그들이 정면으로 격돌한 평양성전투는 아시아 최강의 보병을 가리는 일전이라고 해도 과언이 아니다.

평양성전투가 낯설지 않은 까닭은 6·25전쟁의 양상과 흡사한 데 있다. 1950년의 한국은 국토가 온통 전쟁터가 되고 무수한 시민이 죽어나가는 상황에서도 정작 전쟁에서 주도권을 전혀 가지지 못했을 뿐 아니라, 미국과 소련이 개발한 첨단 무기의 시험무대로 이용되기까지 했다. 특히 최초의 제트전투기 F-86과 MIG-15의 대결이 유명한데, 미국은 그때 얻은 공중전과 기체 운용에 대한 노하우를 계속 발전시켜 오늘에까지 이르렀다.

전쟁이 끝난 이후에도 조선과 한국은 계속 명과 미국을 종주국으로 섬겼다. 한국은 독자적인 무기 체계를 가지지 못하고 미국의 무기를 비싸게 사들여야 하는 형편이다.

전투에서 이여송이 더욱 의심을 사는 것은 적을 추격하지 않았기 때문이었다. 궁지에 몰린 쥐가 고양이를 무는 것이 우려되어 길을 열어 주었더라도 일단 고니시가 밖으로 나와 도주한다면 추격해야 마땅하다. 그런데도 무사히 도주할 수 있도록 방치했으니 의심을 사는 것은 지극히 당연하다. 그러나 류성룡을 격분시키는 것은 조선군도 마찬가지였다.

조선도 명종대에 제작된 불랑기가 발견되어 새롭지 않다는 주장이 있다. 그러나 전쟁 이전에 전혀 사용되지 않았던 이상 명군이 가져온 불랑기가 최초로 실전 배치된 것으로 보아야 타당하다.

승리 이후 호기를 놓친 조선

이보다 앞서 내가 연주에 있을 때, 명의 대군이 장차 나온다는 말을 듣고는 황해도 방어사인 이시언, 김경로에게 비밀리에 통지해 적군이 돌아가는 길을 요격하도록 하고 이들에게 경계해 말하기를 "그대들 양군이 길가에 복병하고 있다가 적군이 지나가는 것을 기다려 그 뒤를 추격하면, 적군은 굶주리고 피곤한 채로 도망쳐 가니 싸울 생각도 못할 것이므로 빠짐없이 잡힐 것이다" 했

불랑기포佛狼機砲의 모포와 자포를 분리한 모습(위)과 합친 모습(아래) '불랑기'는 포르투갈을 가리킨다. 1517년경 중국 광동에 전해진 유럽의 최신예 화포로 1593년 평양성 탈환 당시 명군이 운용했다.

호준포虎蹲砲. 명의 무관인 척계광이 일본의 조총에 대항하기 위해 발명한 소형 화포. 한 번 포격으로 탄환 백 발을 발사했다. 호랑이가 앉은 모습을 닮았다고 해서 '호준포'라고 이름 붙였다.

더니, 이시언은 곧 중화군으로 갔으나 김경로는 딴 일을 핑계 삼아 사피했다. 내가 군관 강덕관을 보내서 다시 독촉했더니 김경로는 마지못해 중화군으로 왔으나, 적군이 물러가기 하루 전날에 황해도 순찰사 유영경의 관문에 의해 그만 재령으로 달아났다. 이때 유영경은 해주에 있으면서 김경로가 자기를 호위해주기를 바랐고, 김경로는 적군과 싸우기를 꺼려서 피해간 것이다.

적의 장수 평행장·평의지·현소·평조신 등은 남은 군사를 거느리고 밤을 새워 달아나는데, 기운은 빠지고 발은 부르터 절룩거리고, 가면서 밭고랑 사이에 배를 대고 기어가기도 하고 입을 가리키면서 밥을 빌기도 했다. 우리나라에서는 한 사람도 나와서 이들을 치는 이가 없었고 명군도 추격하지 않았는데, 홀로 이시언만이 뒤를 쫓았으나 감히 가까이 가지는 못하고, 다만 굶주리고 병들어 뒤떨어진 적병 60여 명만 베어 죽였을 뿐이다.

이때 왜적의 장수로 한성에 남아 있던 평수가(히데이에)는 나이가 어려서 군무를 주관하지 못했기 때문에 군무의 주관은 평행장에게 있었고 가등청정은 함경도에 있어 돌아오지 않았다. 만약 평행장·평의지·현소 등이 사로잡혔더라면 한양에 있는 적군은 저절로 무너졌을 것이며, 한양의 적군이 무너졌더라면 가등청정은 돌아갈 길이 끊어지고 군사들은 마음이 어수선하고 두려워져서 반드시 바닷길을 따라 도주해 갔을 터이나 그리 쉽게 빠져 나가지는 못했을 것이다.

이렇게 한강 이남에 있는 적진은 차례로 와해될 테니, 명군은 북을 울리고 천천히 행진해 바로 부산에 이르러서 술을 흠씬 마실 수도 있었을 것이다. 이렇듯 잠시 동안에 우리의 모든 강산이 숙청肅淸되었을 것이니, 어찌 그 후로 몇 해 동안의 시끄러움이 남아 있었겠는가. 한 사람의 잘못으로 일이 천하의 평화에 관계되었으니 통분하고 애석한 일이다.

류성룡은 그런 상황을 충분히 우려하고 예측했다. 류성룡은 중국인들의 습성을 잘 알고 있는 데다, 상식적으로 생각해도 남의 나라 전쟁에서 목숨 바쳐 싸울 이유가 없다. 공격이 제대로 먹혀들지 않고 전황이 쉽게 풀리지 않는 경우 얼마든지 야합할 수 있다고 판단한 류성룡은 그럴 경우에 대비해서 황해도 방어사 이시언과 김경로金敬老에게 비밀리에 명령을 내렸다.

"평양을 나와 도성을 향해 도주하는 일본군을 추격해 섬멸하라"는 류성룡의 명령은 다른 자들처럼 즉흥적이거나 요행을 바라는 형태가 아니었다. 고니시의 1군이 보급 부족과 혹한에 시달렸으며 질병 등으로 인해 그 수가 형편없이 줄어든 상태였기 때문에 충분히 격멸이 가능했다. 설령 그렇지 않더라도 명령을 받았으면 죽음을 각오하고 추격해야 마땅하다. 또한 이시언과 김경로는 조정에서 파견된 방어사로서 인근한 지역의 병력을 동원할 수 있기 때문에 나라를 위해 공을 세울 절호의 기회를 잡은 셈이었다.

류성룡의 지적처럼 고니시를 추격해 1군을 격멸하면 혹한과 정문부 등의 의병들에게 맹공을 당하고 있던 가토 기요마사의 2군도 배후가 끊기게 되어 자멸할 공산이 컸다. 가장 비중이 큰 1군과 2군이 궤멸당하면 도성과 인근에 있는 다른 부대들도 도미노처럼 무너질 개연성이 높았다. 또한 조선군 가운데 가장 잘 싸우는 권율이 경기도에서 활약하고 있는 등, 상황이 결정적으로 호전될 요인들이 겹쳐 있었다. 그런 상황에서 도성까지 탈환하면 전황이 역전될 것은 불문가지다. 고니시의 1군을 격멸하는 것은 실밥을 잡아채는 것과 다르지 않았다.

그럼에도 불구하고 두 방어사는 명령에 따르지 않았다. 이시언은 멀찍

창의토왜도倡義討倭圖 중에서 정문부가 함경북도 일대에서 가토 기요마사 휘하의 왜군 2군과 싸운 장면을 그린 기록화. 평양성전투 이후 조선군은 정문부와 권율의 활약까지 더해 전세를 크게 뒤집을 호기를 잡았으나 이를 활용하지 못했다. 고려대학교 박물관 소장.

이 거리를 유지하면서 굶주리고 병들어 뒤처진 적들을 이삭 줍듯했고, 김경로는 아예 나타나지도 않았다. "한강 이남에 있는 적진은 차례로 와해될 테니, 명군은 북을 울리고 천천히 행진해 바로 부산에 이르러서 술을 흠씬 마실 수도 있었을" 기회를 놓친 것을 알게 된 류성룡이 격분했지만, 고니시가 이미 도성으로 들어간 다음이었다.

류성룡은 명령에 따르지 않아 좋은 기회를 놓쳐버린 김경로를 처형해 본보기로 삼으려고 했다. 선조에게 보고해 선전관을 파견하게 한 류성룡이 인근에 있던 이여송에게 알렸다. 그러자 이여송은 "그 죄는 마땅히 죽일 것이지만, 아직까지 적군이 섬멸되지 않았으므로 하나의 무사라도 죽이기는 아까우니, 잠정적으로 군직이 없이 종군하도록 해 그가 공을 세워 죄를 속하게 함이 옳을 것"이라며 막는 것이 아닌가? 조선에서 가장 비중이 큰 대신이 주청하고 왕이 허락한 사안이 명의 지휘관에 의해 간단하게 취소당하는 광경에서 두 나라의 위상이 극명하게 드러난다.

평양을 탈환한 이후 류성룡은 삼도도체찰사三道都體察使에 임명된다. 조선의 남반부를 통괄해 지휘하는 직책인데, 사실상의 전군 총사령관에 해당한다. 전쟁이 끝날 때까지 삼도체찰사를 역임한 류성룡은 모든 방면에서 전황에 절대적으로 이바지한다.

두 강을 건너 도주한 이여송

이여송 또한 평양성전투 이후 싸우려 들지 않았다. 평양에 입성했으면 가급적 빨리 남하해 도성을 탈환해야 했다. 그래서 하루빨리 전쟁을 끝내야 하는데도 명군은 움직일 기미가 없었다. 함경도에 있는 가토 기요마사가 신경 쓰일 수 있겠지만, 혹한에 산악을 뚫고 이동한다는 것은 자살 행위나 다름없는 데다, 동해안을 따라 늘어선 각지에 분산된 2군은 정문부의 활약으로 인해 성을 나서기도 어려웠다. 설령 가토가 나타난다고 해도 병력을 위시한 모든 것이 우세한 이상 조금도 두려울 것이 없었다.

그럼에도 이여송이 움직이지 않는 것은 정략적인 문제 때문이었다. 이여송은 명이 파견한 '동정군東征軍'의 총지휘관일 뿐 전략을 세우고 지침을 결정하는 권한은 석성을 위시한 대신들에게 있었다. 석성은 병부우시랑 송응창宋應昌(1536~1606)에게 경략의 직무를 줘 요동으로 파견해서 상황을 보고하고 지침을 하달하게 했다.

일단 평양을 탈환하기는 했지만 타타르 등의 이민족이 여전히 강성하고 원元의 후예인 북원이 아직도 존속하는 상태였다. 게다가 명 내부 각지에서도 국내 각지에서 반란의 기운이 모락모락 피어나는 등 상황이 대단히 좋지 않았다. 이런 상황에서 유일한 전력이라고 해도 과언이 아닌 동정군이 계속 조선에 파견되는 상황이 매우 불안한 데다, 만일 일본군에게 패배해 전멸이라도 당하는 날에는 대책이 서지 않게 된다. 그러나 철수할 수 있는 상황이 아니었기 때문에 계속 논의가 진행되는 상태였다.

조선이 계속 애걸하고 석성도 일단 전진해 상황을 확실하게 파악하는 것이 좋겠다고 판단한 결과 겨우 이여송이 움직였다. 1월 25일이 되어서야 개성에 도착한 이여송은 다시 핑계를 댄다. 임진강이 충분히 얼어 있지 않은 상황은 진격이 지체되는 이유로 충분했다.

이튿날 나는 개성부에서 유숙하고, 다음날 새벽에 덕진당으로 달려가 보니

강의 얼음이 아직 완전히 녹지는 않았고 얼음 위에 몸 반 길이나 되는 석얼음이 흐르고 있어서 하류의 배가 올라오지 못했다. 경기 순찰사 권징, 수사 이빈, 장단 부사 한덕원과 창의 추의군 천여 명이 강변에 모였으나, 모두 어찌할 도리가 없어 꼼짝 못하고 있었다.

내가 우봉 사람을 불러 칡덩굴을 가져오게 해 이것으로 큰 동아줄을 꼬아 만들자, 그 크기가 서너 아름이나 되고 길이가 강에 가로 걸칠 만했다. 강의 남쪽과 북쪽 언덕에 각각 두 개의 기둥을 세워 서로 마주보게 하고, 그 안에 가로지른 나무 하나를 눕혀두고 큰 동아줄 열다섯 가닥을 당겨서 강 표면에 펴 걸쳐서 양쪽 끝을 가로지른 나무에 매었다.

그러나 강이 너무 넓어 동아줄이 반쯤 물에 잠기고 일직선으로 떠오르지 않자, 사람들은 헛되이 인력만 소비했다고 말했다. 내가 천여 명의 사람들로 하여금 각자 두세 자나 되는 짧은 막대기를 가지고 동아줄 속에 비벼 넣어서 서너 바퀴를 힘껏 뒤틀게 했더니, 동아줄이 서로 당겨져서 물 위로 떠올라 빗살처럼 가지런히 배열되고, 그제야 여러 동아줄이 긴속되어 꾸부렁하게 높이 떠올라 엄연히 다리 모양으로 되었다. 세버들을 베어 그 위에 펴놓고 풀로 두껍게 덮고 흙을 깔아놓았다.

류성룡은 기발한 방식으로 교량을 설치한 데다, 명군이 순조롭게 전진할 수 있도록 보급을 추진한 상태였다. 불가능을 가능하게 만들어 협조하는 이상 이여송도 어쩔 수 없었다. 이여송이 다시 전진하는 가운데 도성의 통로 벽제관의 초입에서 명군과 조선군의 선발대가 일본군 첨병 부대와 맞붙어 약간의 승리를 거두었다. 용기가 생긴 이여송이 직속의 기병을 이끌고 앞서 나가자 남병 부대가 뒤를 따라 협곡으로 향했다.

이여송 전쟁을 도우러 오면서 "조선을 침범한 왜노倭奴들을 쓸어버리고 필요하다면 일본까지 진격하겠다"고 기염을 토했지만 결과는 그에 크게 못미쳤다.

그러나 이미 명군의 움직임을 파악하고 있던 일본군은 4만이나 되는 병력을 동원해 벽제관 일대를 장악한 상태였다. 미리 기다리던 일본군이 사납게 덤벼들자 명군은 여지없이 참패했다. 협곡의 지형에서 기병의 이점을 전혀 살리지 못한 데다, 전날 비까지 내리는 바람에 진창이 되어 보병인 일본군에 더욱 유리했다.

남병들이 도착해도 달라지지 않았다. 일본군의 장기인 백병전과 검술은 남병들까지 몰아세웠다. 혼전과 난전이 벌어진 끝에 명군이 참패하고 이여송은 겨우 도주했다. 일본군이 평양에서 입은 것과 비교할 수 없는 손실을 당한 이여송은 꽁지가 빠지도록 도주해 임진강을 건너 개성으로 퇴각한 다음 대동강까지 건너 평양으로 들어갔다. 혹자들은 그 광경을 '하루 사이에 강을 둘이나 건넌 용맹'으로 풍자하기도 했다.

이때 큰 비가 날마다 내렸는데, 또한 적군이 길가의 여러 산들을 불살라 모두 민둥민둥하게 풀 한 포기도 없었고, 더욱이 말에 병이 생겨 며칠 사이에 쓰러져 죽은 말이 거의 만 필이나 되었다.

이날 삼영(명군)의 군사들이 임진강을 다시 건너와서 동파역 앞에 진을 쳤다가, 이튿날 동파로부터 또 개성부로 돌아가고자 하므로, 나는 힘써 반대해 말하기를 "대군이 한 번 물러가게 되면 적군은 기세가 더욱 교만해지고, 우리의 원근 지방의 인심이 놀라고 두려워해 임진강 이북 지방도 또한 보전하지 못할 것이오니, 원컨대 잠시 동파에 머물러 있다가 적군의 틈을 살펴보고서 움직이도록 하기 바랍니다"라고 하니, 제독(이여송)은 거짓으로 허락하는 체했으나, 내가 물러나오자 결국 개성부로 돌아갔고, 여러 진영들도 모두 개성으로 퇴각했다. 단지 부총병 사대수와 유격장군 관승선의 군사 수백 명만 임진강을 지키고 있을 뿐이었다.

나는 그래도 동파에 머물러 있으면서 날마다 사람을 제독에게 보내어 다시 진병進兵하기를 요청했으나, 제독은 거짓으로 응답하기를 "날이 개고 길이 마르면 당연히 진병할 것이다"라고 했다. 그러나 실상은 진병할 의사가 없었던 것이다.

겨울답지 않게 계속 비가 내리고 일본군이 곳곳에 불을 지른 데다 만 필이나 되는 말을 잃는 등 싸울 수 있는 상태가 아니었다. 송응창을 통해 상황을 보고받은 석성의 표정이 일그러졌다. 그는 명군이 조선의 중부에 진입하는 것을 탐탁지 않게 여겼다. 조선의 비좁은 통로를 따라 강을 계속 건너 남하하다 보면 그만큼 명과 멀어지기 때문에 발배의 난 같은 상황에 대응하기 어렵게 된다. 게다가 일본군에게 배후가 차단당해 궤멸당하기라도 하는 날에는 유일하게 가용할 수 있는 병력을 전부 상실당하는 상황과 직면할 수 있다. 그런 우려가 팽배한 상황에서 이여송이 벽제관에서 당한 패배는 석성으로 하여금 퇴각 명령을 내리기에 충분했다.

패배는 물론 명군의 전진에 대비해서 추진한 군량과 마초를 일본군에게 빼앗긴 것도 뼈아팠다. 그렇지 않아도 보급이 힘겨운 판에 오히려 적들을 이롭게 한 데다, 보급의 미비를 빌미로 전투를 회피하는 명군에게 계속 보급을 해야 했으니 참으로 괴로웠다. 류성룡은 그래도 좋게 건의했지만 이여송은 들으려 하지 않았다. 오히려 이여송은 패배의 책임을 떠넘기기까지 하는 등 전혀 믿을 수 없는 태도로 일관했다.

구국의 영웅
이여송의 동상을 설립하자

이여송이 벽제관에서 패배하기 이전, 조선 조정에서는 기묘한 논의가 이루어지고 있었다. "평양 탈환은 오직 이여송의 공이니 은혜에 보답하기 위한 일환으로 그의 동상과 사당을 건립하자"는 주장이 나왔던 것이다. 본래 사당은 죽은 사람을 기리기 위해 향을 피워 제사 지내기 위한 용도인데, 멀쩡히 살아 있는 사람을 위해 사당을 건립한다는 발상은 매우 상식적이지 못하다.

그런 발의가 나오게 된 배경에는 선조가 있었다. 선조는 명군이 들어온 다음부터 그들을 극진히 찬양했다. 평양이 수복된 다음에는 이여송의 생사당生祠堂을 건립하자고 했을 정도인데, 이후에도 선조는 "나라가 무사하게 된 것은 오직 천군天軍 덕택"이라며 찬양에 찬양을 거듭했다.

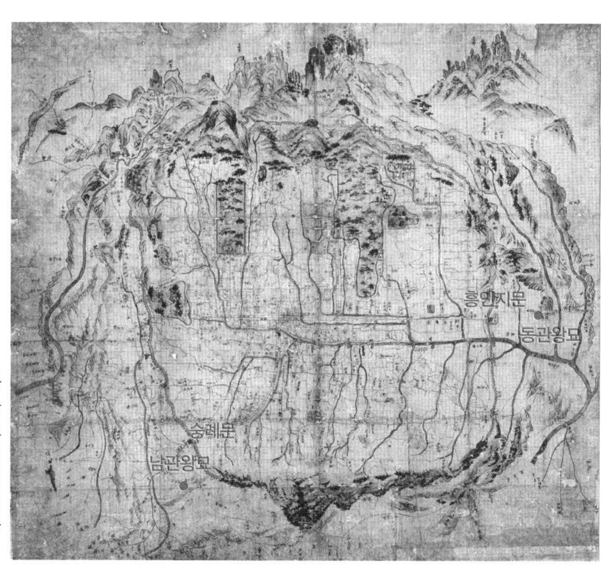

한성도漢城圖 동대문과 남대문 밖에 있는 관우를 모신 관왕묘는 임진왜란 당시 명의 '재조지은'을 기리는 세태를 반영한다. 18세기 제작, 국립중앙박물관 소장.

전쟁의 주인을 다시 묻다

나는 고개를 숙이지 않겠다

'다만 적중賊中으로 가는 기패旗牌인데 우리들이 어떻게 먼저 고두례叩頭禮를 올릴 수 있단 말인가. 또 우리는 왜적과 불공대천의 원수이므로 우리나라에서는 절대로 강화를 허락할 리가 없으니 더욱 고두례를 올리라는 명을 받을 수 없다' 하니, 참장 등이 매우 성을 내며 계속해서 재촉했습니다.
신들이 끝내 들어가지 않자 이어 다시 경략이 준 패문牌文을 꺼내어 보여줬는데, 그중 한 조항에 '조선국과 왜적은 참으로 불공대천의 원수이나 이제 이미 저들이 조공할 것을 애걸하고 강화를 요청하니 우선 본부의 회보回報를 기다려야 한다. 만일 적에게 보복을 가해 사건을 일으키는 자가 있으면 참형에 처하겠다'라고 했습니다.

《선조실록》 26년(1593 계사년) 4월 20일 여덟 번째 기사

명군을 우습게 일축한 일본군이 도성을 나선 것은 2월 12일이었다. 3만이나 되는 일본군의 목표는 행주산성, 야트막한 야산에 참호와 방어 시설이 구축되어 산성이랄 것도 없는 행주는 3,000에도 미치지 못하는 조선군이 주둔하고 있었다. 이여송의 진격에 화답해 도성 탈환을 지원하기 위해 행주에 주둔했던 조선군은 벽제관에서 참패한 명군이 퇴각한 다음에도 위치에서 벗어나지 않았다.

그들의 존재가 눈엣가시 같았던 일본군은 머지않아 함경도에서 퇴각할 가토 기요마사의 안전도 확보할 겸해서 공격을 결정했다. 일본군은 조선군의 지휘관이 여러 차례의 방어전을 승리로 이끈 권율이라는 것과,

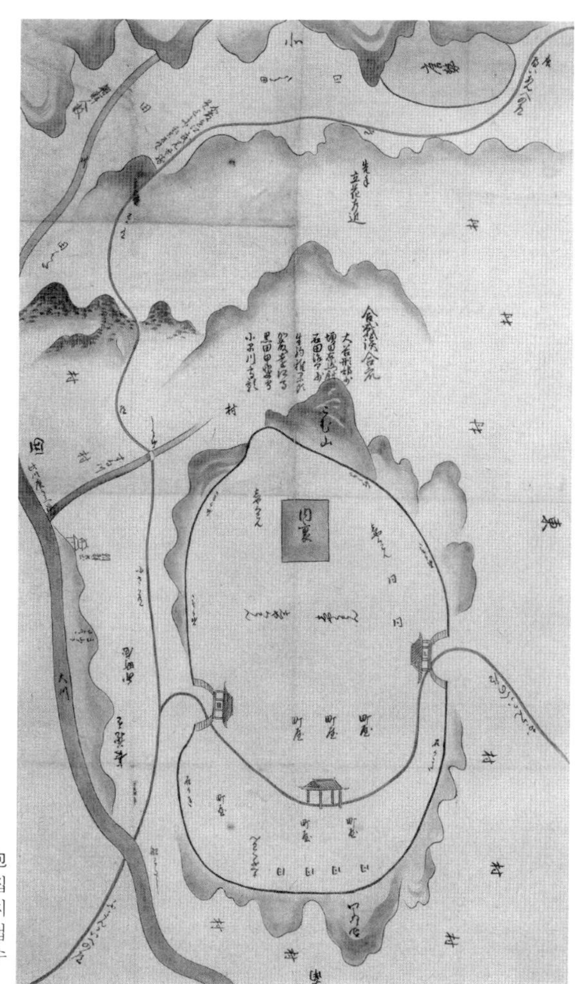

임란황성포위도壬亂皇城包圍圖. 1593년 1월 한양에 집결 시 주둔한 왜군의 배치 상황을 그린 그림. 행주대첩 전후의 왜군 동향을 알 수 있는 사료이다.

도성 탈환을 지원하기 위한 목적으로 엄청난 화력을 보유했다는 것을 알 수 없었다. 그러나 이여송을 격파해 승리감에 도취한 일본군은 이번에도 승리를 확신했다. 각각의 군을 이끄는 주요한 지휘관들은 물론 이시다 미쓰나리까지 참가한 일본군은 자신만만하게 나섰다. 일곱 부대로 나뉜 일본군이 순서를 정해 파상공격을 준비했다.

승자총통을 연발할 수 있는 화차는 물론 신기전을 위시한 갖은 무기로 무장된 조선군은 권율의 명령에 따라 일치단결해 싸웠다. 일본군은 미처 경사에 오르기도 전에 조선군이 미리 조준해둔 신기전이 불벼락을 퍼붓는 바람에 수많은 사상자가 발생했다. 이를 악물고 접근하면 이번에는 300량에 달하는 화차가 일제히 불을 뿜는 가운데 승병僧兵들이 유격을 맡아 백병전을 벌였다.

미리 쌓아둔 돌멩이도 좋은 무기였다. 가까운 거리에서 아래를 향해 힘껏 던진 돌멩이에 맞아 머리가 터지고 이가 부러지는 일본군이 속출했다. 냉철하게 지휘하는 권율과 신들린 것처럼 싸우는 조선군에게 일본군은 차례로 격퇴되었다.

잇달아 격퇴되던 일본군도 독이 오를 대로 올랐다. 승패를 떠나 무사로서의 체면을 손상당할 수 없었던 고바야카와 다카가게小早川隆景가 돌격을 명령하자 일본군이 목숨을 돌보지 않고 달려들었다. 하필 그때 조선군의 화살이 떨어졌다.

절체절명의 순간, 선단船團이 나타났다. 의주로 가는 조운선 가운데 일부였지만 일본군은 조선의 지원군이 나타난 것으로 착각했다. 행주산성에서 벽찬 함성이 진동하자 일본군은 황급하게 비탈을 내려갔다.

용기백배한 조선군이 추격해 닥치는 대로 때려잡는 것으로 마무리된 행주에서의 전투 결과 전쟁의 무게 중심이 뒤흔들렸다. 일본군이 평양을 내준 까닭은 보급의 부족 때문이었지 결코 명군이 두려워서는 아니었다. 벽제관에서 명군을 일축하고 보급도 탈취한 이상 새롭게 정비해 반격에 나서려던 전략이 행주에서의 참패로 인해 전면적으로 수정되어야 했다.

일본의 전투력 손실도 심각했다. 정문부의 추격을 겨우 뿌리치고 함경도에서 돌아온 가토 기요마사의 2군은 거의 절반이나 줄었고 고니시 유키나가의 1군은 3분의 1 수준이었다. 거기에 행주에서의 손실이 더해지자 어렵지 않게 판단이 나왔지만 퇴각하는 것도 문제였다. 섣부르게 도성을 나갔다가는 전멸당할 우려가 높았다.

행주대첩 이후 일방적으로 진행된 협상

행주에서 거둔 대승은 전략적 가치가 매우 높았지만 전과를 확대하기 위한 후속 조치가 따르지 않았다. 이번에도 이여송이 움직일 기미가 없었던 탓이다. 류성룡은 계속 도성을 탈환할 것을 주장하면서 수군을 이용하자고 제안했다. 수군에 분승해 한강을 통해 일본군의 배후에 상륙하자는 작전은 획기적이었다. 맥아더의 '인천상륙작전'을 방불케 할 정도였지만 이여송은 전혀 수용할 기미가 없었다.

그때는 명군과 일본군이 다시 협상에 들어간 상황이었다. 벽제관에서 좌절한 명군과 행주에서 참패한 일본군은 협상을 통한 가능성에 눈을 돌렸다. 이번에도 심유경과 고니시가 각각의 대표로 임했는데, 서로를 기만했던 평양에서의 회담과는 분위기부터가 달랐다. 도성을 비워주는 대신 안전을 보장해달라는 고니시의 제안에 심유경도 동의했다. 일본군은 어차피 보급 부족으로 인해 철수할 수밖에 없는 상황이었고, 명군도 아무런 희생 없이 도성을 수복할 수 있었으니 협상이 빠르게 진전되었다.

송응창을 통해 보고받는 석성이 회담을 계속 진행하라는 훈령을 내린 것은 힘으로는 일본군을 몰아낼 수 없기 때문이었다. 게다가 석성은 회담이 진행되는 과정에서 일본군이 도성은 물론 부산 방면으로 퇴각할 조짐까지 알게 된다. 일본군이 처음 상륙한 지역으로까지 퇴각하는 것은 승리와 하등 다를 것이 없었다.

병부상서로서 나라가 처한 현실을 가장 잘 알고 있을 석성이 거의 희생을 치르지 않고 승리를 거두는 것에 반대할 리가 만무하다. 강경파들이 없지 않았지만 희생이 동반되지 않는 외교로 밀고나가자는 대세를 거스르기 어려운 데다, 전쟁으로 해결하기에는 아무래도 상황이 여의치 않았다.

기패에 고두례를 거절한 류성룡

4월에 접어들면서 대부분의 의견이 합의되고 세부 사항이 결정되었다. 명군은 일본군의 안전을 보장했지만 조선군은 그렇지 않았다. 명군과 일본군이 회담을 진행하기 이전부터 류성룡은 일본군을 격멸하라는 명령을 내린 상태였다. 실제로 일본군이 퇴각할 통로에 수시로 조선군이 일본군에게 공격을 가해 적지 않은 피해를 입혔다. 이에 고니시는 석방하게 되어 있던 임해군과 순화군을 계속 억류하면서 심유경을 통해 명군을 압박했다. 왕자들의 안위가 우려된 데다, 명군의 명령을 따르게 되어 있는 조선군은 행동에 제약을 받을 수밖에 없었다.

명군과 일본군과의 회담이 진행되자 류성룡의 태도가 강경해졌다. 그동안 아무리 분통이 터져도 온화하게 대화해 해결했던 류성룡은 전에 없이 강경해지고 계속 일본군을 공격하라는 명령을 내리기까지 했다. 송응창과 이여송을 위시한 명군에게는 눈엣가시 같았을진대, 실록에 류성룡이 어떤 사람인지 잘 나타나 있다.

도체찰사 류성룡, 도원수 김명원이 치계했다.

"신들이 어제 파주에 가서 권율과 군사를 약속하고 있는데, 참장參將 주홍모와 기패관旗牌官 주조원이 군사 300여 명을 거느리고 군악대를 앞세우고 도착했습니다. 신들이 종사관 유희서·이귀 등을 시켜 문안하게 하고 또 가는 곳을 물으니 '성중城中으로 가서 왕자 및 포로로 되어 있는 여러 신하들을 맞이해 오려 한다'고 답했습니다.

잠시 후에 파발아擺撥兒 송호한을 시켜 '기패가 이곳에 도착하면 배신은 반드시 들어가서 고두례를 행하라'고 하기에, 신들은 '기패에 고두례를 올리는 것은 감히 사양할 수 없으나 이것은 단지 적중賊中으로 가는 기패인데 우리들이 어떻게 먼저 고두례를 올릴 수 있단 말인가. 또 우리는 왜적과 불공대천의 원수이므로 우리나라에서는 절대로 강화를 허락할 리가 없으니 더욱 고두례를 올리라는 명을 받을 수 없다' 하니, 참장 등이 매우 성을 내며 계속해서 재촉했습니다.

신들이 끝내 들어가지 않자 이어 다시 경략이 준 패문牌文을 꺼내 보여줬는데, 그중 한 조항에 '조선국과 왜적은 참으로 불공대천의 원수이나 이제 이미 저들이 조공할 것을 애걸하고 강화를 요청하니 우선 본부의 회보回報를 기다려야 한다. 만일 적에게 보복을 가해 사건을 일으키는 자가 있으면 참형에 처하겠다' 했습니다. 신들은 원통함을 이기지 못해 '이 패문을 보면 이것은 우리 병사들로 하여금 왜적을 죽이지 못하게 하려는 것이니 어찌 이런 도리가 있을 수 있단 말인가. 더욱 명을 받을 수 없다' 하고, 반복해서 논쟁하다가 끝내 고두례를 올리지 않고 나왔습니다.

《선조실록》 26년(1593 계사년) 4월 20일 여덟 번째 기사

기패는 황제를 상징하는 깃발과, 북경으로 보내진 외교적 합의서에 만력제가 승낙하는 형식을 취해 효력이 발생된 패문을 말한다. 기패 앞에서는 조선의 왕이라도 절을 해야 했는데 놀랍게도 류성룡은 단호하게 거부했다. 조선을 대표하는 위치에 있는 자신이 기패에 절을 하면 내용을 인정하는 모양새가 되기도 했지만, "비록 너희들에게 도움을 청하기는 해도 조선의 기백은 살아 있다!"는 것을 분명히 보여준 것이다.

이때 류성룡은 죽음을 각오했다. 조선을 향한 충정은 갸륵했지만 황명을 어긴 이상 무사하기 어려울 수 있다. 게다가 일본군을 공격하면 참형에 처하겠다는 명령까지 내린 상황에서 "우리 병사들로 하여금 왜적을 죽이지 못하게 하려는 것이니 어찌 이런 도리가 있을 수 있단 말인가. 더

전쟁 당시 류성룡의 투구 보물 제 460호. 충효당 소장.

욱 명을 받을 수 없다!"며 정면으로 항명했다. 매사 온유하고 합리적이었던 류성룡이 죽음을 각오하고 항거하자 기패를 받든 자들이 기가 질릴 지경이었다.

오늘날까지 한국사를 통틀어 대국에 대해 저렇게 당당한 태도를 견지한 사례는 극히 드물다. 게다가 입장과 처지의 모든 면에서 일방적으로 불리한 데다 목숨까지 위험할 수 있는 상황 등을 고려하면 류성룡이 거의 유일하다고 해도 과언이 아니다. 기패에 절하는 것을 거부하고 항명까지 하는 대목은 《징비록》은 물론 한국사를 통틀어도 하이라이트라고 할 수 있다.

일본군의 철수와 도성 수복

류성룡은 무사할 수 있었지만 야합을 막을 수는 없었다. 4월 16일부터 도성을 나온 일본군은 19일까지 전면적으로 철수했다. 살았다는 안도감에 들뜬 5만이 넘는 일본군이 하나도 남김없이 나간 다음날에야 마침내 도성으로 들어갈 수 있었다.

한편 명군과 일본군의 회담이 진행되고 도성이 수복되자 선조의 태도가 다시 강경해졌다. 그동안 보였던 망국적 행위를 감추기 위해서인데, 이승만 역시 인천상륙작전이 성공하고 전세가 역전되어 안전이 확보되자 '북진통일'을 부르짖었다. 그러나 두 사람의 이와 같은 태도는 각각의 종주국에게 불신을 불어넣었을 뿐이었다.

나도 명군을 따라 성 안으로 들어갔는데, 성 안에 남아 있던 백성을 보니 백 명 중 한 명도 살아 있는 사람이 없는 형편이었고, 그중에 살아남은 사람도 모두 굶주리고 병들어 얼굴빛이 귀신과 같았다.

이때 날씨는 매우 더웠는데, 죽은 사람과 말의 시체가 곳곳에 그대로 드러나 있어 썩은 냄새가 성 안에 가득 차서 길 가는 사람들은 코를 가리고 지나갔다. 관청과 민간의 집들은 모두 없어지고, 숭례문에서부터 동쪽으로 남산 밑 부근 일대의 적군이 거처하던 곳만 조금 남아 있을 뿐이었다.

종묘와 세 대궐과 종루, 각 관사·관학 등 큰 거리 북쪽에 있는 것은 모두 없어지고 재만 남았을 뿐인데, 소공주댁은 적의 장수 평수가가 있던 곳이기에 남아 있었던 것이다. 나는 먼저 종묘에 나아가 통곡하고, 그다음 제독의 처소로 가서 그에게 문안드리러 온 여러 신하들과 만나 한참 동안 소리 내어 통곡했다.

그곳은 류성룡이 알고 있던 도성이 아니었다. 왕조가 담겼던 궁궐들이 폐허가 되어 나뒹굴었고 살아남은 백성이 극히 드물었으며 어쩌다 마주치는 백성들의 몰골은 귀신과 같았다. 조선의 도성은 곳곳에 시체와 백골이 쌓이고 악취가 진동하는 지옥이었다. 그는 생생한 멸망의 광경에 그만 통곡했지만 그것으로는 아무것도 얻을 수 없었다. 류성룡은 다시 자신을 전쟁으로 밀어 넣었다.

이튿날 아침에 다시 제독에게 나아가 안부를 묻고 "적병이 방금 물러갔으니 분명히 이곳에서 멀리 가지는 못했을 것입니다. 원컨대 군사를 출동시켜 급히 추격하도록 하십시오"라고 말하자, 제독도 "나의 생각도 진실로 그러하나,

한강에 배가 없기 때문에 급히 추격하지 못하는 것입니다"라고 했다. 내가 "만약 제독께서 적군을 추격하고자 하신다면 제가 먼저 강가에 나가서 배를 정비하도록 하겠습니다" 하자, 제독은 "매우 좋습니다"라고 했다.

나는 한강으로 나갔다. 이보다 앞서 나는 경기 우감사 성영과 수사 이빈에게 공문을 보내 적군이 가고 난 후에 강 가운데 있는 크고 작은 배를 급히 거두어 모두 한강으로 모이게 했는데, 이때 배가 이미 도착한 것이 80척이나 되었다. 내가 사람을 시켜 제독에게 배가 벌써 준비되었다고 보고했더니, 조금 후에 영장 이여백(이여송의 동생)이 군사 만여 명을 거느리고 강가로 나왔다. 그런데 군사들이 반쯤 건너자 날이 벌써 저물어 이여백은 갑자기 발병이 났다고 핑계하고는 "성안으로 돌아가 병을 고치고 나서 진격해야겠다" 하면서 가마를 타고 돌아가버렸다. 그러자 이미 한강 남쪽으로 건너온 군사들도 모두 도로 강을 건너서 성 안으로 들어가버렸다.

나는 원통했으나 어찌할 수가 없었다. 제독은 적군을 추격할 의사가 없었기 때문에 거짓말로 나를 속여 승낙했을 뿐이었다. 23일에 나는 마침내 병으로 자리에 눕게 되었다.

일본군이 무사히 철수할 수 있도록 갖은 지원과 배려를 아끼지 않은 송응창이 이여송에게 추격을 명령한 것은 5월에 들어선 다음이었다. 그때는 적이 부산에 도착하고도 한참이나 남을 무렵이었는데, 그나마 문경까지 갔다가 돌아오는 추태를 보였다. 거의 일 년 만에 도성을 수복했으면 당연히 기뻐야 함에도 류성룡은 오히려 앓아누웠으니, 주권을 빼앗긴 고통은 그토록 참담했다.

김성일의 죽음

같은 해 4월에 김성일이 세상을 떴다. 활발하고 강개했던 그의 죽음은 전쟁과 무관하지 않다. 일본군이 침공한 경상도의 곳곳을 발로 뛰며 물자를 모으고 전쟁을 지휘했다가 진주에서 병에 걸린 다음 끝내 일어나지 못했다.

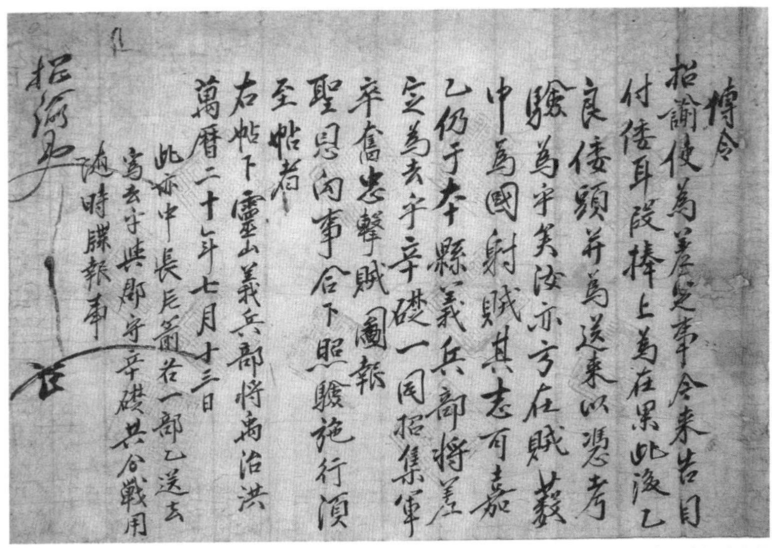

傳令
招諭使爲差定事今來告目
付倭耳段捧上爲在果此後乙
良倭頭并爲送來以憑考
驗爲乎矣汝亦方在賊藪
中爲國射賊其志可嘉
乙仍于本縣義兵副將差
定爲去乎辛礎一同招集軍
卒奮忠擊賊圖報
聖恩向事合下照驗施行須
至帖者
右帖下靈山義兵副將禹治洪
萬曆二十年七月十三日
此亦中長片箭若一部乙送去
爲去乎與郡守辛礎共分戰用
隨時牒報事
招諭使

전령 1592년 7월 13일 김성일이 내린 전령. 우치홍을 영산의병부장으로 임명하며 더욱 분투해줄 것을 당부하는 내용을 담고 있다. 고창 오씨 죽유공파 종중 소장.

전반전 종료

전쟁은 이렇게 가엾게 끝났다

이순신은 이내 삼도(경상도·전라도·충청도)의 수군을 거느리고 한산도에 주둔해 적군이 서쪽으로 내려오는 길을 막았다.

무사히 철수한 일본군과 경상도 남부 일대를 점령하고 있던 일본군이 합류한 다음 심상치 않게 움직였다. 6월 초에 무려 10만에 가까운 대군이 진주를 향해 진격하기 시작했다. 퇴각으로 인한 사기 저하를 회복하고 작년의 참패를 설욕하며, 앞으로 진행될 회담에서 우위를 점하기 위할 목적으로 출격한 일본군은 거칠 것이 없었다.

송응창이 인근에 있던 심유경을 통해 휴전협정 위반을 지적하고 후퇴하지 않으면 공격하겠다고 위협했지만 소용없었다. 일본군은 "너희들이 진주성을 비우면 싸움이 나지 않을 것 아니냐"며 비웃기까지 했다. 게다가 심유경까지 일본군의 입장에서 주장하기를 서슴지 않았다. 조선은 분통이 터졌지만 지휘권이 없는 이상 분통을 터트리는 것 이상의 행동을 할 수 없었다. 어차피 명군은 일본군을 저지할 능력도 의지도 없었다. 진주성으로 갈 것을 명령받은 장수들 또한 머뭇거리며 따르지 않았다. 권율과 곽재우마저도 '승산 없는 싸움'이라며 들어가지 않았지만 그렇지 않은 조선군도 존재했다. 병력이 불과 4,000에 미치지 않았어도 사기가 비할 바 없이 드높았다. 게다가 인근에서 모여든 백성들까지 합세해 결사항전을 다짐했다.

육군이 진주를 향해 쇄도하자 일본 수군도 호응해 진격했다. 800척에 이르는 수군의 행렬은 끝이 보이지 않았다. 진주를 함락하는 것으로 그치지 않고 육군과 함께 전라도까지 짓밟겠다는 의도가 분명했다. 그러나 육군에 이어 히데요시가 최대한으로 동원한 수군은 견내량에서 막혔다.

일본군에게 이순신이 거느린 조선 수군은 바라보는 것만으로도 몸이 떨리는 존재였다. 그들에게 이순신은 인간으로 여겨지지 않았다. 이순신이 쳐들어온다는 소문을 듣고 공포에 질린 나머지 부산에서 쓰시마까지 헤엄쳐 달아난 자가 나타날 정도였다. 그들에게 이순신에게 도전한다는 것은 빠르고 확실한 자살일 뿐이었다. 전투가 끝날 때까지 누구도 견내량을 넘어가지 못했다.

결국 함락된 진주성

육전에서는 6월 22일부터 벌어진 전투 끝에 진주성이 함락당했다. 모두가 잘 싸웠기 때문에 다시 한 번 이길 수 있다는 희망이 바치기도 했지만 워낙 중과부적인 데다, 급작스레 내린 비로 인해 성벽 일부가 무너진 것이 치명타였다. 계속된 전투로 인해 극도로 피로했던 조선군은 미친 듯 쇄도하는 일본군을 당할 수 없었다. 압도적인 적과 싸우다가 형체도 알아보기 어려운 시체로 쓰러지거나, 남강에 몸을 던지거나 둘 가운데 하나를 택할 수밖에 없었다.

고종후高從厚(1554~1593)
고경명의 장남으로 전쟁이 발발하자 부친과 함께 의병을 일으켰다. 금산전투에서 부친과 차남 고인후가 전사하자 복수를 다짐했다. 스스로를 '의병 복수장'이라 칭한 그는 여러 전투에서 공이 높았는데, 진주성에서 싸우다가 김천일과 최경회 등 지휘관들과 함께 남강에 투신해 최후를 마쳤다. 가족 모두 목숨을 초개처럼 바쳤지만 다른 의병장처럼 공신의 말석에도 이름을 올리지 못했다.

진주성이 포위된 지 여드레 만에 성이 함락되어 목사 서예원, 판관 성수경, 창의사 김천일, 본도(경상도) 병사 최경회, 충청 병사 황진, 의병 복수장 고종후 등이 모두 전사했다. 또 군사와 백성 중에 죽은 사람이 6만여 명이며, 소·말·닭·개까지도 남지 않았다. 적군은 성을 남김없이 무너뜨리고 참호와 우물을 메우고 나무를 베어 없애서 지난해의 분풀이를 마음껏 했다. 6월 28일의 일이었다.

《징비록》에 나타난 광경은 처참했다. 진주에 있는 것을 모조리 죽이고 폐허로 만들어버린 일본군은 전라도로 진격한 다음 한바탕 분탕질을 쳤다. 그러나 수군이 병진竝進하지 못했기 때문에 결정적인 피해를 끼치지 못하고 돌아갈 수밖에 없었다. 2차 진주성전투를 마지막으로 대규모의 공방전이 중지되었다. 전투가 전혀 없었던 것은 아니지만 전황에 영향을 미칠 정도가 아니었으며, 일본군이 더 이상의 전투를 회피하는 등 휴전이 실질적인 효력을 발생하는 모양새가 되었다.

삼도수군통제사 이순신

8월에 조선 조정에서 이순신을 경상도와 전라도는 물론 충청도 수군까지 지휘할 수 있는 '삼도수군통제사三道水軍統制使'에 임명했다. 거의 홀로 바다를 지키고 제해권을 장악해 결정적으로 이바지한 데 대한 격려와 포상의 의미도 있겠지만, 지휘권을 일원화할 필요성이 제기되었기 때문이다. 그동안 연합함대가 구성되어 함께 작전에 임했고 이순신에 의해 주도된 것은 주지의 사실이다. 그런 과정에서 이억기와 원균이 같은 직급이었기 때문에 껄끄러운 부분이 없지 않았을 터였다. 합리적이지 못한 점을 없애고 이순신이 합법적으로 지휘권을 장악하기 위해서는 다른 수사水使들에게 명령할 수 있는 직책을 신설할 필요가 있었다.

그 결과 이순신에게 본래의 전라좌수사를 유지하면서 삼도수군통제를 겸하게 하는 조치가 내려졌을 텐데, 한산도로 진영을 옮긴 것과 무관하지 않다. 7월에 이순신의 요청으로 한산도에 기지를 설치하는 안건이 통과된 사실이 있다. 남해의 제해권을 계속 장악하기 위해서는 여수에서 출격하는 것이 바람직하지 못하거니와, 전라도는 육지를 통한 적의 위협에서 자유롭지 못했다. 게다가 전라좌수영의 생산력이 한계에 도달해 더 이상의 전력 증강이 불가능한 점도 문제였다.

한산도는 남해를 효율적으로 장악하는 것은 물론 적의 육군에게서 안전하고 전력을 증강시킬 수 있는 모든 여건이 구비되어 있었다. 한산도가 지역적으로 경상우수영에 속해 있기 때문에 문제가 야기될 수 있었는데, 이순신을 삼도수군통제사에 임명하면 간단하게 문제가 해결될 수 있었다.

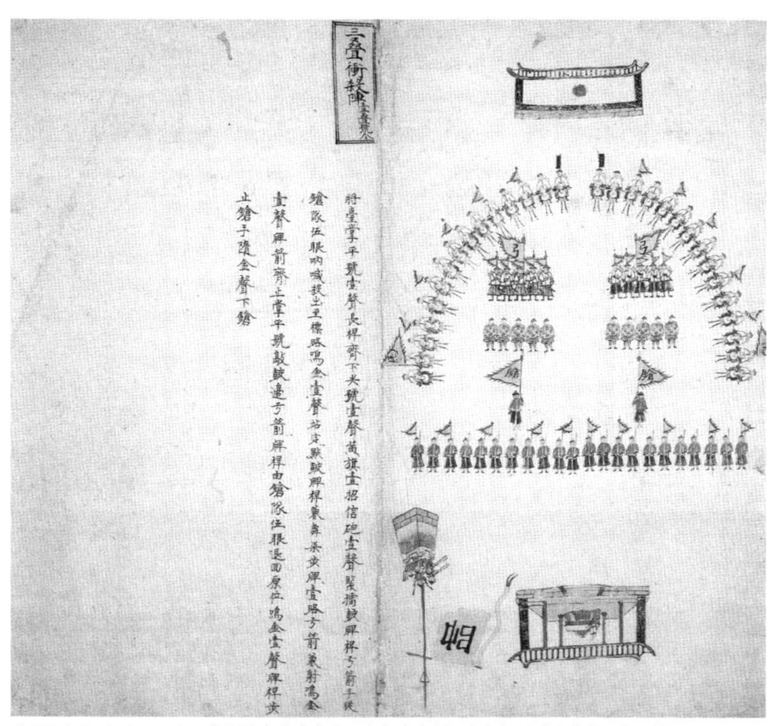

충무공팔진도忠武公八陣圖 충무공이 펼쳤던 대표적인 진법들을 엮었다. 국립중앙박물관 소장.

이순신의 의도대로 한산도에 통제영(통영)이 설치된 다음부터 전력이 비약적으로 증강되었다. 머지않아 세계 최강에 손색없는 수군력을 가지게 되었으니, 조선 조정이 이순신을 삼도수군통제사에 임명한 것은 매우 합당한 조치다. 류성룡도 《징비록》에 "이순신은 이내 삼도의 수군을 거느리고 한산도에 주둔해 적군이 서쪽으로 내려오는 길을 막았다"고 기록할 정도다. 이순신이 한산도에 통제영을 설치한 이유에서 한 가지를 더 지적하자면 '수군에게 전념할 수 있는 장치'가 요구된 탓이다.

이순신, 한산도를 경영하다

수군 지역이라고 해서 수군에 필요한 세금만 내는 게 아니고 육군 지역이라고 해서 육군에 필요한 세금만 납부할 수 없었다. 동일한 지역에서 육군과 수군은 물론 명군에 필요한 것까지 납부해야 했다. 이러한 상황에서 버틴 것이 용할 지경이었다. 수군력 배양에 전념할 수 있으려면 한산도가 적격이었다.

이순신이 한산도에 기지를 건설하자 보호받기를 원하는 백성들이 사방에서 달려왔다. 그들에게 터전을 제공해 전략 물자인 소금을 생산하게 하고 어장漁場까지 운영하자 급속도로 형편이 좋아졌다.

소금의 생산으로 경제 상황이 나아졌다는 설명이 언뜻 이해되지 않을 수 있다. 오늘날 흔한 것이 소금이지만 교통 사정이 좋지 않았던 과거에는 대단히 귀한 물품이었다. 중국을 위시한 여러 나라에서는 소금을 전매사업으로 지정했으며 조선도 국가에서 소금의 생산량을 통제했을 정도였다. 소금素金이라는 글자의 뜻 또한 '하얀 금'이다. 이순신은 예전부터 있어 왔던 '둔전屯田'과는 개념 자체가 다른 '사업'을 한 것이다.

이렇게 모여든 백성들을 바탕으로 병력과 함대를 충당할 수 있었으니, 한산도는 날이 다르게 부강해졌다. 한산도는 200척에 달하는 판옥선의 대함대를 보유하고 자체적으로 무과武科를 실시하는 등 독립된 국가나 다름없었다. 전쟁에서 가장 중요한 보급을 자체적으로 해결하는 군대는 세계사를 통틀어 손꼽을 정도다. 그것도 몽골이나 바이킹처럼 이동하면서 약탈하지 않는 농업 국가의 일부 군대가 자체적으로 보급을 해결하고, 심지어 국가를 먹여 살리기까지 했던 사례는 오직 이순신이 유일하다. 이순신은 결코 단순한 무장이 아니었다.

또한 이순신은 주권을 확고하게 유지했다. 명군과 일본군의 합의에 의해 휴전이 이루어졌지만 그들의 일방적인 행동이 이순신에게는 적용되지 않았다. 원하는 시기에 원하는 방식으로 싸울 수 있는 이순신은 치외법권治外法權과 같았다.

원균의 모함, 선조의 견제

이순신의 주변에 달갑지 않은 것들이 나타나기 시작했다. 공이 높고 승진이 높으면 시기하는 자들이 나타나게 마련이다. 그런 자들 가운데 대표적인 자가 바로 원균이다.

> 임진전쟁 때 경상우도 수사로서 일본군에 대적할 수 없다고 판단해 전선과 무기를 바다에 가라앉히고 수천여 명의 수군을 해산시킨 다음 전선 세 척으로 일본군을 피해 다녔다. 이때 옥포만호 이운룡의 항의로 도망을 단념하고, 전라좌도수사 이순신에게 구원을 요청해, 거제도에서 양도 수군이 합세해 옥포해전에서 큰 승리를 거두었다. 그 후 이순신이 삼도수군통제사에 임명되자, 선배로서 그 휘하에 있게 된 것을 불쾌하게 여기고 이때부터 이순신을 헐뜯기 시작했다.

원균은 이순신이 아니었으면 공을 얻을 수 없었을 것임에도 이순신을 헐뜯었다. 게다가 헐뜯는 이유가 '선배로서 그 휘하에 있게 된 것'이라고 했다. 이순신도 인간이기 때문에 감정이 생기지 않을 수 없을 것인데, 《징비록》과 《난중일기》는 물론 실록 등의 공식적인 기록에도 원균의 실상이 드러난다.

원균의 배후에는 선조가 있었다. 이순신이 등용될 때 극심했던 반대를 누르고 관철시켰던 선조는 의외로 이순신을 좋게 여기지 않았다. 음험하고 시기가 많았던 선조는 전쟁이 벌어진 다음 차마 입에 담기조차 어려울 정도로 한심하게 전락했다.

최고책임자로서의 원죄는 차치하자. 백성들을 기만하고 도성을 버린 데다, 분노한 백성들로 하여금 경복궁을 위시한 궁궐을 불 지르게 만들고, 평양에서 반란까지 당할 뻔했던 선조는 급기야 자신의 손으로 나라를 멸망시키려고까지 했다. 나라와 백성을 버리고 망명하려 했던 것은 왕으로서의 자격을 스스로 저버린 것이다.

체통이 땅에 떨어지는 것을 넘어 떨어질 체통 자체가 존재하지 않았던 선조는 이순신을 위시한 용장들과 더욱 비교될 수밖에 없다. 그렇더라도 용장들이 있는 것을 다행히 여기고 그들이 더욱 잘 싸울 수 있도록 힘을 실어줘야 했지만, 선조는 그렇게 하지 않았다. 정여립의 사건을 조작해서 유능한 신료들을 죽이고 조정을 틀어잡는 것만 봐도 그는 그런 군주가 아니었다.

선조는 이순신을 죽이고 싶을 정도로 증오했으며 실제로 죽일 뻔했다. 이순신뿐만 아니라 공이 높아 백성들의 신망을 받는 용장들 대다수가 선조의 마수를 피하지 못했다. 반면에 원균 같은 자들을 매우 사랑했다. 전쟁 이전의 실록에 '무략 있는 자로 대신하라'는 극한 이상의 평가를 받은 원균은 전쟁이 발발한 다음 여러 차례나 극도로 부정적인 평가를 받았지만 선조는 끝까지 감쌌다. 심지어 "이순신이 원균의 공을 빼앗았다"고 말하기까지 했다. 왕이 그렇게 감싸주는 원균이 누구를 두려워하겠으며 누구의 눈치를 보겠는가?

광해군에게 보위를 물려주겠다

8월 들어 명군과 일본군이 각각 철수하기 시작했다. 양측이 진행했던 강화회담이 결정적으로 합의된 결과였다. 일본군이 히데요시의 명령에 따라 더 이상 필요 없게 된 임해군과 순화군을 일본에서 귀환한 서일관과 사용재에게 넘겨 석방한 다음 철수에 들어갔으며, 명군 역시 경계 병력을 남기고 철수하기 시작했다. 이때 잔류한 병력이 명군이 1만 6,000여 명인 데 비해 일본군은 6만이나 되었다. 조선은 명군이 철수하는 데 반대했지만 이번에도 반대 이상으로 기능하지 못했다.

어이없게도 선조는 그때까지도 돌아오지 않았다. 황해도 해주에 머물던 선조는 더 이상 내려가지 않으려 했다. 류성룡을 위시한 대신들이 하루빨리 도성으로 환궁하기를 주청해도 요지부동이었다.

당시 도성에 있던 일본군이 저지른 사건 가운데는 성종과 중종의 왕릉을 파헤친 것도 포함되었다. 왕릉인 만큼 보물이라도 있을까 해서 파헤쳤을 것인데, 조선으로서는 엄청난 충격이었다. 차마 입에 올리기조차 불경한 사건은 선조에게 보고되었으며, 반드시 그 사건 때문만이 아니더라도 하루 빨리 환궁해야 했다. 심지어 명이 왕릉이 파헤쳐진 것까지 거론하면서 돌아갈 것을 권유해도 듣지 않았다.

8월 30일 선조는 특단의 발표를 했다. "정신은 물론 모든 신체에 깊은 병을 앓고 있어 보위에 있을 수 없으니 광해군에게 보위를 물려주겠다"는 내용이었다. 이러한 선조의 발표는 조금도 진정성이 없었다. 선조는 정신이 흐릿하고 움직이지 못할 정도로 아프기는커녕 오히려 더욱 음험해지고 건강도 나쁘지 않았다. 광해군에게 보위를 물려주겠다는 선언 역시 반대로 해석해야 한다.

선조가 그렇게 나온 것은 어떻게든 보위를 유지하기 위한 용도였다. 종친까지 기만하고 도성을 버리는 바람에 궁궐들이 불탄 것만 해도 고개를 들고 다니기 어려웠다. 이후 평양에서는 하마터면 자리에서 끌려 내려질 위기를 맞았으며, 여러 차례나 명에 망명하려 해서 스스로 왕을 포기했던 사실까지 있었다. 게다가 나라와 백성을 버릴 목적으로 광해군에게 보위를 넘기려고까지 했으니 누가 보더라도 왕으로 행세하기 어려운 상황이었다. 게다가 명에서도 극도로 불신한 나머지 비공식적으로 보위의 교체까지 거론되는 실정이었다.

그럴수록 선조는 보위에 집착했다. 선조가 스스로를 가장 비참한 상태로 떨어뜨린 다음 보위를 광해군에게 넘기겠다고 말한 의도는 신하들의 반대를 유도하기 위해서였다. 신하들 또한 선조에게 실망하는 차원을 넘어 불신했겠지만 군주가 자세를 극도로 낮춰 선위를 언급한다면 받아들이기 어렵다. 왕의 선위 의사는 정치적인 목적에 의한 것이기 때문에 절대 받아들여서는 안 되는 것이었으며, 선조처럼 자신을 극한으로 낮추는 경우에는 특히 그렇다.

같은 시기 일본에서는 히데요시가 아들을 얻었다. 이번에도 생모가 요도기미로, 히데요시의 친자라고 보기 어려웠지만 그는 '히데요리'라고 이름 짓고 아꼈다. 히데요리의 탄생은 후계자로 지목된 히데쓰쿠의 입지에 위협이 되었다.

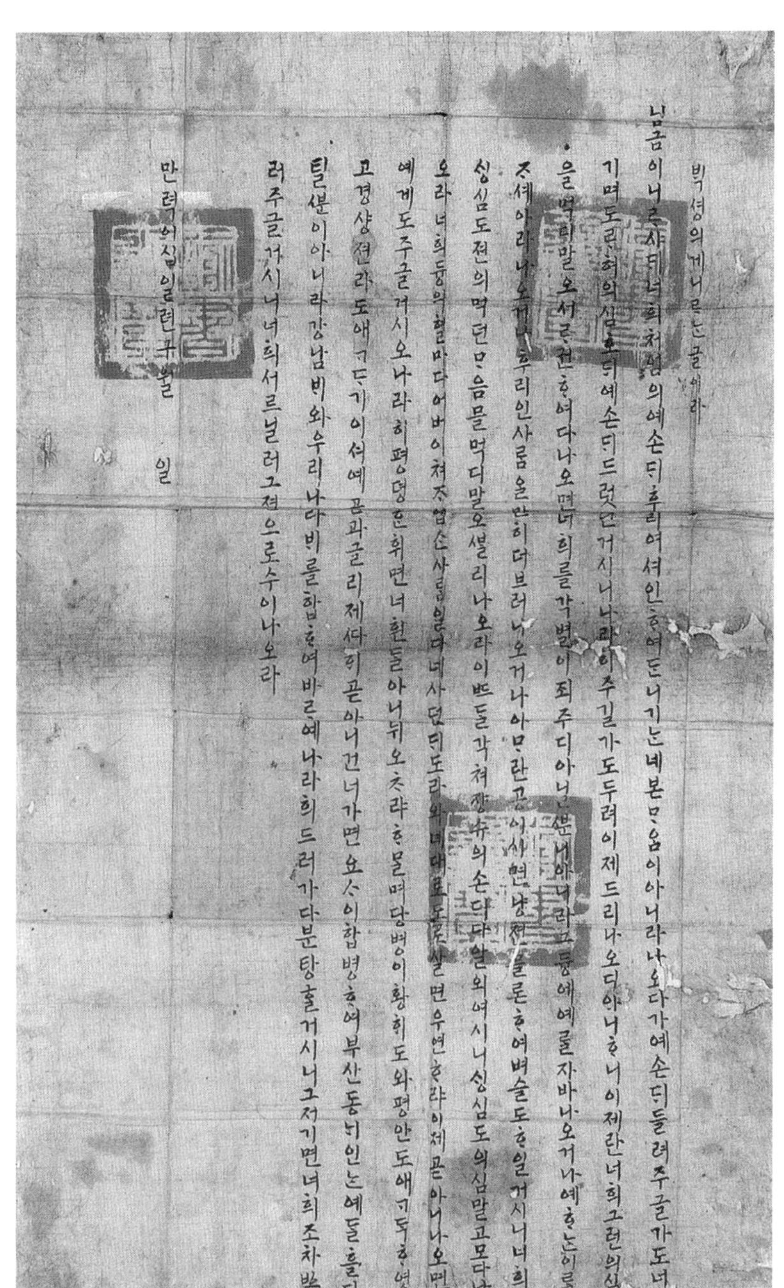

선조의 한글 교서 1593년 선조가 내린 교서. 포로가 되어 일본군에게 협조하는 백성들을 회유하고자 하는 내용을 담고 있다. "나라에서 죽일까 두려워 나오지 아니하니 이제는 그런 의심을 하지 말고 서로 권하여 다 나오면 각별히 죄주지 아니할 뿐만 아니라…" 보물 제951호. 개인 소장(권이도).

억지로 신하들에게 충성을 다짐받은 선조는 10월 1일에야 환궁했다. 도성을 허둥지둥 나선 이후 무려 일 년 반이나 지난 다음이었다. 경복궁을 위시한 궁궐이 잿더미가 되는 바람에 정릉에 있는 성종의 친형 월산대군月山大君의 사저를 행궁行宮으로 사용해야 했다. 비좁은 행궁에 몸을 웅크린 선조는 다시 뭔가를 골똘히 생각하기 시작했다.

여전히 아쉬운 승리, 2차 당항포해전

1594년(선조27)에는 수군을 제외하고는 전투가 벌어지지 않았다. 명군과 일본군이 주력을 철수시킨 상황에서 휴전의 효력이 지속되었지만, 조선군 단독으로 적의 근거지를 공격할 여력까지는 없었다.

그러던 3월 초, 이순신이 임진년(1592)에 이어 다시 당항포로 출격하게 된 까닭은 일본 수군이 먼저 움직였기 때문이었다. 꼼짝도 하지 않던 일본 수군이 2월 말부터 활발하게 움직이자 이순신이 삼도 수군에게 출격을 명했다.

이순신이 통제사가 된 다음 첫 전투이기도 한 '2차 당항포해전' 역시 일본 수군의 완패로 끝났다. 이순신은 출격하기 전에 육군에게 합동작전을 요청했다. 일본군이 곳곳에 견고한 요새를 구축하고 함대까지 숨겨두고 있기 때문에 육군이 협조하지 않으면 전략적 승리를 거둘 수 없었다. 또한 패배한 다음 육지로 도주하는 적을 섬멸하기 위해서라도 육군과의 합동작전이 반드시 필요했다.

출격한 삼도 수군이 31척을 침몰시키자 기겁한 일본군이 죽을힘을 다해 도주하는 익숙한 광경이 반복되었지만, 육군과의 합동작전은 불가능했다. 게다가 인근에 있던 명의 관리 담종인譚宗仁이 휴전 협정을 준수해 싸우지 말 것을 종용하는 바람에 돌아갈 수밖에 없었다.

장문포해전으로 마무리된 전쟁

이순신의 전쟁을 전기와 후기로 구획했을 때 전기의 마지막에 해당하는 전투는 '장문포해전'이다 1594년(선조27) 9월 29일부터 10월 4일까지 삼도수군과 육군이 연합해 거제도의 장문포 일대를 공격한 일련의 전투는 이순신이 직접 계획하지 않는 유일한 전투이기도 하다.

전투를 기획하고 명령한 자는 당시 좌의정으로서 도체찰사를 겸해 작전과 명령권이 있는 윤두수였으며, 비밀리에 이순신과 권율 등에게 명령하는 형식을 취해 진행시켰다. 남원에 있던 윤두수가 수군과 육군으로 하여금 장문포를 공격하도록 기획한 것은 확실한 목표나 목적에 의한 작전이 아니었다. 일본군이 철수하는 것이 확실시되는 상황에서 뭔가 공을 세우려는 데 목적이 있었으며, 진두지휘조차 하지 않았으니 성과를 기대하기 어려웠다.

소기의 목적이 "육군이 적을 공격해 몰아내면 수군이 격멸하는 것"에 있었음에도, 동원된 육군은 겨우 1,000명 정도밖에 되지 않았다. 적들이 견고한 요새를 축조하고 적어도 4,000 이상이 대기하는 상황에서 수군이 태워주지 않으면 거제도까지 가는 방도가 없는 등, 모든 것이 졸렬하고 준비성이 없어 애초부터 실패가 예견된 상태였다.

실제로 수군의 협조를 통해 상륙한 부대가 전과를 거두기는커녕 제대로 공격조차 하지 못했고, 수군 역시 적들이 철저히 회피하는 바람에 버리고 간 두 척을 불사르고 몇 명 되지도 않는 적을 우연히 잡는 정도에 그쳐 전혀 전과를 거두지 못했다. 작전의 부당함을 알게 된 류성룡 등이 선조에게 중지를 건의할 정도였는데, 그렇다면 선조는 그때까지 전혀 모르고 있었을까?

물론 그렇지 않다. 이미 비변사에서 거제도 공격을 건의했다. 윤두수가 원균을 내세워 작전을 진행할 무렵, 비변사는 윤두수가 거의 요행을 바라는 심정으로 진행하고 있음을 파악하고 선조에게 중지를 건의했다. 윤두수가 선조에게 보고하지도 않고 수군과 육군을 움직일 수는 없었다. 선조도 권율과 이순신에게 속히 싸울 것을 종용했을 정도였다. 이후 류성룡 등의 건의를 받아들여 작전 취소를 명했지만, 이미 장문포해전이 시작된 다음이었다.

아무런 전과도 없이 지루하게 전개되던 가운데 요새에 틀어박혀 있던 일본군이 "우리는 명과 화친했고 그에 따라 휴전하고 있는 만큼 너희들과 싸울 이유가 없다"는 내용의 팻말을 세우자 조선군은 그만 맥이 빠지고 말았다. 이순신은 휘하의 수군으로 하여금 육군을 태우고 거제도를 나가게 하고 수군에게도 회군할 것을 명해 전쟁 전반기의 마지막 해전이 종료되었다.

전투가 종료된 다음 윤두수에게 책임을 물어야 한다는 비판이 비등했다. 작전도 모르는 주제에 직책을 이용해 수군과 육군을 동원시켜 전력을 낭비하고 일본군에게 모욕에 가까운 추태를 당한 것은 결코 그냥 넘어갈 일이 아니었다.

하지만 선조는 이번에도 그렇게 하지 않았다. 윤두수는 좌의정과 도체찰사에서 물러나고 한직인 판중추부사에 좌천되는 것으로 무사할 수 있었다. 전반전은 이처럼 한심하게 종료되었다.

항왜원조와
항미원조 사이

명은 자신들이 조선을 구했다고 확신했다. 중국은 당시의 전쟁을 '항왜원조抗倭援朝'라고 하며 심지어 나라를 완전히 구했다는 뜻의 '재조지은再造之恩'으로 표기하기까지 한다. 그러나 5만을 보내기에도 벅찼던 데다, 이순신이 아니었다면 참전할 시점조차 잡지 못했을 것이다. 심지어 《징비록》에 나타나듯 이순신 덕택에 자신들까지 안전할 수 있었다.

반면 최근의 중국이 북한에게 재조지은을 베푼 것은 부인할 수 없는 사실이다. 중국은 6·25 전쟁을 '항미원조抗美援朝'로 규정한다. '미국에 대

人民日報

各民主黨派聯合宣言

抗美援朝保家衛國的

300여 년이 지나, 항왜원조抗倭援朝에서 항미원조抗美援朝로. 1950년 11월 5일 《인민일보》에 실린 연합선언과 거리로 나온 중국 인민들의 시위, '항미원조 보가위국' 투쟁을 지지했다.

항해서 조선을 도왔다'는 것인데, 최근의 중국은 미국에 대항할 수 있는 유일한 '슈퍼파워'로 등장할 개연성이 적지 않다.

실제로 중국은 미국의 항공모함을 겨냥해 실전 배치한 탄도미사일을 '동펑東風'으로 명명했는데, 마오쩌둥毛澤東의 1957년 모스크바 연설인 '동풍압도서풍東風壓倒西風'에서 유래했다. 게다가 중국이 최초로 취역한 항공모함을 '랴오닝遼寧'으로 명명했는데, 랴오닝의 지정학적 위치로 보았을 때 의미심장한 이름이다.

상식적으로 생각해도 중국이 패권을 장악하기 위해 팽창에 나서는 현재 상황은 지극히 우려스럽다. 원유를 비롯해 국가 생존에 절대적으로 필요한 물자와 수출품의 거의 전부가 바다를 통하는 상황에서, 중국이 해군력을 강화하고 곳곳에 기지를 건설한다면 어떻게 될까? 굳이 전쟁을 통하지 않아도 얼마든지 한국을 좌지우지할 수 있게 될 것이다.

미국과 함께 'G2'로 어깨를 나란히 하고 있는 중국은 미국과는 달리 국가를 무엇보다 우선한다. 필요에 따라서는 직접 침공해 흡수하는 것을 서슴지 않는다. 이미 동북공정으로 역사까지 침탈당한 우리로서는 더욱 경계하지 않을 수 없다.

5장

전쟁과 전쟁 사이, 조선은 이제부터 시작이다

〈전쟁과 전쟁 사이, 조선은 이제부터 시작이다〉의 주요 사건

1594년

- 2월 – 류성룡, 훈련도감 설치.
- 4월 – 류성룡, 납세 개혁 건의.
- 5월 – 류성룡, 사직을 요청했으나 윤허되지 않음.
- 6월 – 일본, 조선에서 철수 결정.
- 11월 – 류성룡, 사직을 요청했으나 윤허되지 않음.
- 12월 14일 – 고니시 조안, 북경에서 항복.

1595년

- 6월 – 류성룡, 사직을 요청했으나 윤허되지 않음.
- 9월 – 책봉사, 부산 도착.
- 12월 – 류성룡, 사직을 요청했으나 윤허되지 않음.

1596년

- 1월 – 류성룡, 군사 훈련 규칙을 정해 각 도에 반포.
- 6월 – 일본에 조선통신사 파견 결정.
- 8월 – 의병장 김덕령, 고문으로 사망.
- 9월 2일 – 히데요시, 명의 책봉에 반발해 조선 재침 결정.

국가를 개조하다

전쟁에서 얻은 경험을 거울로 삼아야 한다

진상에 따른 폐단은 더욱 심하게 백성을 괴롭힙니다. 이것 역시 당초에 법을 마련할 때는 반드시 이와 같지 않았을 것입니다. 그러나 실시한 지 백 년이 지나는 동안에 속임수가 만연해 온갖 폐단이 일어나고 있습니다. 지금 만약 곧바로 변통하지 않으면 백성들은 다시 소생할 가망이 없고 나라의 저축도 풍부히 마련할 길이 없습니다.
신은 늘 생각건대 공물을 처치함에 있어서는 마땅히 도내 공물의 원수元數가 얼마인지 총 계산하고 또 도내 전결의 수를 계산해 자세히 참작해서 가지런하게 한 다음 많은 데는 감하고 적은 데는 더 보태 크고 작은 고을을 막론하고 모두 한 가지로 마련해야 되리라 여겨집니다. 이를테면 갑읍甲邑에서 1결당 1두를 낸다면 을읍·병읍에서도 1두를 내고, 2두를 낸다면 도내의 고을에서 모두 2두를 내도록 해야 할 것이니, 이렇게 한다면 백성의 힘도 균등해지고 내는 것도 한결 같아질 것입니다.
방물 값 또한 이에 의거해서 고루 배정하되 쌀이든 콩이든 그 한 도에서 일 년에 소출되는 방물의 수를 전결에 따라 고르게 납입토록 해야 할 것이니, 이렇게 하면 결마다 내는 양이 그저 몇 되 몇 홉 정도에 불과해 백성들은 방물이 있는지조차도 모르게 될 것입니다. 진상할 때에도 이런 식으로 모두 쌀이나 콩으로 값을 내게 해야 합니다."

《선조수정실록》 선조 27년(1594 갑오년) 4월 1일 여섯 번째 기사

류성룡은 유명무실한 데다, 전쟁으로 완전히 붕괴한 기존의 중앙군을 대체할 목적으로 훈련도감訓鍊都監을 신설해 국방력의 중추로 기능하도록 했다. 이전에 징집했던 형태와는 달리 기본적인 소양을 시험하는 것은 물론, 곡식으로 급여를 지급하자 지원자가 줄을 잇고 실효성이 높았으며 사기도 높아졌다.

또한 명의 척계광이 저술한 《기효신서紀效新書》를 기본으로 삼아 무기와 전술을 익히도록 하고, 포수砲手와 사수射手 및 살수殺手로 세분하는 삼수병 제도를 정착시켰다. 그 외에도 제승방략 대신 진관제로 회귀하는

등의 조치를 취했다. 강대국의 전술과 교리를 도입하고 새로운 운영 체제를 마련하면서 효율적인 방어 전략으로 전환하는 것은 당연하다.

그런데 지방군의 경우는 전혀 당연하지 않았다. 류성룡은 기존의 잡색군雜色軍 대신 속오군束伍軍을 편성했다. 잡색군은 예비군의 성격으로 전직 관료와 서리·향리·교생校生(지방의 향교에 등록된 학생)·노비 등 거의 모든 계층으로 편성된다. 또한 평상시에는 본업에 종사하다가 정해진 기간 동안 훈련을 받으면서 필요에 따라 소집되어 노동력을 제공하거나 지역의 방위에 투입되는 제도였다. 그러나 정규군에서도 납포 등이 빈번한 판에 지방의 예비군은 말할 것도 없었다. 잡색군도 베나 곡식을 내고 훈련을 면제받는 일이 비일비재하다가 나중에는 기초적인 인원 파악조차

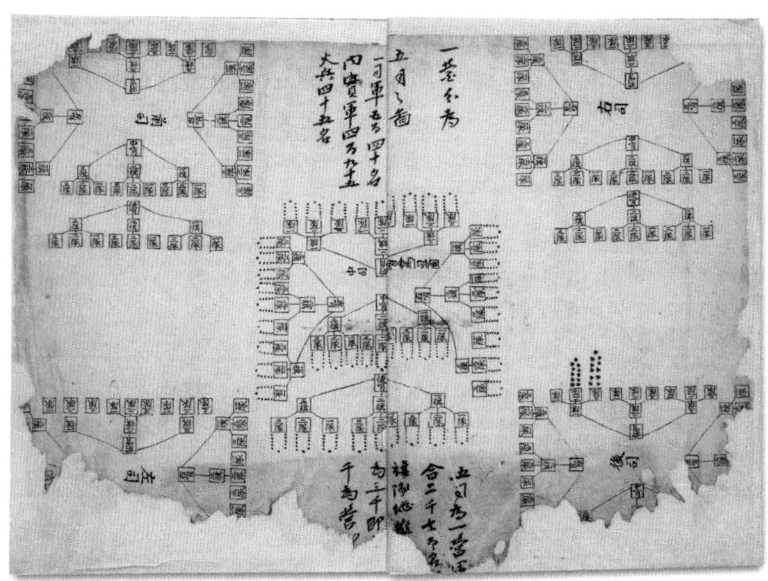

일영분위오사지도一營分爲五司之圖 속오군의 편제를 도식화했다. 한 영이 다섯 사로 분화되는 과정을 그렸는데, 류성룡의 《군문등록》에 따르면 한 사는 540명이며 그 가운데 일반 병사는 495명, 화병火兵은 45명이다. 충효당 소장.

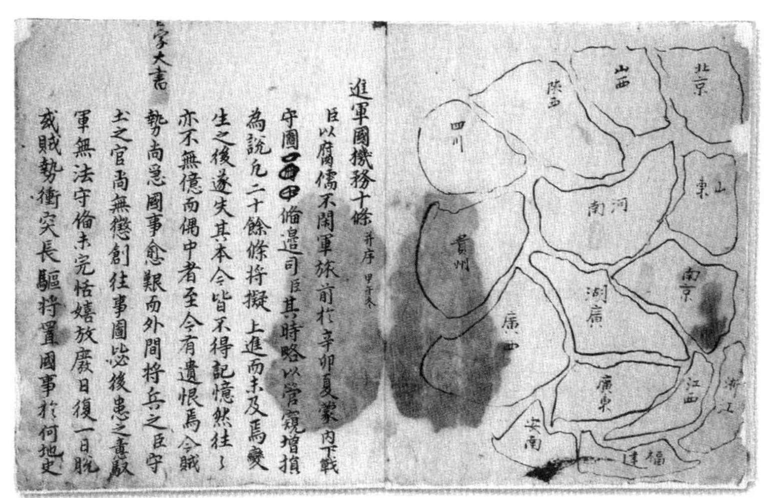
進軍國機務十條 并序 甲午冬

臣以腐儒不閑軍旅前於辛卯夏蒙 內下戰
守圖 倫邊司 臣其時略以管窺增損
為說凡二十餘條將擬 上進而未及焉變
生之後遂失其本今皆不得記憶然往往
亦不無億而偶中者至今有遺恨焉今賊
勢尙急國事愈艱而外間將兵之臣守
土之官尙無懲創往事圖濟後患之意啟
軍無法守備未完恬嬉放廢日復一日脫
或賊勢衝突長驅將置國事於何地史

字大書

《근폭집》 가운데 진군국기무進軍國機務 십조 1594년 류성룡이 군무와 관련해 선조에게 올린 열 개 조목. 류성룡의 전쟁에 대한 통찰을 엿볼 수 있는 자료이다. 보물 제160호. 충효당 소장.

제대로 되지 않을 정도로 유명무실해졌다.

류성룡이 새로이 편성한 속오군은 기존의 소집 대상에 천민賤民은 물론 심지어 양반까지 포함되었다. 잡색군이 전직 관료로 제한적인 데 비해 속오군은 신분을 따지지 않았으며 천민과 노비와 양반이 같은 부대에서 훈련받고 근무하는 혁명적인 개념의 체제였다. 게다가 어떤 이유로 인해 훈련과 소집에 불참한다면 대가를 지불해야 했는데, 이는 양반에게 과세하지 않던 사회적 관례에 완전히 상반되었다.

양반에게도 병역과 납세의 의무를 지게 하는 속오군은 격렬한 반대에 부딪혔다. 이제까지 전혀 의무를 이행하지 않았다가 대가를 치러야 함은 물론, 가장 큰 자산인 노비를 빼앗기게 생긴 기득권층의 반발이 엄청났다. 그러나 류성룡은 그대로 밀어붙였다.

편하게 지내다가 훈련과 노역 등에 동원된 양반들의 원성이 터졌지만 류성룡은 전혀 개의치 않았다. 자신은 물론 보유한 노비들까지 병역과 납세의 의무를 전혀 이행하지 않는 양반들이야말로 나라를 좀먹고 백성의 피를 빠는 원흉임을 분명히 알고 있었던 류성룡은 그들이 대가를 치르게 만들었다.

군역을 개혁하다

속오군 이상으로 혁명적인 조치가 계속 등장했다. 전쟁을 치르면서 형편없이 밀렸던 요인 가운데 하나가 병력 자원의 부족이었다. 몰락한 백성들이 노비로 전락하고 종모법從母法(부모 가운데 한 사람이 노비면 자식도 무조건 노비가 되는 법)으로 인해 노비가 계속 늘어나는 반면, 병역을 이행할 양민들이 푹푹 줄어드는 폐단을 반드시 고쳐야만 했다.

류성룡은 면천免賤을 조건으로 내세웠다. 병역의 의무에서 자유로운 그들에게 군역을 지게 해 병력을 늘리기 위해서는 우선 신분이 양민으로 격상되어야 했다. 자진 입대하는 노비와 천민들을 면천하자 병력 자원이 증가했다. 게다가 납세의 의무를 이행하는 양민들이 그만큼 증가하는 셈이 되어 피폐했던 국고가 건강을 회복하는 데 큰 힘이 될 수 있었다. 특히 당시 명군이 "병력은 적은 반면 노비가 너무 많으니 적절한 조치가 필요하지 않겠느냐"는 취지의 발언으로 힘을 실어줬음에도 끝내 시행되지 못했다.

나는 차자를 올려 "군량을 조치하고 더욱 군사를 모집해 만 명이 다 차거든 오영을 설치하고, 영마다 각각 2,000명을 소속시켜 매년 절반은 성 안에 남겨 교련시키고 절반은 성 밖에 내보내 널찍하고 비옥한 땅을 선택하고 둔전을 설치해 곡식을 저장토록 하되, 번갈아 교체시킨다면 몇 해 후에는 군량의 근원이 튼튼해지고 국가의 근본도 견고하게 될 것입니다" 했다. 임금께서 그 의론을 병조에 내려보냈으나 곧바로 시행하지 않아, 결국 효과를 보지 못했다.

류성룡이 주장하는 방식으로 병력이 증가하게 되면 그만큼의 노비가 줄어들게 된다. 노비를 가진 자들에게 류성룡의 주장은 속오군과는 비교조차 할 수 없는 위협이 아닐 수 없다. 정책을 결정하는 고위급들은 물론, 선조로서도 받아들이기 어려웠다. 류성룡이 "사노비가 입대하게 되어 발생하는 손실은 공노비로 보충하게 해준다"는 절충안을 제시한 바 있기 때문이다. 국가에 소속된 공노비를 가장 많이 보유하고 있는 선조가 흔쾌할 리 만무했다.

선조가 언급을 회피하고 병조로 내려보낸 것은 어차피 통과되기 어렵다는 것을 알고 있기 때문이다. 가장 불만이었을 선조가 직접 반대하지 않은 까닭은 병력 증강에 정면으로 반대하는 모양새가 되는 데다, 명군의 입장과도 완전히 배치되는 것을 두려워했기 때문이다.

신분과 관계없이 양민으로 만들어 국가를 지키게 하자는 류성룡의 주장이 완전히 새로운 것은 아니다. 율곡 이이가 병조판서로 재직할 때 주창한 바 있으며, 출세가 원천 봉쇄된 서얼庶孼들도 국경 지대에 나가 병역을 이행하는 등으로 공을 세우면 과거에 응시할 자격을 부여하자는 주장까지 했었다. 그것이 '십만양병十萬養兵'의 모태일진대, 전쟁을 당한 급박한 상황에서 류성룡이 재차 주장했음에도 망국적인 '님비NIMBY(Not In My Back Yard)'에 의해 다시 좌절당하고 만다. 나라가 있어야 왕도 있고 조정도 있는 법이거늘, 왕과 신하들이 하나같이 저러니 류성룡으로서도 어쩔 수 없었다.

이 땅의 모두가 같은 사람이다

당시 인간으로조차 여기지 않던 노비와 천민들을 위해 애썼던 류성룡의 모습은 미국의 16대 대통령 에이브러햄 링컨Abraham Lincoln(재임 1861~1865)과도 겹친다. 링컨이 1863년 1월 1일에 '노예 해방'에 관한 발표를 하게 되고, 그 선언으로 인해 남북전쟁이 촉발되었다는 것은 익히 알려진 사실이다.

대부분의 전쟁이 그렇듯 남북전쟁의 배경도 경제력 획득에 원인이 있다. 남부가 흑인 노예를 필요로 한 까닭은 주요 산업이 면화棉花와 밀 등의 농업이었기 때문이다. 상대적으로 공업이 발달한 북부는 남부의 풍부하고 저렴한 노예 인력에 주목하게 된다. 그렇지 않아도 극도로 사이가 나빴던 상황에서 링컨이 선언한 '노예 해방'은 전쟁을 일으킬 수 있는 뇌관이 되기에 충분했다.

그러나 링컨은 해방의 형태로 얻어진 노예를 이용해 공업이 부흥되는 데 관심을 두었을 뿐, 그들의 처우나 인권에는 별로 신경 쓰지 않았다. 남부에서는 고통스러운 삶을 살아야 하는 노예일지언정 기본적인 의식주는 보장되었지만, 북부에서는 쥐꼬리 같은 봉급을 받으며 중노동에 시달

노상알현도 길에서 만난 양반에게 상민이 머리가 땅에 닿을 정도로 절을 하고 있다. 김득신金得臣(1754~1822) 작.

리면서도 모든 것이 불안했고 미래가 없었다.

특히 교육의 기회가 제한된 탓에 가난이 대물림되었으며, 법으로 금지되었어도 흑인에 대한 차별은 아직까지도 면면하게 이어지고 있다. 바로 인접한 1900년대 초중반까지만 해도 흑인들은 투표권을 행사하기 어려웠음은 물론, 백인들이 다니는 학교에 등록할 수도 없었다. 식당도 따로 이용하고 버스를 타더라도 백인에게 자리를 양보해야 하는 등, 극심한 차별을 감내해야 했다.

흑인들의 인권을 위해 평생을 바친 인권운동가 마틴 루터 킹Martin Luther King Jr. 목사가 "I Have a Dream"을 말하다가 인종차별주의자에게 암살당한 때가 1964년 10월 14일이다. 그때까지도 흑인 인권은 해방이 선언된 1863년에 비해 그리 진전되지 않았던 것이다.

류성룡이 링컨과 결정적으로 다른 점은 노비와 천민들을 이용하기 위해 신분을 상승시켜 주는 데 그치지 않았다는 것이다. 누구라도 공을 세우면 관직을 받아 신분까지 대물림할 수 있게 해준 류성룡은 시대를 한참이나 앞서간 위대한 사상가이기도 했다.

납세 방식을 개혁하다

한편 류성룡은 이제까지의 세수稅收 방식을 수술대에 올렸다. 그가 진단한 망국의 근원 가운데 특산품을 진상하게 하는 방식도 포함되었다. 예컨대 인삼이 특산품인 지역에서는 인삼을 진상해야 했지만 지역의 모든 백성이 인삼을 재배하지는 않았다. 그런 백성들은 진상할 인삼을 구입해야 했는데, 그때부터 부정이 판을 치게 된다.

농업을 위시한 생업에 매진해야 할 백성들은 인삼을 구입할 여력도 부족하거니와, 개인적으로 구입할 길이 아예 막혀 있었다. 따라서 '방납업자'로 불리는 브로커들을 통하지 않으면 그들과 한통속인 아전들이 갖은 핑계로 퇴짜를 놓기 때문에 울며 겨자 먹기로 방납업자들에게 구입할 수밖에 없었다. 또한 방납업자들이 제값을 받을 리가 만무했다. 시가의 몇 배는 기본으로 부르는 방납업자들 때문에 파산하는 양민들이 부지기수였다.

해당 지역에서 생산되지 않는 물품을 진상하게 되어 있는 사례도 적지 않았다. 그럴 경우 운반비를 위시한 수수료가 더욱 폭등하기 마련이다. 기한 내에 바치지 못하거나 물량이 미달하면 관아에 잡혀가 호되게 당했는데, 골병이 들거나 심하면 죽어나가기 일쑤였다. 견디지 못한 나머지 도주해도 이웃과 친척에게 떠넘겼으니 나라의 기본인 백성들의 민생은 요원했다. 실록에 류성룡이 "진상에 따른 폐단은 더욱 심하게 백성을 괴롭히는 점이 있습니다"라고 말한 대목이 바로 방납업자와 결탁한 관아가 끼치는 폐해를 이르는 것이다.

진상을 하지 않고 쌀을 위시한 곡식으로 납부하는 백성들도 고통스럽기는 마찬가지였다. 토지의 면적과 생산량을 기준으로 하지 않고 일괄적인 상향 평준화 방식을 적용하는 바람에 자식이 먹을 것마저 바쳐야 하는 실정이었다. "이처럼 백성들에게 불공평하게 부과되어 있는데 게다가 도로를 왕래하는 비용까지 가산되고 있습니다. 그리고 각 관청에 봉납捧納할 때는 또 간사한 아전들이 조종하고 농간을 부려 백 배나 비용이 더 들게 되는데, 공가公家로 들어가는 것은 겨우 10분의 2, 3에 불과할 뿐, 나머지는 모두 사문私門으로 들어가고 맙니다"라는 류성룡의 주장은 곪을 대로 곪은 상처를 터뜨린 것이었다.

선조와 대신들이 그런 것을 모를 리 만무했다. 먹이사슬의 정점에 있는 그들에게 류성룡의 주장이 극히 달갑지 않았겠지만, 류성룡은 절대 양보하거나 후퇴하지 않았다. 어쩌면 세수 개혁을 관철하기 위해 군역의 개혁을 양보했는지도 모를 일이다. 나라 살림에 도움이 되지 않는 진상은 반드시 필요한 부분만 허용하고 모든 조세를 곡식으로 통일시켰다. 기존에 시행되던 곡식의 납부도 고을 인구 등의 형평을 고려하고 면적과 생산량을 기준으로 해 납부하게 하도록 했다.

"이렇게 하면 결마다 내는 것이 그저 몇 되 몇 홉 정도에 불과해 백성들은 방물이 있는지조차도 모르게 될 것입니다. 진상할 때에도 이런 식으로 모두 쌀이나 콩으로 값을 내게 해야 합니다"라는 구상은 대동법大同法의 효시라고 할 수 있는데, 당시에는 '작미법作米法'이라고 했다. 진상을 없앤 다음 토지를 많이 가진 자는 그만큼 많이 걷고 백성들은 알맞게 걷는 류성룡의 주장이 구현되자 빈사에 빠진 민생이 비로소 회생하고 국고가 채워지기 시작했다.

또한 난관을 타개하기 위한 방편으로 소금을 이용했다. 당시에는 국가가 소금의 생산량을 통제했기 때문에 민간에서 생필품인 소금을 구하기가 쉽지 않았다. 게다가 전쟁이 터지는 바람에 제대로 유통되지 않아 수요에 비해 공급이 크게 부족할 때 류성룡은 황해도에서 소금을 생산하도록 독려했다. 생산된 소금을 전라도로 운반해 곡식과 교환한 다음 국고를 채우고 전쟁에 사용했으니, 백성들에게 전가될 부담을 그만큼 덜어준 셈이었다.

그뿐 아니라 무역도 장려했다. 류성룡의 구상은 명과의 국경지대에 무역 시장을 개설해 발생한 이득으로 전쟁에 필요한 물자를 공급하고 굶주린 백성들을 구제한다는 것이었다. 그러나 늘 그렇듯 그의 주장은 환영받지 못했다. 농업밖에 없었던 조선에서 무역을 한다는 자체가 생소하거니와, 농업에 종사해 세금을 바쳐야 할 백성들이 상업으로 빠지게 되면 지배층에서 먹을 몫이 줄어들 것을 우려했기 때문이다.

이번에도 류성룡은 물러나지 않았다. 류성룡의 뜻이 관철될 수 있었던 데에는 명의 도움이 컸다. 조선과의 조공 외교에서 일방적으로 하사하거나 특산품을 비싸게 구입해야 했던 명으로서는 대등한 상태의 무역을 마다할 이유가 없었다. 이득이라면 지옥이라도 찾아가는 명의 상인들이 몰려들어 날이 갈수록 성황을 이루었다. 무역 시장에서 얻어진 막대한 이득이 전쟁은 물론 백성들을 구제하는 데도 큰 도움이 되었을 것이다.

그러나 류성룡의 정책이 모두 옳았을까?

극한의 이상으로 피폐한 나머지 사람이 사람을 잡아먹는 참상이 곳곳에서 벌어지던 조선에 류성룡이 없었다면 어떻게 되었을까? 류성룡은 전쟁을 지휘하고 보급을 책임지는 한편으로 국가를 경영하면서 고질적인 진상과 세제를 개편해 민생을 살려냈다. 류성룡이 나라와 백성에 이바지한 공은 이순신이 전쟁에서 세운 공과 비교해도 손색이 없다.

류성룡은 알면 알아 갈수록 대단하지만 납득되지 않는 점도 없지 않다. 류성룡은 노비와 천민들을 면천해 양민으로 만들어주는 것은 물론 관직을 얻을 수 있도록 했는데, 기존의 방식과는 달리 공을 세우도록 했다.

류성룡은 양반 미만의 계층이 관직을 얻을 수 있는 방식으로 수급을 제시했다. 양민은 적의 수급 하나, 서얼은 수급 둘, 노비와 천민은 수급 셋을 베어오면 과거에 급제한 것으로 인정하고 합격증을 발급하도록 했다. 실록에도 그 제도가 시행된 사실이 나타나는데, 심지어 수급이 열을 초과하고 스물에 달하는 사례도 나타난다. 그렇게 많은 수급을 가져오면 노비들도 즉시 높은 관직을 받게 되니, 반상班常의 구분과 서열이 엄격한 관리들이 반발하지 않을 수 없다.

납득되지 않는 점은 '합격증과 교환된 수급이 과연 진품이냐는 것'이다.

군공청軍功廳이 아뢰기를,

"공천公賤과 사천私賤에 대해서는 적의 참수가 1급이면 면천시키고, 2급이면 우림위羽林衛를 시키고, 3급이면 허통許通(급제)시키고, 4급이면 수문장에 제수하는 것은 이미 규례로 되어 있습니다. 그리고 이미 허통되어 직이 제수되었으면 사족士族(양반)과 다름이 없어야 마땅합니다.

그러나 적을 참수한 수급이 10~20급에 이르는 경우가 있는데 사목事目대로 논상한다면 사노私奴 같은 천인이라도 반드시 동반東班(문관)의 정직正職에 붙여진 뒤에 그만두어야 하니 관작의 외람됨이 이보다 더 심한 경우가 없습니다. 이뿐만이 아니라 재인才人·백정·장인匠人·산척山尺 등의 천류賤類라 하더라도 직급을 뛰어넘어 높은 관직에 오르고 있습니다. 바로 장오돌張吳乭 같은 류가 그런 등속인데 물정이 온당하게 여기지 않고 있습니다. 어떻게 해야 하겠습니까? 대신과 의논해 조처하소서" 하니,

전교하기를 "나도 온당치 못하게 여기고 있다. 그러나 의논해 조처하라" 하셨다.

회계하기를, "대신에게 물어보니 '벼슬이 주부主簿에 이르렀으면 의당 주부의 직을 준 뒤에 아직 논하지 않은 공은 다른 상으로 주어도 무방하겠다'고 했습니다." 하니,

전교하기를 "이미 등과登科한 뒤에 한품서용限品敍用하는 것은 사리에 맞지 않는 듯하다. 그리고 이런 때에 이와 같이 한다면 이들이 싸움에 임해 누가 힘을 다해 싸우려 하겠는가" 했다.

《선조실록》 27년(1594 갑오년) 5월 8일 일곱 번째 기사

위의 실록에 가져오는 수급에 따라 관직을 주었는데 노비들이 스물이나 되는 수급을 들고 왔다는 기록이 있다. 수급이 셋이면 급제고 넷이면 수문장의 자격을 받을 수 있게 되어 있기 때문에 스물이나 가져오면 문관직 가운데서도 상당히 높은 품계를 받아야 하므로, 그에 따른 폐단에 대해서 우려하는 대목이 나타난다.

선조는 그에 대해 처음에는 "나도 온당치 못하게 여기고 있다. 의논해 조처하라"라고 수긍했다. 그러나 다시 "이런 때에 이와 같이 한다면 이들이 싸움에 임해 누가 힘을 다해 싸우려 하겠는가"라고 반박하고 있다. 그것은 적의 수급을 더욱 많이 가져오게 하라는 뜻이므로, 모처럼 류성룡의 주청에 대해 힘을 실어주는 모양새다.

그러나 그때는 일본군이 도성을 위시한 점령지에서 전면적으로 철수한 지 일 년이 넘은 시점이다. 일본군의 수급을 얻기 위해서는 그들이 웅거하고 있는 경상도 남부 지역으로 가야만 했다. 만나는 자체가 쉽지 않는 데다, 설령 만났다고 해도 주특기가 백병전인 일본군에게 자신의 수급을 바치기 십상이었다. 그런데도 어떻게 수급을 무려 스물이나 가져올 수 있었을까?

또한 당시 조정에서 단기간에 병력 자원을 확보하기 위한 용도로 무과를 통해 수천 명의 급제자를 배출하면서 "적의 수급을 가져오는 것으로 합격을 인정하고 많이 가져오는 순서에 따라 순위를 결정하겠다"는 조치를 취한 사실이 있다. 그때 역시 수급을 가져오는 것이 대단히 어려움에도 불구하고 수급을 들고 와 합격증을 받아가는 자가 줄을 이었다.

그때 역시 '양반 자격증'과 교환된 수급이 진짜였을 리 만무하다. 나중에 그 폐해가 상세히 지적되고 "흉악한 무리들이 애꿎은 백성의 수급을 가져올 수 있으니 철저히 확인하라"는 조치가 나왔지만 죽은 사람은 말이 없는 법이다. '출세하고 싶으면 적의 수급을 가져오라'는 조치가 오히려 무수한 백성을 죽이는 최악의 결과가 도출되는 광경은 가장 이해하기 어려웠던 대목이다. 어떻게 그런 방식이 논의되고 정식으로 의결되어 선조까지 동의해 시행될 수 있었는지 불가사의하기까지 하다. 게다가 그런 조치가 류성룡에게서 발원했을 개연성이 높은 것은 더욱 이해하기 어렵다. 이 부분에 대해서는 별도의 연구가 필요하다.

1948년 제주도에서 일어난 이른바 '4·3사건'으로 인해 최대 8만 명으로 추정되는 희생자가 발생했다. 그들 가운데 토벌 대상인 '빨갱이'는 과연 얼마나 되었을까? 게다가 이승만 정권은 좌익이나 그에 준한다고 판단되는 국민들을 강제로 '보도연맹'에 가입하게 해서 통제하다가 전쟁이 일어나자 모조리 학살했다. 그때 얼마나 많이 죽었는지 정확하게 집계조차 되지 않고 있다.

또한 6·25전쟁 와중에 북한군에게 빼앗겼던 지역을 국군이 탈환할 때마다 적에게 협조했다는 이유 등으로 즉결 처분이 벌어지는 과정에서 무고한 시민들이 적지 않게 연루되었을 것으로 추정된다. 사적인 원한을 가지거나 재산을 노린 자에게 고발당해도 재판 없이 처형되는 세상이었다.

뿐만 아니라 전쟁 기간 중에 병력자원을 확보하기 위해 보충역에 해당하는 17~40세 사이의 장정들을 '제2국민병'으로 편입한 다음 보급을 착복하는 바람에 적어도 10만에 달하는 장정들이 굶어 죽고 얼어 죽어야 했다. 불과 60여 년 전의 일이다.

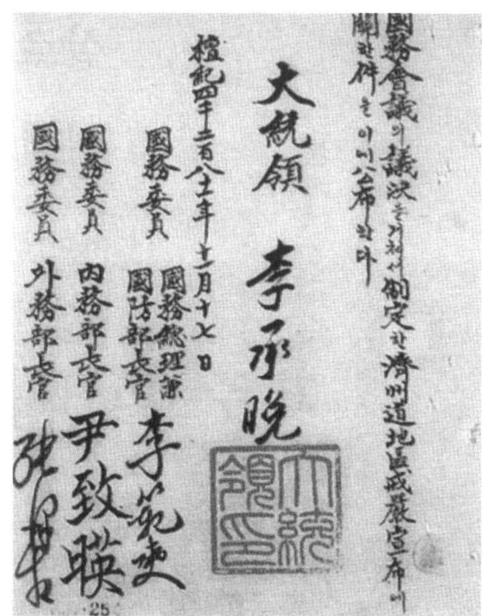

國務會議의 議決을 거쳐서 制定한 濟州道地區戒嚴宣布에
關한 件을 이에 公布한다

大統領 李承晩

檀紀四千二百八十一年十一月十七日

國務委員 國務總理兼 國防部長官 李範奭

國務委員 內務部長官 尹致暎

國務委員 外務部長官

25

1948년 11월 17일 이승만 대통령이 선포한 계엄령 계엄령 기간 동안 제주도 곳곳에서 대규모 학살이 벌어졌다.

1948년 제주 4·3사건 당시 심문을 받기 위해 기다리고 있는 주민들 미국 국립기록관리청.

노비에서 양반이 되기까지

조선의 경우 천재지변이나 극심한 흉년 등의 위기가 발생하면 공명첩空名帖이나 면천첩免賤帖 등의 매뉴얼을 가동했다. 양인 이상에게 시행되는 공명첩은 일정 이상의 곡식을 바치면 관직을 주는 제도로서, 관직은 기입하되 인적 사항이 기입되지 않은 고신告身(임명장)을 발행한 다음 바치는 물량에 따라 인적 사항과 시행 년월일 등을 기입해 효력을 발생하게 했다.

면천첩은 노비들에게 시행되어 많은 곡식을 바치면 천한 신분을 면해 양민의 신분을 주는 제도이다. 사노비 가운데는 상당한 수준으로 축재한 자들도 있었는데, 그들은 일단 면천첩을 통해 양민이 된 다음 다시 공명첩을 이용해 관직을 얻었다. 노비는 물론 양민들도 공명첩을 통해 형식적인 관직을 얻어 양반이 되면 납세와 부역을 면제받을 수 있기 때문에 인기가 좋았는데, 그로 인한 폐단이 적지 않았다. 공명첩이 효력이 발생한 수효만큼 조세와 부역이 사라지는 것은 물론, 드물게는 실직實職을 받은 자들이 지방관으로 부임하기까지 했다.

> 사간원이 아뢰기를,
> "수령의 직책은 백성들의 휴척休戚(민생)이 달린 것이어서 선택에 신중을 기하지 아니할 수 없습니다. 삼화현령 이춘란은 시골의 일개 무식한 부민富民에 불과한데 군량이 모자랄 적에 자원해 납속納粟한 공로가 있기는 하나 자목字牧의 소임은 결코 그 사람이 감당할 수 있는 일이 아닙니다. 체차시키소서." 하니,
> 답하기를 "따를 수 없는 일이기 때문에 윤허하지 않는다" 하셨다.
>
> 《선조실록》 27년(1594 갑오년) 4월 20일 첫 번째 기사

부유한 백성인 이춘란이라는 자가 막대한 곡식을 바친 대가로 '사또'가 되었는데, 무식한 자가 어찌 백성들 돌보고 선정을 베풀 수 있겠는가. 공명첩의 취지부터가 아랫돌 빼어 윗돌에 고이는 부작용이 따르는 판에, 자격 없는 자를 사또에 보임해 백성을 괴롭게 만들기까지 했다.

더욱 납득할 수 없는 것은 선조의 태도였다. 사간원이 이춘란이 도저히 지방관의 소임을 감당할 수 없다는 것을 아뢰고 사직을 청했을 때 선조는 받아들이지 않았다. 자격 없는 자가 사또까지 역임했으면 충분히 영예롭고 족보에도 올릴 수 있는 만큼 그쯤해서 체차시켜도 아무런 하자가 없었을 것이다.

그러나 선조는 온당한 사유도 없이 이춘란을 유임시켰다. 이춘란으로 하여금 본전의 몇 배 이상으로 축재할 것을 허락한 것이나 마찬가지인 조치였다. 이춘란에게 쥐어 짜이는 백성들이야 죽어나든 말든 상관조차 하지 않는 선조를 도무지 납득할 수 없다. 그나마 이춘란처럼 많은 곡식조차 바치지 않고 약간의 뇌물만으로도 관직을 얻는 사례가 비일비재했다.

거대한 사기극

전쟁은 다시 일어날 수밖에 없었구나

> "첫째, 봉작封爵만 요구하고 조공은 요구하지 말고, 둘째, 왜병은 한 사람도 부산에 머물러 있지 말고, 셋째, 앞으로 영구히 조선을 침범하지 말 것. 이 세 가지 약속을 지킨다면 곧바로 봉작할 것이고, 약속대로 하지 않으면 허락할 수 없다"라고 하자, 소서비小西飛는 하늘을 가리켜 맹세하고 약속을 지키겠다고 했다.
> 드디어 심유경에게 다시 소서비를 데리고 왜적의 진영으로 들어가 선유하도록 하고, 또 이종성과 양방형을 상사와 부사로 임명해 왜국에 가서 평수길을 일본 국왕으로 봉하도록 하되, 이종성 등은 우리나라 도성에 머물러 있다가 왜적의 철병이 끝나기를 기다려 일본으로 떠나도록 했다.

1594년(선조 27) 12월 14일 일본이 보낸 사절 고니시 조안小西如安(소서비小西飛)이라는 자가 북경의 황궁에 들어가 항복을 맹세했다. 이에 따라 명은 한껏 고무되었다. 명의 입장에서는 더 이상 전비戰費를 지출하지 않으면서 한껏 위신을 세우는 셈이라 그 이상 좋을 수 없었는데, 전쟁이 발발한 다음 도성을 수복하면서부터 이미 일본과의 외교가 진행된 상태였다. 그때 송응창에 의해 사절로 위장된 서일관과 사용재가 일본으로 건너가 히데요시를 접견했었다. 또한 두 사람이 돌아오는 길에 부산에 억류되어 있던 임해군과 순화군을 데려오는 등의 성과가 있기도 했다.

고니시 조안이 항복문서를 바치고 충성을 맹세함에 따라 명도 전쟁을 끝내기 위한 절차에 들어갔다. 항복을 받아주고 전쟁을 끝내는 데 있어 가장 중요한 것이 책봉이기 때문에 히데요시를 일본의 왕으로 임명하는 사신들이 파견되어야 했다. 명은 이종성李宗城을 정사로 하고 양방형楊方亨을 부사로 해서 수백 명에 이르는 책봉사를 파견하는 실무 외교에 들어갔다.

조선은 이에 반대했지만 전시작전권은 물론 외교권까지 넘겨준 상태에서 목소리를 높이는 것외에는 할 수 있는 것이 없었다. 게다가 명이 일본과의 합의에 접근하면서 현재 일본군이 주둔하고 있는 지역을 넘겨주기로 했다거나, 심지어 대동강을 경계로 남쪽을 일본에게 넘기고 북쪽은 직접 통치하기로 했다는 소문까지 나돌았다. 그런 소문은 놀랍게도 단순한 소문이 아니었다. 송응창과 고양겸顧養謙에 이어 경략으로 임명된 손광孫鑛은 명이 직접 조선을 통치해야 한다고 주장하기까지 했다.

손광이 그런 주장을 펴게 된 까닭은 선조와 무관하지 않다. 명은 선조를 극도로 불신했을 뿐만 아니라 혐오하기까지 했다. 선조는 전쟁 초기부터 망명을 시도해 조선은 물론 명까지 위기에 빠뜨리려 했던 데다, 매사를 전쟁에 도움이 되지 않는 방향으로만 움직였다. 참다못한 명이 칙사를 보내 선조의 무능함을 꾸짖고 광해군으로 하여금 선조의 실책을 만회할 것을 주문하기까지 했을 정도였다.

손광이 주장하는 '조선직할령'은 선조의 퇴진을 전제로 했다. 그들이 보기에도 뛰어난 광해군을 왕으로 임명하면 직접 통치하지 않아도 원하는 효과를 거둘 수 있다고 판단했기 때문이다. 명의 압박에 의해 선조가 물러나고 광해군이 즉위하면 명은 조선을 '실효지배'할 수 있게 된다.

가장 좋은 방도는 선조의 자진 사퇴인데, 오히려 선조는 이를 이용해 신하들에게 계속 충성을 받아냈다. 신하들 가운데 비중이 큰 자들이 당파를 초월해서 용퇴를 건의하는 방안도 있었지만, 고양이 목에 방울 다는 격이었다.

보위만 지킬 수 있으면 누구라도 죽일 수 있는 선조가 특히 거슬리던 류성룡을 그냥 둘 리가 만무했다. 이미 임진년에 일본군이 바짝 근접하는 급박한 상황에서 류성룡에게 도성을 방어하라는 명령을 내린 사례가 있었으며, 이후로도 그런 시도가 반복되었다.

조선이 배제된 채 성립된 휴전

강화가 전제되는 회담을 일방적으로 진행하던 명은 일본이 항복하는 사신까지 파견하자 대세를 결정짓는다. 일본이 완전히 철수할 수 있는 상황에서 그들을 자극하거나, 회담이 무위로 돌아갈 수 있는 빌미를 주는 행동은 반드시 피해야 했다. 이미 송응창 때부터 선조와 조정이 계속 강경하게 나오자 "오랑캐를 이해시키는 것이 왜 이렇게 힘드냐"며 푸념까지 했던 경략들이 조선의 목소리에 귀를 기울일 리가 만무했다. 조선이 만력제에게 호소하기 위해 보내는 사신들을 잡아두고 몸수색까지 했다.

책봉사 파견을 결정하기 이전에 명이 조선에게 어이없는 요구를 했다. 계속 조선을 협박하던 경략 고양겸이 조선으로 하여금 명에 사신을 파견해 "조선은 멸망을 막기 위해 명과 일본이 하루빨리 강화하기를 바라고 있으니 황제께서는 가엾게 여기시어 허락해 달라"고 강화를 애걸하는 사신을 파견하도록 강요했다.

이후 책봉사가 파견될 때는 조선도 통신사를 파견해 동행할 것을 요구

받았는데, 어쩔 수 없이 따를 수밖에 없었다. 선조는 소리 높여 강화를 반대했음에도, 고양겸이 강화를 요청하는 사신을 파견하라고 요구했을 때에는 소극적인 태도로 일관했다.

전쟁 초기 망명할 의도에서 광해군에게로 선위를 천명했던 데다, 이후에도 충성을 확인할 목적으로 수차례 선위 파동을 일으킨 선조는 극도로 명의 눈치를 살폈다. 평소에는 강화에 반대하는 모습을 보이다가 막상 실제로 반대해야 할 때가 되면 수긍하는 태도를 보이기 일쑤였다. 명이 선위 의사를 표명한 것을 빌미로 삼아 광해군에게 즉위하라는 명령을 내릴 것이 두려웠던 탓이다.

도성을 수복하기 이전에 명군과 일본군이 회담을 재개하자 송응창이 방해하지 말 것을 주문했을 때부터 선조는 그대로 따랐었다. 류성룡의 "죽으면 죽었지 기패에 절을 하지 못하겠다!"고 항거하는 기백과 대조된다.

이러한 모습은 현대사에서 되풀이된다. 이승만도 미국의 주도로 6·25 전쟁이 끝나는 데 반대했다. 그는 그런 조치의 일환으로 전쟁 말기에 각지에 수용되어 있던 포로 3만 7,000명 가운데 2만 7,000에 달하는 포로를 석방하라는 명령을 내렸다. 이승만의 돌발행동은 미국과 북한에 의해 주도되는 협상에 심각한 지장이 초래될 수 있었지만, 휴전이 시급했던 북한이 문제를 제기하지 않음에 따라 무사히 휴전이 성립되었다.

어용 언론들은 포로 석방을 '인도적 결단' 등으로 극찬했지만 배제당한 자의 저급한 몽니 이상은 아니었다. 게다가 이승만이 대등하게 교환해야 할 포로를 마음대로 석방하는 바람에 무수한 국군 포로가 가족의 품으로 돌아오지 못하고 북한에서 비참하게 죽어가야 했다. 명이 그렇듯 미국이 그런 이승만을 좋게 볼 리가 만무하다. 선조와 마찬가지로 이승만은 미국으로부터 극도의 불신을 받게 된다.

책봉을 거부한 히데요시

책봉사가 부산에 도착한 것은 선조 1595년(선조 28) 9월, 그렇게 늦게 도착한 까닭은 일본군의 태도 때문이었다. 일본에서 보낸 사신이 항복을 맹세함에 따라 책봉사가 파견되었음에도 일본군은 철수하지 않았다. 당연히 철수할 줄 알았던 일본군이 전혀 움직이려 하지 않자 명도 책봉사를 도성에 머물게 하는 등의 조치로 응수했다. 명이 그런 상황에 대해 문제를 제기할 때마다 일본군이 약간씩 철수하고 책봉사가 그만큼 움직이는 것이 반복되었는데, 그들이 부산에 도착했을 때는 아직도 4만이나 되는 일본군이 유지되고 있었다.

책봉사가 도착하고 조선에게도 통신사를 파견할 것을 강요한 이후에는 다음 수순으로 넘어가야 했다. 그런데 어찌된 일인지 항복했다던 히데요시가 차일피일 미루었다. 책봉사는 이듬해인 1596년(선조 29) 6월이나 되어서야 출발할 수 있었는데, 그 사이에 어이없는 일이 벌어졌다.

> 이때 어느 사람이 이종성에게 "왜추(도요토미 히데요시)가 실상은 봉작을 받을 의사가 없으며 장차 이종성 등을 유인해 가두어 두고 욕을 보이려 하는 것이다"라고 하자, 이종성은 매우 두려워하며 밤중에 평복 차림으로 변장하고 왜적의 진영을 탈출해 종복과 짐바리와 인절 등을 모두 버린 채 도망쳤다. 왜적은 이튿날 아침에야 알고 길을 나누어 이종성을 뒤쫓아 양산의 석

교까지 이르렀으나 찾지 못하고 돌아갔다.

정사로 임명된 이종성이 숙소를 탈출하는 사태가 벌어지자 한바탕 소동이 벌어졌을 것이다. 북경에 보고한 결과 부사 양방형이 정사가 되고 심유경이 부사가 되라는 훈령이 내려왔다. 다행히 이종성이 의전에 필요한 금인金印 등을 남겨두었기 때문에 더 이상 차질을 빚지 않았다.

그런데 《징비록》에 의하면 히데요시는 책봉을 받을 의사가 없는 데다, "장차 이종성 등을 유인해 가두어두고 욕을 보이려 하는 것"이라고 나타나 있다. 그것이 두려웠던 나머지 이종성이 탈출을 감행했다는 것이라는데, 과연 어느 기록이 사실일까? 지금에서 생각하면 일본에는 덴노가 있기 때문에 히데요시를 왕으로 책봉하는 것은 가능하지 않다. "왜추가 실상은 봉작을 받을 의사가 없으며"는 결과론적인 시각이다. 당시 명은 그렇게 생각하지 않은 데다, 류큐의 왕도 책봉한 전례가 있기 때문에 책봉을 통해 종전을 추구하는 것은 당연했다. 당시 명이 내건 조건을 보자.

- 일본은 임해군과 순화군을 석방한다.
- 일본은 잠정적으로 부산까지 후퇴한 다음 본국으로 완전히 철수한다.
- 연합군은 일본이 철수하는 과정에서 공격 등의 적극적 적대행위를 하지 않는다.
- 도요토미 히데요시는 전쟁을 일으킨 데 대해 공식적으로 사과한다.
- 위의 조건이 이행되면 명은 일본의 조공을 받아들인다.
- 명은 히데요시를 일본의 왕으로 책봉할 것이며, 따라서 제후국의 군주로서 종주국에 대한 충성을 다할 것을 요구한다.

앞에 나온 명의 조건은 승전국으로서의 위엄과 아량이 충분히 포함되어 있다. 그렇다면 히데요시는 어떤 것을 내밀었을까?

- 명은 황녀皇女를 보내 덴노의 후궁으로 삼게 한다.
- 명은 일본과 무역을 정상적으로 재개한다.
- 일본과 명은 대신을 통해 각서를 교환한다.
- 조선의 왕자들을 소환한다.
- 조선 8도 가운데 남부 4도를 일본에 할양한다.
- 조선은 왕자와 대신을 일본에 보내 볼모로 삼게 한다.
- 조선은 영원히 일본을 배신하지 않겠다는 것을 엄중하게 서약한다.

히데요시가 내민 조건을 이른바 '화건칠조和件七條'라고 한다. 화건칠조는 어이없게도 명처럼 승전국으로서의 요구다. 게다가 명이 제시한 조건과는 비교할 수 없이 오만하고 불가능한 내용으로 이루어져 있다. 가장 위에 있는 '황제의 딸을 보내 덴노의 후궁으로 삼게 한다' 조항부터 '조선의 절반을 바치라'는 요구 모두 가당치도 않는다.

실제로 가능하고 상식적인 조항은 임해군과 순화군을 소환한다는 것 밖에 없다. 그것 외의 조항은 하나라도 내밀었다가는 즉시 회담이 파기되고 전쟁이 재개되어도 전혀 이상하지 않았다. 차라리 '화를 부르고 무너뜨리는' 화건칠조禍愆七條라고 불러야 마땅할 지경이다. 그런데도 계속 협상이 진행되어 도장을 찍을 단계까지 왔다는 것이 더욱 이상하다. 도대체 무슨 일이 벌어졌던 것일까?

화건칠조는 서일관과 사용재가 일본에 왔을 때부터 제시된 상태였다.

두 사람은 정식 사신도 아니었거니와, 설령 사신이라고 해도 전권을 부여받지 않은 이상 가타부타 할 자격이 없었다. 돌아온 서일관과 사용재의 보고를 받은 송응창은 물론, 부산에 있던 고니시 유키나가도 경악했다. 이 사실이 그대로 만력제에게 알려지는 날에는 석성 또한 무사하기 어려웠다. 석성에게 훈령을 받은 송응창이 심유경을 불러 위협을 가하자 이미 내용을 알고 있던 심유경이 고니시를 만나 머리를 맞댄 끝에 "각각의 나라에 전할 국서國書를 변조하는 것"으로 합의했다.

종전과 체면을 함께 바란 히데요시

일본이 항복한 것으로 인식한 명은 실무적인 논의에 들어갔다. 명의 기본 방침인 '조공 외교'는 충성을 받아 제후국으로 편입시키는 대신 상대방이 필요로 하는 물품을 무상으로 제공하거나, 그들이 가져오는 특산품을 대단히 비싼 값에 구입하는 형태였다. 그런 것이 재정에 적지 않은 부담이 되었기 때문에 처음에는 책봉만 하고 조공은 받지 않는 것으로 논의했다. 그러나 실제로 전쟁까지 벌어지고 명도 아슬아슬했던 관계로 조공을 받지 않는다는 방침에 의문이 제기되었다.

명은 전통적인 조공 외교가 실패하면서 낭패를 당했던 경험이 있다. 앞서 말한 오이라트의 에센을 치려다가 오히려 정통제가 포로로 잡힌 사건의 원인 또한 바로 조공 외교를 실패한 데 있었다.

명은 에센이 특산품을 가지고 오면 비싸게 구입해주고 사절들의 체류비도 부담했다. 오이라트에는 좋은 말이 많았으며, 그들의 말을 구입하는 것은 오이라트의 전투력을 제한하는 효과도 있었다. 그러나 조공이 계속되다 보니 오이라트의 사절들이 기하급수적으로 늘어나는 데다, 그들에 의한 밀무역의 규모가 날로 증가하는 폐단이 발생되었다.

왕진은 오이라트의 사절을 예전의 규모로 제한하고 실제 파견된 인원에 대해서만 체류 비용을 지급했다. 게다가 가장 중요한 말의 대금마저 이전의 20% 선으로 하향하자 에센은 더 이상 조공 외교에 기대려 하지 않았다.

강력한 기동력과 전투력을 보유한 에센이 각지의 요새를 공격하고 국경을 어지럽혀도 왕진은 자신의 실책을 인정하지 않았다. 오히려 입지를 굳힐 목적으로 에센을 공격하러 나갔던 왕진은 끝내 목숨을 잃고 황제까지 포로로 잡히는 역사적인 치욕을 받게 되었다.

조공 외교의 실패가 가져온 결과를 똑똑히 기억하고 있었을 석성을 위시한 명의 실세들은 현실적으로 협상에 나설 필요를 절감했다. 다시 논의한 결과 책봉과 더불어 어느 정도 수준의 실익을 베푸는 조치를 병행하는 것으로 낙착되었다. 히데요시가 조공 외교의 혜택을 받게 되면 전쟁으로 인한 엄청난 지출이 중지되고 지금보다 훨씬 좋은 입장에 설 수 있기 때문에 받아들여질 가능성이 충분했다.

종전이 절실하기는 고니시도 마찬가지였다. 전쟁에 요구되는 지출을 직접 부담해야 하는 고니시의 입장에서 전쟁은 최악의 손실이다. 계속 이렇게 싸우다가는 전투가 아닌 파산으로 굶어 죽게 될 지경이었다. 고니시뿐만 아니라 조선에 건너온 자들의 입장은 대부분 같았다. 공을 세우지 못해 안달하던 가토 기요마사까지 부산으로 철수하는 것을 반대하지 않았을 정도였다.

차라리 철수하는 편이 백 번 낫다는 데에는 이시다 미쓰나리 등의 주요 인물들도 적극적으로 동조했다. 또한 부산으로의 철수가 결정될 때도 그들과 연명해 호소한 결과 승낙을 받은 전례도 있었다. 일단 철수한 다음에는 힘을 합치면 히데요시도 어쩌지 못할 공산이 컸다.

또한 히데요시가 화건칠조를 내민 자체가 중요한 힌트로 작용했다. 순식간에 조선의 도성을 점령했던 초기에 비하면 지금의 전황이 매우 좋지 않다는 것은 누구보다도 히데요시가 잘 알고 있을 터였다. 그런 상황에서 이긴 것보다 훨씬 더한 조건을 내민 다음 관철될 것으로 믿는다면 제정신일 수 없다.

그러나 히데요시는 제정신이었다. 하루가 지날 때마다 얼마나 손해를 보고 있는지도 잘 알고 있을 터였다. 이번 전쟁에서 가장 큰 손해를 보고 있는 사람은 바로 히데요시였다. 도자기와 포로를 위시한 전리품이 엄청났지만, 그런 것으로는 전쟁에서 이길 수 없다. 전쟁에 필수적인 쌀과 무기가 히데요시의 창고에서 계속 빠져나가고 있었다. 가장 전쟁을 끝내고 싶어 할 사람은 히데요시였을 것이다.

그렇게 접근하면 히데요시가 말도 되지 않는 조선을 내건 의도도 짐작 가능하다. 히데요시도 하루빨리 전쟁을 끝내고 조공 외교를 수혜하고 싶겠지만 명의 조건을 즉시 받아들이기는 개운치 않았다. 그렇다면 이제까지 회담을 진행했던 고니시에게 공을 넘겼다고 보아도 무방하다. "나는 모르는 척하고 있을 테니 네가 알아서 모든 것을 처리하라"는 것으로 해석될 수 있다. 화건칠조는 스스로의 체면을 세우기 위한 용도로서 나중에 강화가 성립되어 철수한 다음에는 "명이 굴복해서 강화를 청하는 사신을 보낸 결과"로 선전하면 그만이다. 조선에서 통신사를 파견했을 때도 항복하러 온 것으로 이용한 전례가 있는 만큼 그렇게 접근해도 모험을 걸 이유가 충분했다.

명의 책봉사가 1596년(선조29) 6월 15일에 부산을 출발하고 뒤이어 출발한 조선의 통신사가 일본에서 합류한 다음 8월 18일에는 거의 목적지에 다다른다. 명의 사신들은 공을 세울 희망에 부풀었지만, 그동안 철저히 배제당했다가 도장을 찍어야 할 목적으로 강제로 동행하게 된 조선의 사신들은 사약이라도 들이켠 듯 씁쓸하기 짝이 없었다.

충성에 대한 대답, 영웅을 위한 나라는 없다

책봉사와 통신사가 일본에 있던 1596년(선조29) 8월에 조선에서는 다시 납득하기 어려운 사건이 벌어졌다. 호남을 대표하는 의병장으로 명망과 용맹 높은 김덕령金德齡(1567~1596)이 고문 끝에 죽임을 당했다. 죄목은 반역자와 내통했다는 것이었다. 이몽학李夢鶴이 일으킨 반역을 진압하기 위해 나갔다가 돌아온 김덕령은 어이없게도 이몽학과 내통했다는 혐의가 걸린 다음 목숨을 잃고 말았다.

전쟁이 시작되었을 때부터 거병한 김덕령은 '경상도에 곽재우가 있다면 전라도에는 김덕령이 있다'라고 할 정도로 명성이 높았다. 각지에서 공을 세우다가 이순신과 협력해 장문포에서 싸우기까지 했던 김덕령이 스물아홉의 좋은 나이로 처참한 죽음을 맞은 이유는 '공이 높고 민심을 얻은 영웅'이었기 때문이었다.

그 증거는 실록에 있다. 김덕령의 처리를 논의하는 자리에 배석해 있던 김택룡金澤龍이 선조에게 "국가가 편안해지는데 장수 하나쯤 대수입니까. 즉시 처형해 후환을 없애야 합니다"라며 말하는 대목이 나온다.

또한 실록을 보면 고언백高彦伯(?~1609)에 대해 '자고로 무공武功이 있는 자가 끝을 잘 마치는 경우는 드문 것이 당연하다'라고 논평하는 대목이 있다. 고언백은 전쟁에 공이 높아 공신에 이름이 오르고 지금도 이름이 기억되는 전쟁 영웅이다. 그런 그를 저렇게 논평하는 것을 보면 "김덕령은 더 이상 필요 없으니 빨리 죽여 후환을 없애야 한다"는 주장 또한 이상하지 않다.

책봉사가 파견되어 곧 전쟁이 끝나리라는 분위기가 팽배한 당시, 선조를 위시한 높은 자리에 있는 자들에게 김덕령 같은 영웅들은 눈엣가시 같았다. 자신들과 너무나 비교되는 김덕령에게 반역자와 내통했다는 언어도단의 혐의를 건 다음 일사천리로 고문해 죽게 만든 데다, "그런 자는 빨리 죽여 후환을 없애야 한다"며 안달하고 있었다. 김덕령 같은 의병장들 덕택에 자신들의 안전이 보장될 수 있었음에도 전쟁이 끝나려는 기미가 보이자 이처럼 대우하니 과연 국가의 적은 누구일까? 공이 높을수록 후환도 높아지는 세상에 전쟁이 끝난 다음에는 이순신 또한 무사하지 못했을 것이며, 류성룡 역시 이러한 부조리에서 벗어나기 어려웠다.

김덕령의 죽음은 일본군에게는 큰 이득이었다. 김덕령이 원통하게 죽는 판에 누가 의병을 하겠다고 나서겠는가? 지역에 대해 가장 잘 아는 데다, 군량과 무기를 스스로 마련해 일본군에게 큰 타격을 입혔던 의병이 위축되자 그만큼 일본군은 숨통이 트였다. 조선은 하나부터 열까지 잘못된 나라였다.

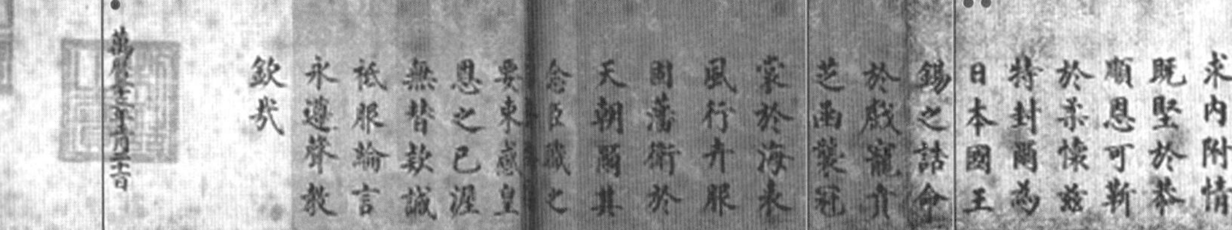
求內附情
既堅於恭
順恩可靳
於柔懷茲
特封爾為
日本國王
錫之誥命
於戲寵賁
芝函襲冠
蒙於海表
風行弁服
國藩衛於
天朝爾其
念臣職之
要束感皇
恩之已渥
無替款誠
祗服綸言
永遵聲教
欽哉
萬曆二十三年正月二十一日

명황증례태합일본국왕책봉문明皇贈禮太閤日本國王册封文 명이 히데요시를 일본 국왕에 책봉하는 문서.

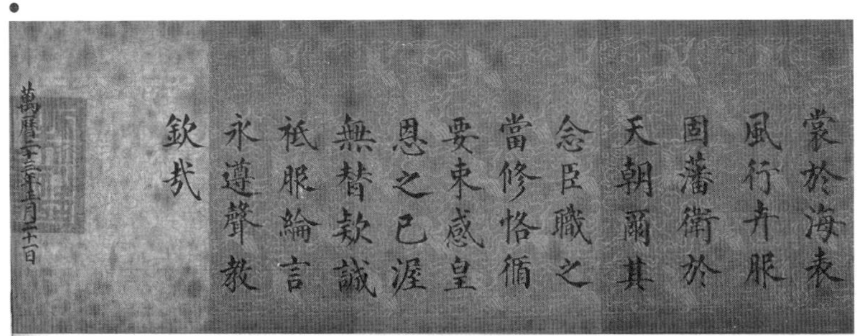
蒙於海表
風行弁服
國藩衛於
天朝爾其
念臣職之
當修恪循
要束感皇
恩之已渥
無替款誠
祗服綸言
永遵聲教
欽哉
萬曆二十三年正月二十一日

"바깥 번방으로서 우리 천조를 굳게 지키고자 하니, 신하로서…황제의 말씀에 복종하고 교화시는 바를 준수하라."

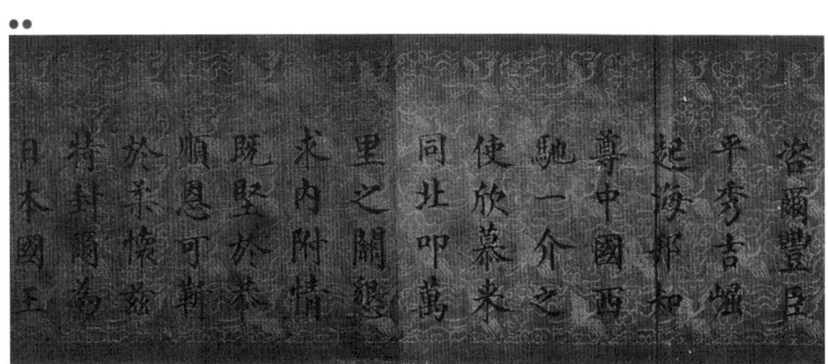
咨爾豐臣
平秀吉爾
起海邦知
尊中國西
馳一介之
使欣慕來
同北叩萬
里之關懇
求內附情
既堅於恭
順恩可靳
於柔懷茲
特封爾為
日本國王

"히데요시는 바다에 있는 나라에서 일어나 중국을 존중할 줄 알아…이에 특히 그대를 일본왕으로 삼고"

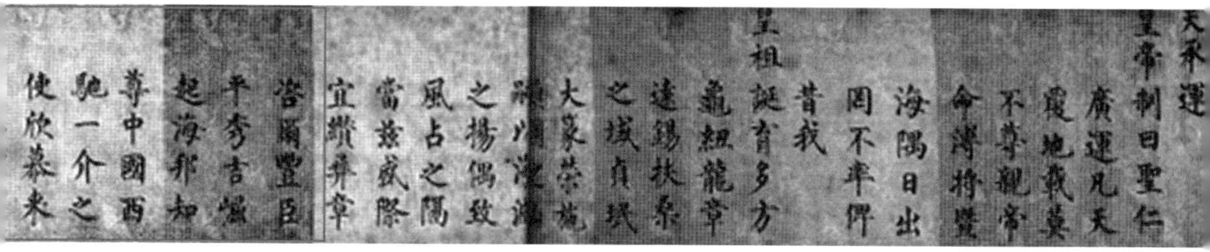
天承運
皇帝制曰聖仁
廣運凡天
覆地載莫
不尊親帝
命溥將暨
海隅日出
罔不率俾
昔我
皇祖誕育多方
龜紐龍章
遠錫扶桑
之域貞珉
大篆榮施
嗣以海濤
之揚偶致
風占之隔
當茲盛際
宜纘彝章
咨爾豐臣
平秀吉崛
起海邦知
尊中國西
馳一介之
使欣慕來

드러난 사기극, 예정된 결렬

명이 그토록 기대하고 조선 역시 내심으로 기대했던 강화는 결렬되었다. 9월 2일 히데요시가 책봉사를 접견했을 때만 해도 분위기는 매우 좋았다(통신사는 접견하지 않았다). 양방형이 국서를 낭독하고 히데요시에게 국왕의 예복을 바친 다음 연회가 베풀어질 때까지도 마찬가지였다. 그러나 히데요시가 배석해 있던 고승高僧 사이쇼 죠타이西笑承兌를 부른 다음부터 상황이 이상하게 전개되었다. 용의주도한 고니시는 미리 죠타이에게 "명이 항복한다고 읽을 것"으로 명령했지만 늙어서 정신이 혼미한 죠타이는 있는 그대로 읽고 말았다.

자신이 명에 의해 왕으로 책봉되었음을 알게 된 히데요시가 불같이 노했다. "마음만 먹으면 얼마든지 할 수 있는 왕을 가지고 나를 능멸하느냐!"며 펄펄 뛰었으며, 이에 따라 고니시 유키나가는 물론 책봉사들까지 화를 당할 뻔했다. 고니시와 함께 조선으로 나가 있던 자들이 필사적으로 만류해 참극이 벌어지지 않았지만 강화는 결렬되고 말았다.

그 결과 다시 전쟁이 벌어졌다는 것이 이제까지의 통설이다. 그러나 이에 동의하기 어렵다. 덴노가 있기 때문에 일본의 왕이 되는 것이 불가능할 뿐만 아니라, 그동안 고니시가 진행했던 모든 과정을 히데요시가 모르고 있었을 리가 없기 때문이다. 히데요시가 관백에 오르기까지의 과정을 통해 그의 인물됨을 살폈을 때 그가 모르고 있다는 것이 오히려 이상하다. 또한 심유경과 진행했던 회담도 공개적이었기 때문에 어떤 경로를 통해서든 히데요시에게 보고되었을 것이 확실하다.

또 한 가지, 류성룡이 기패에 절을 올리는 것을 거부하기 이전부터 "일본이 조공을 애걸하는 관계로 대의적으로 받아주고 강화하기로 했다"는 소문이 파다했었다. 조선의 신료들은 물론 백성들까지 알고 있는 소문을 정보에 극히 민감한 히데요시가 모르고 있었을 리가 없다.

그렇다면 히데요시는 왜 전혀 모르고 있었던 것처럼 행동했을까? 히데요시는 전쟁을 끝낼 의도가 없었지만 조선에 보낸 부하들은 전쟁을 그만둘 수 있다면 무슨 수단이라도 동원할 것 같은 분위기였다.

이를 모를 리 없는 히데요시는 설득하고 명령하는 대신 한 번에 틀어잡는 방법을 선택했다. 고니시가 진행하던 협상의 속살을 결정적인 순간에야 알게 된 것처럼 꾸민 연극에 고니시는 꼼짝없이 당했다. 히데요시를 기만하고 망신을 준 모양이 되었기 때문에 고니시는 할복割腹을 명령받아도 할 말이 없었으며, 이시다 미쓰나리를 위시해서 고니시에게 동조했던 자들도 입을 다물 수밖에 없다. 한순간에 부하들을 틀어잡은 히데요시는 다시 전쟁을 명령하고 전쟁 수행에 필수적인 병참과 보급도 전국적으로 시행할 수 있게 되었다. 이것이 '강화결렬사건'의 전말이며 정유전쟁의 출발이다.

히데요시가 정말 강화에 응해 전쟁을 끝낼 마음이 있었다면 일본의 왕으로 봉해지는 것은 별로 문제 삼을 상황이 아니다. 오히려 명에서 그 정도로 인정받고 있다는 데 자부심을 느낄 만하다. '중국의 무지로 인한 외교상의 결례'는 슬쩍 넘어간 다음 조공 외교를 이용하는 실리를 취하는 것이 당연함에도 그렇게 하지 않은 것은, 애초부터 전쟁을 끝낼 의사가 없었다는 것으로밖에 풀이되지 않는다.

강화 결렬에 관련해 또 하나 지적할 부분은 히데요시가 통신사를 접견하지 않았다는 것이다. 전쟁을 끝내고 싶었다면 직접 당사자로서 피해자의 입장인 조선과의 화해가 필수적이다. 통신사를 잘 대접한 다음 이후 포로를 송환하는 등의 조치를 취하면 명이 시키는 대로 할 수밖에 없는 조선의 체면을 살려주는 셈이 되면서 피차 도움이 될 텐데도, 그렇게 하지 않은 것 역시 강화에 뜻이 없었다는 증거로 충분하다.

결국 책봉사가 목이 붙은 상태로 돌아오는 것을 다행으로 여기는 것으로 거대한 사기극이 종결되었다.

다시 전쟁 속으로

협상이 한창 진행되던 1595년(선조 28)에 히데요시가 히데쓰구와 처첩은 물론, 자식들까지 모조리 죽여 버리는 사건이 벌어졌다. 히데요리를 위해서는 어쩔 수 없는 조치였지만, 수십 명에 달하는 처첩들과 자식들까지 몰살시킨 데 대해 너무 잔인하다는 평가들이 많다. 그것을 훗날 조선인들의 귀와 코를 베어오라는 명령과 연계해 그의 정신이 이상해지는 조짐으로 여기기까지 한다.

도쿠가와 이에야스가 막부를 창건한 이후부터 히데요시에 대한 평가는 매우 좋지 않은 경향을 보이다가, 훗날 근대화된 일본이 군국주의로 흐르고 침략 전쟁을 일으킨 다음부터 아주 긍정적으로 평가된다. 그런 만큼 어떤 인물에 대한 평가는 어떤 시대에 나온 평가인가부터 따지는 것이 순서이며, 역사학을 다룰 때 가장 초보적인 사항이기도 하다.

히데요시에게 가장 큰 문제는 언제든지 죽일 수 있는 히데쓰쿠 같은 자들이 아니라 죽이기가 힘든 도쿠가와 이에야스였다. 전쟁이 이상하게 풀리는 바람에 이에야스를 투입할 기회조차 잡지 못한 데다, 강화가 결렬될 때까지의 상황 역시 이에야스를 투입하기에 적절하지 못했다.

조선의 남부 지역으로 퇴각해 방어하는 상태로서 병력은 충분했고, 명 또한 싸울 생각이 없었기 때문에 좌표가 충분히 유지되는 상황에서 2진을 투입한다는 것은 있을 수 없다. 또한 명이 굴복하는 것으로 떠드는 상황에서 이에야스에게 조선으로 가라고 한다면 순순히 따라줄 리 없다. 게다가 자신이 일으킨 전쟁으로 인해 부하와 심복들이 계속 피폐해지는 반면 이에야스는 전혀 피해가 없는 어이없는 상황이 벌어지고 있었다.

다시 말하지만 만약 히데요시가 쇼군이 될 수 있었거나, 이에야스를 제거하는 등 무사히 후계 구도를 가져갈 수 있었다면 전쟁을 벌이지 않았을 것이다.

국서 변조 사건의 책임은 누가 졌을까?

역사에는 심유경과 고니시가 공모해 국서를 변조했다고 나오고 나중에 그것이 문제가 되어 "국서를 변조해 황제와 조정을 기만하고 제국의 체통을 손상시켰다"는 죄목으로 심유경이 처형당하는 것으로 기록된다. 그러나 서일관과 사용재가 '화건칠조'를 가져왔을 때부터 송응창은 물론 석성까지도 알게 되었을 개연성은 확실하다.

게다가 항복과 충성을 맹세한 일본의 사신 소서비는 고니시의 가신에 지나지 않는 자였다. 석성을 위시한 고위층들은 국서가 변조되었다는 것과 사신이 가짜라는 것을 당연히 알았겠지만, 전쟁을 끝내는 것이 무엇보다도 중요했기 때문에 묵인했을 따름이다. 그러나 이후 회담이 깨지고 전쟁이 재발하자 희생양이 필요했을 것이므로 심유경이 모든 것을 뒤집어쓰게 된 것이다.

명의 역사가 기록된 《명사明史》의 〈조선열전〉에는 송응창이 고양겸으로 바뀌는 것을 암시하는 대목이 비교적 상세하게 나타난다. 그러나 신빙하기 어렵다고 판단하기에 굳이 소개할 필요를 느끼지 않는다. 그리고 류성룡이 주도적으로 나서서 만력제에게 호소한 결과 송응창이 고양겸으로 교체되었다는 등의 주장 역시 신뢰하지 않는다. 실록이라고 해서 전부 신뢰할 수 없는 데다, 《명사》에는 책봉사가 히데요시를 일본의 왕으로 책봉하는 임무를 잘 수행한 것으로 기록되었기 때문이다. 그런 측면에 대입해도 《징비록》의 가치가 더욱 빛난다.

6장

다시 시작된 전쟁,

예전과 같은 듯
다른 조선

〈다시 시작된 전쟁, 예전과 같은 듯 다른 조선〉의 주요 사건

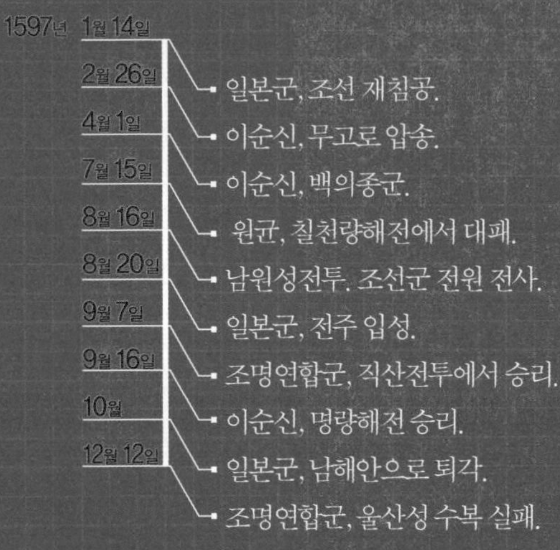

1597년
1월 14일
2월 26일
4월 1일
7월 15일
8월 16일
8월 20일
9월 7일
9월 16일
10월
12월 12일
일본군, 조선 재침공.
이순신, 무고로 압송.
이순신, 백의종군.
원균, 칠천량해전에서 대패.
남원성전투. 조선군 전원 전사.
일본군, 전주 입성.
조명연합군, 직산전투에서 승리.
이순신, 명량해전 승리.
일본군, 남해안으로 퇴각.
조명연합군, 울산성 수복 실패.

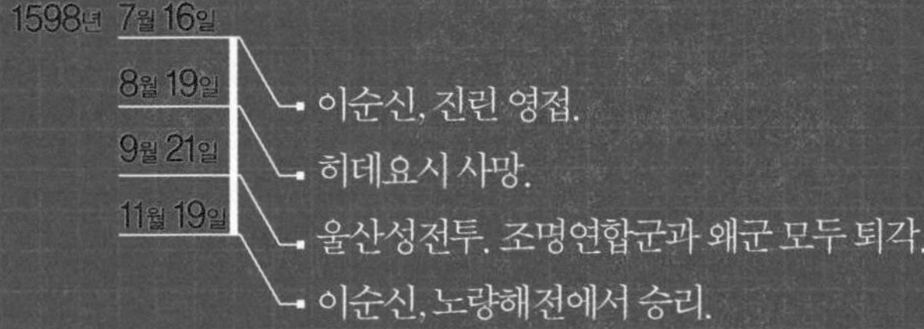

1598년
7월 16일
8월 19일
9월 21일
11월 19일
이순신, 진린 영접.
히데요시 사망.
울산성전투. 조명연합군과 왜군 모두 퇴각.
이순신, 노량해전에서 승리.

1604년 6월 25일

조선, 104명을 공신에 녹권.

위대한 승리

이순신이 있다

적의 장수 평행장이 졸병 요시라를 경상우병사 김응서의 진영에 자주 드나들도록 해서 은근한 정을 보였는데, 이때 가등청정이 다시 나오려고 하자 요시라는 은밀히 김응서에게 "우리의 장수 평행장의 말이, '이번 화의和議가 이루어지지 못한 것은 가등청정 때문이므로 나는 그를 매우 미워하고 있는데, 아무 날에 가등청정이 반드시 바다를 건너올 것이니, 조선 군사는 수전을 잘하므로 바다 가운데서 기다리고 있으면 능히 죽일 수 있을 것이다. 결단코 이 기회를 놓치지 마라'고 합디다"라고 했다.
김응서가 이 사실을 조정에 아뢰자 조정 의론은 이 말을 믿었다. 해평군 윤근수는 더욱 좋아라고 날뛰면서 이 기회를 놓치기가 아깝다 해서 여러 번 임금께 아뢰어 이순신에게 나가 싸우라고 잇달아 재촉했으나, 이순신은 적군의 간계가 있을까 의심해 여러 날 동안 주저하면서 나아가지 않았다.

내심 크게 기대했던 강화가 결렬되고 일본군이 다시 침공할 기미를 보임에 따라 조선이 다급해졌다. 이번에도 조선이 할 수 있는 것은 명에게 애걸하는 것밖에 없었지만, 명 역시 석성을 병부상서에서 해임하고 형개邢玠를 임명하는 정도밖에 할 수 없었다. 그에 비해 히데요시는 지난 전쟁에서 왜 승리하지 못했는지 확실하게 파악하고 반성한 다음, 반드시 승리할 수 있는 방안까지 강구한 상태였다.

1597년(선조 30) 1월 1일, 고니시가 그동안의 회담이나 기타 통보할 사항이 있을 때마다 보냈던 심복 요시라를 통해 알린 정보에 조정이 뒤집어졌다. 가토 기요마사는 조선의 북쪽 끝까지 진격한 데다, 임해군과 순화군을 생포하는 등의 활약으로 '공공의 적'이 된 적장이다. 그런 가토가 건너오는 일정을 통보 받았으니 놀랍고 기뻤을 것은 당연하다.

그동안 밤낮으로 도망 다니기만 했던 선조와 대신들은 이번 기회를 놓치려고 하지 않았다. 가토를 잡기만 하면 그동안의 실책이 일거에 만회되는 동시에, 일본군 또한 가토가 잡히는 것을 보면 건너오지 못할 것이므로 승전에 결정적인 공을 세울 수 있었다.

문제는 가토를 잡을 수 있는 사람이 이순신뿐이었다는 점이다. 이순신은 당연히 고니시가 보낸 정보를 믿지 않았다. 고니시가 그동안 강화를 추진하고 일본의 동정을 알리면서 평판이 나쁘지 않았던 사실도 정보의 신뢰를 높이는 요소였지만, 그의 본질은 어디까지나 적장이었다. 게다가 그는 가장 먼저 조선 땅에 상륙해 도성은 물론 평양까지 점령하는 등 적장 가운데서도 가장 큰 공을 세운 자였다. 그런 자가 조선에 결정적으로 유리하게 작용할 정보를 제공할 리가 없었다.

고니시와 가토의 사이가 대단히 나쁘다는 것도 고니시를 신뢰하는 요소였는데, 그렇다고 해서 가토를 적에게 넘기는 상황은 결코 있을 수 없다. 이순신이 출격해 가토를 잡는 날에는 고시니도 조선을 무덤으로 삼아야 한다. 살아서 돌아가기 위해서는 오히려 가토와 협조해야 할 고니시가 가토를 넘긴다는 것은 상식적으로 받아들이기 어렵다.

설령 고니시가 전해준 정보가 사실이라고 해도 그쪽으로 나가는 자체가 문제였다. 가토를 잡기 위해서는 부산과 쓰시마가 이어지는 길목으로 나가야 했지만, 그 방면의 통로는 예전부터 일본군에게 봉쇄된 상태였다. 이순신과의 교전을 철저히 피하는 일본군은 부산에 이르는 곳곳에 견고한 요새를 건설하고 강력한 함대까지 대기시키고 있었다.

장문포와 이전의 해전에서 보듯 이순신도 쉽게 들어갈 수 없는 통로를 통과해 부산 인근으로 나가는 것도 어렵지만, 가토가 이순신이 지키고 있는 것을 알고 있으면서도 나타날 리가 만무했다. 그렇다고 가토가 나타날 때까지 계속 대기하다가 군량과 체력이 고갈되면 돌아오기조차 어려울 터였다. 어떻게 생각해도 가토를 잡는 것은 불가능했다.

그러나 이번에도 선조와 조정은 그렇게 생각하지 않았다. 그들이 계속 다그치는 가운데 가토가 다대포에 상륙하는 일이 벌어졌다. 당시의 상황을 살펴보면 애초부터 이순신이 나갈 수 없었거니와 고니시가 이후 가토의 동정에 대해서 제대로 연락을 취하지 않고 있다가 시기를 놓치는 등, 불가능할 수밖에 없었다.

고니시의 계략에 말려든 조선

이때 요시라가 다시 와서 "가등청정이 벌써 상륙했습니다. 조선에서는 어째서 요격하지 않았습니까?" 하면서 거짓으로 후회하고 애석히 여기는 뜻을 보였다. 이 사실이 조정에 알려지자 조정 의론은 모두 이순신에게 허물을 돌리고, 대간에서는 이순신을 잡아와 국문하기를 청했다. 현풍 사람 전 현감 박성이란 자도 그때의 여론에 영합해 소를 올려 "이순신을 참형斬刑에 처해야 합니다"라고 극단적으로 말하자, 드디어 의금부 도사를 보내 이순신을 잡아오게 하고 원균을 대신 통제사로 삼았다.

결국 이순신이 체포당하고 원균이 부임하게 된다. 고니시가 전한 정보

수군조련도 조선 수군의 훈련 모습을 묘사했다. 국립중앙박물관 소장.

는 어떻게든 이순신이 걸려들 수밖에 없는 함정이었다. 고니시가 주도한 것으로 알려져 있지만, 히데요시가 아니고서는 일본에서 그럴 수 있는 인물이 없다. 특히 함정일지라도 가토를 미끼로 사용할 정도의 위치라면 히데요시가 유일하다. 이순신이 있는 한 전쟁에 이길 수 없음을 절감한 히데요시가 이순신이 그토록 충성하던 조선으로 하여금 이순신을 제거하게 만든 것이다.

한편 조선은 이순신을 체포한 데 이어 원균을 후임자로 임명하는 최악의 조치를 취했다. 그것은 히데요시조차 미처 예상하지 못했던 '신의 한 수'였다.

이순신의 부재, 피폐해진 한산도

히데요시는 자신만만했다. 이순신을 제거한 이상 이긴 것이나 마찬가지였다. 육군이 오합지졸에 가까운 명군을 격파하고 수군이 서해를 북상하면 명이 취할 행동은 어렵지 않게 예상되었다. 칼자루를 쥔 상태에서 명과 협상해 조선을 양분하는 것도 나쁘지 않았지만, 이에야스를 투입하기 위해서는 조선 전체를 점령하는 이제까지의 취지가 계속 유지되어야 했다. 일단 이에야스를 조선에 투입하면 어떻게든 제거할 자신이 있는 만큼 전면적인 점령을 추진하되, 목적이 달성된 이후에는 명이 협상 테이블로 나올 수 있는 명분을 주면 그만이었다.

한편 원균은 무사태평했다. "이순신이 나가 싸우려 하지 않는다"며 모함하고 "내가 나가면 이렇게 싸워 이기겠다"며 열변을 토했지만 정작 자신이 삼도수군통제사가 되자 전혀 싸우려 들지 않았다. 상관에 해당하는 권율이 수군을 이끌고 나가 싸울 것을 명하면 "적이 요새를 구축하고 통로를 봉쇄하고 있기 때문에 육군이 바다를 건너가 적을 몰아내면 그때 비로소 수군이 활약할 수 있다"는 식으로 일관했다. 어쩌다 나가는 경우에도 제정신으로는 믿기 어려운 실패를 반복하는 등, 드러내고 밀어주는 선조가 민망할 정도였다.

원균이 들어간 다음 한산도는 급격히 피폐해졌다. 이순신이 압송된 때가 2월 26일이었는데, 일본 수군이 움직이는 7월에는 이전의 모습이 사라졌다.

이순신은 한산도에 있을 때 운주당이라는 집을 짓고 밤낮으로 그 안에 거처하면서 여러 장수들과 전쟁에 관한 일을 말하고자 하는 사람에게는 찾아오도록 함으로써 군중의 사정에 통달했으며, 매양 전쟁할 때마다 부하 장수들을 모두 불러서 계책을 묻고 전략을 세운 후에 나가서 싸웠기 때문에 패전하는 일이 없었다.

원균은 사랑하는 첩과 함께 운주당에 거처하면서 울타리로 당의 안팎을 막아버려서 여러 장수들은 그의 얼굴을 보기가 드물게 되었다. 또 술을 즐겨서 날마다 주정을 부리고 화를 내며, 형벌 쓰는 일에 법도가 없었다. 군중에서 가만히 수군거리기를 "만일 적병을 만나면 우리는 달아날 수밖에 없다"라고 했고, 여러 장수들도 서로 원균을 비난하고 비웃으면서 또한 군사 일을 아뢰지 않아 그의 호령은 부하들에게 시행되지 않았다.

《징비록》에 당시의 상황이 여실히 나와 있다. 실록에도 "원균으로 인해 충청도가 몰락했다", "경상도가 몰락한 것은 원균으로 말미암았다"는 등의 내용이 기록되었으며 《난중일기》에서도 그런 모습이 나타났다. 부강하다고 해도 경상도와 충청도와는 비교조차 할 수 없이 작은 한산도는 갈수록 피폐해졌다. 수군과 노를 젓는 격군이 줄어들고, 남아 있는 병력들도 제대로 먹지 못하게 되자 이순신이 피와 땀으로 이룩한 200척에 달하는 판옥선의 대함대의 전투력도 급감할 수밖에 없다.

칠천량해전, 조선 수군의 몰락

권율의 재촉이 계속되고 본인도 더 이상 미적이기 곤란했던 원균은 어쩔 수 없이 함대를 이끌고 나갔다. 마지못해 견내량을 넘어 부산 방면으로 나갔던 원균은 빈 배 여덟 척을 불사르는 등으로 약간의 전과를 올리는가 싶었지만 놀랍게도 30척이나 되는 판옥선을 상실하고 말았다. 권율에게 불려간 원균이 곤장을 맞고 돌아온 다음 분통을 터뜨리고 있을 때 어명이 도착한다. 명까지 수군이 출격해 일본군의 근거지를 공격할 것을 역설하자 원균을 끔찍이도 아끼던 선조로서도 더 이상 봐줄 수 없었다. "이번에도 공을 세우지 못하면 그냥 두지 않겠다"는 최후통첩을 받은 원균은 삼도 수군의 모든 전력을 이끌고 나갔으며, 역사에 길이 남을 참패가 벌어졌다.

7월 14일에 나간 원균은 15일까지 이틀 동안 삼도 수군을 깨끗이 사라지게 만들었다. '칠천량해전'으로 명명된 전투에서 그토록 막강했던 삼도 수군이 일시에 패망함은 물론, 한산도까지 불바다가 되었다. 더욱 놀라운 것은 당시 원균이 맞닥뜨린 적이 전문적인 수군도 아니었다는 점이다. 육군과 물자를 수송할 목적인 선단이 대부분이어서 수군이랄 것도 없는 적에게 처참하게 패배하고 모든 전력을 일시에 상실한 원균은 세계 역사를 통틀어도 보기 드문 지휘관이었다.

> 적군이 임진년에 우리 국경을 침범한 이후로 오직 수군에게만 패전을 당해서, 평수길은 이것을 분하게 여겨 평행장에게 책임을 지워 우리 수군을 반드시 쳐부수라고 명령했다. 이에 평행장은 거짓으로 김응서에게 실정을 통하는 체해 이순신이 죄를 얻게 하고, 또 원균을 유인해 바다로 나오도록 해서 방비가 있는지 없는지 다 알게 된 후에야 습격한 것이다. 그들의 계책이 지극히 교묘해 우리는 모두 그들의 꾀에 떨어지고 말았으니 참으로 슬픈 일이다.

류성룡은 《징비록》을 통해 원균이 승리를 거저 바치는 당시의 과정을 상세하게 기록에 남겼지만 굳이 소개하지 않겠다. 또한 류성룡은 패배에 이르게 된 원인과 책임을 분명히 가렸다. "그들의 계책이 지극히 교묘해 우리는 모두 그들의 꾀에 떨어지고 말았으니"는 자신을 포함하는 조정 전체가 책임이 있다는 것을 인정하는 것인데, 류성룡처럼 자신의 모자람을 역사 앞에 솔직하게 인정하는 사례는 극히 드물다.

원균이 죽었다는 확실한 증거는 없다. 《징비록》에는 죽었다고 되어 있지만, 실록에는 살아 있는 원균을 만났다는 기록이 있다. 더욱 놀라운 것은 선조가 계속 원균을 감싼다는 점이다. 선조는 "원균의 잘못이 아니라 하늘의 뜻"까지 운운하면서 "부하 장수들이 잘못 보좌한 탓이기 때문에 그들을 처형해야 한다"며 목소리를 높였다.

이순신이 사라지고 일본군이 온다

조선 수군이 사라졌다는 소식에 일본군은 펄쩍 뛰었다. 가장 기뻤을 사람은 역시 히데요시였다. 계략이 적중해 조선의 손으로 이순신을 제거하게 만든 데다, 이순신이 피땀으로 양성한 수군까지 사라진 이상 걱정할 것이 없었다. 이순신이 없는 조선은 허수아비보다도 못했다. 명군 역시 지난 전쟁보다 약간 많은 6만 남짓을 파견하는 것이 고작인 만큼 승리를 거두는 것은 시간 문제였다.

일본 수군이 대승을 거두자 단숨에 14만으로 증강된 육군도 진격하기 시작했다. 좌군과 우군으로 편성된 일본군이 거침없이 전라도를 향했다. 그들이 합류할 곳은 전주였다. 좌군이 수군의 도움을 받아 견내량을 통과한 다음 사천에 상륙해 전라도로 진격하고, 우군은 부산을 출발한 다음 충청도를 경유해 웅치를 넘어 전주로 향했다.

> 이때 적군이 삼도를 짓밟아 지나는 곳마다 모든 집을 불사르고 백성을 죽였으며, 우리나라 사람들을 잡으면 빠짐없이 코를 베어서 위엄을 보였기 때문에, 적병이 직산에 이르자 서울 사람들은 모두 도망쳐버렸다.

이번의 일본군은 확연하게 달랐다. 예전과는 다르게 닥치는 대로 죽인 다음 귀와 코를 잘랐다. 곳곳에서 벌어진 참상 가운데 특히 8월 13일부터 16일까지 전개된 남원성전투가 처참했다. 남원에는 보기 드물게 명군 3,000이 주둔해 있었는데, 조선군과 합쳐도 4,000명 정도에 지나지 않았다. 그런 남원에 무려 5만에 달하는 적의 좌군이 육박했다. 게다가 방어

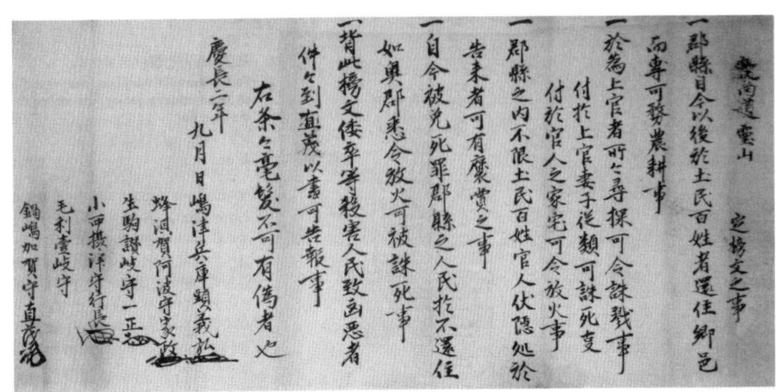
慶尚道 靈山 定榜文之事
一 郡縣自今以後於土民百姓者還住鄕邑
而專可務農耕事
一 於爲上官者所々尋探可令誅戮事
付於上官妻子従類可誅死変
付於官人之家宅可令放火事
一 郡縣之内不限土民百姓官人伏隱処於
告来者可有褒賞之事
一 自令被免死罪郡縣之人民於不還住
如與郡悉令放火可被誅死事
一 背此榜文倭卒等殺害人民致乱悪者
件々到直茂以書可告報事
右条々毫髪不可有僞者也
慶長二年 九月 日 嶋津兵庫頭義弘
蜂須賀阿波守家政
生駒讃岐守一正
小西摂津守行長
毛利壹岐守
鍋嶋加賀守直茂

정유재란 당시 경남 창녕군 지역에 걸렸던 왜군의 방문 조선의 관리와 그 가족을 샅샅이 찾아내 죽이고 본래 살던 곳에서 떠난 백성들도 모두 죽이라는 내용이다. 임진왜란 초기와는 전혀 다른 분위기를 확인할 수 있다.

의 주력인 명군이 기병을 위주로 하는 병력인 탓에 성을 방어하는 데 별로 도움이 되지 못했다.

그래도 연합군은 잘 싸웠다. 그들은 전주에 주둔하고 있는 명군의 본대가 지원할 것을 애타게 바랐지만, 전주를 지키던 명군의 유격장군 진우충陳愚衷은 이미 달아나고 없었다. 고립무원의 남원성은 역부족으로 함락당할 수밖에 없었다. 류성룡이 《징비록》을 통해 남원성전투를 대단히 상세하게 기록했는데, 그 내용을 보면 처참하기 짝이 없다. 조선군은 몇몇을 제외한 전원이 장렬하게 전사하고 명군은 지휘관인 양원楊元을 위시해서 겨우 백 명 정도만 탈출할 수 있었다. 훗날 양원은 도주한 책임을 추궁당해 진우충 등과 함께 참수에 처해졌다.

남원을 함락시킨 좌군左軍이 북상해 텅 빈 전주에 입성한 때는 8월 20일이다. 경상도 곳곳을 함락시킨 6만 4,000명의 우군右軍은 다음날에 들어왔다. 전주를 철저히 파괴한 다음 우군이 북상하고 좌군은 서해안 방면으로 진출했다. 좌군이 서해안으로 진출한 것은 머지않아 도착할 수군과 협력하려는 작전에 의한 행보였다.

전라도를 확실하게 점령하고 충청도까지 확보하면 기존에 점령한 경상도를 포함해 조선의 알짜배기가 완전히 손에 들어오게 된다. 수군이 서해로 진출하면 한강이 아니라 대동강을 경계로 할 수도 있고 황해도까지 삼키는 등 함경도를 제외한 전역을 제패할 수 있게 된다. 그래도 함경도는 도쿠가와 이에야스에게 맡길 수도 있는 만큼 아주 가치가 없는 것도 아니었다. 일본 수군이 서해로 진출하기만 하면 모든 것이 히데요시의 뜻대로 될 수 있었다.

일본군의 북상과 명군의 남하

남원이 함락당했다는 급보가 닿자마자 도성이 뒤집어졌다. 선조는 당장이라도 도성을 나가고 싶었지만 이번에는 명군이 강력하게 경고했다. 도성에 있는 제독 마귀麻貴(1543~1607)를 위시한 명군 지휘부가 참수에 처한 양원의 목을 조정에 보내 조리돌림했는데, 이는 선조에게 보내는 경고였다. 명군이 그렇게까지 나오자 선조도 도성에 남을 수밖에 없었다.

류성룡은 조정을 지휘해 왕비를 해주로 피난하게 하는 한편 한강에서 방어할 수 있도록 병력을 배치할 것을 명령했다. 당시 작전지휘권도 명군에게 있었지만, 처음 조선에 왔을 때보다 나은 것이 하나도 없었다. 현역 병부상서로서는 최초로 요동에 나와 지휘하던 형개는 물론 그를 대리해 평양에 있던 경리經理 양호楊鎬도 도성을 지킬 자신이 확고하지 못했

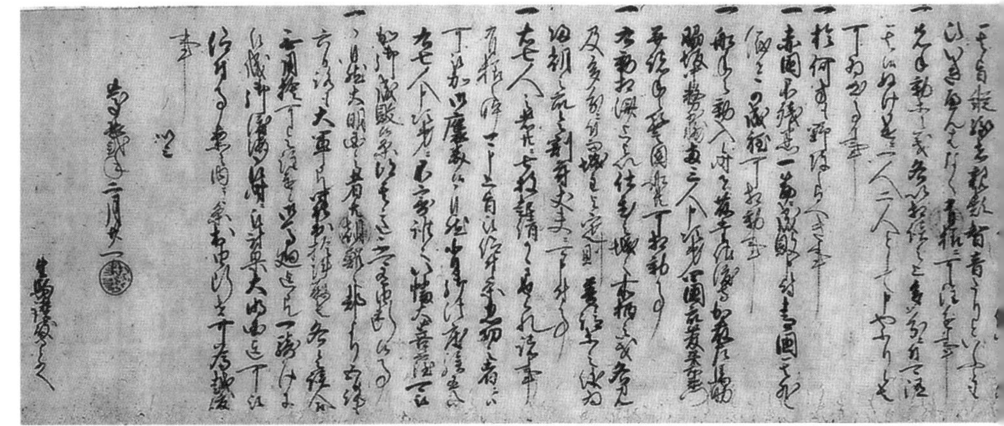

주인장朱印狀 1597년 2월 21일 작성된 히데요시의 군령장. 전라도 공격을 명하고 있다.

다. 도성에 있던 마귀도 자신이 없기는 마찬가지였다. 게다가 이미 도착해 있어야 할 부대가 지지부진하는 등으로 부정적인 요소가 많았다.

당시 명군은 '일본군이 올 때까지 기다리기보다는 먼저 한강 이남으로 남하해 결전하는 방안'을 채택했다. 그들이 남하하기로 결정한 것은 없었던 용기가 갑자기 생겼거나, 도성을 방어하기 위해서가 아니었다. 일본군이 한강을 건너게 되면 그만큼 명과 근접해지기 때문이다. 다시 도성을 빼앗기고 평양 북방으로 퇴각하게 되면 처음 참전했던 상황으로 돌아가게 되는 데다, 일본군이 압록강을 넘게 되는 최악의 상황에 봉착할 수 있었다. 일본군을 어떻게든 한강 이남에서 저지해야 한다는 위기감이 남하하게 만든 것이지, 결코 조선을 위해서가 아니었다.

북상하던 일본군과 남하하던 명군은 천안에 있는 직산에서 마주쳤다. 9월 7일 마주친 양측은 각각 기병과 보병이 주력이었는데 병력도 명군이 4,000 정도에 일본군이 5,000 남짓 밖에 되지 않았다. 게다가 일본군이 조총을 위주로 방어할 수 있는 상황도 아닌 탓에 명군이 우세해야 했지

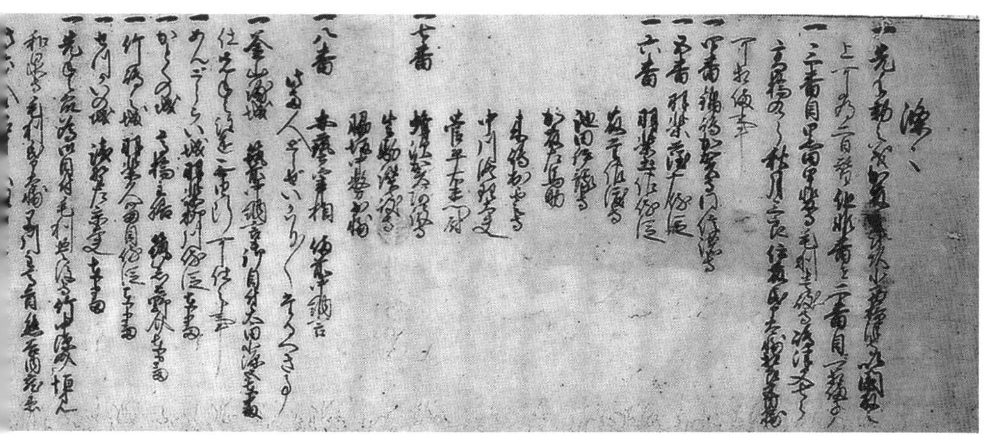

만 그들은 결전을 벌일 각오가 되어 있지 않았다. 일본군이 차츰 증원되고 명군도 후속 부대가 도착하는 상황에서 이따금씩 기억난 것처럼 싸우다가 대치 상태에 들어갔다.

의지가 결여된 명군은 주력이 내려오기를 기다렸지만, 일본군은 수군이 도착할 때까지 명군을 붙잡아둘 속셈이었다. 수군과 함께 육군을 가득 태운 선단이 도착하면 명군은 포위망에 빠지게 된다. 북쪽에 남아 있던 명군도 수군이 서해를 북상함에 따라 배후를 차단당하거나, 전멸을 피하기 위해 황급히 압록강을 건널 수밖에 없다. 그런 계산을 하고 있는 일본군은 차분하게 수군이 오기만을 기다렸다.

승리를 의심치 않던 일본군에게 수군 대신 놀라운 소식이 도착했다. 죽은 줄로만 알았던 이순신이 다시 등장했다는 것을 안 일본군 가운데 경악하지 않는 자가 없었다. 일본군들은 영주의 분노를 산 다음 보이지 않게 된 자들은 시체가 된 것으로 알고 있었다. 그런데 이순신이 다시 등장했다니, 그들은 도무지 납득할 수 없었다.

이순신의 귀환

4월 1일 석방된 이순신은 경상도 초계에 위치한 권율의 총사령부로 가라는 명령을 받았다. 백의종군으로 근무하면서 고문 역할을 맡아야 했다. 체포될 때의 혐의가 사형을 몇 차례나 받아도 모자랄 누명과 모함이었음을 감안하면 백의종군은 의외의 처분이었다. 그러나 본래부터 아무런 죄가 없었던 데다, 선조가 기대했던 원균이 정반대로 나가자 죽음이 유예되기에 이른다. 원균이 어떻게 될지 모르는 이상 일단 살려둘 필요가 있지 않느냐는 무언의 여론이 형성된 상태에서, 충신 정탁鄭琢(1526~1605)이 목숨을 걸고 이순신을 살려줄 것을 청하자 백의종군에 처하는 판결을 내리게 된다.

물론 선조는 이순신을 계속 살려둘 생각은 추호도 없었다. 원균이 공을 세우거나 언젠가 전쟁이 끝나는 날에는 어떻게든 죽일 터였다. 그러나 원균이 수군을 말아먹고 사라졌고, 일본군이 백성들을 닥치는 대로 죽이면서 북상하자 다시 삼도수군통제사를 맡길 수밖에 없었다.

당시 수군은 경상우수사 배설裵楔(1551~1599)이 원균의 명령을 어기고 탈출시킨 열 척 남짓이 전부였기 때문에 이순신이 지휘한다고 해도 지극히 회의적인 상황이었다. 조정은 이순신에게 수군을 폐하고 육군으로 싸울 것을 명한다. 그때 이순신은 "신에게는 아직도 열두 척의 판옥선이 있습니다"며 단호하게 거부하고 수군을 재편하기 위해 안간힘을 다했다.

한편 권율이 있는 도원수부로 내려가던 이순신은 모친상을 당한다. 연로한 모친이 이순신이 석방된 줄 모르고 도성으로 갔다가 헛걸음한 다음 배를 타고 내려오다가 사망한 것이다. 유교의 도리에 살고죽는 데다 부모의 상을 당하면 전쟁에서도 빼 줄 정도였던 시대에 모친이, 그것도 자신을 보기 위해 길을 나섰다가 돌아갔으니 그때 그의 심정은 글로 표현하기가 매우 어렵다. 이순신은 백의종군 때문에 상을 치르지도 못하는 상황이었는데, 주변에서 도와줘 겨우 염을 마칠 수 있었다.

건강이 매우 좋지 않은 상태에서 고문까지 당한 데다 모친을 잃는 슬픔이 더해지면서 그의 심신은 극도로 나빠졌다 그런 몸으로 이순신은 사방을 뛰어다니며 병력과 무기를 모아야 했다.

기적과 같은 명량해전

1597년(선조30) 9월 16일 새벽, 초라한 조선 수군이 그동안 정박했던 해남의 포구를 떠났다. 이순신은 자신까지 포함해서 13척에 지나지 않은 수군에게 명량으로 향할 것을 명령했다. 전라우수사 이억기의 후임으로 부임한 김억추金億秋가 한 척을 대동해 13척이 되지만, 하나가 더 늘어났다고 해서 달라질 것은 없었다. 당시 상황은 그만큼 절망적이었다.

게다가 이미 조선 수군은 적에게 노출되었다. 정찰 목적이 분명한 소규모의 함대가 수차례 접근할 때마다 이순신이 직접 쫓아내는 상황이 반복되었다. 처음으로 적에게 자신의 위치와 규모까지 파악당했지만 이순신은 퇴각하지 않았다. 그는 이루 헤아리기조차 어려운 적이 다가오는 것을 알고 있으면서도 오히려 전진해 결전을 벌이고자 했다. 그러한 이순신의 의도를 알게 된 장병들은 시퍼렇게 질렸다.

배설까지 아프다는 핑계로 치료를 허락받아 육지에 내린 다음 사라졌으니 이름 없는 군사들과 격군들은 오죽했을까. 게다가 칠천량에서 당한 패배로 인해 잔뜩 움츠러들었을 그들을 전투에 투입해야 했다.

> 한산도의 패전 보고가 이르자 조야가 크게 놀랐다. 임금께서 비변사의 여러 신하들을 불러보시고 계책을 물었으나, 군신들은 두렵고 당황해 대답을 알지 못했다. 경림군 김명원과 병조판서 이항복이 조용히 임금께 아뢰기를 "이것은 원균의 죄이오니, 마땅히 이순신을 기용해 통제사로 삼는 길뿐입니다" 하자, 임금께서 이 말에 따랐다.
>
> 이때 권율은 원균이 패전했다는 소식을 듣고 이순신을 현지로 보내 남은 군사를 거두어 모으게 했는데, 적군의 형세가 한창 강성한 때였다. 이순신은 군관 한 사람을 데리고 경상도에서 전라도로 들어갔는데, 밤낮으로 몰래 가며 이리저리 돌아서 간신히 진도에 이르렀고, 군사를 거두어 적군을 막고자 노력했다.
>
> 통제사 이순신이 왜병을 진도 벽파정 아래에서 쳐부수고 장수 마다시馬多時를 죽였다. 이순신이 진도에 이르러 병선을 수습해 겨우 십여 척을 얻었다. 이때 연해 지방 사람들 가운데 배를 타고 피란하는 이가 수없이 많았는데, 이순신이 왔다는 소문을 듣고 기뻐하지 않는 사람이 없었다. 이순신이 여러 방면에서 이들을 불러 맞자 멀고 가까운 지방에서 구름처럼 많이 모여들어서, 이들을 군대의 후방에 있도록 해 우리 군대의 형세를 돕게 했다.

믿기 어렵게도 이순신은 일본군을 완벽하게 박살냈다. 당시 적의 규모가 확실하게 입증된 바 없지만 이순신이 일기에 기록하고 보고한 수치를 몇 배나 초과할 것은 의심의 여지가 없다. 《난중일기》를 기준으로 하면 133척과 싸워 30척을 격파하자 적이 물러나면서 해전이 종료된 것으로 나타난다. 그것은 마다시로 기록된 적장 구루지마 미치후사來島通聰(1561~1597)가 이끄는 함대일 것으로 추정되는데, 실록과 《난중일기》에서는 각각 '바다를 뒤덮을 것처럼'과 '헤아릴 수 없을 정도'로 기록되었다.

상식적으로 생각해도 일거에 전황을 장악하려는 히데요시가 겨우 그 정도를 보낼 리가 만무하다. 또한 30척 정도가 격파당했다고 해서 물러나는 것은 더더욱 있을 수 없다. 당시의 일본 수군은 최소한 500척을 넘고 최대한 천 척에 달하는 규모였을 것이다. 그 정도는 되어야 직산에서 포착한 명군을 포위할 수 있는 육군을 수송할 수 있는 데다, 이후 계속 서해를 북상하면서 조선을 질식시킬 수 있기 때문이다.

130척 정도로는 전황에 결정적 영향을 끼치기 어려운 데다, 임진년에 한산도와 안골포에서 마주친 적을 합치면 그 정도 규모는 되었기 때문에 히데요시의 의도와는 전혀 부합하지 않는다. 그럼에도 이순신은 불과 13척에 지나지 않는 전력, 그것도 패잔병을 수습한 전력으로 세계 역사를 통틀어 전무후무한 전과를 거두었다.

그러나 이순신은 사실대로 기록하고 보고할 수 있는 처지가 아니었다. 공이 높고 민심이 향하는 영웅이 죽어나가는 시대, 자신 또한 죽음을 당할 뻔했다. 기록하고 보고해도 무사할 수 있는 최소한의 수치를 계산한 결과 그 정도가 나왔을 테지만, 어차피 선조는 이순신을 살려둘 생각이 없었다. 이순신이 명량에서 기적보다 더한 승리를 거두자 명에서도 양호를 위시한 고위급 지휘관들이 저마다 예물을 보내 축하했으며, 황제까지도 그에게 귀한 선물과 조선의 왕보다도 높은 관직을 내렸다는 말까지 나돌 정도였다.

1953년 장우성 화백이 그린 이순신 표준 영정(좌)과 무속에서 모시는 이순신(우) 이순신은 민간에서 신으로 모셔졌을 정도로 민중에게 많은 인기를 받았다.

그러나 가장 기뻐하고 치하해야 할 선조는 그렇지 않았다. 당시 선조는 이순신에게 백은白銀 20냥을 내렸는데, 그 가치는 고니시가 보낸 정보를 가져왔던 요시라가 받은 80냥의 4분의 1 수준에 지나지 않았다.

한편 이순신은 명량에서 대승을 거둔 다음인 10월 14일, 막내아들 이면李葂(1577~1597)이 적과 싸우다 전사했다는 비보를 받는다. 이순신이 유달리 사랑했던 면은 당시 갓 스물로 적과 싸울 신분도 아니었고 그럴 의무도 없었다. 충청도에 쳐들어온 적의 우군 가운데 일부가 이순신의 가족이 있는 아산까지 접근하자 모두 피난을 떠났지만 면은 그렇지 않았다.

홀로 나가 적과 싸우던 면이 중과부적으로 전사하고 마니, 이순신은 한없이 자책했다.

명량 그 후

이순신이 명량에서 거둔 '위대할 수밖에 없는 승리'는 즉시 전황에 반영되었다. 직산에서 명군과 대치하던 일본군은 황급하게 퇴각을 결정했다. 이미 음력으로 9월 하순에 접어들어 추워지기 시작했다는 시기였으며, 보급이 곤란하게 되면서 퇴각할 수밖에 없었다는 주장들이 많지만, 이순신이 승리를 거두지 않았다면 일본군은 결코 퇴각하지 않았을 것이다. 임진년처럼 점령한 성으로 들어가면 추위를 피할 수 있으며, 수군이 가져오는 보급으로 얼마든지 버틸 수 있었다. 이순신이 패배했다면 직산에서 포착한 명군의 주력은 물론 조선군까지 격멸한 일본군은 다시 한 번 도성을 함락시켰을 것이다.

그러나 명량해전 이후 임진년처럼 전황이 뒤집혔다. 히데요시는 비로소 후회하기 시작했고, 이순신은 넘을 수 없는 산맥이며 건널 수 없는 바다와 같았다. 그런 사실을 깨달았을 때 히데요시의 육체는 유통기한이 얼마 남지 않은 상태였고, 히데요리의 나이는 이제 겨우 만으로 넷이었다.

히데요시는 도쿠가와 이에야스를 위시한 실력자들에게 충성을 서약하게 하고 이에야스로 하여금 손녀딸을 히데요리와 혼약을 맺게 하는 등의 조치를 취했지만, 자신이 살아있을 때만 유효할 것이었다. 히데요시가 죽은 이후 종잇조각에 불과한 서약서 따위에 조금도 구애받지 않을 이에야스는 손녀딸의 목숨이 걸렸어도 개의치 않을 것이 분명했다.

히데요시에게도 믿을 수 있는 사람이 존재했다. 오다 노부나가 휘하의 같은 가신 출신으로 지금까지 가까이 하고 있는 마에다 도시이에前田利家(1539~1599)는 인품이 중후하고 신용이 높았다. 물론 인품이나 신용으로는 이에야스의 힘을 꺾을 수 없다. 마에다는 군의 작전과 지휘에 능했으며 세력도 만만치 않았다. 마에다는 유능하지만 경험이 부족한 이시다 미쓰나리 같은 젊은 심복들과, 그들을 경원하고 우습게 여기는 실력자들을 규합하고 이끌 수 있는 능력이 충분했다. 적어도 마에다가 살아 있을 동안에는 이에야스가 경거망동하지 않을 테니까 가급적 오래 살아주기를 바랄 수밖에 없었다.

정유년은 그렇게 끝났다

이순신이 거둔 기적의 결과 전선이 축소되었다. 일제히 퇴각한 일본군

울산성전투도(제1도~3도) 차례대로 ● 울산성전투 당시 조명 연합군이 왜군 진영으로 진격해 가는 장면, ●● 왜군에 밀려 퇴각하는 장면, ●●● 울산성을 포위해 왜군을 고립시키는 장면을 소개하고 있다.

은 남해안 곳곳으로 틀어박혔다. 일본군은 울산과 서생포·동래·부산·창원·마산·고성·사천·순천·왜교 등지에 일본식으로 축조한 요새에 들어간 다음 결사적으로 방어에 임하는 한편, 히데요시가 중한 병에 걸렸다는 소문이 퍼지자 하루 빨리 본국으로 돌아가기를 원했다.

이번에는 반드시 결판을 내야 한다는 강경론에 떠밀린 명군은 그들답지 않게 공격에 나섰다. 울산성을 비롯해 곳곳에서 처절한 공방전이 벌어지는 가운데 일본군이 선방을 거듭했다. 무너지는 날에는 조선을 무덤으로 삼을 수밖에 없는 일본군이 그동안의 경험을 바탕으로 방어하고 인근에 있는 요새들끼리 긴밀하게 협조하는 데 비해 공성전에 미숙한 명군은 제대로 싸우지 못했다. 게다가 앞장세워진 조선군은 퇴각할 때도 후미를 맡아야 하는 바람에 이루 말하기 어려운 피해를 당했다. 곳곳에서 연합군이 패주했지만, 일본군 또한 연합군을 추격해 섬멸할 여력이 없었다. 전쟁이 재발한 1597년(선조 30)은 그렇게 지나갔다.

〈명량〉과 명량

2014년에 개봉되어 공전의 히트를 기록하고 여러 부문에서 한국 영화사상 신기원을 이룩한 사극 영화에서 아쉬웠던 점을 짚어보고자 한다.

먼저 존재하지도 않았던 거북선이 불타는 장면부터 이순신의 지휘함에 총탄이 우박처럼 퍼부어지는 상황은 역사가 아닌 역사를 다룬 창작물임을 감안해도 명백한 오류다. 그때까지 이순신은 조총의 사거리 이내로 들어간 적이 거의 없었다. 이순신은 간격을 절묘하게 설정해 대포를 활용하는 전술을 거의 신격神格으로 구사했거니와, 당시의 조총은 유효사거리가 매우 짧았다.

게다가 일본군이 단 한 명이라도 건너오는 날에는 끝장인데도 여러 차례나 건너온 일본군을 백병전으로 물리치는 광경 또한 극의 재미를 위해서임을 감안해도 본질적으로는 오류다. 판옥선은 애초부터 적이 건너오지 못하도록 높고 거대하게 건조되어 당시 일본 수군의 주력 함선인 세키부네關船에서 판옥선에 오르기 위해서는 사다리를 걸쳐야 할 정도였다.

> (안위와 김응함의) 두 배가 곧장 쳐들어가 싸우려 할 때, 적장이 그 휘하의 배 두 척을 지휘해 한꺼번에 개미 붙듯이 안위의 배로 매달려 서로 먼저 올라가려고 다투었다. 안위와 그 배에 탔던 사람들이 죽을힘을 다해 몽둥이로 치기도 하고, 긴 창으로 찌르기도 하고, 수마석 덩어리로 무수히 어지러이 싸우니 배 위의 사람들은 기진맥진하게 된 데다, 안위의 격군 일고여덟 명이 물에 뛰어들어 헤엄치는데 거의 구하지 못할 것 같았다.
>
> 《난중일기》 1597년 9월 16일

이순신의 일기를 보면 전투의 모습이 상세하게 나타난다. 만일 영화처럼 일본 수군의 전함이 판옥선과 대등한 높이로 건너뛸 정도였다면 안위의 판옥선은 그대로 전멸했을 것이며, 이는 전체적인 전황에 심각한 영향을 끼쳤을 것이다. 그런 만큼 이순신의 지휘함에 여러 차례나 건너와 처절한 격전이 벌어지는 상황 자체가 있을 수 없는 데다 거듭되는 백병전에도 옷이 비교적 깨끗한 등의 모습도 아쉬웠다.

결정적인 오류는 언제 죽었는지 모르는 상태에서 바다에 떠다니다 준사라는 항왜降倭(투항한 일본군)에 의해 발견되는 적장 구루지마 미치후사가 함선에 올라 마지막까지 날뛰다가 이순신에 의해 베어지는 장면이다. 영화의 미학을 위해 긴장감을 고조하고 극적인 분위기를 창출하기 위한 연출이라고 해도, 영화를 선전할 때 '철저한 고증'을 유달리 강조했음을 떠올렸을 때 아쉬운 부분이다

또한 처음부터 끝까지 이순신 혼자서만 전투를 도맡는 것도 과장이지만, 육중한 지휘함이 소용돌이에 끌려들어갈 때 나룻배를 탄 백성들 몇몇이 갈고리를 던져 구해내는 장면 역시 지나친 과장이다. 조선시대 백성들은 크레인이 아니다.

전투가 끝난 다음 노를 젓는 군사 가운데 하나가 "우리가 이긴 것을 후손들이 알까?"라고 말하자 다른 군사가 "모르면 호로새끼"라고 일갈하는 대사도 엄밀히 따지면 틀렸다. '호로새끼'는 병자호란 이후에 생긴 욕설이기 때문에 그 시대에서는 입에 담을 수 없다.

7년 전쟁의 끝

많은 이들이 떠나는구나

이순신이 나아가 공격해 크게 쳐부수고 왜적의 배 200여 척을 불살랐으며 적병을 죽인 것이 이루 헤아릴 수 없을 만큼 많았다. 적병을 뒤쫓아 남해와의 지경에까지 이르렀다. 이순신은 시석을 무릅쓰고 몸소 힘껏 싸웠는데, 날아오는 탄환이 그의 가슴을 뚫고 등 뒤로 나갔다. 곁에 있던 부하들이 부축해 장막 안으로 옮겼는데, 이순신은 "싸움이 한창 급하니 절대로 내가 죽었다는 말을 내지 말라" 했으며, 말을 마치자 곧 숨을 거두었다.

1598년(선조 31)이 시작되었을 때는 작년부터 계속된 울산에서의 전투가 지지부진한 가운데 그리 희망적이지 못했다. 그러나 놀랍게도 희망이 넘치는 곳도 있었다.

이때 이순신은 이미 군사가 8,000여 명이나 있었는데, 고금도로 나아가 주둔했다. 군량이 떨어질까 걱정해 해로통행첩을 만들고 영을 내리기를 "삼도의 연해를 통행하는 공선公船과 사선私船 중에서 증명서가 없는 것은 간첩으로 간주하고 통행하지 못하게 할 것이다"라고 하니, 배를 타고 피란길에 오른 백성들이 모두 첩지를 받아 갔다.

이순신은 배의 크기에 따라 등급을 정해 곡식을 바치고 첩지를 받아가게 했는데, 큰 배는 곡식이 세 석, 중간 배는 두 석, 작은 배는 한 석이었다. 피란하는 사람들이 모두 재물과 곡식을 싣고 바다로 들어왔기 때문에, 곡식 바치는 것은 어렵게 여기지 않고 통행을 금지하지 않는 것을 기뻐해 열흘 동안 군량 만여 석을 얻게 되었다. 또 민정을 모집하고, 구리와 쇠를 수송해 대포를 주조하며, 나무를 베어 배를 만들어서 모든 일이 잘 진척되었다. 멀고 가까운 지방에서 피란 온 사람들이 이순신을 찾아와 의지해 집을 짓고 막幕을 만들며 또한 장사를 생계로 삼으니 섬 안에서는 능히 수용할 수 없는 형편이었다.

이순신은 마법 같은 수완을 발휘했다. 수군이 순식간에 8,000명으로 늘어나고 백성들이 찾아와 고금도가 비좁을 지경이었다. 한산도에 이어 사업과 경영을 통한 전력 증강에 전력을 다하는 이순신의 노력은 빠르게 결실을 맺고 성과를 이끌어냈다. 이순신이 전쟁 기간을 통틀어 조정의 도움을 전혀 받지 못하면서도 세계 최강의 해군 전력을 양성한 것은 결코 우연이 아니었다.

통행첩을 발급해 세금을 받고 보안도 유지하는 방식은 류성룡과 확연하게 구분되는 모습이다. 류성룡이 전쟁을 이끌면서 독보적인 성과를 거둔 것은 누구도 부인할 수 없지만, 행동이 제도권 내부에 제한될 수밖에 없었다. 그에 비해 조정에서 완전히 분리된 이순신은 자신의 뜻을 마음대로 펼칠 수 있었기 때문에 사업과 경영이 가능했다.

그런 이순신의 입장은 독자적인 전쟁 수행이 가능할 수 있는 원천으로 기능했지만, 선조의 입장에서는 전혀 그렇지 않았다. 선조는 세금을 받는 먹이사슬의 최정점에 있었기 때문에 이순신이 독자적으로 세금을 걷고 사업을 경영하는 것을 좋지 않게 여겼을 것이다. 게다가 그는 공이 높고 민심을 얻은 영웅을 시기했다. 이순신에게 최대의 적은 일본군이 아니라 선조였다.

천지를 주무르는 재주와 나라를 바로잡은 공

이순신이 전력을 증강하던 7월 16일, 달갑지 않은 손님이 왔다.

> 임금께서 청파까지 나와서 진린을 전송하셨다. 나는 진린의 군사가 수령을 때리고 함부로 욕을 하며, 찰방 이상규의 목에 새끼줄을 매어 끌고 다녀서 얼굴이 피투성이가 된 것을 보고 역관을 시켜 말렸으나 듣지 않았다. 나는 같이 앉아 있던 대신들이 그 광경을 보고 "아깝게도 이순신의 군사가 장차 패전하겠구나! 진린과 같이 군중에 있으면 행동이 제지당하고 의견이 서로 어긋나서 분명히 장수의 권한을 빼앗기고 군사들은 함부로 학대당할 텐데, 이것을 제지하면 화를 더 낼 것이고 그대로 두면 한정이 없을 테니 이순신의 군사가 어찌 패전하지 않을 수 있겠소?" 하니, 여러 사람들도 "그렇습니다" 하면서 서로 탄식만 할 따름이었다.

명이 수군까지 파견하기로 결정한 까닭은 칠천량에서 조선 수군이 증발한 데 대한 우려 때문이었다. 그에 따라 파견된 수군 도독 진린陳璘(1543~1607)과 명의 수군은 전혀 도움이 되지 못했다. 전함부터가 조선

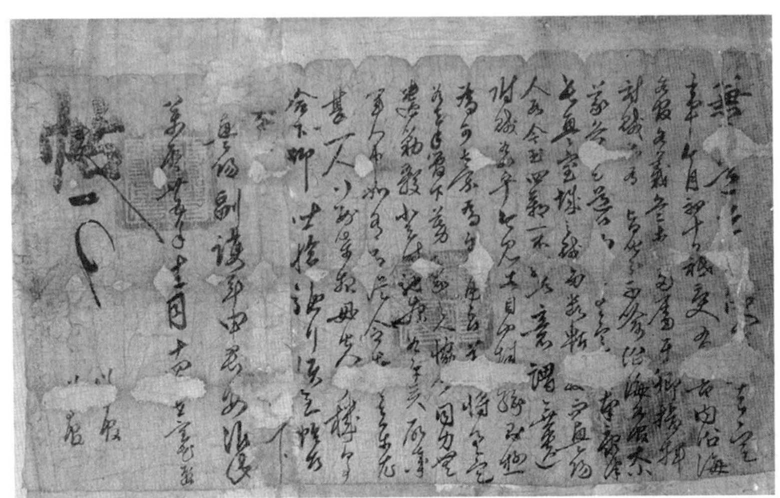

이순신의병차정첩자李舜臣義兵差定帖子 정유전쟁 당시 의병을 일으킨 신군안申君安이 이순신으로부터 받은 의병장 임명장. 신군안은 많은 전과를 올리던 중 1598년 전사했다. 사도유형문화재 제174호.

수군에 비하면 형편없이 작고 노후한 데다, 지휘관의 역량은 하늘과 땅 차이 이상이었다. 게다가 선조가 직접 전송하는 자리에서 하는 짓을 보라. 아무리 선조의 처지가 군색하더라도 한 나라의 왕임에도 전혀 예의를 지키지 않은 진린이 하물며 이순신을 어떻게 대하겠는가?

그동안 명군을 상대하면서 보급까지 책임졌던 탓에 그들을 잘 알고 있던 류성룡은 조마조마했다. 머지않아 진린이 이순신에게 닿으면 지휘권을 박탈함은 물론, 이순신이 자식처럼 보살핀 백성들을 겁탈할 것이 분명했다. 백성들이 떠나버리면 이순신은 싸울 수 없다. 전쟁에 필요한 모든 것을 백성들에게서 구하던 이순신이 그들 없이 어떻게 싸울 수 있겠는가? 이순신이 잠깐 자리를 비웠을 때 벌어진 일을 떠올려 보면, 진린으로 인해 이순신이 백성들과 격리된 결과는 상상하기조차 두려웠다. 류성룡뿐 아니라 모든 대신들이 동일하게 우려했지만, 이순신은 간단하게 해결했다.

이순신은 진린이 온다는 소식을 듣고 장병들에게 대대적인 사냥과 고기잡이를 명해 사슴과 돼지 등의 육류는 물론 생선과 해산물 등을 많이 잡도록 하고 성대하게 술잔치 준비를 갖추고 그를 기다렸다. 진린의 배가 바다에서 들어오자 이순신은 군대의 의식을 갖추고 멀리 나가서 영접했으며, 일행이 도착하자 그의 군사들을 풍성하게 대접하니 제장 이하의 군사들이 흠뻑 취하지 않는 이가 없었다. 사졸들이 서로 전해 말하기를 "과연 훌륭한 장수다" 했고, 진린도 마음이 흐뭇해졌다.

잠시 후 적군의 배가 근방의 섬을 침범하자 이순신이 군사를 보내 패배시키고, 적군의 머리 40급을 베어 모두 진린에게 줌으로써 그의 공으로 하도록 했다. 진린은 기대보다 과분한 대우에 더욱 기뻐했다. 이로부터 모든 일을 죄다 이순신에게 물었으며, 나갈 때는 이순신과 교자를 나란히 타고 다녔고, 감히 앞서 나가지 않았다.

이순신은 드디어 명 군사와 우리 군사들 사이에 아무런 차별을 두지 않겠다고 진린에게 약속시켰으며, 백성의 조그마한 물건 하나라도 빼앗는 사람이 있으면 모두 잡아와서 매를 쳤기 때문에 감히 군령을 어기는 사람이 없어져서 섬 안이 삼가하고 두려워했다.

진린이 임금께 글을 올려 "통제사 이순신은 경천위지지재 보천욕일지공經天緯地之才 補天浴日之功입니다"라고 했으니, 이는 마음속으로 감복한 것이다.

이순신은 진린을 성대하게 맞이함으로써 그를 기쁘게 한 데다, 이틀 뒤에 벌어진 해전에서 적을 격파하고 얻은 공을 전부 그에게 양보했다. 명군이 전혀 전과를 올리지 못하고 패배를 반복하는 상황에서 진린처럼 거저로 수급을 얻는 사례가 없었으니 얼마나 기뻤겠는가.

"드디어 명 군사와 우리 군사들 사이에 아무런 차별도 두지 않겠다고 진린에게 약속시켰으며, 백성의 조그마한 물건 하나라도 빼앗는 사람이 있으면 모두 잡아와서 매를 쳤기 때문에 감히 군령을 어기는 사람이 없어져서"의 대목을 보면, 이순신이 연합 수군의 지휘권은 물론 형벌과 처벌에 따른 권한까지 장악했음을 알 수 있다. 하급 장교가 박진 같은 조선의 고위급 지휘관을 구타해 죽음에 이르게 할 정도로 오만한 명군이 스스로 지휘권을 이양한 사례는 이순신이 유일하다.

이때 진린이 선조에게 글을 올려 "통제사 이순신은 경천위지지재 보천욕일지공經天緯地之才 補天浴日之功입니다"라고 보고했다. '경천위지지재 보천욕일지공'은 '천지를 주무르는 재주와 나라를 바로잡은 공'이라는 의미를 가진 극한의 찬사다. 진린의 시각은 명의 시각으로, 이순신은 이미 명에서도 그런 평가를 받고 있는 상태였다. 제후국의 일개 장수가 저토록 높은 평가를 받는 사례 역시 이순신이 유일하다. 그러나 진린이 이순신에 대해 극한의 찬사를 포함해 명 조정에 보고하자 선조의 시기와 증오는 더욱 높아지게 된다.

히데요시의 죽음

연합군이 우세를 보이는 가운데 마침내 히데요시가 세상을 떴다. 1598년(선조 31) 8월 19일의 일이었다. 히데요시가 죽기 전에 조선 철수를 명령함에 따라 전황이 변하기 시작했다. 그가 죽은 다음 도쿠가와 이에야스와 마에다 도시이에를 위시한 실력자들이 엄중하게 비밀을 유지하면서 철수 준비를 명령했다. 그러나 아무리 비밀을 유지하려고 해도 전면적으로 철수하려는 움직임은 히데요시가 죽지 않았느냐는 추정을 하게 만들었다. 그러한 움직임과 추정은 명군으로 하여금 최후의 공세를 결정하게 만들었다.

연합군이 동로와 중로, 서로의 세 군데 방향에서 일제히 진격하고 수군도 호응해 순천만으로 향했다. 왜교성에는 고니시 유키나가가 주둔하고 있었다. 고니시는 이순신에게 바다를 봉쇄당하는 바람에 대기시켰던 선단을 이용해 부산으로 탈출하려는 계획이 완전히 무산되고 말았다. 고니시는 이때도 진린에게 막대한 뇌물과 함께 "많은 수급을 주겠다"고 제안했다. 진린은 당연히 받아들였지만 이순신에게는 통할 리가 없었다. 자신이 보낸 사자에게 이순신이 "나가고 싶거든 실력으로 뚫고 나가라!"며 일갈했다는 것을 알게 된 고니시는 핏기를 잃고 주저앉았다.

이순신, 노량에서 전사하다

평행장은 우리 수군이 적군을 추격해 그의 진영을 지나간 틈을 타서 뒤로 빠져 달아났다. 이보다 앞서 7월에 왜적의 괴수 평수길이 이미 죽었기 때문에 연해에 진영을 설치했던 적군이 모두 물러갔다. 우리 군대와 명군은 이순신이 죽었다는 소식을 듣고, 이어져 있는 각 진영이 통곡해 마치 제 어버이의 죽음을 통곡하는 것과 같았다.

또 영구가 지나는 곳마다 백성들이 곳곳에서 제전을 차리고서 상여를 붙잡고 통곡하기를 "공께서 진실로 우리를 살리셨는데, 지금 공은 우리를 버리고 어디로 가십니까?" 하며 길을 막아 상여가 가지 못하게 되었으며, 길 가는 사람들도 눈물을 흘리지 않는 이가 없었다.

1598년(선조 31) 11월 19일 새벽, 노량의 바다에서 이순신의 가슴에 누군가가 발사한 총탄이 파고들었다. 신앙으로까지 추앙받던 이순신이었지만 그의 육체는 인간의 한계를 벗어날 수 없었다. 이순신은 죽는 순간까지도 "싸움이 급하니 나의 죽음을 알리지 말라"는 명령을 내렸다.

새벽이 지나고 겨우 살아남은 적들이 결사적으로 도주한 다음 비로소 이순신의 전사 소식을 들은 장병들은 부모를 잃은 아이처럼 눈물을 흘렸다. 진린은 물론 명의 수군들까지도 넋을 잃고 통곡할 정도였다. 이순신이 노량에서 전사한 다음 7년이나 끌었던 전쟁은 막을 내렸다. 이후에도 교전이 없었던 것은 아니지만 노량해전이 전쟁의 종지부가 되었음은 누

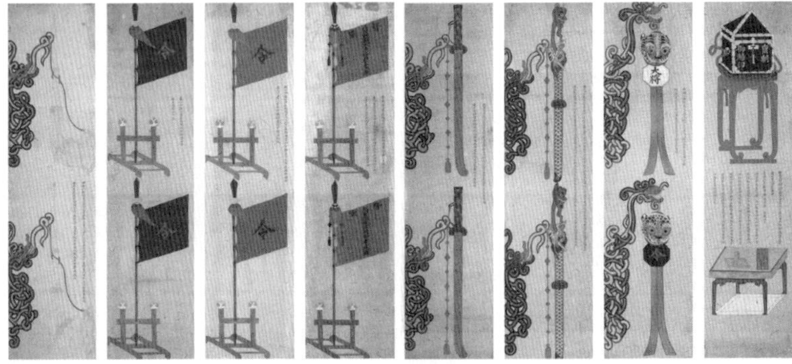

충무공팔사품도. 명의 신종이 이순신에게 내린 여덟 가지 선물을 그린 병풍도. 오른쪽부터 차례대로 도독인, 영패, 귀도, 참도, 독전기, 홍소령기, 남소령기, 곡나팔이다. 국립중앙박물관 소장.

구도 부인할 수 없다.

치열했던 노량해전

이순신이 노량에서 전사하게 된 배경을 알아보도록 하자. 일진일퇴를 주고받던 울산과 사천 등을 잇달아 함락당한 일본군은 다급했지만 왜교성에 고립된 고니시를 반드시 구원해야만 했다. 장차 도쿠가와 이에야스와의 일전이 분명한 가운데 히데요시에게 가장 충성스럽고 비중이 큰 고니시를 두고 갈 수는 없었다. 그에 따라 일본은 500척에 달하는 함대를 파견하게 된다.

물론 이순신도 일본군의 의도를 알고 있었다. 계속 순천만을 봉쇄하고 있다가는 부산 방면에서 적에게 배후를 공격당할 우려가 있는 데다, 그때 고니시가 대기시킨 함대가 합세할 수도 있었다. 그렇다고 해서 설마 이순신이 패배하지는 않겠지만, 부산을 탈출하는 적의 주력을 바다에서 섬멸하려는 전략에 차질을 빚을 우려가 많았다.

이순신이 먼저 구원군을 격파하기로 결정한 것은 부산으로 진격할 때 방해 요소를 제거함과 동시에, 공포에 질린 고니시가 항복하게끔 만들려는 의도에서였다. 이후 부산으로 진격해 닥치는 대로 바다에 처넣어버리는 것으로 확실하게 보복하면서 전쟁을 끝낼 수 있었다.

11월 18일 밤에 이동해 매복하던 조선 수군에게 견내량을 건너온 일본군 500척이 걸려들었다. 이순신이 적을 확실하게 끌어들인 다음 공격을 명령하는 것으로 전투가 시작되었는데, 문제는 야전夜戰이었다. 고니시를 구원하려는 적들이 훤한 대낮에 올 리가 만무하고 기습의 효과를 노리기 위해서라도 야간을 택했을 것은 상식적이겠지만, 그것이 이순신이 전사하게 되는 결과를 낳는다.

패배를 모르는 이순신의 전술은 일사불란한 지휘 체계에서 출발한다. 이동과 전투에 따른 포진과 대형의 변형은 물론, 진퇴와 유인과 협격 등 모든 행동을 깃발로 명령하고 약속된 신호를 주고받았다. 그런 전술적 행동이 몸에 밴 이순신의 수군과, 활과 조총을 발사하면서 접근한 다음 뛰어들어 승부를 내는 것밖에 알지 못하던 일본 수군의 승부는 일방적일 수밖에 없다.

그러나 밤이 되어 깃발 신호를 주고받을 수 없게 되면 각개전투로 돌입하게 된다. 그것은 조총의 유효사거리 이내로 접근되는 상황을 의미한다. 조총이 닿지 않는 원거리에서부터 대포로 가격해 제압하는 이제까지의 필승 전술이 사용되기 어려웠지만 이순신은 피하지 않았다. 한시라도 빨리 부산으로 진격해서 일본군의 씨를 말리기 위해서는 야전을 피할 수 없었다.

노량해전 당시 전사한 지휘관은 이순신 혼자가 아니었다. 가리포첨사 이영남李英男(1563~1598)과 낙안군수 방덕룡方德龍(1561~1598) 및 흥양현감 고득장高得蔣 등 비중 있는 지휘관은 물론 명 수군 부총병 등자룡鄧子龍(1531~1598)도 전사했다. 하마터면 진린도 위험했을 정도로 근접전이 치열했던 상황에서, 무작위로 발사된 총탄 가운데 하나가 위대한 영웅의 가슴을 파고들었다.

이순신은 자살했을까?

류성룡과 함께 전쟁을 이끌었던 이순신에 대해 마지막으로 하고 싶은 말은 '전사에 대해 의문을 품지 말자'는 것이다. 전쟁이 끝나면 선조에게 죽음을 당할 것이 분명했기 때문에 갑옷을 벗고 전투에 임하는 등으로 자살과 마찬가지의 행동을 취했다거나, 역시 그런 이유로 인해 전사를 가장하고 은둔했다는 주장들이 있다.

'자살을 가장한 전사'는 이미 조선시대부터 꾸준하게 제기되었고, 은둔설도 그러하지만 설득력이 없기는 마찬가지다. 이순신이 정말 선조가 두려워 자살할 결심을 했다면 부산에서 적을 전멸시킨 다음에 행했을 것이다. 선조가 어떤 사람인지는 이순신이 가장 잘 알 것이며 전쟁이 끝난 다음 결코 무사하기 어렵다는 것 역시 잘 알고 있을 것이다.

그러나 역사상 확인되는 이순신은 그런 것이 두려운 나머지 남은 의무를 외면할 사람이 아니다. 설령 삶이 가혹해 자살할 마음을 먹었더라도 적들이 바글바글 몰려 있는 부산을 앞두고 하지는 않았을 것이다.

한편 선조는 이순신의 전사를 보고받았어도 전혀 놀라거나 애통해 하지 않았다. 뿐만 아니라 명군의 지휘부에서 이순신의 공로를 위로해야 하지 않겠느냐는 말을 들었을 때도 "공로는 오직 명군에서 세웠을 따름이며 위로는 전사한 등자룡을 위시한 명군이 받아야 한다"고 답했다. 이순신은 전사한 것이 차라리 다행스러웠을지도 모른다.

懲毖錄

동아시아를 뒤집은 거대한 난

전쟁에서 누구도 웃지는 못하겠구나

공신을 대대적으로 봉했다. 서울에서부터 의주義州까지 시종 어가御駕를 모신 사람을 호성공신扈聖功臣으로 삼고, 왜적을 정벌한 제장諸將들과 군량을 주청하러 간 사신들을 선무공신宣武功臣으로 삼고…

《선조수정실록》 37년(1604 갑진년) 6월 25일 첫 번째 기사

1604년(선조37) 6월 25일의 논공행상으로 104명이나 공신에 녹권되었다. 그런데 어이없게도 직접 싸워 공을 세운 선무공신이 18명밖에 되지 않은 데 비해 선조를 따라다닌 호성공신은 무려 86명이나 되었다. 게다가 류성룡이 이등공신밖에 되지 못한 데다, 인빈 소생의 코흘리개 신성군信城君과 정원군定遠君이 류성룡과 같은 반열에 오르기까지 했다.

더욱 어이가 없는 사실은 호성공신 가운데 내시 24명, 마의馬醫 여섯 명, 의관醫官 두 명, 별좌사알別坐司謁 두 명이 포함되었다는 점이다. 내시는 본래 왕의 근처에서 생활하기 때문에 선조를 모시는 것은 당연한 의무다. 그런 내시들을 공신에 봉하는 것은 물론, 마의와 의관부터 임시직

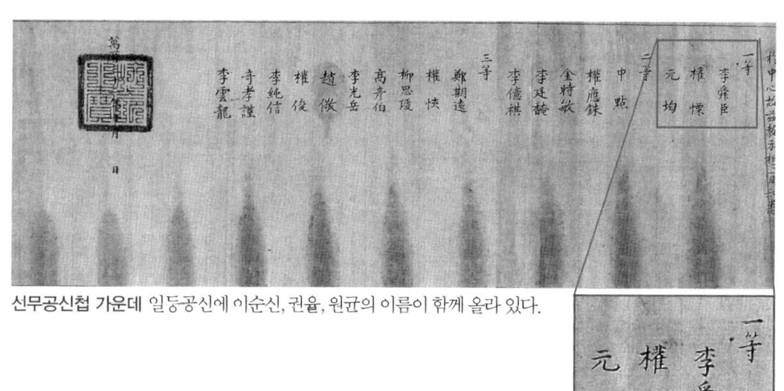

선무공신첩 가운데 일등공신에 이순신, 권율, 원균의 이름이 함께 올라 있다.

의 심부름꾼인 별좌사알들까지 공신이 되었다.

선무공신에 이르면 할 말이 없어진다. 호성공신 수의 5분의 1에도 미치지 않으며 일등공신 세 명 가운데 이순신과 권율에 이어 원균이 포함되었다.

하마터면 나라를 멸망시켰을지도 모를 잘못을 반복해서 저지른 데다, 사헌부 등에서 극력하게 비판한 원균은 공신은커녕 엄중하게 처벌당해 마땅하다. 그런 원균이 이순신과 대등한 일등공신이 될 수 있었던 까닭은 전적으로 선조 덕택이었다. 이등도 과하다는 반대를 물리친 선조가 강압한 결과 원균은 일등공신의 영광은 물론, 후손들도 특혜를 수혜할 수 있게 되었다.

뿐만 아니라 곽재우와 조헌, 고경명 같은 의병장들은 물론, 정발과 송상현처럼 충절을 지키기 위해 목숨까지 바쳤던 충신열사들 또한 삼등공신조차 받지 못했다. 특히 고경명의 경우 자신은 물론 아들들까지 전사했음에도 거론조차 되지 못했다. 선조에게 그들이 목숨을 던져 나라를 구한 공은 내시나 마의보다 못했다.

납득하기 어려운 결정 가운데 또 하나는 광해군이 빠졌다는 점이다. 임해군과 순화군은 포로가 되는 바람에 결격되었다고 해도 신성군과 정원군의 사례를 보았을 때 광해군은 당연히 일등에 책봉되어야 했다. 특히 분조를 이끌면서 대단한 활약을 펼쳤던 광해군은 명에게 인정받기까지 한 데다, 세자의 신분임을 감안하면 일등을 받고도 남아야 했다. 그러나 선조는 그렇게 하지 않았다.

전쟁의 승자는 누구인가?

도무지 납득할 수 없기는 해도 논공행상은 승리에 대한 포상이기 때문에 7년에 걸친 전쟁에서 승전을 천명한 것이 분명하다. 그러나 전쟁에서 누가 승리했는지는 명확하지 않다. 침략을 물리쳤으며 승리한 횟수가 많았다는 이유에서 조선의 승리라고 주장하는 사람들이 많다. 또한 히데요시가 죽고 그의 정권이 붕괴한 것도 승리의 증거로 제출되는 경향이 있다. 그러나 전부 옳지 않다. 전투의 승리와 전쟁의 승리는 결코 동일하지 않다. 일본군이 물러간 것은 원래의 상태로 돌아간 데 지나지 않으며, 피해 규모를 보더라도 조선은 승리자의 위치에 있지 못하다.

국토가 전쟁터가 되어 무수한 백성이 죽고 생산력이 격감하는 직접적인 피해를 당한 자체부터가 승리를 주장하기 어려운 광경이다. 또한 일본군에게 상당 기간을 점령당한 상태에서, 전시작전권은 물론 외교권마

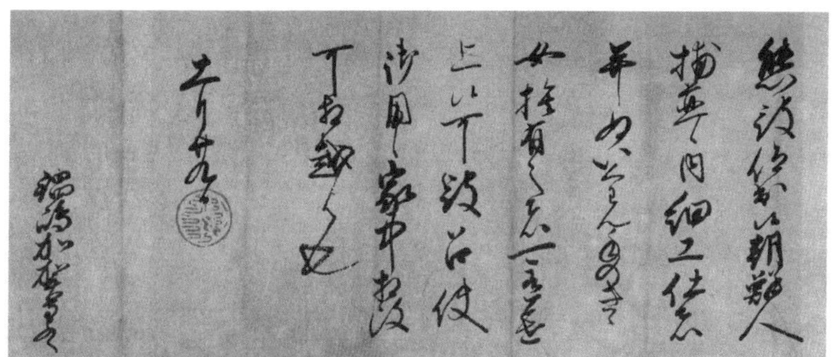

히데요시의 주인장 1597년 나베시마 나오시게鍋島直茂에게 조선에서 기술자들을 잡아 오라고 명령하는 내용이 담겨 있다.

저 가지지 못했던 조선이 승리를 주장할 수는 없다. 만약 이순신이 전사하지 않아 복수전을 전개해 쓰시마라도 점령했다면 이야기는 달라질 수도 있겠다.

일본도 전쟁으로 인해 고통을 겪었지만 국토를 전쟁터로 제공한 조선과 비교할 수준이 아니다. 인명과 재산상의 손실 역시 단시간에 복구가 가능한 수준이었다. 게다가 엄청난 전리품을 강탈하는 과정에서 당시로서는 세계 최첨단 기술에 해당하는 도자기의 제작 기술을 얻고, 포로들에 의해 유학儒學의 기초가 정립되는 등의 소득까지 있었음을 감안하면 오히려 이득이라고 할 수 있다.

도요토미 히데요시가 죽은 다음 정권이 붕괴되었지만, 어차피 히데요시가 도쿠가와 이에야스를 제거하지 못하는 이상 조선과의 전쟁이 없었어도 그렇게 되었을 것이다. 이에야스는 히데요시의 가문을 멸망시키고 막부를 창건한 다음 자신들은 전쟁과 아무런 관련이 없다고 공표했다. 실제로 이에야스는 조선으로 건너온 사실 자체가 없는 데다 임진·정유전쟁 또한 히데요시가 단독으로 벌인 전쟁으로 규정하고 조선과의 국교 회복을 요청했다. 그런 시각으로 보아도 일본에게 패배자의 굴레를 씌우기는 어렵다.

무엇보다 승자와 패자를 나누는 데 있어 결정적인 사실은 전쟁이 끝난 다음 조선이 일본에게 아무런 요구를 하지 못한 데 있다. 전쟁에서 승리한 국가들은 예외 없이 승리자로서의 요구를 관철시켰다. 배상금은 기본이고 영토의 할양은 물론, 패전국이 일정 규모 이상의 군대나 무기를 가지는 것을 제한하는 등으로 내정에 간섭하는 것을 승전국으로서 당연한 권리라고 여겼다. 그러나 조선이 그런 요구를 일본을 향해 한 적은 전혀 없다.

시작부터 마지막까지 의혹투성이인 전쟁

명 역시 승리와는 거리가 멀다. 조선에 대해 '나라를 완전히 구해주었다'는 재조지은까지 운운하지만 그들이 어떻게 승리에 이바지했는지 의아하기 짝이 없다. 만력제로 인해 국력이 바닥을 치던 명은 원군으로 5만을 동원하고 유지하기에도 벅찼던 데다, 이순신이 아니었다면 참전할 시점조차 잡지 못했을 것이다. 재조지은을 운운하지만 명은 류성룡이 보급을 책임져주고 이순신이 제해권을 장악하지 않았다면 조선과 함께 멸망했을지도 모른다.

오히려 명은 전쟁 이후 급격히 기울었다. 그로 인해 요동 지역의 지배력이 느슨해지는 바람에 누르하치가 더욱 세력을 키우고 청이 발흥하는 원인까지 일부 제공했다.

근대 일본에 의해 자행된 침략 전쟁과 식민 지배에 정당성을 부여하기 위해 20세기 초반 일본 사학자들은 "히데요시의 전쟁에 의해 명의 멸망이 촉발되고 그에 따라 누르하치가 청의 전신인 후금을 건국할 수 있었다"는 이른바 '만선사관滿鮮史觀'을 주장했다.

그러나 이미 명은 회복을 가늠하기 어려울 정도로 약화된 상태였고, 전쟁 이전부터 누르하치가 여진족을 통일할 정도의 기세였음을 감안하면 만선사관은 받아들이기 어렵다.

7년에 걸쳐 당사자들에게 직간접으로 긴밀한 영향을 미쳤으면서도 발발 원인이 아직까지 밝혀지지 않은 데다, 승리와 패배도 명확하지 않은 전쟁이 세상에 또 있을까? 한국에서는 임진왜란과 정유재란으로 명명되고 일본에서는 '분로쿠·게이초노에키文祿·慶長の役', 중국에서는 '만력의 난萬曆의 亂(또는 역役)'으로 불리는 전쟁은 마지막까지 미스터리였다.

중국과
미국의 패권

6·25 전쟁 당시 치열하게 싸우던 남한과 북한이 원래의 상태로 돌아간 상황도 그때와 흡사하다. 다만 각각 승리를 주장하는 모습이 다르다. 특히 북한의 경우 1953년 7월 27일에 합의된 정전협정일을 전승일로 규정하고 대대적인 기념행사는 물론 군사퍼레이드까지 벌이고 있다. 중국도 '항미원조전쟁抗美援朝戰爭'이라고 해서 미국에 대한 승리로 규정하는 분위기다.

그러나 그것이 어떻게 승리가 될 수 있다는 말인가? 세계 최강을 자부하는 미국에 맞서 무승부를 이끌어낸 것이 자랑스러울지 몰라도 중국의 참전이 아니었다면 북한은 멸망했을 것이다. 게다가 제공권을 장악한 미 공군의 폭격으로 인해 '석기시대로 돌아갔다'는 표현이 어색하지 않을 지경으로 국토가 파괴당하고 무수한 인구를 상실했으면서도 승리를 주장하고 경축한다.

미군의 참전이 아니었다면 멸망당했을 것이 분명한 한국이 전쟁을 승리로 규정하는 것 역시 어이없기는 마찬가지다. 게다가 지금까지도 전시작전권이 환수되지 않으면서 오히려 주둔에 따른 막대한 비용을 지불하면서까지 미국에게 계속 의지하고 있다.

한편 중국이 한반도에서 벌어진 전쟁에 참전한 이유에 대해서는 임진년에 발생한 전쟁과 동일하게 규정하는 것이 대세다. 나아가 중국의 티베트 침공도 주목해야 한다. 1949년 출범한 '중화인민공화국'은 1950년 독립국을 공표한 티베트를 무력으로 침공했다. 이어 1951년 5월 23일에는 티베트를 강제로 합병하게 된다.

티베트는 영토가 중국의 4분의 1이나 될 정도로 광활한 데다, 지하자원을 위시한 자연자원이 풍부하고 전략적 가치도 높았다. 중국이 한반도의 전쟁에 참전한 이유는 순망치한脣亡齒寒에 따른 기본적인 이유와 함께, 티베트를 강제로 합병하는 데 대한 시선을 다른 곳으로 돌리기 위한 의도도 포함되었을 것이다.

1951년 11월 27일 군사분계선을 확정해 지도에 서명하는 미국과 중국 그 자리에서 전쟁 당사자인 한국은 배제되었다.

중국은 6·25 전쟁에서 주석 마오쩌뚱의 장남이 전사하는 것을 비롯해 무려 40만에 달하는 사상자를 내는 등 엄청난 피해를 감수했다. 그러나 방벽 역할을 하는 북한을 지켜내고 강대국들의 시선이 한반도로 쏠린 것을 이용해 소리 소문 없이 티베트를 합병할 수 있었으니, 희생의 대가는 충분했다.

7장

과거를 책임지고 망각하지 않기 위해, 징비록

懲毖錄

〈과거를 책임지고 망각하지 않기 위해, 징비록〉의 주요 사건

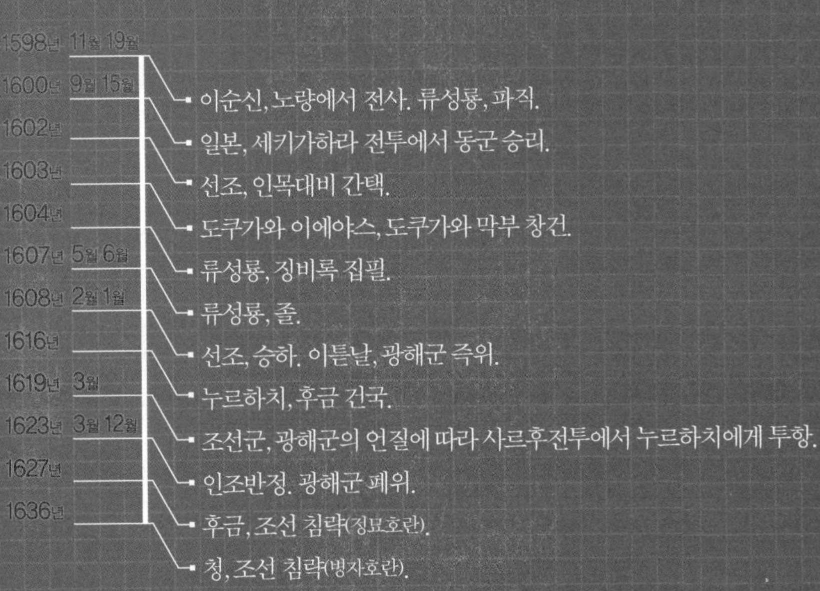

1598년 11월 19일
1600년 9월 15일
1602년
1603년
1604년
1607년 5월 6일
1608년 2월 1일
1616년
1619년 3월
1623년 3월 12일
1627년
1636년
이순신, 노량에서 전사. 류성룡, 파직.
일본, 세키가하라 전투에서 동군 승리.
선조, 인목대비 간택.
도쿠가와 이에야스, 도쿠가와 막부 창건.
류성룡, 징비록 집필.
류성룡, 졸.
선조, 승하. 이튿날, 광해군 즉위.
누르하치, 후금 건국.
조선군, 광해군의 언질에 따라 사르후전투에서 누르하치에게 투항.
인조반정. 광해군 폐위.
후금, 조선 침략(정묘호란).
청, 조선 침략(병자호란).

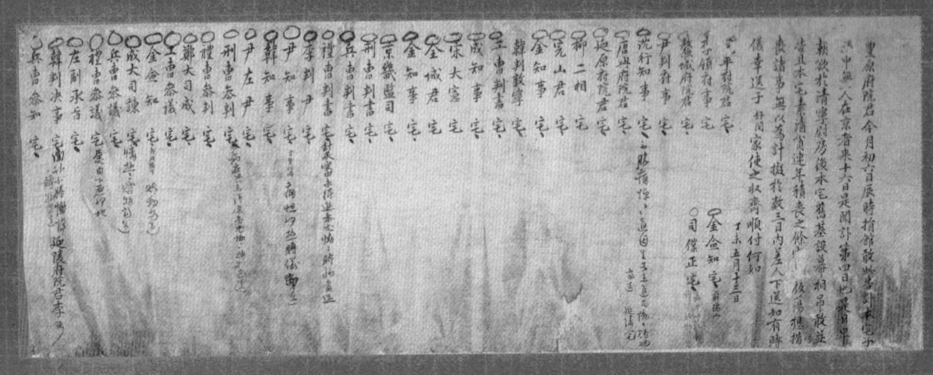

피와 땀과 눈물의 대가

다만 과거를 짊어지려고 한다

> 정언 문홍도가 아뢰기를 "신이 영남에 있으면서 풍원부원군 류성룡이 간사하고 시기해 나라를 그르치고 백성을 병들게 한 죄를 익히 들었는데 …",
> 신국 등이 드디어 아뢰기를 "성룡은 간사하고 아첨하는 자질로 요령 있게 처신해 남을 해쳐도 사람들이 모르고 세상을 속여도 세상이 깨닫지 못하게 하였으니 … 기타 나라를 그르치고 백성을 병들게 한 죄는 하나뿐이 아니고 너무나 많습니다. 지난 번 사신 가는 것을 염피한 것으로 인해 대략 견책해 정승만 체직시켰으니, 어떻게 그 죄를 징계해 나라 사람에게 사죄하겠습니까. 삭탈관작削奪官爵을 명하소서."
>
> 《선조실록》 31년(1598 무술년) 11월 13일 두 번째 기사

이순신이 전사하던 날 류성룡도 그동안 역임했던 영의정과 도체찰사에서 물러났다. 그토록 고통스러웠넌 전쟁을 이끌고 보급은 물론, 외교를 비롯한 모든 사안을 책임졌던 공로에 보답하는 형태의 명예로운 은퇴가 아니었다. 파직당하기 이전부터 간신과 소인배들의 공격이 끊이지 않았다. 그들이 류성룡을 공격하고 탄핵한 내용을 상세히 밝히지는 않겠다. 공격을 위한 공격과 탄핵을 위한 탄핵이기 때문에 일일이 설명할 가치가 없다. 김덕령은 반역자와 내통해서 죽은 것이 아니고 이순신 또한 실제로 죄가 있어 백의종군한 것이 아니다.

간신배들이 한목소리로 류성룡을 모함하고 탄핵한 것은 머지않아 전

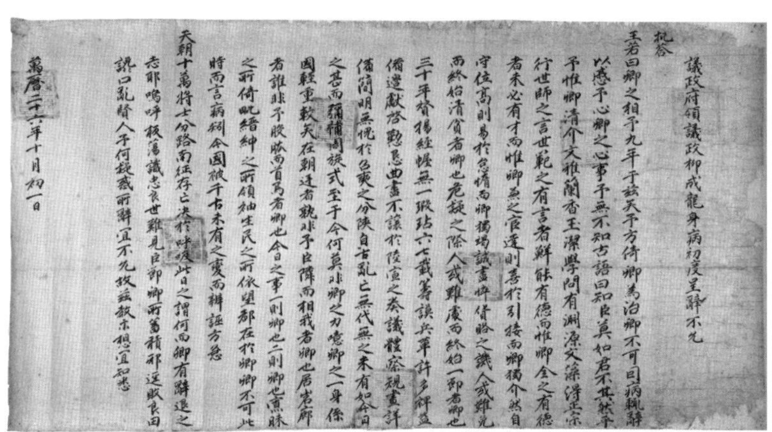

불윤비답不允批答 1598년 10월 1일 류성룡의 사직 요청을 윤허하지 않겠다는 선조의 답서. 보물 제460호. 충효당 소장.

쟁이 끝나리라는 공감대가 형성된 상태에서 선조의 의중을 파악했기 때문이다. 전쟁이 끝난 다음에는 류성룡의 능력은 필요 없었으며, 선조는 류성룡을 지극히 못마땅하게 여겼다. "나라가 망하지 않은 것은 오직 명덕분"이라는 선조에게 류성룡은 가장 먼저 제거해야 할 대상이었다. 게다가 명군에게 전시작전권이 있다고 해도 도체찰사로서 조선군 전체를 지휘하는 류성룡은 선조에게 위험인물이기도 했다.

류성룡을 향한 중상비방과 탄핵이 소나기처럼 쏟아지는 가운데 선조는 즉각적으로 반응하지 않았다. 참다못한 류성룡이 사표를 내도 반려하는 등 오히려 감싸는 모습까지 보였다. 그러나 그것이 선조의 진심일 리는 만무했다. 어차피 제거할 상황에서 굳이 자신의 손을 더럽힐 필요가 없는 데다, 류성룡에게 가해지는 오물세례를 중지시킬 이유가 없었다.

류성룡, 그의 퇴장

'류성룡격하운동'이 정점에 이르는 한편, 이순신이 전사하고 전쟁이 끝나는 시점에서 류성룡은 파직을 당하게 된다. 6년이나 역임했던 영의정과 도체찰사에서 강제로 물러난 이후 낙향한 다음에는 탄핵한 자들이 요구했던 '삭탈관작'까지 당하기에 이른다. 삭탈관작은 품계와 직책을 몰수함은 물론, 관직의 명부에서 삭제해, 관리로서는 두 번 죽임을 당하는 최악의 불명예에 해당한다. 과연 류성룡은 그런 죄를 지었을까? 류성룡이 유명을 달리한 다음 실록에 그의 행적과 공과가 기록된 〈졸기拙技〉를 펴본다.

> 국량이 협소하고 지론이 넓지 못해 붕당에 대한 마음을 떨쳐버리지 못한 나머지 조금이라도 자기와 의견을 달리하면 조정에 용납하지 않았고 임금이 득실을 거론하면 또한 감히 대항해서 바른 대로 고하지 못해 대신大臣다운 풍절風節이 없었다.
>
> 일찍이 임진년의 일을 추기追記해 이름 짓기를 《징비록懲毖錄》이라 했는데 세상에 유행되었다.
>
> 그러나 식자들은 자기만을 내세우고 남의 공은 덮어버렸다고 해서 이를 기롱했다. 이산해가 그 아들 이경전과 함께 오래도록 폐척廢斥되어 있으면서 성룡을 원망해 제거하려고 꾀했다. 그 결과 무술년에 주화主和해 나라를 그르치고 변무辨誣의 사행使行을 피했다는 이유로 탄핵을 받고 떠나게 되었는데, 향리에 있은 지 십 년 만에 죽으니 나이가 66세였다.
>
> 성룡은 임진난이 일어난 뒤 건의해 처음으로 훈련도감을 설치했는데, 척계

광의 《기효신서》를 모방해 포砲·사射·살殺의 삼수를 뽑아 군용을 갖추었고 외방의 산성을 수선했으며 진관법을 손질함으로써 비어책備禦策으로 삼았다. 그러나 성룡이 자리에서 떠나자 모두 폐지되어 실행되지 않았는데, 유독 훈련도감만은 존속되어 오늘에 이르도록 그 덕을 보고 있다.

《선조수정실록》 40년(1607 정미년) 5월 1일 두 번째 기사

'국량이 협소하고 지론이 넓지 못해 붕당에 대한 마음을 떨쳐버리지 못한 나머지 조금이라도 자기와 의견을 달리하면 조정에 용납하지 않았고' 등의 평가를 보자. 공이 없거나 오히려 적에게 이로운 행위를 저질렀던 자들조차 졸기를 저렇게 기록하지 않는다. 영의정과 도체찰사를 역임하고 전쟁을 책임졌던 대신에 대한 조선의 예우는 이러했다.

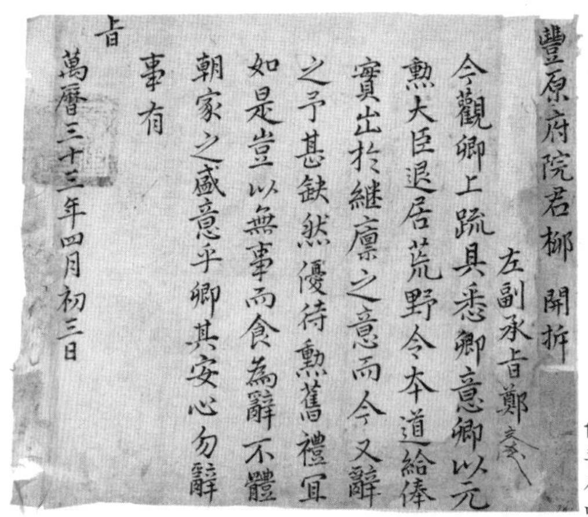
豐原府院君柳 開拆
左副承旨鄭
今觀卿上疏具悉卿意卿以元
勳大臣退居荒野令本道給俸
實出於繼廩之意而今又辭
之予甚缺然優待勳舊禮宜
如是豈以無事而食為辭不體
朝家之盛意乎卿其安心勿辭
事有
旨
萬曆三十三年四月初三日

1603년(선조 38) 4월 3일 내려진 교서
류성룡이 공신 책봉을 거절하고 녹봉도 사양하자 선조가 녹봉 수령을 사양하지 말라고 타이르고 있다. 충효당 소장.

'성룡이 자리에서 떠나자 모두 폐지되어 실행되지 않았는데'의 마지막 대목에 주목해보자. 전쟁 기간 류성룡이 주장하고 실행되었던 사안들은 조선이 기력을 회복하는 데 크게 도움이 되었지만 기득권층에게는 전혀 그렇지 않았다. 나라야 망하든 말든 자신의 이득이 줄어드는 것을 결코 원하지 않는 자들에게 류성룡이 국가를 위해 펼친 일련의 정책은 재앙과 같았다.

이득을 되찾기 위해 절박했던 자들이 류성룡의 실각을 노리는 것은 지극히 당연한 바, 선조의 의중 역시 그러한 이상 류성룡의 앞날은 정해진 셈이었다. 이순신이 전사했던 1598년 11월 19일, 류성룡의 정치 생명에도 사형이 선고되었다.

류성룡의 마지막 의무

그토록 헌신했던 조국에 배신당했으면서도 류성룡은 마지막까지 의무를 다했다. 고향 안동 하회로 돌아온 1599년(선조 32), 이미 58세에 이르렀어도 자신이 관통했던 전쟁 과정과 원인을 기록하고 반성하는 의무를 설정하고 이행했다. 고향으로 내려간 류성룡은 필생의 역작을 남겼다. 그는 그 글을《징비록懲毖錄》이라고 이름 지었다.

'징비懲毖'는《시경詩經》에 나오는 '여기징이비후환予其懲而毖候患', 지난 일을 경계해 뒷날의 근심거리를 삼가게 한다는 문구에서 따온 것이다. 제목에서 나타나듯 류성룡은 전쟁으로 인해 백성들이 고통받지 않을 수 있도록 자신이 겪었던 생생한 증거를 제시하고 그것을 분석해 기록으로

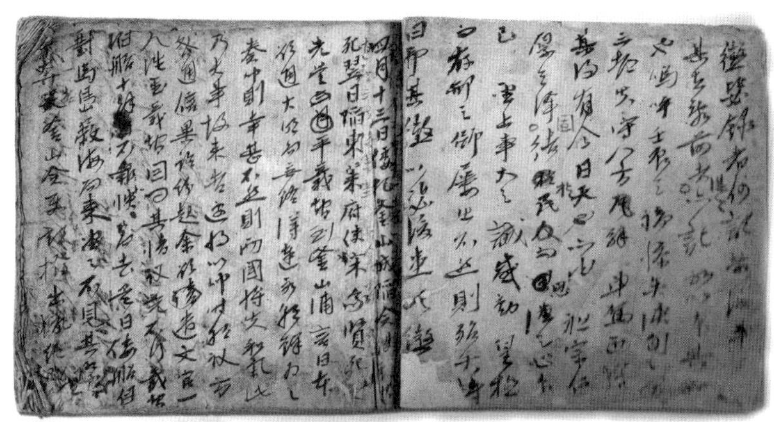

징비록 국보 제132호, 충효당 소장. "《시경》에서 지난 일의 잘못을 반성하고, 미래에 근심이 없도록 삼가노라고 했으니, 내가 《징비록》을 저술한 까닭이다."

남겼다.

'수많은 인명을 앗아가고 비옥한 강토를 피폐하게 만든 참혹했던 전화를 회고하면서 다시는 임진왜란과 같은 전란을 겪지 않도록 지난날 조정의 여러 실책을 반성하고 앞날을 대비하기 위해 기록으로 남긴다'는 문구에서 류성룡의 심중이 절절하게 와 닿는다.

《난중일기》와 함께 임진전쟁의 주요한 사료로 인정받아 국보 제132호로 지정된 《징비록》은 1604년(선조 37)에 저술된 다음 1647년(인조 25)에 16권 7책으로 간행된 것으로 추정된다.

1647년 9월 8일자 실록을 보면 '조수익을 경상 감사로 임명한다'는 기록이 있는데, 조수익趙壽益(1596~1674)은 류성룡의 외손자이다. 그가 경상감사로 부임해 이미 정리되어 있던 원고를 정식으로 간행한 다음 꾸준히 증보되었다.

《징비록》의 가치

실록에서도 대부분을 인용할 정도로 객관적이고 사료적 가치가 높은 《징비록》은 오히려 일본에서 훨씬 더 인정받고 인기를 끌었다. 에도 막부를 일본의 조정으로 인정하고 외교가 재개된 다음, 1711년(숙종37) 6대 쇼군 도쿠가와 이에노부德川家宣(재위 1709~1712) 취임을 축하하기 위한 목적으로 파견된 통신사가 경악하는 일이 벌어졌다. 일본에서 출판된 《징비록》을 발견했기 때문인데, 이미 1695년 막부의 주관 아래 정식으로 간행된 상태였다. 게다가 조선의 경우 원본이 어명을 받은 조정에 의해 간행되지 않았다는 것을 감안하면 충격이 훨씬 더했다. 이듬해에 돌아온 통신사들의 보고를 받은 숙종肅宗(재위 1674~1720)도 《징비록》이 일본에 유출되는 것을 엄금했지만, 전혀 실효성이 없었다.

정보수집기관을 겸하던 왜관을 통해 《징비록》을 입수한 일본은 즉시 가치를 알아보았다. 조선과 명의 상황은 물론 자신들의 상황까지 상세히 기록된 《징비록》에 일본은 충격을 받았다. 특히 조선의 정치 체제와 군사 제도는 물론, 붕당으로 갈라져 싸우는 등의 습성까지 모든 것이 있는 그대로 담겨 있었다. 만일 앞으로 다시 전쟁이 벌어지는 날에는 그대로 적용할 수 있을 정도로 상세하고 수준 높은 사료였던 것이다. 《징비록》이 훗날까지 일본에서 조선 연구의 바이블로 각광받은 것은 당연했다.

일본도 가치를 인정한 나머지 해외로의 유출을 금지하는 조치를 취하는 웃지 못 할 일이 벌어지기까지 했는데, 20세기에 이르기까지 중요한 사료로 취급되었다. 실제로 당시 일본 사학자들이 집필한 조선 관련 출판물은 예외 없이 《징비록》을 기반으로 하고 있다.

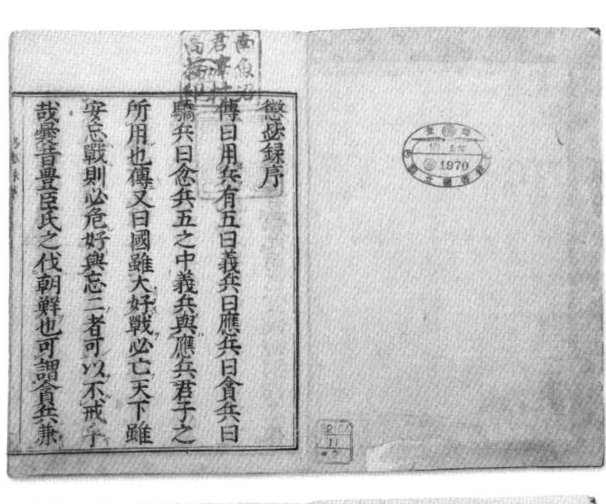

懲毖録序

傳曰用兵有五曰義兵曰應兵曰貪兵曰
驕兵曰忿兵五之中義兵與應兵君子之
所用也傳又曰國雖大好戰必亡天下雖
安忘戰則必危好與忘二者可以不戒乎
哉曩昔豊臣氏之伐朝鮮也可謂貪兵兼

驕與忿不可爲義兵又非不得已而用之
者所謂好戰者也是天道之所惡其終亡
者固其所也韓人之脆弱而速敗瓦解土
崩者繇教養無素守禦失道故不能用應
兵是所謂忘戰者也嗚呼朝鮮之國勢危
殆而幾亡者職此而已宜哉柳相國之作

懲毖錄也是觀前車而戒後車之意也此
書記事簡要爲辭質直非世之著書者誇
多鬪靡之比談朝鮮戰伐之事者可以是
爲的㩀其他如朝鮮征伐記雖書以國字
亦足以爲佐證二書豈可稱實錄也乎近
者偶客乎京師書坊之輩刊此書於梓既

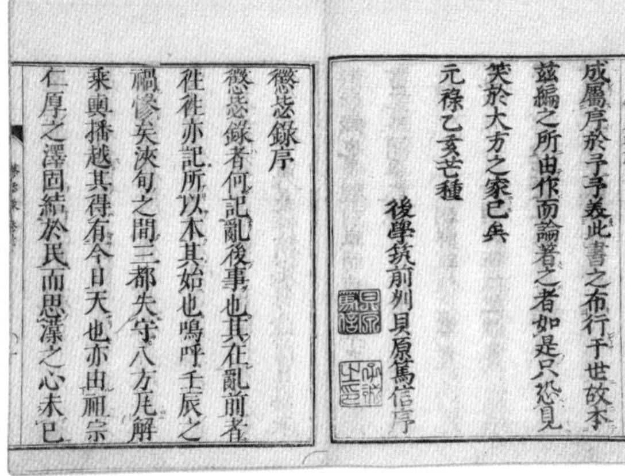

成屬序於予予義此書之布行于世故本
兹編之所由作而論著之者如是只恐見
笑於大方之家已矣
元祿乙亥芒種
後學筑前州貝原篤信序

懲毖錄序

懲毖錄者何記亂後事也其在亂前者
往往亦記所以本其始也嗚呼壬辰之
禍慘矣浹旬之間三都失守八方瓦解
乘輿播越其得有今日天也亦由祖宗
仁厚之澤固結於民而思漢之心未已

일본에서 간행된 《징비록》 서문.

류성룡은 《징비록》을 통해 현실을 똑바로 인식하고 행동하지 않으면 대가를 치를 수밖에 없다는 것을 일관되게 주장한다. 원칙에 사로잡히고 관념적으로 반응하는 자는 결코 좋은 결과를 얻기 어렵다. 그런 자들이 책임지는 위치에 있으면 더욱 큰 피해를 끼치기 마련이다. 전쟁 이전에 류성룡이 제승방략의 약점을 지적하고 진관법으로 돌아갈 것을 제시했을 때 나타난 조정의 반응이 한 예가 될 수 있다. 또한 가능하지 않은 줄 알면서도 일본과 끝까지 싸울 것을 주장하는 등, 누구나 할 수 있는 분노와 감정적인 주장으로는 아무것도 얻을 수 없다는 간단한 진실을 적나라하게 지적하고 있다.

게다가 류성룡은 《징비록》에서 스스로를 반성하고 자신을 포함한 조정과 위정자들에게 책임을 돌리고 있다. 조선과 같은 나라에서 그런 수준의 기록이 나올 수 있다는 것이 신기하기까지 하다.

류성룡, 시대를 마무리하고 떠나다

1607년(선조40) 5월 6일, 마침내 류성룡이 유명을 달리했다. 위대한 학자와 의무를 다하는 정치인과 따를 자 없는 전략가와 시대를 앞서간 사상가를 아울렀던 류성룡의 일신一身은 모든 기능이 정지되었다.

선조는 이순신에게 그랬던 것처럼 류성룡에게 시호조차 내려주지 않았다. 이전에 직첩을 돌려줘 삭탈관작의 불명예를 일부 회복하고 부음이 닿았을 때 조정이 사흘 동안 업무를 정지하고 애도하는 조치를 취했지만, 정작 명예 회복에 필수적인 시호는 사망한 이후 20년이나 지난 1627년(인

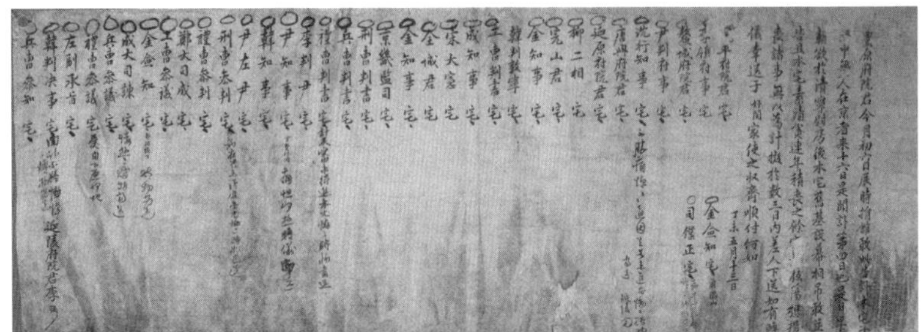

류성룡의 연관捐館(죽음)을 알리는 부고 '본 댁이 청빈해 상을 치를 형편이 되지 못하니 부의를 조금씩 갹출하자'는 내용이 담겨 있다.

조5)에 내려졌다. 류성룡은 그런 왕을 섬기면서 전쟁을 이끌어야 했다.

그가 남긴 《징비록》이 나와 같은 후학들의 나침반이 되고 있음에 그저 감사할 따름이다.

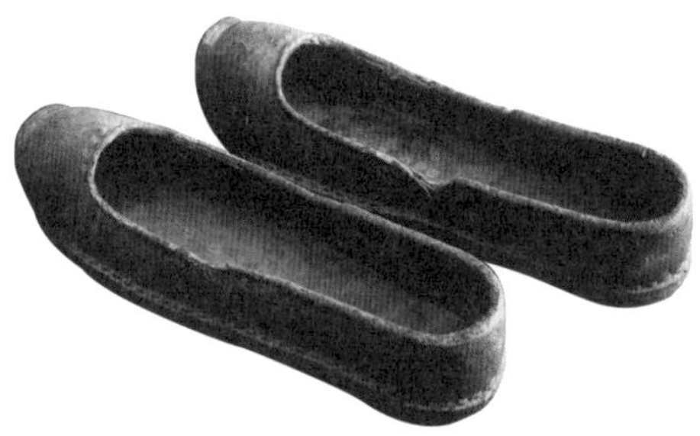

흑혜黑鞋 류성룡이 신던 가죽신. 보물 제460호. 충효당 소장.

전쟁 이후, 일본

300년 도쿠가와 막부 시대

《징비록》에서 우국충정의 마음이 느껴지는 것 또한 사실이니 류성룡은 처음에는 나라를 그르쳤지만 전쟁 이후에 반성했음을 알 수 있다. 다만 이를 확증할 자료가 부족하기에 결론은 내리지 않는다.

《정한위략》

마에다 도시이에가 1599년 4월에 사망한 다음 도쿠가와 이에야스가 움직이기 시작했다. 이에야스가 야심을 감추려 들지 않자 이시다 미쓰나리도 전력을 집결시킨다. 그런데 히데요시의 심복 출신으로 조선에 나가 있던 가토 기요마사를 위시한 자들이 오히려 이에야스의 편에 서는 일이 벌어졌다. 본래부터 사이가 나쁘기도 했지만 이시다가 원인을 제공한 탓이 컸다.

이시다 미쓰나리는 히데요시에게 보고하고 하달받은 명령을 전달하는 과정에서 총지휘관이라도 된 것처럼 행동한 데다, 가토 같은 자들을 좋지 않게 보고하는 등으로 그들과 사이가 극도로 나빠졌다. 이시다가 히데요리

세키가하라 전투 병풍도關ヶ原合戰屛風

를 보호해야 한다는 명분을 내세웠지만, 사실은 히데요리를 이용해서 집권할 의도였기 때문에 가토를 위시한 자들이 더욱 경원할 수밖에 없었다.

또한 이시다는 "적을 만드는 재주만큼은 천하에 따를 사람이 없다"는 평판을 받을 정도로 대인관계가 나빴다. 그러니 고니시 유키나가를 제외한 심복 출신들이 이에야스의 편에 서는 것이 조금도 이상할 것이 없다. 그래도 강자들 가운데 상당수의 협조를 받을 수 있었는데, 세력이 만만치 않은 고니시 유키나가가 변하지 않는 충성을 맹세한 덕택이 컸다.

이에야스가 동부 지역에서 병력을 동원한 탓에 동군東君으로 칭해졌고

이시다를 위시한 세력은 서부 지역에서 규합되었기 때문에 서군西軍으로 불렸다. 동군이 이에야스를 정점으로 하는 지휘 체계가 확립된 반면, 서군은 집단지도 체제와 비슷해 일관성이 부족했다. 그리고 조선과의 전쟁에서 서군의 피해가 컸던 데 비해 참전하지 않은 동군은 전력이 고스란히 유지되었기 때문에 동군의 우세가 점쳐졌다. 또한 이에야스가 충성심이 강한 가신들을 위시해서 결집력이 강한 반면, 서군은 배신이 의심되는 자들이 적지 않았다. 게다가 동군의 세력은 10만 4,000명 정도였으나 서군은 8만 2,000 수준으로 동군보다 열세했다.

그러나 전투는 의외의 요소에 의해 승부가 갈리는 경우가 많다. 또한 전투가 벌어질 세키가하라關ヶ原 지역이 서군의 앞마당과 다를 바 없었기 때문에 결과를 예단하기가 어려웠다.

마침내 세키가하라에서 동군과 서군이 정면으로 격돌한 때는 1600년 9월 15일(양력 10월 21일), 반나절 정도의 전투 끝에 동군이 승리했다. 서군은 한때 선전했지만 우려했던 배신에 의해 패배했다. 본래부터 응집력이 부족했던 서군은 승부가 기울게 되자 최선을 다하지 않고 퇴각하고 말았다. 승리한 이에야스가 이시다 미쓰나리와 고니시 유키나가 등을 잡아 죽인 다음에는 거칠 것이 없었다.

도쿠가와 막부의 성립

1603년 이에야스는 에도에 막부를 창건하고 쇼군에 올랐다. 이후 1605년에 진즉부터 후계자로 낙점했던 셋째아들 도쿠가와 히데타다德川秀忠(재위 1605~1623)에게 쇼군을 물려줬지만, 실제 권력은 이에야스가 장악한 상태였다. 이에야스는 예전에 맺은 혼약을 지킨다는 구실로 히데타다의 장녀를 히데요리와 혼인시키는 등의 조치를 취하는데, 장차 히데요리를 제거하기 위해 주변을 기만할 의도였다.

게다가 이에야스는 히데요시가 열의를 다해 지었다가 지진으로 인해 무너진 사찰을 수리할 것을 권하기까지 했다. 히데요시를 상징하는 것과 진배가 없던 사찰의 중수重修는 히데요리 측에게 큰 희망을 주었지만 사실은 히데요리를 제거하기 위한 술책이었다. 사찰의 규모가 거대했던 데다 가문을 재건하기 위한 용도로 위엄을 보이기 위해 비용을 쏟아 붓는 바람에 히데요리 측은 엄청난 지출을 감수해야 했다.

드디어 사찰이 중건되자 이에야스는 말도 되지 않는 트집을 잡았다. 사찰에 새로 설치된 범종에 새겨진 무수한 명문 가운데 '국가안강國家安康 군신풍락君臣豊樂'이라는 여덟 글자가 포함되었다. 그런데 이에야스는 '국가가 평안하고 군신 모두가 안락하라'는 의미를 자신의 이름인 '이에야스家康'의 사이에 안安을 끼워 넣어 불길하게 저주한 데다, 도요토미豊臣의 신臣과 풍豊을 이어놓아 도요토미 가문의 번영을 기원했다"라고 펄펄 뛰었다. 말도 되지 않는 트집이지만 힘이 있는 자가 그렇다면 그런 것이다.

> 1964년 미국은 북베트남 침공 시 자국의 구축함이 북베트남의 해군에게 공격당했다는 이른바 '통킹만 사건'을 조작해 전쟁 명분으로 삼았다. 또한 2003년 이라크전쟁 시에도 '대량살상무기를 제거하기 위함'이라는 명분을 내세웠지만 이라크에서 그 무기는 실제로 발견되지 않았다. 역사는 반복된다.

이에야스의 마무리

결국 이에야스는 히데요리가 있는 오사카를 공격했다. 그러나 히데요시가 자신의 근거지로 삼기 위해 심혈을 다해 축성한 오사카는 만만하지 않았다. 성 자체가 단단했고 병력과 군량의 준비도 착실했으며, 특히 성을 두 겹으로 두른 해자로 인해 공격이 지지부진했다. 1614년 11월부터 이듬해 5월 초순까지 벌어진 두 차례의 공방전 끝에 전쟁은 마침내 오사카가 함락당하고 히데요리가 자살하는 것으로 마무리되었다.

동래부사접왜사도東萊府使接倭使圖 동래부사가 일본 사절을 맞이하는 장면을 그린 병풍. 전쟁으로 단절된 조일 관계는 1609년 체결된 기유약조己酉約로 회복되었다. 국립중앙박물관 소장.

이후 도쿠가와 이에야스가 1616년 향년 73세로 세상을 뜬 다음에도 에도에 파종된 막부가 안정적으로 계승된다. 히데요시가 벌인 전쟁 이후 일본의 역사는 오차범위 이내에서 진행되었다.

지금까지의 경과를 보았을 때 모든 캐스팅보트를 쥐고 있는 사람은 이에야스였다. 이에야스로 인해 도요토미 정권은 물론 가문까지 멸망당하고 역사의 이면으로 사라지지만, 만일 조선에 류성룡과 이순신 가운데 한 사람이라도 없었다면 어떻게 되었을까? 그럴 경우 히데요시가 조선을 병탄했을 가능성은 100%에 가깝다. 그때는 굳이 이에야스를 걱정하지 않아도 될 것이다.

그러나 류성룡과 이순신에 의해 원대한 구상이 저지당하고 끝내 사망

한 이후에는 가문이 멸망당하고 이에야스가 에도 막부를 창건하게 되었으니, 일본학자들이 주장하는 '만선사관'을 거꾸로 적용해야 한다.

조선과의 국교 정상화

1603년 에도에 막부를 창건한 이에야스는 쓰시마를 앞세워 꾸준하게 조선과의 국교 정상화를 타진했다. 그에 따라 1607년(선조 40)에는 포로 송환 등의 현안을 명분으로 하는 쇄환사刷還使가 파견된다. 이에야스와 선조 이후 쇄환사는 정식 사신인 통신사로 격상된 다음, 200년에 걸쳐 12

회나 파견되었다.

조선으로부터 2,000명이 넘는 대규모의 통신사들이 올 때마다 일본은 뒤집어졌다. 경호와 의전 및 체류에 따른 엄청난 비용을 막부가 전부 부담했지만 그럴 가치가 충분했다. 막부와 쇼군의 권위를 세우는 데 있어 통신사만큼 확실한 것이 없었다. 훗날 일본에 오게 된 영국이나 네덜란드 사람들조차 화려하고 장엄하기 짝이 없는 데다, 자신들의 나라에서조차 본 적이 없는 엄청난 규모에 입을 딱 벌릴 지경이었다.

통신사는 조선이 말기에 접어들면서 힘이 급격히 약화되는 반면 일본이 개항하고 근대를 추구하면서 더 이상 파견되지 않게 된다. 그러나 그때까지 통신사가 일본에 끼친 영향이 실로 막대해 도쿠가와 이에야스가 노린 의도는 충족되고도 남았다.

도요토미 히데요시와 도쿠가와 이에야스는 같은 시대를 관통하면서 각각 일본을 지배했던 인물들이다. 이에야스의 경우 히데요시의 시대보다 강하면 강했지 절대 부족하지 않는 전력을 갖췄으면서도 히데요시처럼 전쟁을 추구하는 대신, 먼저 손을 내밀어 평화를 추구했다.

전쟁의 원인으로 주창된 '무역의 독점'이나 '통일 이후 불만을 가진 세력의 관심을 돌리기 위해", "영토를 확장해 부하들에게 나눠주기 위해" 등의 설명들과 이에야스는 전혀 연관되지 않는다. 이에야스는 자신이 얻은 데 만족하고 대물림하기 위한 방도로 외세와의 교통을 막았다. 실제로 이후의 막부는 쇄국을 표방하고 고립 정책을 취했다.

히데요시 역시 그리 다르지 않았다. 포르투갈 등의 외세와 활발히 교역하던 규슈를 제압한 다음에는 교역을 제한하고 예수회 선교사들을 추방하는 등의 조치로 외세의 유입을 막았다. 히데요시가 전쟁을 원하지 않

통신사 일행에게 휘호를 부탁하는 일본인
하나부사 잇쵸英一蝶(1652~1724) 작.

았다는 결정적인 증거 가운데 하나는 수시로 전쟁을 공언했다는 것과 함께, 통신사의 파견을 강력하게 추진했다는 점이다. 정말 조선을 침공할 의사가 있었다면 그런 사실이 흘러나가지 않도록 엄격하게 보안을 유지하는 것이 상식이다. 그런데도 오히려 조선에서 통신사를 파견하도록 유도한 것은, 전쟁을 일으키려는 사람이 취할 태도라고 보기 어렵다.

히데요시가 통신사를 원한 의도는 이에야스와 하나도 다르지 않다. 또한 그들이 각각 처한 환경에 도사린 위험요소를 제거하기 위해 전쟁을 택한 것 역시 동일하다. 그러나 히데요시는 전쟁을 일본 바깥에서 일으켜야 했다는 점에서 이에야스와 달랐다.

도쿠가와에게 배제된 이들이 일으킨 혁명

에도 막부는 전통적으로 충성한 가신들에게는 에도에 인접한 지역을 주고 충성도에 따라 먼 지역으로 배치했는데, 히데요시의 가신이었다가 합류해 공을 세운 자들도 중앙에서 배제되기는 마찬가지였다. 정치와 경제의 중심이 에도로 이전함에 따라 서부 지역과 규슈 등지는 자연스레 소외되고 낙후하게 되지만, 그것이 나중에 막부를 뒤엎는 요소로 작용한다. 막부가 힘을 잃게 되자 지방에의 통제와 지배력이 약화되는 반면, 서양과의 교역으로 부강하게 된 서부와 규슈 지역에서 강자들이 등장한다.

그들이 성장해 막부를 타도하고 덴노를 옹립하는 '메이지유신明治維新'을 단행한 다음 일본을 근대화시키고 침략 전쟁까지 일으키는 등으로 폭주하게 된다. 안중근安重根(1879~1910)에 의해 사살되어 우리에게 익숙한 이토 히로부미伊藤博文(1841~1909)도 규슈 지역에 위치한 조슈번長州藩 출신으로 막부에 반감을 가진 신진 세력 가운데 하나였다.

을사늑약 이후 일본군 장성과 공사관원들의 기념사진
앞줄 중앙에 앉은 이가 이토 히로부미이다.

전쟁 이후, 조선

비극이 잉태된 광해군의 시대

오랫동안 누추한 여염의 행궁에 머무셨으니 사체가 구차할 뿐 아니라, 저주하며 화를 조작하는 일이 또한 궁금치 못한 소치입니다. 지금 이어移御의 명이 내리자 백성들은 모두 기대하고 있습니다. 더구나 요사한 빌미의 말들이 전파되어 날로 극심한 때이겠습니까. 길일을 가리지 않고 옮긴다는 옛말이 있기도 하니, 속히 이어하여 군하群下의 기대를 위로하소서.

《광해군일기》 1년(1609년, 기유) 10월 15일 첫 번째 기사

다시 선조가 문제를 일으켰다. 1600년(선조 33) 6월 의인왕후 박씨가 유명을 달리한 다음 무덤의 흙이 채 마르지 않은 1602년(선조 35) 2월에 선조는 새로운 왕비를 맞아들였다. 이때 선조의 나이가 쉰이고 광해군이 27세였다. 새로운 왕비 인목대비仁穆大妃는 불과 18세, 광해군은 자신보다 아홉 살이나 어린 왕비를 어머니로 모셔야 했다.

선조가 왕비를 들인 목적은 아들을 얻기 위함인데, 실제로 인목대비는 4년 뒤에 영창대군永昌大君(1606~1614)을 생산해 기대에 부응했다. 전쟁이 발발했던 해에 본인의 입으로 광해군을 세자로 임명했던 선조가 왜 그런 짓을 벌였을까?

당시 광해군은 명에게 승인받지 못한 상태였다. 명이 비록 종주권을 행사하기는 해도 형식적인 데다, 특히 왕의 즉위나 세자 책봉은 조선에서 정한 대로 승낙하는 것이 관례였다. 그러던 명이 광해군의 책봉을 허락하지 않은 까닭은 자신들의 내부 문제 때문이었다. 당시 만력제가 총애하는 셋째아들을 태자로 책봉하려 하자 신하들이 강하게 반대했는데, 선조의 차남인 광해군을 조선의 세자로 승인하면 만력제에게 반대하는 명분의 일관성이 떨어지는 셈이 되었다.

선조는 그 상황에 주목했다. 스스로가 왕의 자격을 심하게 훼손한 데다, 명에게 극도로 불신받던 선조와 유능하고 영민한 광해군은 크게 비교되었다. 심지어 명이 칙사를 보내 광해군으로 하여금 "부왕의 실책을 만회하도록 하라"며 당부할 정도였다. 이후 정유년에 다시 전쟁이 재발했을 때도 명에서 광해군에게 전쟁을 지휘할 것을 당부했는데, 그럴 때마다 선조는 불안할 수밖에 없었다.

아들을 질투한 아버지

광해군의 신임이 높아가고 민심이 쏠릴 때마다 선조는 보위를 넘기겠다고 악을 썼다. 신하들과 광해군으로서는 절대 받아들일 수 없다는 것을 이용한 작태는 무려 열다섯 차례나 반복되었다. 그래도 선조는 불안했다. 계속 광해군에게 보위를 넘기겠다고 하다가 명이 "너의 뜻이 참으로 갸륵하니 어서 그렇게 하라"고 나서면 어쩌겠는가? 실록에도 "그렇게 보위를 물려주고 싶으면 명의 눈치를 볼 것 없이 행동에 옮기면 그만인데도 계속 저러는 것을 이해할 수 없다"는 논조가 나타날 정도였다.

명에서 광해군이 조선을 통치해야 한다는 주장이 나오게 된 것도 그만큼 그를 믿는다는 증거였지만, 후계자 때문에 벌어진 만력제와 신하들의 대립은 광해군에게 지극히 좋지 않은 결과를 낳았다. 광해군을 정적政敵으로 여기던 선조는 명이 광해군을 세자로 책봉하지 않는 상황을 기회로 삼았다. 그럴 의도로 들인 인목대비가 영창대군을 낳아주자 선조는 희색이 만연했다. 광해군이 후궁 소생의 왕자라는 것을 수시로 입에 담던 선조는 심지어 "너는 세자도 아니니 문안도 오지 말라!"고 윽박지르기까지 했다.

대북과 소북의 분화

그러자 선조의 심중을 읽은 자들이 나타나기 시작했다. 그들 가운데 대표적인 자가 유영경柳永慶(1550~1608)이다. 당시 영의정이던 유영경은 누구보다도 선조의 뜻을 잘 살피는 능력자였다. 유영경은 영창대군이 태어났을 때 백관을 이끌고 경축하는 등 분위기를 이끌었다. 그런 상황이 계속되자 광해군은 절망에 빠졌다. 유영경이 "정통성을 가진 영창대군을 세자로 책봉해야 한다"고 주청하고 조정이 동의하는 날에는 끝장이었다.

1607년(선조 40), 선조가 병환이 생겨 자리에 누웠다. 그럴 경우 세자가 장성했다면 업무를 맡기거나 일부나마 분담시키는 것이 관례였다. 당시 선조는 전위는 물론 '섭정'까지 언급했는데 유영경 등이 결사적으로 반대하는 바람에 무산되고 말았다.

그것으로 선조의 의중이 다시 한 번 확인되었다. 전위야 하도 반복되던 탓에 누구도 믿기 어려웠지만 당분간 선조를 대리하는 섭정은 현실성이 높았다. 그러나 선조가 섭정을 입에 담은 것은 유영경 등의 반발을 충분히 예상했기 때문이었다. 신하들의 반대로 의사를 철회하는 형식을 취해 광해군의 위치를 다시 한 번 확인시켜주는 선조가 어찌 대단하지 않겠는가.

광해군의 낙마는 단순히 세자를 그만두는 데에서 그치지 않는다. 자신은 물론 아들까지 죽임을 당할 것이 분명했지만, 광해군은 절망 외에는 할 수 있는 것이 없었다.

광해군의 편이 없는 것은 아니었다. 특히 정인홍은 광해군을 결사적으로 감쌌다. 조식의 제자로서 원칙에 철저하고 전쟁 때는 의병을 일으키기까지 했던 정인홍은 광해군을 지키기 위해 죽음마저 불사했다. 정인홍처럼 이미 책봉된 광해군의 편에 선 그룹을 대북大北이라 하고 선조의 뜻에 부응하는 자들을 소북小北이라 하는 바, 남인과 북인으로 분파한 동인이 다시 갈라져 반목하게 된다.

선조의 승하

광해군의 절망을 희망으로 반전시킨 이는 아이러니하게도 선조였다. 1608년(선조 41) 2월 1일, 선조가 승하했다. 이전부터 자리에 눕기를 반복했지만 건강이 아주 나쁘지 않았던 탓에 선조의 죽음은 급작스러운 감이 없지 않다. 독살이나 기타 광해군이 개입된 정황이 설왕설래하기도 하지만, 훗날 반역자들이 권력을 잡은 이후에 그런 정황들이 나타나기 때문에 신빙할 수 없다.

선조는 죽으면서도 광해군에게 즉위하라는 유언을 남기지 않았다. 오히려 유영경을 위시한 소북의 핵심들에게 "영창대군을 잘 부탁한다"는 당부를 남겨, 죽으면서까지 광해군의 발목을 잡았다.

선조가 죽은 다음에는 인목대비에게 관심이 집중되었다. 왕이 사망하면 왕비에게 후계자의 지명권이 있는 만큼 "평소에 선조가 영창대군을 후계자로 삼으라고 했다"는 등으로 말할 수도 있고, 그렇게 작성된 문서를 꺼내들 수도 있었다. 또한 유영경을 위시해 광해군이 왕이 되는 것을 결사적으로 반대하는 자들이 이판사판으로 '영창대군 지키기'에 나서면 광해군은 다시 위험해질 수 있었다.

그때 인목대비는 광해군으로 하여금 즉위하라는 교서를 내렸다. 당시 인목대비가 25세였어도 정치를 잘 몰랐고 상황을 파악해서 사람을 이용하는 데에도 서툴렀다. 그러나 34세인 광해군은 세자로 임명된 다음 지금까지 갖은 고난과 상황들을 겪은 데다, 명의 신임까지 받았던 인물이다. 인목대비가 보기에도 광해군은 왕재王才로서 손색이 없었을 만큼, 겨우 세 살에 지나지 않는 영창대군에게 미련을 두지 않고 광해군에게 교서를 내린 결정은 나름대로 현실적인 판단에 의했을 터였다.

왕이 된 차남, 망자가 된 장남

마침내 2월 2일에 광해군이 즉위하니 세자가 된 지 16년 만의 일이었다. 조선은 물론 세계를 통틀어 왕이 되기 전에 광해군처럼 고생을 겪은 사례가 드물며, 보위에 오르는 과정이 험난했던 사례도 드물다. 천신만고를 겪었던 광해군의 즉위는 필연적으로 대북의 약진과 소북의 몰락을 동반했다. 유배갔던 정인홍과 이이첨李爾瞻(1560~1623) 등의 대북이 중책을 맡게 되는 반면, 대표적으로 광해군을 위협했던 유영경은 북방으로 유배되어 사약을 받는 것으로 대가를 치렀다.

한편 광해군이 즉위한 다음 명이 어이없는 반응을 보인다. 명은 "장남인 임해군이 있음에도 차남 광해군이 즉위했는가"를 따져 묻고는 실상을 조사하기 위한 사신들을 파견하기까지 했다. 비록 자신들의 입장에 의해 책봉을 반대했지만 이미 즉위한 광해군을 조사하겠다는 것은 폭거에 가까웠다.

조선에 도착한 명의 사신에게는 "임해군은 깊은 병이 있어 광해군이 즉위할 수밖에 없었다"는 해명 아닌 변명과 함께 엄청난 뇌물이 건네졌다. 그렇게 해서 겨우 돌려보내면 다른 자들이 찾아와 동일한 것을 요구했다. 게다가 명의 사신들은 뇌물을 은으로 요구했기 때문에 은을 마련하기 위한 고통이 상상을 초월했다. 백성들이 괴롭고 국고까지 푹푹 줄어드는 이상 특단의 대책이 요구되었다.

문제의 본질인 임해군은 도성에서 아득히 떨어진 진도로 유배되었다가 강화도로 옮겨진 다음 1609년(광해군 1) 4월 하순에 변사체로 발견되었다. 임해군은 만력제에게 장자 상속의 원칙을 주장하던 명의 조정이 예의주시했기에, 명의 압박에 견디기 어려웠던 광해군에 의해 죽임을 당했다는 감이 있다.

광해군이 즉위한 다음 명이 진상을 조사하기 위해 칙사를 보낸 조치가 아주 납득하지 못할 부분은 아니다. 만력제가 셋째아들을 후계자로 삼으려는 상황에서 조선에서는 선조의 승하 이후 가급적 빨리 광해군이 즉위할 수밖에 없었다. 명 역시 어차피 그렇게 될 수밖에 없다는 것이 대세였지만, 광해군의 즉위를 쉽게 인정하면 그동안 고수했던 '장자 상속의 원칙'에 흠이 갈 우려가 컸다. 명이 임해군을 거론하며 진상을 조사하겠다는 명목으로 칙사를 파견한 것은 원칙에 가급적 흠이 덜 가게 하기 위한 용도의 '반응'으로 봐야 타당하다. 그럴 목적으로 보내진 칙사들이 엄청난 뇌물까지 받았으니 금상첨화가 아니겠는가.

이후 광해군이 임해군을 역모로 걸어 유배하고 죽이는 것쯤은 명도 충분히 예상했을 것이다. 임해군이 사라진 다음에는 어쩔 수 없는 모양새를 만들어 광해군을 인정하는 수순을 밟았으니, 임해군을 죽인 측은 명으로 보아야 타당하다.

게다가 임해군은 평소에 포악하고 욕심이 많아 민폐가 자심한 데다, 자신의 처지가 극히 위험함에도 처신을 주의하지 않았다. 게다가 명 조정에서 "조선에서도 장남이 즉위해야 한다"는 여론이 형성되고 있다는 데 민감하게 반응하고 마치 보위를 빼앗기기라도 한 것처럼 광해군을 헐뜯기까지 했으니, 자업자득이라고 해도 할 말이 없었다.

소북에게 겨눠진 칼날, 계축옥사

1613년(광해군 5) 4월, 일단의 무리가 새재를 넘던 상인을 살해하고 소지했던 은을 강탈한 사건이 발생했다. 범인들은 이른바 '칠서七庶'라고 하는 일곱 명의 서자 출신들이었다. 부친이 영의정을 역임한 등 집안이 좋아도 서자라는 신분의 한계 때문에 출세 길이 막힌 그들이 이따금씩 만나 술을 마시면서 울분을 터뜨렸을 것은 어렵지 않게 짐작된다. 서자이지만 생계의 걱정 없이 성장해 세상물정을 모르는 상황에서 불만이 커졌을 것 역시 마찬가지이다. 그런 자들 가운데 과격한 자가 포함되면 극단적인 행위를 저지를 수도 있다.

당시 피살당한 상인의 노비가 뒤를 미행해 소굴을 알아내는 기지를 발휘함으로써 스스로를 '죽림칠현', '강변칠우'로 일컫는 칠서는 일망타진되었다. 사람을 죽이고 재물을 강탈하는 것은 흉악한 범죄로 엄중하게 처벌하는 것이 당연하지만 이이첨이 흥미를 가지게 되면서 이상한 방향으로 발전한다. 고문이 포함된 조사가 미처 시작되기도 전에 그들이 '우리들은 반역을 모의했으며 상인을 죽이고 은을 강탈한 것은 군자금이 필요했기 때문'이라고 자백하는 것이 아닌가? 게다가 더욱 놀라운 것은 배후에서 칠서를 조종하던 수괴가 인목대비의 부친 김제남金悌男(1562~1613)이라는 점이었다.

조정이 발칵 뒤집혔다. 이번 역모가 심상치 않았던 탓이다. 이전까지 고발된 역모는 이름 없는 자들의 함부로 놀린 입이 출세를 노린자들에 의해 조작되고 확대된 형태였다. 특이하게도 임해군도 역모 혐의를 받은 적이 있었는데, 임해군이 부리던 노비들을 고문해 증거를 조작했을 따름이다.

그 일이 있기 전 작년에는 김직재라는 자가 아들, 사위와 더불어 순화군의 양자인 진릉군晋陵君을 왕으로 추대하기 위한 모의를 했다가 적발된 적도 있었다. 김직재는 전국적인 규모를 갖추고 일제히 봉기하려 했다고 자백했지만 사실이라고 믿기는 어렵다. 김직재 역시 대북이 소북의 세력을 꺾기 위해 이이첨에 의해 주도된 옥사獄事의 희생자였다.

그에 비해 이번에는 비록 서자들이기는 해도 부친이 영의정을 역임한 자까지 포함되는 등 지체가 높은 집안 출신들이 역모를 꾸민 데다, 군자금을 충당하기 위해 살인강도를 저지르는 등으로 상당히 구체적으로 진행된 상태였다. 특히 김제남이 배후에서 조종했다니 조정이 발칵 뒤집히기에 충분했다.

그러나 칠서들이 반역을 도모했다는 자백은 믿기 어렵다. 겨우 일곱 명으로 나라를 뒤엎겠다는 발상 자체가 우습거니와, 술자리에서 무슨 말을 못하겠는가? 얼근하게 취하면 임금까지 욕하는 법이고 왕년에 잘 나가지 않은 사람도 없는 것이 술자리다. 그들의 역모는 술자리에서 벗어나기 어려웠을 것이되, 막가파처럼 사람을 죽이고 재물을 강탈한 것이 문제였을 따름이다.

게다가 인목대비의 부친이자 영창대군의 외조부인 김제남이 반역을 도모했다고도 믿기 어렵다. 그는 광해군이 자신을 노리고 있음을 누구보다 잘 알고 있었기에 극도로 행동을 조심하고 언행을 절제했을 것이다. 그런 사람이 칠서들과 야합해 스스로의 목숨을 재촉하고 영창대군까지 위험에 빠뜨리는 행동을 했다는 것은 상식적이지 못하다.

그러나 칼자루를 잡은 이이첨이 작정하고 걸고 들어가는 데는 당할 재간이 없었다. 협박을 당한 칠서가 입을 맞춰 자백하고 잔혹한 고문이 가해지자 더욱 사안이 부풀려졌고 "영창대군을 옹립하려 했다"는 결정적인 증거까지 확보된다.

김제남은 칠서 및 현직의 주요 인물들과 모의해 광해군을 폐위하고 영창대군을 옹립하려던 역모에서 수괴로 지목받았다. 게다가 인목대비의 지시를 받아 광해군이 친어머니처럼 여겼던 의인왕후 박씨의 무덤에 요사한 물건을 파묻어 저주했다는 혐의까지 추가된다. 그 결과 김제남은 아들 삼형제와 사위까지 목숨을 잃고, 함께 모의한 것으로 조사된 관리들 역시 처형당한다.

그러나 이이첨과 대북은 그것으로 사태를 끝내지 않았다. 그들에게 선조가 "영창대군을 잘 부탁한다"고 당부한 대신들은 여전히 눈엣가시로 남아 있었다. 선조에게 당부를 받은 대신들은 물론 남아 있는 소북의 세력까지 싹쓸이한 이 사건을 '계축옥사癸丑獄事'라고 이른다.

계축옥사가 매우 바람직하지 않은 이유 가운데 하나로 광해군이 시도했던 정치구도가 어긋났다는 점도 포함된다. 광해군은 즉위하면서 대북이 아닌 이원익李元翼(1547~1634)과 이항복, 이덕형을 중용했다. 이원익은 노련한 정치력과 함께 대동법을 적극적으로 도입하는 등 민생 회복에 크게 기여했으며, 이항복과 이덕형 또한 임진전쟁 때부터 활약이 높았고 국방과 행정 전반에 여타의 관료들과는 차별화되는 뛰어난 능력을 보였다. 그러나 계축옥사 이후 대북이 정권을 장악하는 과정에서 그들까지 배제되는 결과가 초래되었으니, 광해군이 시도한 개혁 정치에 심각한 균열이 발생했다.

광해군과 대북의 세상

광해군과 굳게 맺어진 대북의 주력은 정인홍과 이이첨, 유희분, 박승종 등 네 사람이다. 정인홍은 조식의 문하로 상징되는 정통파 사림으로서 이론과 행동력을 겸비한 사람이다. 죽음을 불사하고 광해군을 지킨 정인홍은 양보와 타협이 없는 탓에 정국이 경색되고 소통이 막히는 등 부작용도 적지 않았다.

이이첨은 전쟁 중에 실시된 대과에 급제한 다음 세자의 교육을 전담하는 세자시강원에서 근무하는 등 일찍부터 광해군의 측근이었다. 이이첨은 당연히 광해군을 지지해 대북이 되었는데, 영창대군을 지지하고 싶어도 그쪽에서 받아주지 않을 상황이었다. 선조가 밀어주는 유영경 일파에게 가서 미미하게 사느니, 기왕 가까웠던 광해군에게 충성하면 대박을 터뜨릴 수 있다고 계산했고, 그 결과 원하는 것을 얻었다. 뛰어난 정치감각을 이용해 반역을 조작하고 옥사를 주도하는 방식으로 권력을 장악한 이이첨은 나중에는 광해군도 어쩌지 못할 정도로 강력해졌다.

유희분柳希奮(1564~1623)은 광해군의 부인 유씨의 동생으로 외척의 특혜를 단단히 누리는 자였고, 박승종朴承宗(1562~1623)은 본래 소북으로 정인홍을 탄핵했다가 분위기가 심상치 않게 돌아간다는 것을 깨닫고는 얼른 광해군을 지지해 대북으로 말을 바꿔 탄 자였다. 박승종은 광해군이 뜻을 잘 헤아리고 정치적 입장도 같이 해서 광해군과 군신을 넘어 동반자적인 관계였으며, 광해군 또한 그의 딸을 세자빈으로 맞아들이는 등 신임이 깊었다.

정인홍이 중앙 정치에 관심을 두려하지 않는 반면 다른 자들은 권력을 놓고 다투면서 이권 개입 등에 혈안이었다. 그들에 의한 부작용이 대단히 심각하고 모든 것을 망치기에 이르지만, 광해군과 대북의 핵심은 태생적으로 분리될 수 없었다.

아비와 오라비와 아들을 잃은 여인

계축옥사의 후폭풍이 영창대군에게 향했다. 진정한 목표라고 할 수 있는 영창대군은 이듬해 강화도로 유배당한 다음 시체로 발견되었다. 가장 널리 알려진 설은 아궁이에 계속 군불을 지피는 바람에 뜨거운 방바닥에 앉을 수도 없어 창살에 매달린 끝에 그만 기운이 다해 죽고 말았다는 것이다(증살蒸殺). 어린 영창대군이 처참하게 죽었다는 주장은 마치 옆에서 목격이나 한 것처럼 생생하지만 전혀 현실적이지 못하다.

죽일 수밖에 없는 상황이라고 해도 선조의 적통을 암살한다는 가급적 은밀하게 처리해야 할 일에 시끄럽고 시간도 많이 걸리는 방식을 쓴다는 것은 상식적이지 못하다. 임해군의 사례에서 보듯 의문사를 가장한 제거라고 해야 타당하다. 결정적인 것은 임해군의 죽음을 보고했던 자와 영창대군을 죽음을 보고한 자가 동일인이라는 점이다. 영창대군의 아홉 살 짧은 삶은 그렇게 종료되었다.

마지막 처리 대상은 인목대비였다. 인목대비는 졸지에 아비와 오라비들을 잃은 다음 미처 눈물이 마르기도 전에 아들까지 처참한 죽음을 당한 데 이어 자신의 목숨마저 위태로운 지경에 이르렀다. 광해군에게 교지를 내리고도 처절하게 당한 인목대비는 차라리 죽기를 바랐을 터인데, 그것마저 뜻대로 되지 않았다.

그들도 처음에는 인목대비를 죽이고 싶었을 터였다. 이미 김제남과 영창대군을 죽인 자들이 무엇을 망설이겠는가. 그러나 광해군에게 어머니가 되는 데다, 교지를 내려 즉위할 수 있게 해주었던 인목대비를 죽이자니 아무래도 걸리는 점이 많았다. 게다가 인목대비를 죽이는 것은 김제남과 영창대군과는 사안이 달랐다. 광해군이 '즉위할 수 있게 도와준 어머니를 죽인 천하의 패륜아와 불효자식'으로 인식될 수 있었으며, 대북도 함께 싸잡힐 우려가 높았다. 지금 상황에서 인목대비까지 죽이는 것은 득보다 실이 훨씬 많은 미련한 짓이었다.

그러나 인목대비가 죽지 않을 수 있었던 결정적 이유는 그가 정치를 모르고 도울 수 있는 세력이 아예 존재하지 않았던 덕택이다. 그가 조금이라도 위협적이었거나, 주변에서 인목대비를 이용해 뭔가 도모할 수 있다는 판단이 들었다면 광해군 측은 어떤 구실을 대서라도 손을 썼을 것이다. 하지만 전혀 그렇지 못했기 때문에 인목대비는 살아남을 수 있었다.

대북이 인목대비를 전혀 건드리지 않은 것은 아니다. 이번에도 이이첨이 주동이 되어 인목대비를 폐해 왕비와 광해군의 어머니가 되는 지위를 박탈하고 감금하려고 했다가 의외의 반대에 부딪혔다. 성균관 유생들이 집단으로 상소해 반대하고 조정의 여론도 그리 적극적이지 않았으며, 심지어 이원익조차 글을 올려 부당함을 간했다. 광해군도 더 이상 논하기를 원하지 않아 인목대비는 무사할 수 있었다. 대북이 주도권을 잡고 영창대군까지 죽인 이상 아무런 힘도 없는 인목대비를 죽일 필요까지는 없었을 터였다.

광해군의 재위 중에는 유달리 옥사가 많았다. 그에 따라 친히 심문하는 친국도 잦았다. 영조가 52년을 재위하면서 401건의 친국을 행한 데 비해, 15년을 재위했던 광해군은 무려 344건을 친국했다.
친국이 잦아짐에 따라 시급히 처리해야 할 사안이 적체되었고, 이이첨이 이를 이용해 권력을 장악했지만 광해군은 제지하지 않았다. 이이첨의 권력이 강대해지는 것을 대북의 세력이 공고해지는 것으로 착각했던 것이었을까?

비록 살아남았지만 인목대비는 치욕을 감수해야 했다. 1615년(광해군

7) 4월, 광해군이 창덕궁으로 돌아올 때 인목대비를 경운궁(선조가 거처하던 행궁)에 남겨둔 다음 군사들로 하여금 엄중하게 감시하게 했다. 이어서 1618년(광해군 10) 마침내 인목대비는 폐위당하고 '서궁'이라는 별호로 격하되었으니, 광해군을 수식하는 '폐모살제廢母殺弟'의 악행이 이때 비로소 완성되었다.

문제적 인간, 광해

광해군은 분명 뛰어난 인물이다. 선조가 직접 세자로 임명한 자체가 그렇다. 실제로 전쟁 초기부터 백성들과 함께 했던 광해군은 직접 발로 뛰면서 확인하고 명령하면서 성숙해졌다. 특히 분조를 이끌면서 위험을 마다하지 않고 보여준 모습은 선조와 크게 대비되었다. 만력제가 괜히 칙사를 보내 격려하고 칭찬한 것이 아니다.

전쟁 기간에서만큼은 따를 사람이 없었던 광해군이 막상 즉위한 다음부터는 예전 같은 모습을 보여주지 않았다. 300건이 훨씬 넘는 친국을 시행한 데 비해 반드시 참석해야 할 경연經筵은 외면했다. 인조실록이 광해군에 대해 좋게 기록하지는 않을 것임을 감안해도, 그의 행동에는 석연찮은 부분이 있다.

광해군은 즉위한 다음 이원익과 이항복, 이덕형 등 당파와 상관없이 유능한 인물을 등용하는 인사를 시행했다. 아울러 특산물을 바치는 대신 쌀로 납부하게 하는 대동법을 시행했고, 일본과 화해해 전쟁 발발 위험을 억제하는 외교적 성과까지 거두었다. 또한 선조가 죽었을 때 어의御醫

였던 허준許浚(1539~1615)을 죽여야 한다는 상소가 빗발쳤을 때도 단호히 물리치고 《동의보감東醫寶鑑》을 편찬하게 했다. 이런 모습의 광해군은 최소한 평균을 넘어서는 왕이 틀림없다.

그러나 광해군은 자신이 이룬 업적을 스스로 파기하기 시작했다. 나라 형편이 좋지 않은 상황에서 궁궐을 연이어 중수하거나 심지어 새로 세우기까지 했다. 선조가 도주하는 바람에 분노한 백성들에 의해 불살라진 궁궐들 가운데 창덕궁은 선조 말기부터 중건이 시작되어 광해군이 즉위한 지 얼마 지나지 않아 마무리될 수 있었다. 또한 광해군은 종묘의 중수를 명했는데, 창덕궁과 종묘의 중수는 당연히 필요한 조치였다.

그런데 광해군은 창경궁까지 중수할 것을 명했다. 전쟁이 끝난 다음 얼마 지나지 않은 기간에 종묘와 창덕궁의 중수에 적지 않은 국고가 지출된 상태였다. 신하들이 다른 공사를 거론해도 반대해야 할 판에 창경궁의 중수를 먼저 입에 담은 결정은 이해하기 어렵다.

더욱 이해하기 어려운 점은 창경궁의 중수가 필요한 이유였다. 실록에 광해군이 "대조전大造殿은 어둡고 불편해 오래 머물 형편이 못 되므로 창경궁昌慶宮으로 옮기고 싶은데"라고 말하는 대목이 있다. 그렇다면 처음부터 창경궁을 먼저 중수하도록 할 것이지, 전쟁이 끝난 다음 나라 형편이 극도로 어려운 상황에서 창덕궁을 중수하니까 대조전이 어둡다는 이유에서 창경궁으로 옮기겠다는 처사는 납득하기 어렵다. 더구나 창경궁을 중수하니까 이번에는 경운궁을 수리하라는 등 말 그대로 갈수록 태산이었다.

나아가 광해군은 새로운 궁궐을 세울 것을 명했다. 광해군의 명에 따라 인경궁과 경덕궁의 공사가 시작되었는데, 특히 인경궁은 경복궁의 열 배에 이른다고 할 정도로 거창했다. 그럴 바에야 차라리 경복궁을 중수하는 것이 낫다. 경복궁은 왕조가 처음 발상했을 때 정도전鄭道傳(1342~1398)에 의해 세워진 다음부터 조선 자체를 상징하는 정궁으로 기능했다. 그렇다면 다른 궁궐을 중수하거나 세우는 비용을 경복궁에 투입해야 마땅하고, 인경궁의 규모를 감안해도 그편이 훨씬 적게 들 것이다. 그러나 광해군은 아랑곳하지 않고 여러 곳의 공사를 진행시켰다.

하나만 해도 만만치 않은 공사가 동시다발적으로 진행되는데 무리가 없을 수 없었다. 게다가 전쟁이 끝난 다음 불과 십 년도 지나지 않았을 때다. 엄청난 비용을 충당하기 위해 공명첩과 납속첩 등 전쟁 시기에 시행된 임시 방책은 물론, 군역을 완전히 면제하는 대가로 곡식을 납부하는 등 극히 좋지 않은 방식까지 사용되었다.

게다가 서얼들도 관직에 나갈 수 있게 하고 대가를 받거나, 아예 매관매직을 통해 비용을 충당하기까지 했다. 그렇게 하고도 모자라자 군량미는 물론 관리들에게 지급할 녹봉까지 끌어왔다. 이러한 광해군의 행동은 납득할 수 있는 수준을 한참이나 벗어나 있다.

또한 광해군은 존호尊號에 집착하는 경향이 강했다. 존호는 국가에 매우 큰 경사가 있거나 왕이 좋은 업적을 시행했을 때 신하들이 주청하는 것이다. 명예가 높아지는 효과가 있는 만큼 대부분의 왕들은 은근히 존호를 기다렸을 텐데, 광해군은 무려 여섯 차례나 존호를 받은 것으로 나타난다.

존호에 집착하는 태도와 궁궐을 계속 지으라는 명령은 무관하지 않다. 특히 광해군은 창덕궁과 창경궁이 중수된 다음에도 행궁에 행차해 머물고는 했다. 광해군은 행궁을 경운궁으로 명명한 다음 적지 않은 기간을 거처했다.

실록에 "새로 수리한 법궁法宮으로 옮기는 일이 하루가 급합니다. 오랫동안 누추한 여염의 행궁에 머무셨으니 사체가 구차할 뿐 아니라, 저주하며 화를 조작하는 일이 또한 궁금치 못한 소치입니다. 지금 이어移御의 명이 내리자 백성들은 모두 기대하고 있습니다. 더구나 요사한 빌미의 말들이 전파되어 날로 극심한 때이겠습니까. 길일을 가리지 않고 옮긴다는 옛말이 있기도 하니, 속히 이어하여 군하群下의 기대를 위로하소서"라는 기록까지 나온다.

창덕궁이 중수되었음에도 초라한 행궁에 거처하는 바람에 신하들이 체면을 보아서라도 행궁을 나와 창덕궁으로 들어갈 것을 요청한 적이 한두 번이 아니다. 광해군은 왜 그렇게 행동했을까?

폐위에 이르는 병

계속 존호를 받은 것과 함께 연이어 궁궐을 세웠으면서도 들어가지 않는 행동은 그에게 정신적인 문제가 있었을지도 모른다는 추정을 가능하게 한다. 광해군이 가진 정신적인 상처는 생각보다 심각했을 것이다. 게다가 후궁의 소생으로 정통성을 부여받지 못했다는 콤플렉스는 정식 왕비에게서 태어난 영창대군의 등장으로 인해 임계점까지 부풀었을 터였다.

영창대군이 태어나기 훨씬 이전부터 광해군이 감내한 스트레스는 이루 형언하기 어려운 수준이었다. 선조는 약간이라도 불리해지거나 명이 압박하는 기미가 보이면 보위를 넘기겠다고 악을 썼다. 무려 열다섯 차례나 되었는데 그때마다 광해군은 거친 멍석에 꿇어앉아 죄를 빌어야 했다. 광해군도 자신의 아비가 자신을 아들이 아니라 기회만 닿으면 제거할 정적으로 여기고 있다는 것을 누구보다도 잘 알고 있었다. 16년이나 지속된 세자 생활은 상상을 초월할 정도로 가혹했다.

명이 책봉을 거부하자 자신을 향하는 선조의 눈초리가 한층 매서워지고, 인목대비를 들였을 때는 가슴이 철렁했을 것이다. 그러다가 영창대군이 태어나자 유영경이 백관을 이끌고 경축하는 등의 행동을 통해 노골적으로 광해군을 압박했었다. 마침내 선조가 "너는 세자도 아니니까 문안도 오지 말라!"고 내쳤을 때는 모든 것이 끝났다고 체념할 수밖에 없었다. 만일 선조가 조금 더 살았다면 광해군은 이 세상 사람이 아니었을 것이다. 광해군은 매섭고 잔혹한 시절을 그저 참아야 했다.

천신만고 끝에 보위에 올랐지만 광해군의 고통은 끝나지 않았다. 명이 "왜 장남이 즉위하지 않았느냐"며 진상을 조사하는 사신을 파견할 때마다 가슴을 졸여야 했다. 그렇게 지냈던 광해군의 정신에 전혀 문제가 없었다면 그것이 오히려 이상한 일이다.

존호를 받은 것은 정통성을 갖추지 못한 데 대한 보상심리일 수 있고, 무리를 무릅쓰고 계속 궁궐을 중수하고 세운 것 또한 왕으로서의 권위를 확인하는 심리일 수 있다. 애써 중수한 창덕궁에 거처하지 않고 초라한 행궁에 있었던 것도 자신에 의해 이룩된 성과를 매일 같이 확인하기 위해서가 아니었을까? 그러기 위해서는 행궁의 위치가 가장 적합했을 것이다. 그렇게 접근하면 납득하기 어려운 광해군의 실정이 약분된다.

오늘날 수험생들이 극심한 스트레스에 시달린 나머지 병원을 찾거나 심하면 극단적인 선택을 하는 사례를 종종 볼 수 있다. 직장인들도 업무와 경쟁에 따른 스트레스로 인해 쓰러진다. 그렇다면 16년 동안이나 외부적으로, 내부적으로 극단적이었던 환경에서 생존을 직접 위협당하며 살아남아야 했던 광해군은 과연 어떻게 변했을까? 즉위했을 때부터 누적된 상처가 적지 않은 상태였을 가능성이 매우 높으며, 이는 명의 압박과 계속되는 옥사로 인해 더욱 가중되었을 것이다. 실제로 이후의 행적을 보면 그런 추정이 더욱 강해진다.

懲毖錄

전쟁 이후 중국

명의 몰락과 후금의 성장

하나. 누르하치의 조부 각창안과 아버지 탑극세를 이유 없이 죽인 것.
둘. 건주여진을 학대하고 엽혁여진과 하달여진을 편애한 것.
셋. 누르하치와의 영토 협상을 부인하고 쳐들어와 살인을 자행한 것.
넷. 건주여진을 막기 위해 엽혁여진 부락에 군대를 증원해 파병한 것.
다섯. 엽혁여진이 신의를 저버리고 명의 앞잡이가 되었으며 약혼녀를 몽골 부족에게 강제로 보낸 것.
여섯. 명이 누르하치에게 시하, 무안, 삼차 땅을 내놓으라고 협박한 것.
일곱. 요동총독 소백지蕭伯芝가 권한을 남용해 건주여진인들을 착복함으로써 도탄에 빠트린 것.

《청사고》〈태조고황제실록〉에 나온 '칠대한七大恨'

마침내 올 것이 오고 말았다. 1616년(광해군 8), 누르하치가 자립해 후금後金을 건국하고 왕이 된 다음 1618년에는 명을 공격하기 시작했다. 명은 국경 지대에 방어와 교역의 목적으로 무순과 청하, 개원, 철령 등의 여러 요새를 건설하고 마시馬市를 개설했는데, 누르하치가 순식간에 무순을 함락시켰다. 비록 왕을 칭했을지언정 그동안 고분고분하던 누르하치의 공격은 그 자체로 명에게 엄청난 충격이었다.

게다가 무순이 함락된 직후 광령에서 파견한 일만에 달하는 구원군마저 누르하치가 이끄는 팔기군八旗軍에게 간단하게 섬멸당했다. 누르하치가 요동을 제집 안마당 드나들 듯하며 휩쓸자 명은 벌집을 쑤신 것처럼 혼란에 빠졌다. 당면한 누르하치의 팔기군은 조선에서 만났던 일본군과는 전혀 달랐다. 누르하치는 일본군처럼 보급이 부족하지도 않았고 협상할 의사도 없었다. 최강의 철기를 이끄는 누르하치의 목적은 명을 멸망시키고 새로운 제국을 건설하는 것이었기 때문에 협상 따위는 안중에도 없었다.

어떻게든 누르하치를 제압해야 했지만 말기를 향하던 명에게는 그럴 힘이 없었다. 명의 형편은 지난 일본과의 전쟁 때보다 훨씬 좋지 않았다. 이번에도 문제는 만력제였다. 전시에도 사치와 향락을 그치지 않아 국고가 피폐해지자 만력제는 곳곳에 환관을 파견해 마구잡이로 세금을 걷었다. 지난 전쟁의 피해가 복구되기는커녕 만력제가 파견한 환관들이 강탈하다시피 하는 바람에 세간의 사정은 훨씬 피폐해졌다.

그런 상황에서 반란이 발생하는 것은 해가 지면 밤이 오는 것만큼이나 당연하다. 환관들에게 당하던 백성들이 이판사판으로 들고 일어나 대항하자 각지에서 유혈사태가 속출했다. 환관들을 제압한 백성들이 기존에 납부하던 세금까지 거부한 데다, 심하면 관아를 공격하기까지 하는 등 혼란이 극에 달했다. 그런 상황에서 누르하치가 봉기했으니 보통 큰일이 아니었다.

누르하치의 궐기

누르하치가 요동을 빠르게 제압할 수 있었던 까닭은 그만큼 익숙했기

아이신기오로 누르하치愛新覺羅 努爾哈赤(1559~1626)

때문이다. 이성량을 위시한 요동의 지배자들은 예외 없이 채찍과 당근을 사용했다. 철기를 생산하지 못하는 여진족들은 식기와 화살촉, 말발굽 등의 생필품을 명에 의지할 수밖에 없었다. 명은 요동의 국경 곳곳에 마시를 개설해 여진족이 가져온 담비가죽과 민물진주 등의 값진 물품을 생필품과 교환하게 했는데, 이는 여진족에게 일방적으로 불리한 거래였다.

살기 위해서는 어쩔 수 없이 마시를 찾을 수밖에 없었지만 아무나 거래할 수 있는 것은 아니었다. 마시에 들어와 거래하기 위해서는 요동도사에서 발행한 첩지帖紙(거래허가증)가 있어야만 했다. 명은 첩지를 이용해서 충성하게 만들거나, 마음에 들지 않으면 발행하지 않는 방식으로 여진족을 지배했다. 또한 여진족들끼리 첩지나 거래한 생필품을 빼앗기 위한 목적으로 싸움이 벌어지기 일쑤였는데, 그것 또한 여진족을 약화시키고 통합을 막는 요인으로 작용했다.

누르하치의 경우 유력한 부족 출신으로 부친은 물론 부족을 이끌면서 명의 관직까지 받았던 조부의 기대를 한 몸에 받았다. 그러던 어느 날 다른 부족이 이성량에게 반기를 드는 사건이 발생해 이성량이 출전함에 따라 누르하치의 부친과 조부도 함께 출전해야 했다. 그런데 반기를 든 부족의 추장이 누르하치의 집안과 인척관계였다. 누르하치의 조부와 부친은 일단 그를 설득해보겠다고 해서 성으로 들어갔으나 이성량이 공격을 가하는 바람에 그만 죽고 말았다.

경위야 어쨌든 매우 미안했던 이성량은 누르하치에게 첩지 60장을 위시해 말과 갑옷을 주면서 위로했다. 단 한 장의 첩지를 놓고도 싸움이 벌어지는 판에 첩지 60장의 가치는 엄청났다. 그것을 기반으로 세력을 일으킨 누르하치는 이성량에게 많은 뇌물을 바치고 그가 마음에 들어 하지 않는 부족을 공격하는 등으로 신임을 얻었다. 이성량은 누르하치의 조부에게 내렸던 명의 관직을 세습하게 해 힘을 실어주었다.

이후 이성량이 실각해 북경으로 소환된 데다, 위기를 느낀 명이 누르하치를 공격하려 했을 찰나 마침 조선에서 전쟁이 벌어지는 바람에 요동에 신경을 쓰지 못하는 등으로 운까지 따랐다. 전쟁 기간에 누르하치는 거의 모든 여진을 통일함은 물론 몽골의 세력까지 일축할 정도로 성장했다.

누르하치가 후금을 건국한 다음 내세운 명과의 전쟁 명분인 칠대한 가운데에는 "억울하게 죽은 부친과 조부의 원수를 갚겠다"는 사유도 포함된다.

오랫동안 마시를 위시한 요동의 곳곳

을 돌아다녀 지리와 약점을 손바닥 들여다보듯 하던 누르하치는 건국 이후 거칠 것이 없었다. 게다가 당시 누르하치가 이끌었던 팔기군은 명실상부한 최강이어서 야전에서는 동아시아의 누구도 이길 수 없었다. 순식간에 무순을 함락하고 광령에서 파견한 부대를 격파하는 행보는 아무것도 아니었다.

만력제가 지갑을 열 생각이 전혀 없는 상황에서 매일 같이 대책회의를 열어봤자 없는 병력과 군자금이 나올 리가 만무했다. 머리를 짜낸 끝에 동원력을 갖춘 지휘관들에게 포상을 약속해 참전하게 하고, 조선을 위시한 제후국들에게도 지원받자는 방향으로 의견이 모아졌다.

광해군의 실리 외교와 갈등

1618년(광해군10) 윤4월 27일에 경략 왕가수汪可受의 명의로 발송된 외교문서가 닿았다.

> …왕년에 왕의 나라가 왜노倭奴의 변란을 겪게 되자마자 본조에서 즉시 십만 군사를 파견해 몇 년 동안 사력을 다해 왜노를 쓸어버렸는데, 이는 왕의 나라가 대대로 독실하게 충성을 바쳐온 만큼 왕에게 계속 기업을 이어갈 수 있게 해줘야겠다고 깊이 생각했기 때문이니, 아무리 나라에 일이 많다 하더라도 어찌 그만둘 수 있었겠습니까.
>
> 수만 병력을 일으켜 노추(누르하치)를 협공하게 되면 반드시 무찔러서 승리를 거둘 텐데 이렇게 하는 것이야말로 왕께서 본조에 보답하는 길이 되는 동

시에 나라에 무궁한 복을 안겨 주는 일이 될 것입니다. 이는 왕의 병력을 가지고 즉각 노추를 섬멸하려는 것이 아닙니다. 국가에서 몇 길로 나뉘어 나가 토벌할 때 혹 그 목을 누르기도 하고 혹 팔뚝을 잘라버리기도 할 텐데 왕께서 따라와 밟아 주기만 하면 모두가 성사될 것입니다. … 격문檄文이 도착하는 대로 왕께서는 즉시 신하들과 충분히 토의하신 뒤 속히 군병을 정돈시켜 두고 대기하다가 기일에 맞춰 나아가 토벌하는 데 실수가 없도록 하십시오.

격문이라는 자극적인 문구까지 사용하면서 말하는 내용은 "우리가 너희의 종주국으로서 지난 전쟁에 일본군을 물리쳐줬으니, 너희들도 이번에 우리를 도와 누르하치를 물리치도록 하라"는 것이다. 그런데 왕가수는 광해군에게 보내는 문서에 거의 명령조로 말하고 있다. 도움을 청하는 주제에 이렇게 무례할 수 있는가?

광해군은 심각해졌다. 명이 이렇게 무례하게 도움을 청하는 것은 그만큼 힘이 없다는 반증이며, 그것은 누르하치와 적대하면 안 된다는 판단으로 귀결된다. 고래 싸움에 새우등 터지는 사태를 피하기 위해서는 어떻게 하면 된다는 계산이 어렵지 않게 나왔지만, 문제는 신하들이었다. 신하들은 즉각 "재조지은을 베푼 은혜를 갚기 위해서는 명을 도와 오랑캐를 물리치는 것은 너무나 당연하지 않느냐?"는 논조를 형성했다. 그들은 실제로 그렇게 믿었다. 비변사는 물론 모든 신하들이 "시키는 대로 즉시 병력을 소집해서 언제든지 출발할 수 있도록 준비해야 마땅하다"고 주장했다. 그들은 조선의 상황과 국제 관계 같은 데에는 아무런 관심도 없었다. 사대사상을 200년이 넘도록 맹신해 영혼에까지 도금된 그들에게는 어떤 논리도 통하지 않았다.

광해군이 명의 요청에 따르지 않은 것은 그들의 자업자득이었다. 지난 전쟁에 참전했던 명군은 전투력은 물론 기강마저도 형편없었다. 툭하면 백만 대군을 떠들면서도 겨우 5만 남짓을 동원하는 것도 버거워했던 데다, 제대로 싸우는 부대가 전무하다고 해도 과언이 아니었다. 국력의 척도가 되는 국방력은 물론 기강까지 그 지경인 명을 어떻게 믿을 수 있겠는가.

광해군과 신하들의 주장이 평행선을 달리는 가운데 정인홍과 이이첨마저도 강한 어조로 즉시 파병을 주장했다. 동반자들까지 그렇게 나와도 허락하지 않자 당파를 가리지 않고 광해군을 불신하게 되었다. 폐모살제와도 비교하기 어려운 불신과 증오가 광해군을 향했음에도 광해군이 명의 요구를 즉시 받아들이지 않고 관망한 것은 실로 대단하다.

세종대왕世宗大王(재위 1418~1450)조차도 국시로 삼았던 사대사상에서 벗어나 판단할 수 없었으니, 조선시대에서는 꿈에서조차 상상하기 어려운 상황을 광해군이 만들어낸 것이다. 만일 오늘날 미국과 중국이 전쟁 직전의 상황이라고 가정했을 때 광해군처럼 대처할 수 있는 정치인이 얼마나 될까?

당시 조정이 당파를 초월해 광해군의 정책을 반대한 것과, 선조가 "나라가 멸망하지 않을 수 있었던 것은 오직 명 덕택"이라며 일관되게 주장한 것은 동일한 선상에 있다. 명을 향한 선조의 찬양이 그대로 유통될 수 있었던 것은 군주와 신하의 가치관과 사고방식이 동일했기 때문이다. 유전자에 각인된 사대와 예속은 최면보다 강력하게 그들을 지배했고, 그렇게 프로그램된 운영 체제는 현실을 인식하지 못하게 만들었다. 사교 집단처럼 시종일관했던 조선에서 어떻게 광해군 같은 인물이 등장했는지 불가사의할 정도다.

사르후전투와 광해군의 선택

명이 누르하치를 없애는 데 처음부터 회의적이었던 광해군은 이런저런 빌미를 잡아 파병을 지연시켰다. 명이 "당장 보내지 않으면 가만있지 않겠다!"고 폭발할 지경까지 끌다가 마지막 순간에 1만 3,000명 규모인 부대를 파견했다. 그때가 1619년(광해군 11) 2월이었는데, 광해군이 심혈을 다해 양성한 조총을 주력으로 하는 최정예부대는 명이 요구하던 질과 양을 충족시켰다.

강홍립姜弘立(1560~1627)을 총지휘관으로 하는 조선군이 요동의 사르후에 닿은 시기는 3월 2일이다. 이때 명은 10만 이상을 집결시켜 지난 전쟁에 경리로 활약했던 양호에게 총지휘를 맡겼다. 양호를 위시한 지휘관들의 대부분이 임진전쟁에 참전한 베테랑들이었는데, 양호는 군단을 동서남북 네 개 방면으로 나눈 다음 유정劉綎에게 동로군을, 두송杜松에게 서로군을, 이여백李如柏에게 남로군을, 마림馬林에게 북로군을 맡겼다.

동로군에 배속되어 유정의 지휘를 받게 된 조선군은 심하에 닿았을 때 이미 기진맥진한 상태였다. 명군이 조총으로 무장한 조선군을 탐내 서로 배속받으려고 경쟁한 것까지는 그럴 수 있겠는데, 보병으로 편제된 조선군은 기병 편제인 명군의 행군 속도를 따라잡기 어려웠다. 게다가 보급도 시원치 않아 주변의 민가에서 약탈하다시피 조달된 식량으로 겨우 배를 채워야 했으니, 집결지인 사르후에 도착했을 때는 상태가 매우 좋지 못했다.

명군은 있는 대로 병력을 끌어 모았지만 조선에서와 별로 다르지 않았다. 게다가 공을 세울 욕심이 앞서는 바람에 "사로군이 순차적으로 진출해 누르하치의 근거지를 포위한 다음 일제히 공격해 섬멸하라"는 양호의 명령도 따르지 않았다. 3월 1일에 사르후薩爾滸(또는 심하深河)에 진출한 두송은 단독으로 공을 세울 욕심으로 만 명을 남겨두고 공격에 나섰다. 그러나 오히려 기습을 받아 전멸당하자 공포에 질린 나머지 우왕좌왕하다가 누르하치가 직접 이끄는 팔기군에게 박살났다.

두송을 위시한 지휘관들까지 몰살시킨 누르하치는 마림을 노렸다. 마림이 두송의 참패를 알고 방어에 들어간 상황에서 팔기군이 방어의 전면으로 뛰어드는 바람에 일진일퇴의 혼전이 벌어졌다. 이때 다른 부대들이 협공을 가했다면 승패의 향방을 알 수 없었지만, 전혀 협조가 이루어지지 않은 결과 마림까지 참패하게 된다.

두송과 마림이 박살났다는 것을 알게 된 양호가 이여백과 유정에게 회군을 명령했지만, 유정은 너무 깊이 들어간 나머지 팔기군과 정면으로 맞닥뜨렸다. 이미 두송과 마림을 격파해 사기가 하늘을 찌르는 팔기군은 유정을 간단하게 일축하고 유정을 위시한 지휘관들까지 몰살하는 대승을 거두었다.

삽시간에 두송과 마림에 이어 유정까지 격파한 팔기군이 노도처럼 밀려들 때 사르후에 있던 조선군은 부대를 셋으로 나눠 대기하고 있었다. 김응하金應河(1580~1619)가 이끄는 좌영이 가장 먼저 적과 마주쳤다. 정찰 목적으로 접근한 수백의 기병을 조총 일제사격으로 격퇴한 직후 누르하치의 본대가 나타났다. 김응하의 지휘 하에 다시 일제사격을 준비하는 순간 갑자기 강한 바람이 부는 바람에 조총에 화약을 재기가 어려웠다.

화력의 우세를 전혀 살리지 못한 좌영이 그대로 무너지고 우영까지 참패하는 상황에서, 높은 곳에 진을 친 강홍립의 중군도 희망이 없었다.

1619년 조명연합군과 후금 간에 벌어진 전투 중 강홍립이 항복하는 장면을 그린 삽화. 이 전투에서 후금이 동아시아 지역의 패자로 부상한다.

5,000 남짓한 중군은 좌영과 우영이 일시에 무너지는 것을 똑똑히 목격한 데다, 극도로 피곤한 상태에서 제대로 먹지도 못했기 때문에 전의를 상실하고 말았다.

이때 다행스럽게도 누르하치가 투항을 권유했다. 강홍립 역시 광해군에게 "명군의 지시에 따르지 말고 알아서 행동하라"는 명을 받은 상태였기 때문에 즉시 투항했다. 조선군이 투항하자 누르하치가 크게 기뻐하며 받아주었다. 이후 마지막으로 남았던 이여백까지 참패하는 것으로 '사르후전투'가 종료되었다. 명을 결정적으로 격파한 누르하치의 이름은 천지를 진동시켰다.

광해군이 옳았다, 실리 외교

이번에도 광해군이 옳았다. 기껏 파견했던 부대가 한 차례 전투에 패배한 다음 1만 3,000에 달했던 병력 가운데 절반이나 전사하고 나머지는 포로가 되었는데도 신하들은 정신을 차리지 못했다. 게다가 "처음부터 항복할 목적이었던 조선군이 배신하는 바람에 패배할 수밖에 없었다"는 명의 책임 전가를 그대로 믿은 신하들이 어찌 명을 배신할 수 있느냐며 길길이 날뛰었다.

그들은 도성에 있는 강홍립의 가족을 전부 극형에 처해야 한다고 거품을 물었다. 그러나 광해군은 그렇게 하지 못하게 했다. 오히려 잘 대해주고 보호했다. 그때 신하들의 뜻대로 가족들을 전부 죽였으면 강홍립은 훗날 후금의 정세를 결코 조선에 알려주지 않았을 것이다.

광해군이 강홍립을 통해 제한적이나마 후금의 내부 정보를 알 수 있었던 것은 누르하치가 묵인하지 않고서는 가능하지 않다. 누르하치가 강홍립을 이용해 조선의 환심을 사려 한 까닭은 본격적으로 명을 공격할 때 조선을 뒤에 놓는 상황이 우려되었기 때문이다. 또한 비록 항복하기는 했지만 조총으로 무장하고 강하게 훈련된 조선군은 결코 만만치 않았다. 지금 상황에서는 조선과의 충돌은 절대 피해야 했다. 누르하치의 묵인은 광해군과의 핫라인으로 활용하기 위함이었다.

광해군 역시 누르하치의 의도를 충분히 알고 있었다. 광해군이 추구하는 수면 아래의 외교는 확실한 성과를 거두었다. 히데요시의 의도를 파악하기 위해 막대한 지출과 위험을 감수하고 통신사를 파견하고도 전혀 정보를 얻지 못했던 한심한 과거와는 하늘과 땅 차이였다.

광해군 덕택에 후금과의 관계가 악화되지 않을 수 있었음에도 신하들은 극도로 분개했다. 심지어 이이첨까지 "후금의 사신을 처형해 준엄히 경고하고 명의 신임을 회복할 것"을 주장했다. 그들에게 광해군의 탁월한 외교는 명을 배반하고 오랑캐와 화친하는 것 이상은 아니었다. 넘어서는 안 될 선을 넘어버린 정도가 아니라 생각조차 해서도 안 될 행위를 저질러버린 광해군은 결코 용납될 수 없었다.

조선과 명을 쥐고 흔든 모문룡

누르하치가 급격하게 세력을 확대함에 따라 요동에 거주하던 명의 백성들이 조선으로 넘어오는 일이 잦아졌다. 또한 그들을 추격하는 팔기군으로 인해 국경이 소란해지기도 했지만, 정작 피해를 끼치는 이들은 피난민들이었다. 그들이 종주국의 백성이라는 것을 과시하며 거처와 식량을 요구했으며 조선의 관리들을 구타하기까지 해도 처벌할 수가 없었다.

게다가 모문룡毛文龍(1576~1629)이라는 자는 조선의 영역에 들어와 후금과 싸

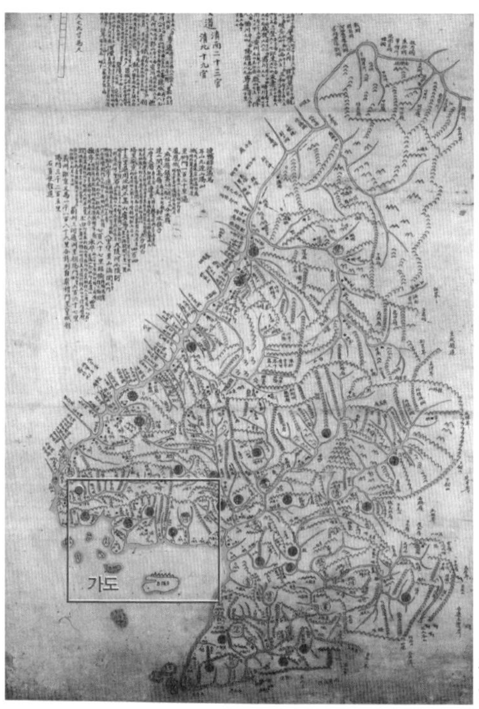

동국지도첩 가운데 평안도. 왼쪽의 철산 아래의 섬이 가도假島다.

워 요동을 수복하겠다는 핑계로 막대한 군량과 물자를 요구하기까지 했다. 모문룡은 해적과 사기꾼을 합친 것 같은 자로서 약간의 전투를 큰 승리라도 거둔 것처럼 날조해 인기를 끌었다. 모문룡에게 속은 명이 그를 인정하고 격려하자 그는 정식으로 군량과 물자를 요구하고, 후금이 모문룡을 공격하기 위해 월경越境하는 등으로 큰 문제가 야기될 정도였다. 광해군이 모문룡을 겨우 가도로 들어가도록 유도했지만 피해는 더욱 가중되었다.

상황이 그런데도 돌봐야 할 백성들은 아랑곳하지 않고 오직 명이 베푼 은혜를 갚아야 한다고 목소리를 높이는 자들에게 무엇을 기대할 수 있겠는가. 그들에게 광해군은 왕이 아니었다.

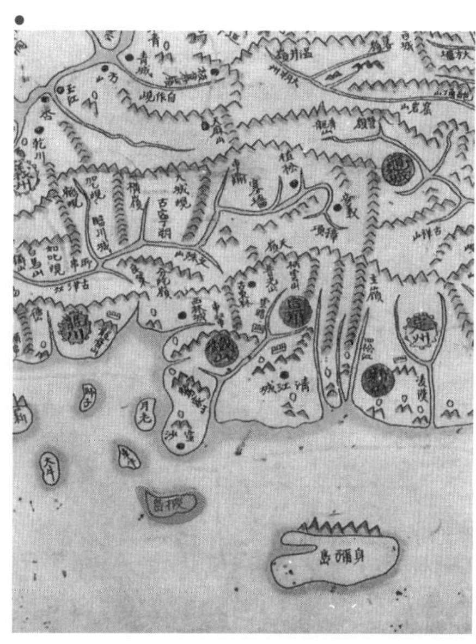

다시 찾아온 위기

망각된 전쟁, 예정된 반역

이이반李而頒이 상변上變했다. 이반은 이유홍李惟弘의 아들이다. 그는 길에서 친구 이후원李厚源을 만났는데 후원이 "오늘 반정이 일어날 것이다"라고 말하고 함께 가기를 청했다. 그런데 이반이 대궐에 나아가 후원이 반란의 말을 했다고 고발했다.

《광해군일기》 15년(1623 계해년) 3월 12일 네 번째 기사

집권 말기 무렵 광해군은 이상 조짐이 확연해졌다. 김개시라는 상궁을 총애해 곁에 두었는데, 광해군이 극도로 자신을 절제하고 여색을 밝히지 않았음을 감안하면 정상적인 상황은 아니었다. 게다가 김개시는 선조를 모시던 나인 출신의 여성이다. 부친을 섬기던 여성을 가까이 하는 행동은 도덕적으로 용납되기 어려움에도 김개시를 총애하는 것을 보면 더욱 정상적으로 보이지 않는다. 또한 김개시가 이이첨과 더불어 매관매직을 일삼아도 오히려 광해군은 그를 더욱 총애했다.

더욱 이상한 것은 심각한 수준의 보고와 고발이 들어왔는데도 광해군이 전혀 반응하지 않았다는 점이다. 집권기 거의 마지막에 근접

한 1622년(광해군 14) 12월, 서인인 이귀李貴(1557~1633)와 김자점金自點(1588~1651) 등이 주도해 인목대비의 부호(대비의 칭호를 복권)를 논의하고 있다는 고발이 들어왔다. 반역에 해당하는 사안이었으며 실제로 "반역하는 자들을 처단하라"는 주청까지 들어간 상태였다.

그러나 광해군은 별다른 조치를 취하지 않았다. 그리 미심쩍지 않은 고발을 가지고도 민감하게 반응해 역적을 양산하던 초기의 모습과는 너무나도 달랐다. 이에 대해서는 김개시에 홀린 탓에 제대로 판단하지 못했다는 주장이 대세다. 그러나 자신이 유폐하고 왕비의 칭호까지 삭제해 서궁으로 격하한 인목대비를 다시 대비로 칭호하는 것에 대해 논의하고 있다는데 어찌 그냥 넘어갈 수 있겠는가? 이번에야말로 모조리 잡아들여 친국해도 시원치 않을 텐데 그냥 넘어간 데다, 이후에도 계속 동일한 주청이 반복되어도 받아들이지 않았다.

이후에 다시 이귀가 반역하려 한다는 고발이 들어갔을 때도 김개시가 "절대 그럴 사람이 아니다, 이귀를 모함하기 위한 소문에 지나지 않는다"고 적극 비호하는 바람에 무사히 넘어간 것으로 되어 있다. 그러나 광해군에게 먼저 문제가 있었기 때문에 김개시 같은 이가 접근할 여지가 발생한 것이며, 이미 판단력을 상실한 광해군이 그릇된 결정을 내렸다고 해야 타당하다. 나중에 실제로 이귀가 반역을 주도하던 당시 실책은 전적으로 광해군이 판단력을 상실한 데 있었다.

그리고 김개시가 이귀를 적극적으로 비호할 이유가 없었다. 이귀는 최근에 복귀한 서인 가운데 하나로 실세가 아니었다. 이이첨 등의 대북 실세와 야합해 매관매직으로 막대한 수입을 올리는 김개시가 전혀 도움이 되지 않는 이귀를 적극적으로 비호할 이유가 없다.

오히려 이귀가 반역한다는 소문이 어느 정도 현실성이 있다고 판단되면 광해군에게 고발해야 마땅하다. 김개시의 부귀영화는 광해군의 총애에서 비롯된 것인데 김개시가 미치지 않고서야 광해군이 반역을 당하도록 조장하지는 않았을 것이다. 실제로 나중에 반역이 발생한 다음 김개시가 첫 번째로 처형당하는 것을 보더라도 그동안 유통된 '김개시 적극개입설'은 신빙하기 어렵다.

'김개시 역할론'을 더욱 불신하게 하는 것은 선조의 죽음에 김개시가 직접 개입되었다는 주장들이다. 선조가 말년에 총애한 김개시가 바친 찹쌀떡을 먹은 직후 쓰러졌다는 말들이 적지 않고 여러 역사 소설들과 사극들에서도 그렇게 나타난다. 그러나 상식적으로 생각하기 어려울 뿐더러, 항상 광해군이 연관되는 탓에 더욱 믿기 어렵다. 늘 선조의 눈치를 보며 숨죽이고 살았을 광해군이 선조가 총애하는 후궁을 가까이 한다는 자체가 있을 수 없거니와, 당시 어의였던 허준의 진료에도 독살에 관한 의심은 전혀 존재하지 않는다.

다시 말하지만 광해군이 아니면 부귀영화를 누릴 수 없는 김개시가 아무런 이득이 되지 않는 서인들의 편에 서서 반역에 크게 일조할 까닭은 없다. 게다가 반역을 성공시킨 자들이 즉시 체포해 처형하는 것만 보더라도 김개시와 반역에는 연관성이 없다.

광해군 스스로가 부른 반정

또한 광해군은 아주 좋지 않은 실수를 저질렀다. 광해군은 훈련대장을 자주 교체했다. 유사시에 도성은 물론 궁궐까지 지켜야 하는 훈련대장이 계속 유임함으로써 생길 수 있는 나태와 좋지 않은 의도를 가진 자들과의 결탁을 방지할 목적에서였다. 그런 의도에 의해 자주 교체되던 훈련대장이 재위 말기에 이르러서는 어쩐 일인지 계속 유임되었다. 나중에 반역자들이 훈련대장을 포섭하게 되므로, 광해군 스스로 반정의 원인을 제공했다고 해도 무방하다.

가장 결정적인 실수는 반역 당일의 아침에 "반역이 발생했다"는 것을 보고받았으면서도 아무런 조치를 취하지 않은 것이었다.

> 이이반李而頒이 상변上變했다. 이반은 이유-홍李惟弘의 아들이다. 그는 길에서 친구 이후원李厚源을 만났는데 후원이 "오늘 반정이 일어날 것이다"라고 말하고 함께 가기를 청했다. 그런데 이반이 대궐에 나아가 후원이 반란의 말을 했다고 고발했다.
>
> 《광해군일기》 15년(1623 계해년) 3월 12일 네 번째 기사

그때 반역자들은 계획이 누설된 것으로 알고 자포자기했다. 그러나 반역이 보고되었다면 당연히 체포 명령이 떨어지고 한바탕 피바람이 몰아쳐야 할 것인데도, 어쩐 일인지 아무런 조치도 내려지지 않자 용기를 얻은 반역자들은 계획대로 진행할 수 있었다.

그날 아침에 아무런 조치도 취하지 않은 것은 광해군의 판단력이 극도로 손상되었다는 결정적인 근거다. 반역을 당하기까지 여러 차례나 조짐이 있었는데도 손을 쓰지 않고 있다가 실제로 보고가 된 상황에서도 손을 놓고 있었다면 결코 제정신일 수 없다. 미심쩍고 납득되지 않는 대목

이 한두 번이라면 우연일 수 있겠지만, 계속 반복된다면 결코 우연이 아니다. 당시 광해군은 정신이 붕괴된 상태였음이 명백하고, 그로 인해 반역이 촉발되었다는 것은 의심할 여지가 없다.

> 정담수가 왕이 숨어 있는 곳을 아뢰자, 상이 이중로 등을 보내 대궐로 데려오게 하고 도총부 직방直房에 머물게 했다. 담수가 상중에 있었는데 왕이 상복 차림을 해서 사람들로 하여금 알지 못하게 했다. 중로가 앞에 나아가 배알하니, 왕이 말하기를 "너는 누구냐" 하자, 대답하기를 "신은 이천부사 이중로입니다" 하고, 끌어안아 말에 태우고 돌아왔는데, 상이 송영망 등으로 하여금 간호하게 했다.
>
> 왕이 두려워해 안정을 찾지 못하고 영망 등에게 묻기를 "오늘의 거사는 누가 한 것이며 어떠한 사람을 추대했는가" 하자, 대답하기를 "추대한 분은 바로 왕실의 지친이신데 자전의 명을 받들어 반정한 것입니다" 하니, 왕이 말하기를 "혼매한 임금을 폐하고 현명한 사람을 세우는 것은 옛날에도 있었던 일이다. 하지만 어찌하여 나인·내시·급사들을 보내주지 아니하고 나를 대우하는데 있어 이처럼 박하게 하는 것인가" 했다. 이에 상이 궁인 한 사람을 보내고 또 소용 임씨任氏를 보내어 곁에서 모시게 하자, 왕이 편안하게 여겼다.
>
> 《광해군일기》 15년(1623 계해년) 3월 13일 일곱 번째 기사

체포된 다음 광해군의 언행도 매우 정상적이지 못하다. 스스로를 혼매한 임금이라 하고 반역을 당하는 것이 당연하다고 말하는 것은 반역을 정당화하기 위한 왜곡으로 치부할 수 있겠지만, "궁인 한 사람을 보내고 또 소용 임씨任氏를 보내어 곁에서 모시게 하자, 왕이 편안하게 여겼다"

는 대목에는 이르러서는 아무리 좋게 해석하려 해도 도무지 정상으로 보이지는 않는다.

게다가 광해군은 유배당한 다음 무려 18년이나 살았다. 세자 부부가 탈출을 시도하다 발각되어 스스로 목숨을 끊고 그것을 알게 된 왕비 유씨가 충격을 받아 죽었는데도 광해군은 당시로는 장수인 66세의 천수를 누렸다. 재위 기간인 15년보다 3년이나 더 장수한 데 대해 그만큼 의연했던 것으로 여기는 사람들이 많지만, 가장 높았던 위치에서 식사조차 변변하지 못한 상태로 전락한 충격은 상상하기 어렵다.

그런 상태에서 천수를 누릴 수 있었던 것은 정상적인 상태가 아니었기 때문에 가능했을 것이다. 복잡하고 과중했던 의무와 지옥과 같았던 과거의 기억에서 해방되고 건강을 해치는 술과 여색도 전혀 없었으니 오히려 건강이 좋아졌을 터였다. 아무런 생각 없이 건강하게 살다 가게 되었으니 차라리 다행스러울지도 모르겠다.

연산군은 유배된 지 두 달 만에 죽었는데, 의문사의 가능성이 높다. 광해군에게 반역한 자들도 어떻게든 그를 죽이고 싶었겠지만, 광해군의 배후에는 후금(청)이 있었다.

인조반정의 진짜 명분

1623년(광해군 15) 3월 12일에 발생한 반역자들이 옹립한 자는 능양군綾陽君(훗날 인조, 재위 1623~1649)이다. 능양군의 아비는 선조가 총애하던 인빈의 아들 정원군定遠君으로, 능양과 능원, 능창 삼형제를 두었다. 인빈의 소생들에 대한 광해군의 감정이 좋을 리 만무했으며, 정원군의 집이 있는 터에 왕기王氣가 서려 있다는 풍문이 돌자 집을 허물고 경덕궁을 신축하게 했다. 게다가 능창군이 옥사에 연루되어 강화로 유배된 다음 스스로 목숨을 끊자 충격을 받은 정원군마저 시름시름 앓다가 세상을 떴다.

능양군은 선조에게 총애를 받던 인빈의 손자로서 나름대로 정통성을 갖췄다. 또한 광해군에게 형제와 아비를 잃은 원한까지 있었으며, 반역자들과 인척 관계가 있는 등으로 인해 옹립하기에 안성맞춤이었다. 그들이 반역한 명분은 '폐모살제廢母殺弟'로 "영창대군을 죽이고 인목대비를 유폐해 유교와 인간의 도리를 어긴 광해군을 왕으로 섬길 수 없다"는 것이었다. 유교의 도리에 죽고사는 당시를 생각하면 충분히 타당한 명분이기는 하지만, 과연 그럴까?

… 광해는 남을 참소하고 모해하는 자들의 말을 신임하고 스스로 시기하고 혐의하는 마음을 가져 우리 부모를 형벌해 죽이고 우리 일가들을 몰살시켰으며 품속에 있는 어린 자식을 빼앗아 죽이고 나를 유폐해 곤욕을 치르게 했으니, 그는 인간의 도리가 조금도 없는 자이다. 그가 이러한 짓을 한 것은 선왕에게 품었던 유감을 풀려고 한 것인데 미망인에 대해서야 무슨 짓인들 못하겠는가. 그는 형과 아우를 살해하고 조카들을 모조리 죽였으며 서모庶母를 때려죽이기까지 했다.

그리고 여러 차례 큰 옥사를 일으켜 무고한 사람들을 가혹하게 죽였고, 민가 수천 호를 철거시키고 두 궁궐을 창건하는 데 있어 토목 공사의 일이 십년이 지나도록 끝나지 않았다. 그리고 선왕조의 원로대신들을 모두 축출시키고 인아姻婭·부시婦寺들로 악한 짓을 하도록 권유하는 무리들만을 등용하고 신임했으며, 정사를 하는 데 있어 뇌물을 바친 자들만을 기용했으므로 무식한 자들이 조정에 가득했고 금을 싣고 와서 관직을 사는 자들이 마치 장사꾼이 물건을 흥정하듯이 했다. 그리고 부역이 많고 수탈이 극심해 백성들이 살 수 없어서 고난 속에서 아우성을 치고 있으니, 국가의 위태로움은 말할 수 없었다.

어디 그뿐이겠는가. 우리나라가 중국을 섬겨온 지 200여 년이 지났으니 의리에 있어서는 군신의 사이지만 은혜에 있어서는 부자 사이와 같았고, 임진년에 나라를 다시 일으켜준 은혜는 영원토록 잊을 수 없었던 것이다. 이리하여 선왕께서 40년 간 보위에 계시면서 지성으로 중국을 섬기시며 평생에 한 번도 서쪽으로 등을 돌리고 앉으신 적이 없었다.

그런데 광해는 은덕을 저버리고 천자의 명을 두려워하지 않았으며 배반하는 마음을 품고 오랑캐와 화친했다. 이리하여 기미년(1619년, 광해군 11) 명이 오랑캐를 정벌할 때 장수에게 사태를 관망해 향배를 결정하라고 은밀히 지시함으로써 끝내 우리 군사 모두를 오랑캐에게 투항하게 해 추악한 명성이 온 천하에 전파되게 했다.

그리고 우리나라에 온 명 사신을 구속 수금하는 데 있어 감옥의 죄수들보다 더했고, 황제가 칙서를 여러 번 내렸으나 군사를 보낼 생각을 하지 아니해서 예의의 나라인 우리 삼한三韓으로 하여금 이적 금수의 나라가 되는 것을 모면하지 못하게 했으니, 가슴 아픈 일을 어떻게 다 말할 수 있겠는가. 천리天理를 멸절시키고 인륜을 막아 위로 중국 조정에 죄를 짓고 아래로 백성들에게 원한을 사고 있는데 이러한 죄악을 저지른 자가 어떻게 나라의 임금으로서 백성의 부모가 될 수 있으며, 조종의 보위에 있으면서 종묘·사직의 신령을 받들 수 있겠는가. 이에 그를 폐위시키노라.

《광해군일기》 15년(1623 계해년) 3월 14일 첫 번째 기사

반역자들에 의해 복위된 인목대비의 명의로 발표된 교서에 반역의 이유가 적나라하게 드러난다. 폐모살제는 말 그대로의 명분일 뿐, 실제 이유는 '감히 명에 불충하고 오랑캐와 친목한 것'이다.

오직 사대밖에 알지 못하고 어떻게 하면 사대에 충실할 수 있는가에 골몰하던 그들에게 현실에 입각한 실리 외교를 펼치는 광해군은 이단이자 짐승이었다. 선조에 의해 비로소 광명하게 된 조선에 야만의 먹구름을 드리우고 짐승 같은 오랑캐와 손을 잡고 중국을 배신하는 광해군이 어찌 왕일 수 있겠는가. 다시 광명을 찾기 위한 지극히 정당한 거사의 모임에 폐모살제의 팻말을 세웠을 따름이다.

이전에도 폐모살제가 없지 않았다. 6대 왕 세조世祖(재위 1455~1468)는 단종端宗을 폐위하고 죽인 데다, 친동생인 안평대군安平大君까지 죽이고 단종의 왕비도 출궁시켜 서인庶人으로 강등시켰다. 죄악으로 따지면 세조가 몇 배 더하다. 게다가 광해군의 행위가 왕권과 자신의 생명을 지키기 위한 정당방어의 성격이 강한 데 비해, 세조는 군이 왕이 되지 않았어도 부귀영화를 누릴 수 있었기 때문에 비교조차 되지 않는다. 그런데도 폐모살제를 명분으로 삼았으니 어이가 없을 뿐이다.

조선에게 위기는 위기였을 뿐이었다

명에 충성하기 위해 반역한 자들이 후금後金과의 관계를 끊는 것은 지극히 당연했다. 그로 인해 얻어진 자업자득에 대해서는 별도로 논할 것이기 때문에 여기서는 간략하게 말하도록 하자.

누르하치가 죽은 다음 등극한 여덟 번째 아들 홍타이지皇太極(훗날 청 태종, 재위 1626~1643)의 명령에 의해 1627년(인조 5) 1월 초에 조선을 침공한 후금은 모문룡을 공격하고 북방에서 활개치는 등, 두 달 정도 작전을 펴다가 적당한 조건으로 강화를 맺고 철수했다.

홍타이지 청의 2대 황제. 내몽골을 평정하고 국호를 대청大清이라 짓고 연호를 숭덕이라고 개원했다. 1636년 조선을 침공해 굴복시켰다.

이후 1636년(인조 14) 12월에 다시 조선을 침공하는데, 이때는 북원北元을 멸망시키고 황제의 옥새를 얻은 홍타이지가 국호를 청清으로 고쳐 제국을 표방한 다음이었다. 장차 명을 공격할 때 배후에 위치하게 되는 조선을 확실하게 제압하고자 하는 목적에서였다. 조선이 이전에 맺은 조건을 제대로 이행하지 않고 사신을 죽일 것까지 주장하는 등으로 강경하게 나와 빌미를 제공한 탓도 컸다.

청 태종이 직접 13만의 강병을 이끌고 압록강을 건넌 이후 불과 두 달이 지나기도 전에 조선은 참담하게 패배했다. 입으로만 떠들고 전혀 준비하지 못했던 결과는 무조건적인 항복으로 이어졌다. 인조仁祖가 청 태종에게 무릎을 꿇고 항복한 그 날은 조선의 역사가 구획되는 날이었다. 임진전쟁 때는 무승부를 기록할 수 있었던 데 비해, 왕이 항복하는 초유의 굴욕을 당한 조선은 더 이상 조선일 수 없었다.

호병도胡兵圖 김윤겸金允謙(1711~1775) 작. 청의 군병들을 사실적으로 묘사했다. 국립중앙박물관 소장.

위기의 원인과 책임

굴욕의 출발은 선조였다. 광해군이 반역을 당한 결과 후금을 도발하게 되고 그로 인해 인조가 항복하는 굴욕이 초래되었다는 것에는 이론의 여지가 없다. 그렇다면 광해군이 반역을 당하지 않았다면 청이 침공할 이유 자체가 없지 않겠느냐는 추정이(가정과 추정은 다르다) 충분히 가능하다.

반역을 당한 상황부터 냉정하게 부검해보자. 광해군이 반역을 당하게 만든 책임은 선조에게 있다. 선조는 자신이 책봉한 광해군을 세자로 인정하지 않았다. 인목대비를 들인 자체가 광해군의 정통성을 훼손하는 시도였으며, 영창대군이 태어난 다음부터는 드러내고 그의 정통성을 부인했다. 유영경이 대표적으로 앞장섰을 뿐이지 대신들 가운데 상당수가 유영경과 뜻이 같았을 것은 분명하다.

그들이 반역할 수 있었던 기저에는 광해군이 정통성을 갖추지 않았다는 부정적 인식이 똬리를 틀고 있었을 것이다. 그것은 선조가 오래전부터 누누이 강조하고 주입한 끝에 맺어진 결과였다. 만약 처음부터 세자로 인정해 정통성을 부여하고 정치에도 참여시켰다면 감히 반역할 엄두를 내지 못했을 터였다. 그러나 정통성이 훼손된, 그것도 선조에 의해 그렇게 된 광해군은 태생적으로 반역을 당할 빌미가 제공된 상대였다. 실제로 결국 그렇게 되었으니 어찌 선조에게 책임을 묻지 않을 수 있겠는가.

선조에 대해 한 가지 짚어볼 것이 있다. 선조가 죽기 직전 광해군에게 다른 형제들을 잘 보살필 것을 당부했다. 언뜻 보기에는 아비로서 지극히 당연한 유언일 수 있다. 그러나 선조는 광해군이 그럴 수 있도록 행동하지 않았다. 자신의 욕심으로 세자가 있음에도 인목대비를 들였고, 중신들에게 "영창대군을 잘 부탁한다"고 해서 영창대군과 광해군 모두를 위험에 빠트렸다. 설마 자신이 죽은 다음 그런 일이 벌어지지 않을 것으로 확신했을까?

설령 선조의 뜻대로 영창대군이 장성해 무사히 즉위했다면, 광해군과 임해군은 물론, 후궁 소생의 왕자들이 옥사에 연루되어 유배당한 다음 의문사를 당하는 사태가 줄을 이었을 것이다. 영창대군이 존재하는 한 어떤 형태로든 유혈 사태가 벌어질 것은 분명한데, 그럼에도 선조는 "다른 형제들을 잘 보살피라", "영창대군을 잘 부탁한다"는 등의 말을 했다.

선조가 아비와 군왕으로서 정상적으로 처신해 광해군의 정통성을 지켜주었다면 폐모살제는 아예 발생하지 않았을 것이다. 당연히 반역도 발생하지 않고 광해군의 외교 정책이 정착된 이후 청과 친교했을 테니 왕이 항복하는 초유의 굴욕을 당할 일도 없었을 것이다.

▲삼전도비 三田渡碑

류성룡의 시대와 《징비록》을 넘어 다시 오늘로

류성룡이 《징비록》을 완성한 지 불과 32년 만에 조선은 병자호란의 국치를 당한다. 게다가 이미 9년 전인 1627년(인조 5)년에 정묘호란을 당하는 등 충분히 경고를 받았으면서도 전혀 대비하지 못한 조선은 류성룡이 《징비록》을 저술한 의도를 무색하게 만들었다. 게다가 인조는 유능하고 진취적인 소현세자昭顯世子(1612~1645)를 독살한 것도 모자라 세자빈과 손자까지 죽이는 등, 선조 이상의 암군과 같은 모습을 보였다.

이후에도 조선은 청이 들어선 다음 명과는 비교조차 할 수 없을 정도로 좋은 정책을 펼쳐 그쪽 백성들이 잘 살고 있음에도 북벌을 외치는 시대착오적인 행태로 일관했다. 외부를 향해 물꼬를 트려는 노력을 전혀 하지 않고 누구도 알아주지 않는 소중화小中華를 자처하면서 자아도취에 빠졌던 조선은 결국 일본에 의해 멸망당하고 만다.

1945년 미군에 의해 해방된 다음에도 한국의 역사에서 달라진 것은 많지 않다. 군정이 일제 강점기 때의 공직 체계를 그대로 유지하는 바람에 친일파가 대물림된 데다, 주권 역시 미국이 일본을 대체했을 뿐이었다.

또한 중국이 G2로 등극해 미국과 자웅을 겨룰 개연성이 매우 높은 시기에 전혀 유연성을 발휘하지 못하는 오늘날 우리의 행보는 광해군이 반역을 당한 이후의 조선을 연상시킨다.

앞이 보이지 않음에도 개선하려 하지 않는 오늘날의 현실이 임진전쟁 직전의 조선과 무엇이 다를까. 이러한 시대에 《징비록》을 다시 펴 본다.

《징비록》에도 문세가 없지는 않다. 진쟁 기간 동안 선조가 벌인 행동 가운데는 납득하기 어려운 수준을 벗어나 망국적인 행위마저 있었다. 특히 명으로 망명을 시도한 것은 개탄이 모자랄 정도임에도 류성룡은 비판하지 않았다. 선조가 저지른 다른 행위들에 대해서도 입장을 표명하고 있지 않은 것은 후환이 두려웠던 탓이다. 류성룡이 두려웠던 것은 자신의 안위가 아니었다. 당파 전체에 보복이 가해질 것과 함께 《징비록》이 폐기되는 것이 두려웠을 것이다.

그래도 선조의 망명에 대해서 실록에 류성룡이 분명히 반대했다는 기록이 나타나고, 다른 사람들이 남긴 문집에도 "매우 간곡하고 조리 있게 반대했다"는 내용이 전해진다. 역사의 중심에 있던 류성룡도 분노했을 것이 분명함에도 기록으로 남기지 못한 심정은 오죽했을까.

또한 탄금대전투의 패배를 신립에게 전가하는 것도 적지 않은 문제다. 본문에 신립이 잘못이 없다는 것을 나름대로 입증했는데, 당시 정치인으로서의 태생적 한계가 극복되지 못한 결과였다. 도움은커녕 방해만 되었던 명군을 제대로 비판하지 못한 부분 역시 어쩔 수 없었던 것으로 이해해야 할 것이다. 그렇게 내포된 문제들을 발견해 진실을 밝히고 억울함을 풀어주는 것도 나를 비롯한 후대의 의무일 것이므로, 사소한 부분일지라도 소홀하기 어려움을 다시 절감한다.

류성룡과 만나다

《비열한 역사와의 결별 징비록》을 집필하면서 가장 문제였던 것은 '독자들에게 《징비록》을 어떻게 설명해야 하는가'였다. 실제로 《징비록》을 읽은 사람은 그리 많지 않거니와, 읽는 재미가 떨어지는 것 역시 적지 않은 문제였다. 그동안 출판된 《징비록》이 원석原石에 가까웠던 탓에 독자들이 직접 다가가기는 쉽지 않았을 것이다.

그동안 임진전쟁과 이순신을 전문으로 집필했던 필자로서도 류성룡의 저술을 적절히 소개하고 알려주려니 부담이 적지 않았다. 고민 끝에 《징비록》에 실린 내용을 그대로 전재하면서 사건에 접근해 부검하는 방식을 택했다. 《난중일기》와 《조선왕조실록》 등의 기록들도 인용했지만 류성룡의 시각과 입장을 최대한 반영하되, 의문이 들거나 사실과 다르다고 판단되는 부분은 가차 없이 비판했다. 예컨대 류성룡이 추진한 적의 수급을 가져오면 관직을 주는 정책이 끼치는 폐해 등이 그렇다.

그 이외에도 지금까지 정설이 없었던 전쟁의 발발 원인과, 정유전쟁이 발생한 배경 등의 의혹들을 분석하고 제시했다. 그동안 사학을 공부하며 거두었던 나름의 성과와 여러 글들을 집필하며 축적된 역량이 이 책에 최대한 반영되었다고 자부할 수 있다.

적은 분량은 아쉬운 부분이다. 류성룡은 물론 그가 관통했던 시대와 전쟁을 담아내기 위해서는 적어도 이 책 분량의 세 배 이상이 필요하다. 적은 분량에서 기획한 의도를 담는 것이 의외로 까다로웠는데, 나중에 다시 작업하게 되면 그런 점을 부각할 생각이다.

집필을 진행하며 더욱 놀랐다. 오직 눈과 손으로밖에 작업할 수 없었던 그 시대에 저렇게 상세하게 복기할 수 있었을까. 전쟁과 병참 등의 기본부터 시작해서 외교와 민생 등 모든 방면에서 거둔 최고의 성과를 기록하는 류성룡의 모습을 떠올리며 전율했던 때가 한두 차례가 아니었다. 류성룡은 문제의 본질을 정확히 파악하고 접근해 가장 현실적이고 효율적인 방책을 제시하고 실행하는 모든 과정을 방금 무쳐낸 겉절이처럼 생생하게 기록했다. 《비열한 역사와의 결별 징비록》을 집필하게 된 것이 예사롭지 않다. 이번의 집필을 완성할 수 있게 해준 서애西厓에게 진실로 경의를 표한다.

징비록

* 이 책에 사용된 사진은 해당 사료를 소장하고 있는 단체의 허락을 받아 게재한 것입니다. 사료 사진을 쓸 수 있도록 허락해주신 단체와 종중에 감사를 드립니다.
* 저작권자를 찾지 못해 게재 허락을 받지 못한 사진은 저작권자를 확인하는 대로 게재 허락을 받겠습니다.